多车道高速公路交通特性及运行管理方法

过秀成 孔德文 等著

东南大学出版社
·南京·

内容提要

本书在新时代交通强国战略发展背景下,结合国内外高速公路相关领域研究理论成果和工程实践经验,探索了多车道高速公路交通运行特性与管理方法。在分析多车道高速公路的交通特性基础上,研究合理的车辆交通组织与管理控制,对保证多车道高速公路的交通安全、运行效率和服务水平具有重要意义。

本书可供交通运输领域的教学、科研、工程实践及管理人员使用,亦可供相关领域技术及管理人员参考。

图书在版编目(CIP)数据

多车道高速公路交通特性及运行管理方法/过秀成等著. —南京:东南大学出版社,2020.10
ISBN 978-7-5641-9119-1

Ⅰ. ①多… Ⅱ. ①过… Ⅲ. ①高速公路-交通运输管理 Ⅳ. ①U491

中国版本图书馆 CIP 数据核字(2020)第 178032 号

多车道高速公路交通特性及运行管理方法

著　　者：过秀成　孔德文等
出版发行：东南大学出版社
出 版 人：江建中
社　　址：南京市四牌楼 2 号(邮编:210096)
网　　址：http://www.seupress.com
经　　销：全国各地新华书店
印　　刷：广东虎彩云印刷有限公司
开　　本：787 mm×1092 mm　1/16
印　　张：24.5
字　　数：460 千字
版　　次：2020 年 10 月第 1 版
印　　次：2020 年 10 月第 1 次印刷
书　　号：ISBN 978-7-5641-9119-1
定　　价：72.00 元

本社图书若有印装质量问题,请直接与营销部联系。电话(传真):025-83791830

前　言

高速公路作为现代综合运输体系的重要组成之一以及区域公路交通运输中的主动脉，支撑着沿线的社会经济发展以及区间的客货快速联系。多车道高速公路承担高速公路网的主骨架运输功能。研究多车道高速公路运行的特征、问题及管理方法对提升多车道高速公路及周边路网的运行效率与服务水平，发挥高速公路网的运输优势具有重要作用。

结合 Bluesky 团队近二十年在高速公路网规划及运行管理方面的科研积累，在形成的双向四车道高速公路交通运行状态分析方法及应用系列成果的基础上，以近期开展的江苏省交通运输厅重大科技专项（沪宁高速公路超大流量路段通行保障研究与工程示范）、江苏省交通科技项目（饱和流状态下高速公路运营管理策略研究）等为依托，形成了多车道高速公路交通流特性、多车道高速公路仿真建模、多车道高速公路事故特征及影响分析、车道功能划分策略与限速管理、路网交通组织策略和施工区交通组织、应急救援关键技术以及"一路三方"协作体系等关于多车道高速公路交通运行特性与管理方法的研究成果。

全书共分 10 章：第 1 章绪论，第 2 章多车道高速公路交通流特性分析，第 3 章多车道高速公路交通仿真模型，第 4 章大型车辆对多车道高速公路交通运行影响研究，第 5 章多车道高速公路交通事故应急交通组织，第 6 章多车道高速公路分车道限速值确定方法，第 7 章高速公路网交通组织策略，第 8 章多车道高速公路施工区交通组织，第 9 章高速公路成网条件下应急救援关键技术，第 10 章高速公路"一路三方"协作体系。

全书由过秀成教授统稿，各章的编写分工如下：第 1 章过秀成、张一鸣；第 2 章过秀成、李怡；第 3、4 章孔德文；第 5 章许秀、肖尧；第 6 章林莉；第 7 章张晓田、肖尧；第 8 章张春波、孔德文；第 9 章沈佳雁、濮居一、刘培；第 10 章过秀成、侯佳、邹禹坤。感谢华中科技大学段力博士，东南大学白洋硕士、吕方硕士、万泽文硕士和肖哲硕士生等在学术研讨、资料分享与整理以及专著编排过程中所做的工作。

本专著在撰写过程中参阅了国内外大量文献，由于条件所限未能与原著者一一取得联系，引用及理解不当之处敬请见谅，在此谨向这些文献的作者表达崇高的敬意和由衷的感谢！

鉴于多车道高速公路领域相关问题仍处在研究和探索阶段，专著仅反映了阶段性的研究成果，难免有错漏之处，恳请读者批评指正。

电子邮箱：seuguo@163.com。

著者
于东南大学
2020 年 5 月

目 录

第1章 绪论 ··· 1
 1.1 研究背景 ··· 1
 1.2 国内外既有研究综述 ··· 2
 1.3 主要内容 ·· 12
 1.4 本书组织结构 ·· 14
第2章 多车道高速公路交通流特性分析 ·· 15
 2.1 多车道高速公路交通环境 ·· 15
 2.2 多车道高速公路通行能力分析 ··· 17
 2.3 不同状态下多车道高速公路基本路段交通流特性 ································ 19
 2.4 车道管理条件下基本路段交通流特性 ··· 33
 2.5 多车道高速公路合流区交通特性分析 ··· 38
 2.6 本章小结 ·· 56
第3章 多车道高速公路交通仿真模型 ·· 57
 3.1 多车道高速公路车辆行为特性分析 ·· 57
 3.2 元胞自动机模型 ··· 77
 3.3 基于跟车对组合的车辆跟驰行为建模 ··· 81
 3.4 考虑车型差异性的车辆换道行为建模 ··· 98
 3.5 本章小结 ··· 102
第4章 大型车辆对多车道高速公路交通运行影响研究 ·· 103
 4.1 大型车辆对多车道高速公路基本路段交通运行影响研究 ····················· 103
 4.2 大型车辆对多车道高速公路合流区交通运行影响研究 ························ 140
 4.3 大型车辆屏障效应研究 ··· 166
 4.4 本章小结 ··· 169
第5章 多车道高速公路交通事故应急交通组织 ··· 171
 5.1 多车道高速公路交通事故分析 ··· 171
 5.2 交通事故对多车道高速公路交通运行影响分析 ·································· 179
 5.3 交通事故引起的多车道高速公路拥堵扩散特性分析 ··························· 181
 5.4 高速公路网交通事故持续时间预测 ··· 185
 5.5 基于拥堵扩散范围的交通事故分级方法 ·· 197
 5.6 多车道高速公路交通事故影响区划分与计算 ····································· 202
 5.7 多车道高速公路交通保护区事故应急交通组织 ·································· 206

5.8 本章小结 ... 218

第6章 多车道高速公路分车道限速值确定方法 ... 220
6.1 车道功能划分策略 ... 220
6.2 不同车道功能划分方案适应性分析 ... 226
6.3 多车道高速公路速度限制方式分析 ... 232
6.4 多车道高速公路速度限制值确定框架 ... 238
6.5 基于工程技术的主线最高限速值确定 ... 240
6.6 安全与效率协同最优的分车道限速值确定 ... 243
6.7 本章小结 ... 257

第7章 高速公路网交通组织策略 ... 258
7.1 交通诱导分流 ... 258
7.2 交通信息发布 ... 269
7.3 匝道控制 ... 274
7.4 集散车道 ... 278
7.5 路网交通组织案例 ... 281
7.6 本章小结 ... 286

第8章 多车道高速公路施工区交通组织 ... 287
8.1 多车道高速公路施工区交通特性分析及安全隐患排查 ... 287
8.2 多车道高速公路施工区通行能力研究 ... 293
8.3 多车道高速公路施工区交通组织形式 ... 298
8.4 多车道高速公路施工区交通组织安全性评价 ... 308
8.5 本章小结 ... 317

第9章 高速公路成网条件下应急救援关键技术 ... 318
9.1 高速公路成网条件下应急救援需求分析 ... 318
9.2 高速公路成网条件下应急救援设施选址方法 ... 319
9.3 高速公路成网条件下应急救援资源配置方法 ... 332
9.4 高速公路成网条件下应急救援资源调度方法 ... 347
9.5 本章小结 ... 359

第10章 高速公路"一路三方"协作体系 ... 360
10.1 高速公路"一路三方"协调机制建设 ... 360
10.2 高速公路"一路三方"应急响应与处置 ... 363
10.3 高速公路"一路三方"协调管理措施保障 ... 372
10.4 本章小结 ... 373

参考文献 ... 374
后记 ... 383

绪 论

1.1 研究背景

高速公路网是国家基础性公共设施,也是现代综合运输体系的重要组成之一,是加强区域间客货快速联系和交流的重要途径,对促进区域社会经济发展具有支撑和引导作用。至 2015 年,多车道高速公路占我国高速公路的比例达到 18%,其中,双向六车道高速公路总里程为 17 762 km,占 14%,双向八车道及以上高速公路总里程为 4 701 km,占 4%。多车道高速公路里程逐年增长,多个重要通道如沈大高速、沪宁高速、京珠高速等均已由双向四车道高速公路改扩建为双向八车道高速公路,首都机场高速、福诏高速等也改扩建为双向六车道高速公路,京沪高速等重要道路也逐步分段改扩建为多车道高速公路。多车道高速公路作为区域公路运输网中的主通道,交通量逐年上升,重要性不断提高。截至 2018 年底,我国高速公路总里程已达 14 万 km。2017 年八车道沪宁高速公路日平均交通量为 11.8 万 pcu,大型车辆比例达到 29%,而节假日最拥堵区段日平均交通量可达到 20 万 pcu,高峰小时交通量为 12 000 pcu。本专著中将单向车道数大于两车道的高速公路称为多车道高速公路,主要指双向六车道与双向八车道高速公路,其可以提供更好的驾驶环境,提高公路运输的舒适度、便捷度和经济性等,为人们的出行带来便利。

多车道高速公路基础设施及运行方式的改变使得道路的运行特征发生了变化。多车道高速公路具有单向三条及以上的车道,车辆在行驶中自由度高,可根据不同环境进行灵活的驾驶选择,表现出与双向四车道高速公路中不同的驾驶行为特征,加减速及换道更加频繁,使得多车道高速公路交通流复杂多变。尤其是在多车道高速公路分合流区段,车辆需多次换道才能达成行驶目的,增加了区段内车辆的行驶难度。多车道高速公路为了适应运营效率和行车安全的不同要求,可采用不同的断面形式,如整体式、客货分离式和"长途+集散"式等,国内主要采用整体式断面并配合分车型分车道行驶的运行方式。该运行方式使得车辆在道路上的分布发生改变,交通量和车型在不同车道上的分布及车道内部交通流的组成发生变化,引起多车道高速公路各车道在相同状态下交通运行特征出现差异性。同时,多车道高速公路的运行方式也使得大型车辆影响更加多样,如大型车辆集中行驶在外侧车道,影响其他车辆驶离与驶入高速公路,形成大型车辆的屏障效应。

由于多车道高速公路流量大且沿线互通枢纽及出入口匝道设置多,拥堵发生频率也逐渐增多。2016 年全年沪宁高速公路由于交通事故、自然灾害、节假日大流量等原因导致高速公路阻断共计1 538起,总阻断时间为13 279.38 h,造成经济损失50 486余万元。多车道高速公路若出现严重的交通拥堵,会影响其沿线其他高速公路、干线公路以及城市道路的正常运行,形成大范围、长距离的交通阻塞,甚至交通中断,导致省际、地区间的车流、物流的延误。拥堵条件下车辆之间的冲突概率也会增大,更容易造成交通事故,造成能源浪费、环境污染和经济损失,且在车辆密集条件下,发生交通事故后的应急救援难度也会增大。

多车道高速公路运行管理可以针对交通运行中存在的突出问题,如高峰时期交通拥堵、交通事故、恶劣天气以及施工作业等状况下保障交通运行、提高交通安全。多车道高速公路运行管理方法有车道管理策略、车辆限速设置、路网交通组织、施工区交通组织、应急救援技术等。正常运行条件下,多车道高速公路运行管理目标为提高运行效率,但车辆分车道运行、分合流现象增多等影响运行效率的特征变化对多车道高速公路交通管理设施、管理方式提出了新的要求。非正常(紧急事件)条件下,多车道高速公路运行管理的目标为如何快速响应事件进行紧急救援,尽可能降低事件的危害程度,此时紧急交通组织、应急预案、资源调度等成为了关注的重点。同时,多车道高速公路中多部门协作是有效进行交通管理的保障,合理的协调机制可以提高多车道高速公路运行管理的效率。

本专著结合多车道高速公路运行现状、展现出的特征和存在的问题,分析多车道高速公路交通流特性,构建多车道高速公路交通仿真模型,剖析外部因素对多车道高速公路的运行影响,以揭示多车道高速公路交通运行特性。通过车道功能划分策略构建及限速确定、路网交通组织策略的研究,缓解正常运行条件下多车道高速公路的拥堵问题,提高运行效率。通过施工区交通组织、应急救援关键技术的研究,保障非正常条件下多车道高速公路安全、有序运行,提供及时、有效的资源调度。通过对"一路三方"协作体系的研究,提高多车道高速公路运行管理能力。从而为交通管理者制定交通管理策略提供理论依据与技术支撑,以期提高多车道高速公路的运行管理水平,保证交通安全与运行效率。

1.2 国内外既有研究综述

1.2.1 高速公路交通运行特性研究现状

1. 高速公路运行状态研究现状

《道路通行能力手册(第六版)》(Highway Capacity Manual 6th Edition,以下简称HCM2016)、基本图理论和三相交通流理论是三类普遍使用的高速公路运行状态分析方法,在双向四车道及多车道高速公路中均可采用。HCM2016将上游到达率、交通瓶颈和下游交通状态作为主要因素进行高速公路交通流状态的划分,分为非饱和流、过饱和流与排队消散流[1]。非饱和流的特点为车辆到达小于通行能力、无剩余排队、交通流不受到下游交通状态影响,过饱和流的特点为车辆到达率超过通行能力、排队未消散、受到下游交通流状态影响,而排队消散流指刚通过瓶颈、正在加速过程的交通流,流量范围一般为2 000～2 300 pcu/(h·ln),速度范围为60 km/h至自由流速度。基本图根据交通流流量、速度与密度三参数之间的相互关系确定交通流状态。在基本图中，可获得交通流的最大流量、临界密度等参数，且交通流被分为自由流交通和拥挤交通两个分支，自由流交通和拥挤交通重叠的区域被称为亚稳态区域[2]。Kerner 等人基于高速公路实测数据提出了经典的三相交通流理论，将交通流划分为自由流相、同步流相以及宽运动阻塞相[3-7]。在基本图方法理论体系内，同步流是作为自由流和堵塞之间转换的一种瞬时状态，而在三相交通流理论中，同步流作为与自由流和堵塞状态平行的独立状态，可以长期稳定的运行。同步流状态下，车辆之间有强烈的相互作用，车辆跟驰间距较小，呈队列前进，车辆的速度几乎保持同步。在交通流的变化过程中，这三类交通相之间在一定条件下会出现相变：自由流相转变为同步流相、自由流相转变为宽运动阻塞相、同步流相转变为宽运动阻塞相。多车道高速公路在相同的交通状态中各车道可能表现出不同的特征，如最大流率存在差异，所以进行多车道高速公路交通状态划分的定量研究中还需对方法进行优化并考虑更多的因素。

多车道高速公路中各车道表现出不同的交通运行状态特征，学者们从交通状态和安全特性等方面展开了研究。Duret 等人采用实际数据分析了单向三车道高速公路中各车道的车流分布特征，发现随着交通量增大，内侧车道车流比例会线性增长，而中间车道及外侧车道的车流比例则会逐渐降低；对高速公路实施大型车辆行驶限制并设置可变限速可以显著影响各车道流量的分布，使得外侧车道被充分使用[8]。Ishak、Stammer、Jo 等人对美国多条实施了限速、客货车分车型分车道管理策略的多车道高速公路进行数据采集与分析，研究了多车道高速公路在车道管理下的交通状态特征与安全特性，并评估实施车道管理后的道路运行改善情况[9-11]。段力以密度作为车道管理条件下多车道高速公路分流区服务水平的判别标准，划分了顺畅、抢道、延误和中断四种分流形态；观测了某高速公路上的分流行为，建立并统计了分流强度、分流长度、分流速度等描述分流难易程度的性能指标[12]。张云娇对国内某车道管理条件下双向八车道高速公路进行数据采集，分析了非高峰与高峰期交通流流量、速度与车头时距在各车道的分布特征，提出前端指数拟合，提高了各车道上较小的车头时距概率密度拟合精度[13]。

2. 高速公路通行能力与服务水平研究现状

HCM2016 对高速公路基本路段、进出口匝道和交织区段等的通行能力做了系统的分析，给出了不同道路交通条件下的通行能力建议值。HCM2016 通过对交通流状况、车辆运行速度和行驶时间、机动自由程度、交通阻断程度、出行便利性和舒适性等方面的描述将高速公路运行分为六级服务水平[1]。英国、法国、德国、瑞典、加拿大等国家也在 HCM 的基础上根据本国实情组织开展实地调研，建立理论模型，并编制出版了各自的通行能力手册。《公路工程技术标准》（JTG B01—2014）从便于公路规划设计与使用的角度，根据交通流状态的不同，采用 V/C 值作为主要指标，小客车实际行驶速度与自由流速度之差作为次要指标，将国内高速公路运行的服务水平分为六个等级[14]。规范中未对高速公路类别进行细分，即双向四车道与多车道高速公路均按此标准进行服务水平划分，但多车道高速公路中同一服务水平下各车道的服务水平可能不同，因此多车道高速公路服务水平的研究仍需细化。

合流区段、分流区段、交织区段以及施工区段作为多车道高速公路中的瓶颈路段，对通行能力影响严重,是许多学者进行通行能力研究的主要对象。Bertini等人将出口匝道引起的交通瓶颈分为静态和动态两种情况,通过实际数据统计分析交通流特征演化,给出了匝道出口处通行能力[15]。Awad假设交织区车辆对多车道高速公路路段的影响是不确定的,采用线性回归和神经网络方法分别建立了两类交织段容量的计算模型,通过对比实验发现基于神经网络方法的模型计算效果更好且有更强的预测性能和泛化能力[16]。任春宁通过分析多车道高速公路各组成区域的车辆运行特性,分别以交通流三参数理论、车头间距理论和匝道车流汇入支线的可接受间隙理论为基础,建立了分、合流区的通行能力计算模型,模型可计算出不同大、中型车比例下的分、合流区匝道通行能力范围[17]。Zheng等人通过荷兰采集的数据运用改进的神经模糊模型对双向四车道和六车道高速公路施工区通行能力进行研究,认为重型车辆比例、横向距离、临时限速等12个因素对施工区通行能力影响最严重[18]。Weng、Meng对单向三车道封闭一车道的施工区进行数据采集,在分析速度、流量关系和驾驶员在施工区合流行为的基础上,建立了车辆合流位置、合流概率和合流距离的三类模型并进行通行能力的估计[19]。

国内高速公路规模日益扩张,平均饱和度不断增加,多车道高速公路通行能力研究逐渐受到关注。魏巍以苏嘉杭高速公路南段"四改六"扩建工程为依托,对改扩建前后通行能力和服务水平进行研究,发现扩建后的多车道高速公路通行能力提升了约20%[20]。魏雪延等人构建了整体式、客货分离式和"长途+集散"式三种断面形式下的八车道或十车道高速公路通行能力计算方法,并借助VISSIM仿真平台进行了各种方式下的交通流运行模拟,结果表明整体式断面八车道及以上高速公路相对于双向四车道和六车道高速公路的单车道通行能力显著减小[21]。

3. 大型车辆运行影响研究现状

大型车辆对多车道高速公路运行影响的研究包括对交通流特征影响及对车辆驾驶行为影响两方面。Ahmed等人通过对I-43进行交通流数据调查,分析了大型车辆在拥挤条件下对高速公路运行特征的影响,包括大型车辆对身后小型车辆车头时距的影响、大型车辆车重与车头时距的关系、大型车辆对通行能力的影响等,认为车头时距与车重呈正比关系,且大型车辆比例的提高会降低道路通行能力并提高车辆换算系数的值[22]。Sarvi、Moridpour、Aghabayk等人通过NGSIM数据就大型车辆对其他车辆跟驰及换道行为的影响做了一系列的研究[23-27]。在车辆跟驰中,当车辆行驶速度大于30 km/h时,大型车辆由于性能原因导致其与前方小型车辆间的车头间距明显增大。当车辆行驶速度小于30 km/h时,由于大型车辆严重遮挡后方小型车辆视距,使得小型车辆跟驰大型车辆的车头间距明显增大。同时,大型车辆会对后方小型车辆的加速度显著影响,使得小型车辆的加速度分布特征类似于大型车辆。在车辆换道中,小型车辆与大型车辆在换道时周围的交通特征存在差异性,如相对速度、相对间距等,小型车辆的换道表现出明显的加速超车意图,而大型车辆并没有。Chen等人对小型车辆和大型车辆的跟驰反应模式与换道选择进行了研究,实验结果表明大型车辆与小型车辆存在不同的跟驰反应模式并对拥挤产生的交通震荡波有不同的影响,其中大型车辆跟驰小型车辆时可以阻碍交通震荡波向上游传播,而大型车辆的换道特性也可以提高交通流的稳定性但同时导致高速公路通行能力不能被充分使用[28]。王翔在进行多车道高速公路动态建模时,选取车辆占有空间作为等效标准构建了大型车辆的动态换算系数来表征大型车辆在运行中对交通流的影响[29]。当车辆行驶速度较高时,车辆间保持的安全间距是主要考虑因素,当车辆行驶速度较低时,大型车辆的长度是主要考虑因素。Ngoduy、Yang 等人则通过车队速度波动与车头时距波动分析了大型车辆对车流稳定性的影响,发现跟车对形式是影响车流稳定性的因素之一[30-31]。尽管多车道高速公路环境下的大型车辆运行影响研究丰富了交通流理论的成果,但是不同车道数下大型车辆产生影响异同还未有专门针对性的研究。

学者们也对大型车辆在分车型分车道行驶的多车道高速公路中产生的影响进行了研究。Kong 等人在进行大型车辆对车头时距分布特征的研究中发现分车型分车道行驶的运行方式使得不同车道的车流出现了差异性,引起了大型车辆影响的不同,使得车道位置成为分布拟合中的主要参数[32]。Cherry 等人对 Knoxville 区域内某条实施了分车型分车道行驶的多车道高速公路进行了调查,调查结果表明在实施了大型车辆集中行驶在外侧车道的管理策略后,小型车辆在交通高峰时期出现了进出高速公路困难的现象,其主要原因是小型车辆驾驶员担心安全问题以及不想被夹在大型车辆之间行驶所造成[33]。Gan、Jo 等人将大型车辆集中行驶在外侧车道引起的阻碍其他车辆进入多车道高速公路的现象称为大型车辆屏障效应,并定性的指出当交通流量及大型车辆比例达到一定条件时,大型车辆屏障效应会引起入口匝道车流的骤降[34]。段力通过模糊 C 均值聚类的方法研究了多车道高速公路分流区大型车辆的屏障效应,研究得出大型车辆屏障效应的理论判别条件是大型车辆间的车头时距小于 1.5 s[12]。

1.2.2 高速公路交通微观仿真建模研究现状

高速公路交通微观仿真是解决高速公路交通运行问题的一类常用的有效手段。其核心是对车辆的驾驶行为进行建模,通过车辆间的相互作用再现交通流的运行特征。多车道高速公路交通微观仿真相对传统双向四车道高速公路交通微观仿真更加复杂,其主要原因在于车辆在多车道高速公路环境下的驾驶行为更加多变且受到更多外界因素的影响,比如车辆在换道中可选择左侧换道或右侧换道,若存在车道管理策略还需要考虑其对行驶效率与安全的影响。所以在多车道高速公路交通微观仿真建模时会更加关注对车辆跟驰与换道行为的特征分析,基于车辆轨迹数据对车辆驾驶行为进行精确构建。

1. 车辆跟驰行为建模研究现状

车辆的跟驰行为建模即构建目标车辆驾驶员在获得前导车的有关信息后所做出的刺激反应行为。元胞自动机模型是车辆跟驰行为建模中常用的一类模型,其具有离散的时间、空间与状态参量并能通过简单的仿真规则表现复杂的车辆驾驶行为。元胞自动机模型不仅有较高的仿真效率与仿真精度,也能够反映出交通流的多种特征,如幽灵拥堵、回滞现象等,故被广泛使用。Cremer 等人首先提出元胞自动机模型后,Nagel、Schreckenberg 对车辆最大速度进行拓展并引入随机慢化概率后提出 NaSch 模型[35-36]。现有许多被构建应用于交通研究中的元胞自动机模型基本是以 NaSch 模型为基础改进获得的,如 VDR 模型、速度效应模型、舒适驾驶模型等[37-38]。Bham 针对元胞自动机模型微观仿真精度较低的问题,对模型的跟驰选择、刹车行为等做了进一步细化,构建了 CELLSIM 模型[39]。研究中 CELLSIM 模型相对于传统的跟驰模型具有更高的仿真效率且尽管规则简单,依然保持了很高的仿真精度。

随着跟驰模型研究的逐渐深入,车型因素在建模中被更加精细化。Ossen 等人对混合交通流中车辆跟驰行为的异质性进行了研究,使用八类常用的跟驰模型分别对小型车辆和大型车辆的跟驰行为进行了拟合,因为同一模型无法同时较好的拟合两类车型,认为小型车辆和大型车辆的跟驰行为存在不同,且 $K\text{-}S$ 检验进一步验证了差异性[40]。Aghabayk 等人通过轨迹图、相对速度-间距的关系、加速度等特征的分析也验证了小型车辆和大型车辆跟驰行为的差异性,并通过方差分析得到了构建跟驰行为时需要考虑的主要因素[41]。Munigety 等人将车辆的跟驰类比为一个弹簧系统,并通过动量守恒的关系进行模型构建,模型中小型车辆与大型车辆存在跟驰行为上的差异并通过质量参数表示[42]。Aghabayk 等人使用局部线性模型树的方法进行车辆跟驰行为建模的研究,研究中认为对大型车辆单独进行跟驰行为建模并考虑不同前车类型的影响,其仿真效果会优于不区分大小车型的通用跟驰模型[43-44]。Liu 等人为了体现混合交通流中车型的差异性,基于最优速度模型,对不同的跟车对组合赋予了不同的跟驰参数[45]。Peeta 等人在跟驰模型中加入了大车影响项,大车影响项会使得车辆的跟驰间距增大,从而体现了小型车辆受影响后跟驰行为的变化[46]。付强等人在车辆跟驰行为建模中考虑了货车影响建立了低速货车影响下基于车头间距的跟驰模型,模型中主要包含了当前车道及邻道低速货车对目标车辆跟驰行为的影响[47]。元胞自动机模型在仿真混合交通流时也会针对不同车型进行一定的改进,但主要为模型中参数的修改。Ebersbach 在仿真混合交通流时为小型车辆和大型车辆设置了不同的最大速度[48]。Li 等人在使用元胞自动机模型构建混合交通流时,着重考虑了不同车型在减速能力方面的差异进行建模[49]。Yang 等人不仅区分了不同车型的尺寸、最大速度、加减速的差异,并考虑了反应时间及随机慢化概率的差异,构建了大小车相互作用的元胞自动机混合流模型[50]。Kong 等人认为在元胞自动机模型构建中不同车型仅参数上存在差异并不能完全体现小型车辆与大型车辆的跟驰差异且会输出错误的车头间距结果,对行为规则、随机慢化参数等的设置进行了改进,既考虑目标车型本身的差异也考虑前车车型的影响[51-52]。

2. 车辆换道行为建模研究现状

车辆换道模型描述了车辆的车道变换行为,包括车道变换意图的产生、车道变换的可行性分析以及车道变换行为的实施。已有车辆换道行为的建模主要集中于车辆换道的决策过程,可分为四类:准则模型、离散换道选择模型、人工智能模型和刺激模型[53]。元胞自动机模型作为准则模型中的一类,其换道判别包含了当前车道不满足行驶条件、邻道行驶条件优于当前车道以及换道满足安全要求[54]。元胞自动机模型中使用最多的换车道模型是 STCA 模型,许多其他模型均是通过对其换道动机及安全条件规则进行修改而得到。敬明等人将 STCA 模型中的换道安全条件修改为考虑目标车辆与目标车道后车的相对速度以体现车辆换道时的侵略性[55]。赵韩涛等人仿真了存在应急车辆时其他车辆的换道情况,模型中将车辆的换道分为三类,体现了应急车辆与其他车辆换道的差别以及其他车辆距应急车辆距离不同时换道选择的改变[56]。李慧轩在构建元胞自动机模型中考虑了转向灯效应,使得模型能仿真出车辆换道失败的情形[57]。学者们就车型因素在换道模型中的体现也做了一些研究,相关的研究成果主要来自 Sarvi 团队。它们通过模糊逻辑方法针对大型车辆构建了换道决策模型并分析与检验了小型车辆和大型车辆在换道实施过程中加速度的变化差异并通过不同的计算模型进行拟合[58-59]。同时通过车辆轨迹数据比较了小型车辆和大型车辆在快速路与高速公路上换道行为的差别以及两类车型对周围环境所造成影响的差异,研究表明车辆换道中的间距选择、加速度值与车辆的长度具有关联性[27, 60]。Peeta 在换道模型中加入了大车影响项,大车影响会使得车辆的换道概率增大,从而体现了小型车辆受影响后换道行为的变化[46]。元胞自动机模型在换道行为中考虑小型车辆与大型车辆差异的较少,仿真中通常采用相同的换道规则。Kong 等人对 STCA 模型中的换道刺激规则进行了改进以考虑大型车辆对驾驶员换道行为的影响,模型中当驾驶员受到前方大型车辆的影响时,车辆换道的刺激标准会随着大型车辆影响程度的增大而降低[51]。

1.2.3 高速公路交通事故影响研究现状

学者们运用多种研究方法从不同角度对多车道高速公路交通事故的时空影响进行了研究。在时间预测方面,主要预测模型包括回归模型、时间序列模型、决策树模型、非参数回归模型、模糊逻辑模型等。在空间影响传播方面,主要分为排队论和基于流体力学的方法。马阿瑾对交通事故持续时间的各组成部分分别建模进行预测,根据报警反应延迟、接警反应延迟和事故报告时间之和确定事故发现时间,用决策树法预测事故响应时间和事故清除时间,分别用交通波理论和排队论估算无干涉和干涉条件下交通恢复时间,构建高速公路交通事故持续时间预测的分阶段模型[61]。研究中通过对比有无事故条件下相关路段服务水平的变化,确定各个时间阶段内受影响较大的路段,将这些路段连接形成的局部路网作为该时段事故影响范围,取各个时间阶段中最大的事故影响区域作为高速公路交通事故影响范围。金书鑫等将交通事故的影响范围按点、线、面三个层次进行划分,分别运用公路养护施工控制区设置经验及规范要求、交通流理论、路径阻抗计算与行驶时间对比的研究方法,定量确定点、线、面三个层次的事故影响区[62]。其研究结果在区域高速路网拓扑关系的基础上,结合交通量、车速、通行能力数据以及交通事故现场状况分析,能对多车道高速公路快速确定事故影响区范围。Chung 等提出了事故持续时间的 AFT 模型,包含了分布类型可变的误差项和脆弱参数,其采用两阶段残差包含方法来识别非线性 AFT 模型中内生变量的影响,并以台湾地区多车道高速公路事故数据进行案例分析,评估该方法的适用性[63]。研究结果表明具有非单调性、Log-Logistic 误差项分布和伽玛脆弱参数分布的 AFT 模型优于其他模型,而阻塞的车道数量被认为是事故持续时间的重要内生变量。如果不考虑传统的两阶段最小二乘估计量,或者由传统的两阶段最小二乘估计量来解释内生变量效应,会低估被堵塞车道数对事故持续时间的影响。沈静从事故发生后多车道高速公路运行速度变化的角度对高速公路事故的时空影响进行了分析[64]。研究中选取速度变异系数作为事故影响主要分析特征指标,结合事故路段道路交通流数据,采用二维线性插值技术构建了速度变异系数轮廓图,并运用局部多项式拟合方法提取事故影响区域轮廓,并分析提取了四种交通事故影响量化指标,包括事故最大影响时间范围、事故最大影响空间范围、事故影响强度、事故影响传播速度,最后对交通事故在时间和空间上的传播规律进行了相应的分析。对于不同车道数下多车道高速公路交通事故影响的特征差异、事故类型与冲突点分布的异同还有待进一步研究。

1.2.4 高速公路交通组织与管理研究现状

1. 高速公路车道限制与限速策略研究现状

多车道高速公路运行方式灵活,车道数的增多为管理者采用分车道的精细化管理提供了设施条件。高速公路客货混行对通行安全与效率存在一定的影响,对多车道高速公路实施车道限制策略是应对该问题的思路之一,即分配车道通行权,明确各车道的性质,实现相对应的通行功能。Jo等人采用CORSIM仿真模型分别模拟六车道、八车道和十车道高速公路的车道限制策略,指出车道限制会降低车流平均速度、通行能力但提高平均密度,除限制车道数过多的情况,车道限制能有效减少车辆换道次数[11]。Korkut等对多车道高速公路中实施货车车道限制且分车型限速条件下的服从率与事故率进行回归,发现二者呈多元线性关系,货车与小汽车的速度差、速度方差、货车流量与车道占有率等交通特性也对事故率有影响[65]。Moridpour等认为货车与客车的换道行为存在明显差异,更新了货车的换道决策模型并应用于分析不同车道限制策略在多车道高速公路上的实施效果,研究表明所建模型与VISSIM默认的换道模型相比可提高仿真精度且限制货车使用快速车道能够带来明显的速度效益[66]。叶曾通过微观仿真的方法分析了不同车道数及交通条件下不同货车车道限制方案的实施性能,研究中主要选用了车流平均速度、最大流率、速度差异、换车道次数等指标进行评估[67]。李冠峰等人分析了多车道高速公路客货混行产生的问题,论证了客货分道行驶具有提高行车安全度、发挥速度优势、提高高速公路使用的综合经济效益、有助于事故救援等优势[68]。刘晨辉对比分析了四、六、八车道高速公路分别实行不同车道限制策略时的交通运行效率和安全性,认为对小汽车和大货车同时进行车道限制能够更好地提高交通运行效率和安全性,当驾驶员不服从率控制在一定范围内时该策略运行效果较好,且在坡度路段效果更为明显[69]。

合理限制车速是确保公路安全、高效运营的有效措施。车速限制的确定方法较多,设计的因素有85%位车速、交通法规、安全状况、道路网侧土地的开发程度、交通量和车辆组成、设计速度、公众意见、曲线的安全速度、可见度限制、路面特性和道路宽度、路肩类型和宽度、交通控制设施以及平均车速等[70],部分国家及地区高速公路限速值如表1-1所示。美国《统一交通控制手册》认为速度限制值应当是自由流情况下的85%位运行速度,按10 km/h或5 mph的整数倍进行取值,且限速值的制定需考虑最近12个月的事故调查报告、路侧环境和道路特点等因素[71]。法国LAVIA计划以GPS确定车辆所在道路的最大允许运行车速,使车辆按限速标准行驶。新西兰根据道路条件、周边环境将道路分为若干安全等级,作为限速依据。国内高速公路限速值多以设计速度为依据,采用规范内的推荐值或在推荐值基础上进行一定的折减,常用的限速方法有全线统一限速和限速区限速。

表 1-1 部分国家及地区高速公路限速情况

国家(地区)	法国	奥地利	意大利	匈牙利	芬兰	西班牙	美国	葡萄牙
最高时速(km/h)	130	130	130	120	120	120	120～90	120
国家(地区)	希腊	英国	波兰	日本	挪威	德国	中国台湾	中国香港
最高时速(km/h)	120	110	110	100	90	无限制	110	110

Soriguera 等根据巴塞罗纳单向三车道高速公路 B-23 的实测数据研究了限速值对交通流的影响,发现交通流固定时限速值降低使其车道的占有率更高,且在中等交通需求时车道间的速度差将变大,认为设置较低的限速值应须谨慎[72]。Harari 等人对以色列 7 条高速公路提高限速前后的事故数据进行了研究,通过前后对比认为安全水平从统计学角度得到了明显改善[73]。美国道路网的断面观测数据表明 85% 位车速能够较真实地反映道路上车辆的实际运行速度,而限速值的降低容易使驾驶员违反限速规定的比例提高[74]。钟连德等人建立了高速公路大、小车速度差与事故率的回归模型,表明了二者间非线性的正相关关系[75]。王涛研究了路段车速离散性的特征,构建了基于前车信息的多车道交通流动力学模型和匝道换道模型,并对不同车道限速条件下的交通流进行研究,发现交通流车速离散度会对通行效率产生较大影响,二者呈负相关关系,且实行不同分车道限速策略,不仅使高速公路整体路段交通流特征不同,也使得各车道的交通特征产生差异[76]。

2. 高速公路路网交通组织策略研究现状

路网交通组织可整体提高高速公路及周边路网的运行效率及安全,主要包括匝道控制、路网诱导分流等方面,常用路网交通组织原则有近端控制、远端分流等。现有对路网交通组织策略的研究更多是从路网整体来考虑,针对多车道高速公路路网交通组织的研究较少。白兰对多车道高速公路交通流特性进行分析,采用 TransModeler 软件建立了不同时段、不同车型、不同车速下的日交通流量模型,通过仿真给出了双向八车道高速公路在不同客货比下的交通组织方式,同时提出了经验模态和小波神经网络相融合的算法,建立了多车道高速公路交通流诱导模型并验证了准确性[77]。Pasquale 等提出了一种高速公路交通网络的多级控制方案,主要策略包括匝道控制和交通诱导,以平衡的方式减少总时间和总排放量[78]。研究中匝道控制和交通诱导策略不仅基于当前的高速公路系统状态还考虑对未来交通状况的预测,且两类措施均考虑了不同车辆的类型进行具体设计,并以多车道高速公路为案例进行说明。Spiliopoulou 等研究了高速公路出口匝道处实时路径诱导分流策略,以防分流区交通拥堵蔓延至高速公路主线上[79]。研究中提出了基于反馈控制法则的路线诱导策略并在三类交通场景下的高速公路路网中进行测试。在第一个场景下用户最优平衡可以达成,路线诱导系统可以提出诱导路线;在第二个场景下用户最优条件只有在分流区拥堵蔓延回高速公路主线后才实现;在第三个场景下由于分流路线上的交通状况不佳不能实现用户最优,路线诱导系统临时关闭匝道以防形成拥堵。

3. 高速公路施工区交通组织方法研究现状

多车道高速公路需要定期进行施工养护且施工区交通组织形式多样。Heaslip 等采用交通仿真软件 CORSIM 对多车道高速公路施工区进行仿真,根据仿真数据建立了高速公路施工区通行能力拟合模型,并采用三车道变窄为一车道、二车道等施工形式的实测数据对所建立模型进行了一定的修正,模型输出结果与 HCM2000 结果相比误差小于 1‰[80]。孟祥海等针对高速公路上典型的半幅封闭施工作业区开展了通行能力的研究,指出施工区各区段的道路与交通条件有较大差异,其影响道路通行能力的因素也不尽相同,影响通行能力的主要因素包括自由流速度、车道宽度、侧向净空、道路纵坡、交通组成、限速情况等,并提出了基于速度-流量模型的道路实际通行能力和基于运行速度及道路交通条件修正的实际通行能力确定方法[81]。王俊凌以双向八车道高速公路为研究对象,根据施工封闭车道数目不同,分别分析了封闭一条、两条、三条车道及半幅路的施工组织形式,为实践中多车道高速公路施工区交通组织方案实施提供了较好的参考价值[82]。

4. 高速公路应急救援技术研究现状

针对多车道高速公路应急救援调度决策,Yi 提出了采用蚁群算法研究应急事件情况下资源调度中的车辆路径选择和物资配送问题[83]。Yang、Arora、Zhang 等考虑应急资源分配不同目标以及救援物资需求点不同约束条件,分别研究了救援资源的分配问题[84-86]。朱苍晖等针对多车道高速公路不同突发事件,从资源派遣方法的数学特征、高速公路交通救援点配置情况和交通事故救援实施等方面研究了匈牙利法、直接成本法和机会成本法三种交通应急救援物资调度方法的适用性[87]。向红艳研究了救援系统响应时间与救援资源配置问题,考虑多车道高速公路交通特征、事故数、死亡人数、受伤人数、经济损失等指标,计算路段危险度,根据救援资源在空间上的不同分布,计算了救援资源到达危险路段的响应时间,建立了基于响应时间的救援资源布局模型,并运用动态博弈论分析了各系统要素的博弈关系,建立了基于动态博弈的紧急救援决策模型,并提出了多阶段决策方案序列[88]。李巧茹等将干线公路网划分成路段,以路段事故数计算需求点的权重及应急资源需求量,考虑出救时间、应急资源点建设成本、资源运输成本的约束,以应急救援准时开始可能度最大、资源布局费用最小为目标,建立了资源布局与配置一体化的模糊规划数学模型,通过基于满意度水平区间数排序的转换方法将模糊规划转化成确定型规划,给出模型的最优解[89]。多车道高速公路应急救援管理能力评价主要采用交通检测系统获得的数据,或这些数据计算得到的事件相关交通参数(如车流速度、车流密度、事件持续时间、事件延误等),或者运用交通仿真计算工具,如 PARAMICS、VISSIM 等,模拟实施事件管理技术的前后效果,得到相关交通数据后对事件管理系统进行评价。Forthun、Umer 和 Chai 等建立了区域性地震应急救援能力评价指标体系,涵盖应急救援的前期准备、应急救援过程及应急救援后的恢复三个阶段[90-92]。娄天峰提出了灾害维、过程维、要素维和管理维的多车道高速公路应急救援能力"四维"结构理论框架,分析了不同维度下 ITS 对提升高速公路突发事件应急救援能力的作用机理,并重点针对过程维度研究了高速公路应急救援能力构成模型,基于管理变革和要素重构提出了高速公路应急救援能力的提升策略[93]。陈静丽结合专家调查方法和对指标的隶属度、相关性和鉴别力的分析,提出了适用于多车道高速公路紧急事件应急救援能力评价系统的指标体系,采用层次分析法确定各指标权重,建立了基于模糊综合的应急救援评价模型,并设计开发了应急救援能力评价计算机软件系统[94]。马兆有等人基于系统论,应用隶属度分析、相关性分析、鉴别力分析等方法筛选指标,建立了区域高速公路网应急救援能力评价指标体系,并采用"5/5—9/1 标度"层次分析法确定指标权重,应用模糊聚类方法对不同权重值进行分类合成[95]。

5. 多车道高速公路"一路三方"协作体系研究现状

高速公路的运行管理是由多部门协调构建保障,合理的管理体系是保障高速公路运营效率的重要因素[96]。多车道高速公路管理体系的合理构建是对正常运营的根本保障,也是提升管理效率的关键一环。多车道高速公路管理体系是对机构设置、运行方式、职能和权限的划分,包括人员、职能、机构、管理制度和运行机制等重要要素[97]。澳大利亚悉尼市建立了把高速公路网络同城市交通信号系统进行结合的、具有快速事件检测和响应能力的事件管理系统;欧洲很多国家建立了基于视频检测技术的事件检测和管理系统,德国使用的是 COMPANION 事件管理系统,瑞典采用的是 MCS 系统。美国高速公路事件管理系统遍及全国,较为成功的包括明尼苏达州的 DIVERT 系统、马里兰州的 CHART 系统、纽约和新泽西区域的 TRANSMIT 系统、圣地亚哥的智能呼救电话和 ADVANCE 系统等。既有事件管理系统建设的经验主要有:考虑使用综合响应预案,在事件状态下通过改变城市主干道的信号配时以配合高速公路交通管理,从而达到路网系统的综合优化;在交通管理中心实施联合办公,建立各部门紧密的沟通和协助关系;考虑采用高速公路巡逻服务,以减少事件检测和清理时间,增加交通安全;提供高效的、一致的事件状态下的出行者信息,增加大众的接受度等[98-99]。娄菁根据国内情况建立了高速公路突发事件应急救援联动机制,通过高度统一的信息传递制度、深入可操作的应急预案体系、预见性的交通流组织控制和科技手段的引入与应用确保联动机制有效运行,提高高速公路突发事件应急救援的效率与效果,保障高速公路的运行能力[100]。2008 年江苏省高速公路联网营运管理中心开始着手建立全省范围内的高速公路运营调度指挥平台,目前主要工作重点在整合全省高速公路的统一监控系统平台,提出了基于地理信息系统的路网运行状况显示平台。对于高速公路"一路三方"协作体系的研究在各地已经探索出了相适应的模式,但由于多车道高速公路的交通运行状况更加复杂,事故的紧急处理对于各部门间的协调提出了更高的要求,需针对多车道高速公路的"一路三方"协作体系进行更深入的探讨。

1.2.5 既有研究综述

既有研究在高速公路交通的运行特性、微观仿真建模、事故影响、组织与管理等方面取得了一定的研究成果,为更具针对性地对多车道高速公路交通特性及运行管理方法进行研究,应对如下方面进行深化:

(1) 既有关于高速公路交通运行特性的研究主要针对双向四车道高速公路,应进一步揭示多车道高速公路交通运行特性,并对分合流区、基本路段进行细化。结合多车道高速公路道路基础设施特性及车道管理策略的实施,研究车型分布、流量、速度等特征在不同车道的分布状态。

(2) 交通微观仿真模型多采用通用模型,无法体现小型车辆与大型车辆驾驶行为的差异以及车辆在多车道高速公路环境中的行为选择特征,使得仿真结果不能真实反映大型车辆对多车道高速公路交通运行的影响。多车道高速公路采用车道管理策略后大型车辆集中在外侧车道行驶导致出入口匝道处车辆行驶困难引起大型车辆屏障效应等问题,应开展相关的量化研究。

（3）多车道高速公路关于事故时空影响的既有研究中,运用了多种方法进行交通事故持续时间的预测,但均采用同一种方法贯穿研究始终,未考虑事故持续时间各阶段影响因素及发展过程的差异性。在多车道高速公路交通事故空间影响传播的下一阶段研究中,应不局限于单一道路的建模分析,而应从路网环境的角度研究交通事故影响的扩散机理,开展事故影响扩散范围的相关研究。

（4）既有多车道高速公路交通诱导分流中关于确定诱导分流区域、诱导路径及分流节点的研究较为欠缺。由于大流量条件下多车道高速公路交通拥堵会产生严重的负面影响,需加强对此条件下路网交通诱导的相关研究。

（5）多车道高速公路车道限制策略的有效性已被许多研究所验证,但多单一的从交通安全或运行效率的方面进行分析,结合车道限制策略的分车道限速更适合多车道高速公路,需展开进一步研究。

（6）针对高速公路突发事件的应急救援,既有研究就高速公路事件管理系统开发、救援资源调度、事件管理评价等方面取得了成果,但多集中于应急事件影响派遣模型的约束条件。可进一步开展考虑高速公路成网条件下拥挤状态和事件处置进度动态变化的多车道高速公路突发事件应急救援的相关研究。

（7）关于高速公路运行管理协调机制,各地通过实践探索与完善,分别形成了各具特色的工作机制和管理措施。将来尤其应关注高速公路在高峰流量及恶劣天气下,养护施工组织、突发事件应急处理中实施有效管理协调机制的关键问题。

1.3 主要内容

1. 多车道高速公路交通流特性分析

从设施特性、驾驶员行为特性、车辆运行特性阐述了多车道高速公路交通环境并分析了不同条件下的多车道高速公路通行能力;对多车道高速公路交通状态进行划分并确定饱和流状态的阈值,通过数理统计方法分析多车道高速公路基本路段及合流区交通流特性在非饱和流与饱和流状态下的变化;根据多车道高速公路基本路段车型分布、交通量、速度和车头时距等交通流特性的差异,分析车道管理策略对多车道高速公路的影响。

2. 多车道高速公路交通仿真模型

基于车辆行驶轨迹等数据,从车头时距/间距、车辆速度、车辆加速度、车辆换道决策、车辆换道实施等方面研究不同车辆在多车道高速公路中行驶的跟驰行为与换道行为特征,从普遍性、影响范围、作用效果、产生原因及影响程度等方面研究大型车辆对驾驶员的影响作用;采用元胞自动机模型对多车道高速公路交通进行仿真建模,构建不同车型的跟驰与换道模型,并对模型效果进行验证。

3. 大型车辆对多车道高速公路交通运行影响研究

对多车道高速公路基本路段进行仿真模拟,改变大型车辆比例、跟车对组合、大型车辆最大速度、大型车辆长度、大型车辆影响强度、车道管理策略,观测多车道高速公路流量、速度、拥挤率、换道率及稳定性等交通流状态参数的变化特征,剖析大型车辆在基本路段的影响规律;对多车道高速公路合流区段进行仿真模拟,改变大型车辆比例,分别观测入口匝道区段整体、主路及入口匝道交通运行状态的变化,剖析大型车辆在入口匝道区段的影响规律;通过模糊聚类方法与交通仿真方法对大型车辆的屏障效应进行识别,研究其判别条件。

4. 多车道高速公路交通事故应急交通组织

从事故空间分布、时间分布、类型、严重程度等方面,分析多车道高速公路交通事故特征,并研究交通事故对多车道高速公路通行能力、交通拥堵和延误的影响;结合拥堵扩散影响因素、拥堵集散过程、拥堵空间影响,研究多车道高速公路拥堵扩散机理并划分扩散状态;分析交通事故持续时间各阶段的影响因素,构建交通事故持续时间各阶段的预测模型;基于拥堵扩散范围,提出交通事故分级方法,给出分级测算指标和量化标准及多车道高速公路交通事故影响区的计算方法;设计不同车道封闭条件下的应急交通组织形式,并采用 Aimsun 软件提出合理的限速值设定。

5. 多车道高速公路分车道限速值确定方法

比较不同车道功能划分策略的特点,选取速度标准差、前后车速度差、换道率与运行速度等指标,从运行效率与安全水平两方面综合分析确定不同车道功能划分方案在不同交通量与货车比例下对多车道高速公路的适用条件;研究限制速度与设计速度、期望速度及运行速度之间的相互关系,根据多车道高速公路不同限速方式的特点与影响因素,提出主线限速与分车道限速两步骤的多车道高速公路限速值确定框架并给出相应的限速值确定方法;以双向六车道与八车道高速公路为例,通过交通仿真研究了限速方案实施的效果。

6. 高速公路路网交通组织策略

提出多车道高速公路交通诱导分流的实施条件以及原则,并从诱导分流节点选取、路径选取以及诱导区域的确定三个层面对路网交通诱导分流策略进行研究;对高速公路交通诱导信息发布进行研究,以道路使用者在不同场景下接收诱导信息为背景,提出在各类情况下向其发送诱导信息的方法和策略;研究多车道高速公路匝道控制实施方法,并仿真进行效果验证;集散车道的研究包括设置影响因素与集散车道设计;提出高速公路网交通组织流程,选取江苏省沪宁双向八车道高速公路作为交通组织案例,进行诱导方案设计,并对诱导结果进行分析。

7. 多车道高速公路施工区交通组织

分析多车道高速公路施工区驾驶行为、车辆运行、交通流等特性,并对施工区存在的安全隐患展开研究;分析多车道高速公路施工区通行能力影响因素,给出三类计算多车道高速公路施工区通行能力的模型;从交通组织方案建立流程、施工形式、限速设定、交通标志及安全设施设置等方面对多车道高速公路施工区交通组织形式进行研究,并建立多车道高速公路施工交通组织安全评价方法。

8. 高速公路成网条件下应急救援关键技术

分析高速公路成网条件下的应急救援需求,研究网络化条件下多车道高速公路应急救援设施选址方法,构建考虑成本差异与需求不确定性的多目标选址优化模型;研究高速公路成网条件下应急救援资源配置方法,构建考虑二次事故风险的应急救援资源配置模型,通过改进粒子群算法优化模型求解;分析高速公路应急救援资源调度方法的适应性,考虑潜在成本及救援路径的拥挤状态,提出高速公路成网条件下的应急救援资源调度方法。

9. 高速公路"一路三方"协作体系

研究高速公路"一路三方"协作平台的搭建,明确高速公路"一路三方"的职能分工和管理架构;探讨高速公路上的紧急事件救援,分析高速公路紧急救援过程中的时间进程,构建相应的应急救援组织体系,并针对可能发生的重大事故和恶劣天气制定多部门协调应急预案;从协调管理与信息化两方面提出高速公路运行管理能力保障措施。

1.4 本书组织结构

本专著充分吸纳国内外研究的既有成果,针对我国多车道高速公路运行及管理的问题,研究了多车道高速公路的拥堵生成机理,分析大型车辆对多车道高速公路基本路段及合流区段交通运行的影响规律,建立多车道高速公路交通仿真模型,提出多车道高速公路限速策略及限速值确定方法,路网交通组织与控制方法,高速公路成网条件下的应急救援关键技术,高速公路"一路三方"的协调机制、应急响应与处置以及能力保障策略。共分为 10 章,各章内容如下:

第 1 章绪论。阐述多车道高速公路交通运行管理研究的背景,系统归纳国内外既有的研究成果,并明确专著的研究目标及拟解决的相关问题。

第 2 章多车道高速公路交通流特性分析。分析多车道高速公路交通环境与通行能力,揭示不同交通状态、车道管理条件下交通流的变化特征。

第 3 章多车道高速公路交通仿真模型。分析多车道高速公路车辆行为特征,构建车辆的跟驰与换道行为模型。

第 4 章大型车辆对多车道高速公路交通运行影响研究。剖析大型车辆对多车道高速公路基本路段及合流区段交通运行的影响规律,提出大型车辆屏障效应的识别方法。

第 5 章多车道高速公路交通事故应急交通组织。分析多车道高速公路事故的影响特征及拥堵扩散特性,提出事故持续时间预测、事故分级、影响区计算的方法及应急交通组织。

第 6 章多车道高速公路分车道限速值确定方法。研究不同车道功能划分方案的适应性,提出多车道高速公路的限速框架及限速值确定方法。

第 7 章高速公路路网交通组织策略。研究多车道高速公路交通诱导分流方法、交通信息发布策略、匝道控制措施与集散车道设计。

第 8 章多车道高速公路施工区交通组织。分析多车道高速公路施工区交通特性、安全隐患及通行能力,提出交通组织形式及安全评价体系。

第 9 章高速公路成网条件下应急救援关键技术。分析应急救援需求,提出高速公路成网条件下应急设施选址、应急资源配置与调度的方法。

第 10 章高速公路"一路三方"协作体系。研究高速公路"一路三方"的协调机制、应急响应与处置以及能力保障措施。

第 2 章
多车道高速公路交通流特性分析

2.1 多车道高速公路交通环境

1. 道路设施特性

相较于双向四车道高速公路,多车道高速公路设施的变化主要为车道数增多、分离式路基出现及交通标志设置改变。

(1) 车道数增多

车道数增多是多车道高速公路最显著的道路设施特性变化。车道数增多一方面可以提高道路通行能力,另一方面能提高行车的安全性。当日平均交通量相同时,高速公路每 100 万辆车公里的事故数随着道路车道数的增加而减少。

车道数的增多也使得车辆的驾驶自由度提高。在双向四车道高速公路上,车辆只能在两条车道上行驶,车辆的可换道选择较为单一,自由度较低。在多车道高速公路上,当车辆有换道需求时,有多条车道可供选择,自由度相应提高。

车道数的增多也增加了车辆在多车道高速公路上行驶时的复杂度和难度。驾驶员在双向四车道高速公路行驶时只需关注当前车道和另一条车道的交通运行情况,根据实际需求进行驾驶操作。多车道高速公路的行驶车辆需要关注多条车道的交通运行情况,处理更多交通信息进行驾驶操作。在车辆交织区段,如高速公路互通区等,位于双向四车道高速公路主线内侧车道的车辆只需变换两次车道即可进入出口匝道;而位于多车道高速公路主线内侧车道车辆至少需要变换三次以上车道才能进入出口匝道,行驶过程冲突点个数增多,交织路段延长,使得车辆行驶的复杂度和难度均相应提高。同时,车道数的增加使得出口匝道加宽,也可能使得出口匝道车道数增加。

(2) 分离式路基出现

双向四车道高速公路单个行车方向均采用整体式路基形式,但多车道高速公路会采用整体式路基或分离式路基的形式。分离式又可分为客货分离式和"长途+集散"式,如图 2-1 所示。国内新建的六、八车道高速公路多采用整体式断面,通常配合使用一定的车道管理措施;在山岭、丘陵或地形受制约的地段,客货车混行会严重影响通行效率和安全,可采用客货分离式断面形式,内侧为客车道,外侧为货车道,分别有单独的互通立交匝道与外侧车道连接;在机场高速、绕城高速或出入口匝道密度较高的多车道高速公路,可采用"长途+集散"式,内幅车道供长途车辆快速行驶,外幅车道供短途车辆和周边集散车辆行驶,内外幅间每隔一定距离设置一段转换车道。

国内部分多车道高速公路通过双向四车道高速公路改扩建而来,在一些路况、地形复杂,道路直接拼接加宽有限的路段,整体式路基形式的多车道高速公路设计难度较大且建设成本过高,从而采用分离式路基的形式。因此国内多车道高速公路分离式路基多出现在枢纽互通处,如在京沪高速公路淮江段改扩建工程中,楚州枢纽互通处采用分离式路基形式。分离式路基的出现同样会增加车辆行驶的难度:在分离式路基与整体式路基的连接处,其交通组织形式较为特殊,交通运行环境也较为复杂,车辆需要进行减速决策,然后变换车道继续行驶,在该区段内,车辆间相互作用增强,增大了车辆的行驶难度。

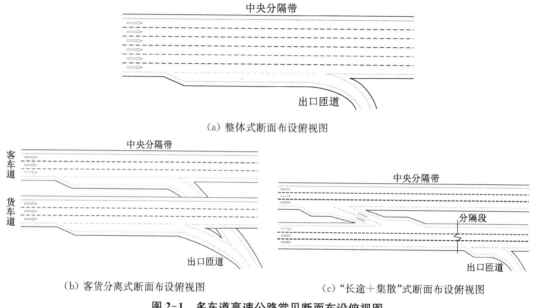

图 2-1　多车道高速公路常见断面布设俯视图

(3) 交通标志设置改变

多车道高速公路交通标志的改变主要在于车道指示与出口提示的交通标志增多以及交通标志设置方式的改变。一些多车道高速公路采用分车型分车道的行驶方式,会使用交通标志给出不同车道的指示信息,如客车专用道或货车专用道、不同车道的限速等。

为了保证主路车辆及时变更车道至出口匝道离开高速公路,多车道高速公路的出口提示标志通常会设置在出口匝道上游更远的位置,及时提醒主路驶出车辆的驾驶员。部分出口匝道结合前置的预告标志在分流区采用限制换道的策略,避免车辆的连续换道对主线车流的干扰。

双向四车道高速公路交通标志一般设置在道路右侧供驾驶员观察。对于多车道高速公路而言,行驶在内侧车道的车辆易被行驶在外侧车道的大型车辆遮挡视线,从而无法观察到路侧标志,错失相关指示信息,所以多车道高速公路会采用悬臂、门架式交通标志替代路侧交通标志,以保证内侧车道车辆及时获取道路运行的交通信息。在一些高速公路上方净空受限的路段,多车道高速公路也可在道路的左侧增设内容一致的路侧标志,以确保交通标志的醒目性。交通标志的这些改变会在一定程度上影响车辆驾驶员的驾驶行为,进而影响高速公路的运行特征。

2. 驾驶员行为特性

研究表明,70%以上道路交通事故的发生都与驾驶员及其驾驶特性直接相关,这些事故通常是驾驶员在驾驶过程中发生感知、判断或操作误差造成的。相较于双向四车道高速公路,多车道高速公路驾驶员心理特性和视觉特性存在差异。多车道高速公路分车道限速策略导致各车道间存在一定的限速差,驾驶员在变道至目标低速车道时,由于在速度适应性减速时驾驶员易低估自身速度,车辆变道后的实际速度高于目标车道的限速值;同时,随着相对行驶距离的增加,驾驶员对距离的主观感知降低,主观判断的车辆间距比实际距离要小。在视觉特性方面,随着车道数的增加,驾驶员对路侧标志的视认角度范围逐渐减/变小,可视区域相对减少,同时,驾驶员的期望视认角度随着车道数的增多逐渐增大,说明随着距离标志的横向距离增大,驾驶员的认读点距标志的纵向距离也增大;视认时长随车道数增加也具有整体偏小的趋势,说明驾驶员在行驶过程与路侧标志横向距离越远,其认读标志的时间越短,机会越少。

3. 车辆运行特性

影响多车道高速公路交通环境的一个重要因素就是混合交通流的车辆组成。多车道高速公路交通流中车辆组成复杂,车型间存在显著的性能差异,部分车辆性能较差,会导致高速公路车流运行速度减慢、车辆运行质量降低等问题。主要表现在以下几个方面:一是当交通流中存在一些体型较大同时性能较差的车辆时,这些车辆占据更多的道路空间,行驶速度却远低于其他车辆。它们有时会阻碍快速车辆的行驶,有时会造成道路空间资源的未充分使用,导致高速公路通行能力下降。二是不同车辆类型之间存在不同的车辆性能以及行驶习惯,如小型车辆偏向于寻求更多的速度优势,而大型车辆偏向于寻求稳定的车辆运行,使得不同类型车辆在一起时会相互干扰,影响彼此间的运行。多车道高速公路由于承担更大的交通量,车流中的车辆组成也会相对更加复杂。

微观层面上单个车辆的驾驶行为,可分为纵向行为和横向行为两类。纵向行为可分为自由行驶和跟驰行为,具体又包括了加速行驶、匀速行驶和减速行驶。横向行为主要为变换车道,包含了自由换道与强制换道。车辆的行为特性受车辆本身的性能、道路设施、交通环境等的影响,同时又会反过来影响交通环境。所以多车道高速公路让车辆的驾驶行为自由多变,而车辆灵活的驾驶行为也反过来使得多车道高速公路的交通运行更加复杂。

2.2 多车道高速公路通行能力分析

通过高速公路基本路段通行能力公式,如式(2-1)所示,计算多车道高速公路通行能力:

$$C_D = M_{SVi} \cdot N \cdot f_w \cdot f_{HV} \cdot f_p \tag{2-1}$$

式中 C_D——单向车行道设计通行能力,即在具体条件下,采用 i 级服务水平时所能通行的最大交通量(veh/h);

M_{SVi}——第 i 级服务水平的最大服务交通量(veh/h);

N——单向车行道的车道数;

f_w——车道宽度和侧向净宽对通行能力的修正系数;

f_{HV}——大型车对通行能力的修正系数;

f_p——驾驶员条件对通行能力的修正系数。

将 C_D 作为高速公路单向最大服务流率,根据运行特征分析得到的方向不均匀系数、交通量时间分布、高峰小时系数等参数,由式(2-2)计算得到每日最大服务交通量:

$$\text{DSV} = \frac{C_D \cdot \text{PHF}}{K \cdot D} \tag{2-2}$$

式中 DSV——日最大服务交通量(veh/d);

PHF——高峰小时系数;

K——高峰小时交通量占全日交通量的比例;

D——方向不均匀系数。

以八车道沪宁高速公路为例,对节假日高峰的交通量数据进行统计分析,得到高峰小时系数、方向不均匀系数以及高峰小时交通量比例的均值,计算得到不同区段的最大服务交通流量,参考养护施工、事故以及恶劣天气条件下双向八车道高速公路通行能力平均折减比例,不同状态下的最大服务交通量计算结果如表2-1所示。表中雨天单向流率＞0,＜2 mm/h等符号代表每小时降雨量或降雪量在0～2 mm;雾天单向流率＜1 000,＞800 m等符号代表雾天能见度在800～1 000 m。

表2-1 不同大车比例条件下沪宁高速公路最大服务交通量

大车比例(%)		10	20	30	40	50
C_D (veh/h)		6 900	6 300	5 800	5 400	5 040
DSV(veh/d)		170 000	155 000	143 000	133 000	124 000
短期养护单向流率(veh/h)	封闭单个车道	4 300	4 000	3 700	3 400	3 200
	封闭2个车道	2 900	2 700	2 500	2 300	2 100
事故条件下单向流率(veh/h)	路肩处置	5 900	5 300	4 900	4 600	4 300
	封闭单个车道	4 000	3 700	3 400	3 100	2 900
	封闭2个车道	1 700	1 600	1 500	1 400	1 300
	封闭3个车道	900	800	750	700	650
雨天单向流率(veh/h)(根据降雨量分级)	＞0,＜2 mm/h	6 800	6 200	5 700	5 300	4 900
	＞2,＜6 mm/h	6 300	5 800	5 300	5 000	4 600
	＞6 mm/h	5 900	5 400	4 900	4 600	4 300
雪天单向流率(veh/h)(根据降雪量分级)	＞0,＜1 mm/h	6 600	6 000	5 500	5 100	4 800
	＞1,＜2 mm/h	6 300	5 700	5 300	4 900	4 600
	＞2,＜12 mm/h	6 100	5 600	5 100	4 800	4 500
	＞12 mm/h	5 300	4 900	4 500	4 200	3 900
雾天单向流率(veh/h)(根据能见度分级)	＜1 000,＞800 m	6 200	5 700	5 200	4 900	4 600
	＜800,＞400 m	6 200	5 600	5 100	4 800	4 500

注:i 取四级服务水平,f_w 取1.0,f_p 取0.9,PHF 取0.95,K 取0.07,D 取0.55。

2.3 不同状态下多车道高速公路基本路段交通流特性

2.3.1 基本路段交通状态划分

交通状态应包含两层含义：一是交通运行的客观状态，即随着交通状态的变化，交通流特征参数也随之变化；二是驾驶员在不同道路状况等条件下，对交通状态不同的心理感受。

1. 交通状态指标选取

国内外基于阈值标定的交通状态量化方法主要通过采集交通参数，并制定相应评价指标和判别标准，对交通状态进行划分。描述高速公路交通状态的参数有多种，可分为宏观参数和微观参数。宏观交通参数描述交通流作为一个整体表现出来的运行状态特性，主要包括交通流流量、速度、占有率、密度、排队长度、饱和度等；微观交通参数描述交通流中车辆的运行状态特征，主要包括车头时距和车头间距等。现状多采用流量、速度、占有率等其他交通运行状态参数中的一个或多个来评价交通状态。

交通流运行状态的定性、定量特征称为交通流特性，用以描述交通流特性的一些物理量称为交通流参数，参数的变化规律即反映了交通流的基本性质。流量、密度和速度是交通流的三个基本参数，能够满足交通状态指标选取的需求和原则，同时可以反映在基本图中。

2. 交通状态划分

服务水平一般用来评价高速公路交通状态，而服务水平实质上是阐述车辆的运行条件以及驾驶员和旅客感受的一种质量测定标准。参考既有相关研究对高速公路交通流类型的划分，将多车道高速公路交通流分为三种状态，即非饱和流、饱和流和过饱和流，描述三种交通流状态的特征并与《公路工程技术标准》(JTG B01—2014)中六级服务水平的定性描述相对应，见表2-2。

表2-2 交通流状态分类

交通流状态	特 征	对应服务水平
非饱和流	交通量较小，远小于道路通行能力；车辆行驶速度快，车辆间车速离散性较大；车辆行驶自由度高，有较强随机性	一、二、三级服务水平
饱和流	车辆行驶速度明显降低；车辆间相互影响加大，交通流较不稳定，流量稍有波动，就会出现交通拥挤，服务水平显著下降，车辆行驶自由度受到限制	四级服务水平
过饱和流	交通量超过道路通行能力；车辆行驶速度非常低；车辆行驶状况严重受周围车辆影响，主要表现出车辆排队现象，车辆运行主要表现为走走停停	五、六级服务水平

由表2-2可知，不同的交通流状态表征了车辆间的相互影响关系以及交通量与通行能力的比例。在此分类基础上，结合相关交通状态的研究成果，将多车道高速公路饱和流状态定义为：高速公路相当大的空间范围内由于交通供需不匹配导致的车流密集、服务水平下降、交通流不稳定的状态。由定义可以看到，多车道高速公路饱和流状态的内涵包括以下要素：

(1) 相当大的空间范围

只有在一定的空间范围上研究多车道高速公路的饱和流状态才有实践意义,才能提出高效的运行管理策略。所以本专著将研究对象界定为饱和区段的长度超过 20 km 并且连接两个及以上城区的高速公路路段。

(2) 供需不匹配

导致高速公路局部状态饱和的原因是多种多样的,交通事故、恶劣天气、交通管制等因素都可能导致短时间的流率饱和以及服务水平下降。饱和流状态的界定、特性分析以及运行策略的制定均针对交通需求水平较高、受到扰动后交通流饱和乃至形成拥堵的高速公路。

(3) 服务水平下降

交通流密度的增加直接导致服务水平的下降,既有研究证实,饱和流状态下车辆跟驰处于不稳定状态,相关管理经验也证实在流量饱和、同时车速并没有显著下降的阶段,交通事故风险较大。由于部分路段上的车辆较频繁地在饱和流状态下运行,导致车辆间互相干扰较大,交通拥堵与事故多发,管控压力较大。

2.3.2 饱和流状态的阈值

1. 饱和流状态阈值指标

饱和流状态阈值就是交通流在饱和状态下一个或多个特征参数相对应的最高值的区间。当观测到一个或多个特征参数达到该阈值区间时,说明现在的交通状态为饱和流状态。饱和流状态阈值既能以流量、密度和速度等指标对交通状态进行量化,也可根据实时采集的数据预判交通状态。

2. 饱和流状态阈值影响因素分析

饱和流状态下的阈值影响因素和通行能力、服务水平的影响因素基本一致。

(1) 道路条件

主要分为几何线型和其他要素。包括车道数、车道宽度、路肩宽度和侧向净空、平纵线型及设计速度等。

(2) 交通条件

影响饱和流状态阈值的交通条件包括车辆类型和车道或方向分布。一方面大车的尺寸较大,占用更多的道路空间;另一方面大车运行性能比小客车差,尤其是加减速和保持上坡速度的能力,所以大车比例对于高速公路通行能力有较大影响。对于多车道高速公路,车道分布状况可以反映非饱和流状态向饱和流状态转变的特点,在非饱和流状态下外侧车道承担交通量较少,而在饱和流状态下内外侧车道承担交通量基本相同。

(3) 管制条件

管制条件包括车辆限速、车道策略等。车辆限速将不同类型车辆或不同车道的速度分别限制在一定范围内。车道策略则是限制某些车型在某些车道通行权的一种解决车辆混行问题的管理策略,除了提高通行能力之外,还能改善交通安全、降低能耗和污染。常见的多车道高速公路车道策略是:内侧车道限制除小客车之外的其他车型;中间车道限制除大小客车之外的其他车型;外侧车道不限车型。

(4) 环境条件

环境条件包括气候条件和天气条件等,主要指风、雨、雪、雾等恶劣天气对通行能力的影响。不良天气条件会对道路运行造成威胁,较正常天气情况下更容易发生交通事故。雨雪天气下路面湿滑,摩擦系数较小,车辆的转向稳定性能与制动性能都有所降低,车辆易打滑、制动距离变长,对平稳安全驾驶带来了一定挑战。雾天能见度低,车辆易发生追尾、碰撞等交通事故。

3. 多车道高速公路基本路段饱和流阈值确定

参考道路交通运行状态评判的方法,多车道高速公路基本路段饱和流阈值确定方法主要分为三类,一是基于交通流特性的分析,阐述流量、速度和密度的对应关系,以基本图作为饱和流状态的评判依据;二是根据实测数据,主要有两种处理方式,一种是采用模糊算法进行聚类分析,另一种是根据实测数据的一个或多个参数作为评判指标进行运行状态的评判;三是通过建立仿真模型,采用实测数据对模型进行参数标定和有效性检验,满足要求的模型可进行饱和流阈值的确定。

交通流基本图是利用流量、速度和密度参数定量描述交通流特性的方法,可直观反映交通流特性的演变规律和变化方式,在交通流理论研究中有着举足轻重的地位。

八车道沪宁高速公路在车辆运行、营运、管理和保障方面具有一定的代表性。因此本专著依据交通流理论,采集沪宁高速公路交通运行数据绘制交通流基本图,根据流量-密度关系确定饱和流状态阈值。交通流基本图如图2-2所示。(车道编号由内而外依次增大)

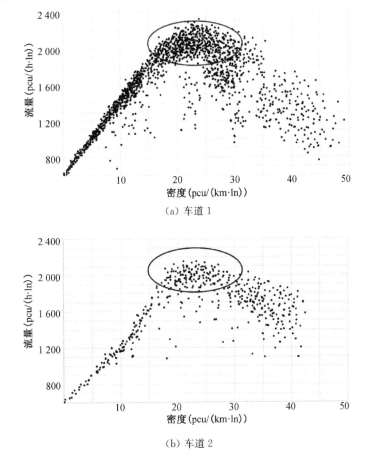

(a) 车道1

(b) 车道2

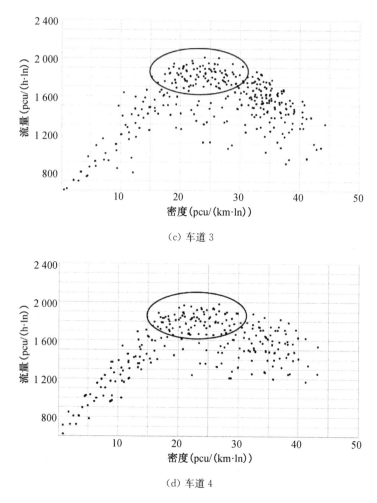

图 2-2 交通流基本图

图 2-2 可分为三个区段,对应交通流的三种状态。图中左侧非饱和状态下,交通流密度较小,流量与密度的关系基本为线性关系。随着密度增大,交通流达到饱和流状态,流量与密度不再是线性关系,流量维持在稳定的水平区间内(图中椭圆标识范围)。当密度继续增大,交通流变为过饱和状态,图中右侧的流量-密度点明显较为分散。根据基本图二维区域的密度范围和流量范围即可确定饱和流状态的范围。饱和流状态下,密度范围为 80~150 pcu/km,单个方向 4 个车道流量范围为 6 000~8 400 pcu/h。

4. 沪宁高速公路饱和流路段识别

考虑到交通状态的时变特性,采用较小的时间区间能够更好地体现交通状态的变化,所以饱和流状态的识别不能采用像日常高速公路管理时以一天(24 h)为单位,但又要兼顾交通管理的时间跨度,所以以小时为单位进行统计及后续路段的识别。根据本节得到沪宁高速公路饱和流状态下单方向 4 车道流量的阈值作为判别指标,分别对沪宁高速公路工作日和节假日时期进行饱和路段识别。分析沪宁高速公路各区段的小时交通量,若交通量在该阈值范围内,则认为该区段在该小时内处于饱和状态。

(1) 工作日

随机选取若干工作日期间沪宁高速公路各出入口之间区段的小时断面流量（2012—2014年），取均值与饱和流状态的流量范围进行对比分析，即可识别出工作日期间沪宁高速公路的饱和路段。

表 2-3　沪宁高速公路工作日各区段饱和状态

区段	上行	下行
无锡东-无锡机场	10:00～11:00	15:00～18:00
无锡机场-硕放	10:00～11:00	14:00～18:00
硕放-东桥	9:00～11:00	15:00～18:00
东桥枢纽-苏州新区	10:00～11:00	15:00～18:00
苏州新区-苏州东	11:00～12:00	15:00～17:00
苏州东-苏州枢纽	～	15:00～17:00

由表 2-3 的数据可见，工作日沪宁高速公路饱和路段主要从无锡东互通到苏州枢纽，包括无锡东→无锡机场、无锡机场→硕放、硕放枢纽→东桥枢纽、东桥枢纽→苏州新区、苏州新区→苏州东、苏州东→苏州枢纽等路段。如图 2-3 和图 2-4 所示，其中加粗区段即为工作日饱和流路段。

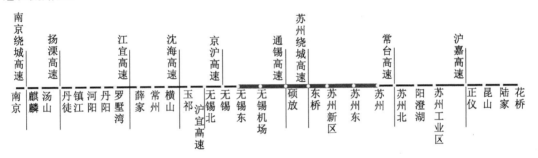

图 2-3　工作日沪宁高速公路饱和区段示意

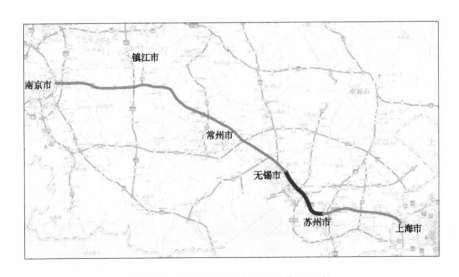

图 2-4　工作日沪宁高速公路饱和区段

(2) 节假日

采用与工作日同样的方法,选取 2012 年清明节、端午节、五一节、国庆节,2013 年清明节、端午节、五一节、国庆节,2014 年端午节为对象,将各出入口之间的小时断面流量与饱和流状态的流量阈值进行比较,结果如表 2-4 所示。

表 2-4 沪宁高速公路节假日各区段饱和流状态

区段	上行	下行
无锡枢纽-无锡东	10:00～11:00	14:00～19:00
无锡东-无锡机场	9:00～12:00	13:00～20:00
无锡机场-硕放	8:00～12:00	13:00～21:00
硕放-东桥	8:00～12:00	13:00～20:00
东桥枢纽-苏州新区	8:00～12:00	13:00～21:00
苏州新区-苏州东	9:00～11:00	13:00～20:00
苏州东-苏州枢纽	9:00～12:00	14:00～20:00

由表 2-4 数据可见,节假日期间沪宁高速公路饱和路段为无锡枢纽至苏州枢纽的路段,主要包括无锡枢纽→无锡东、无锡东→无锡机场、无锡机场→硕放、硕放枢纽→东桥枢纽、东桥枢纽→苏州新区、苏州新区→苏州东、苏州东→苏州枢纽等路段,如图 2-5 和图 2-6 所示,其中加粗区段即为节假日饱和流路段。

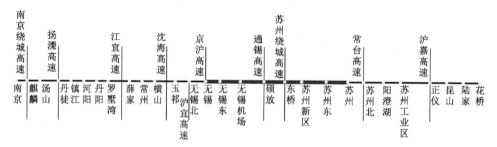

图 2-5 节假日沪宁高速公路饱和区段示意

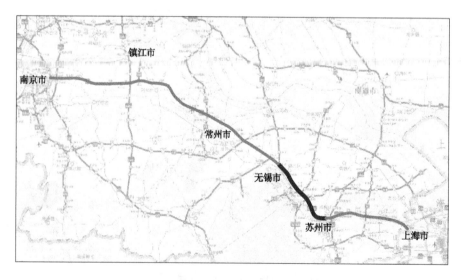

图 2-6 节假日沪宁高速公路饱和区段

节假日期间沪宁高速公路饱和区段相对工作日期间范围更广,工作日时无锡枢纽-无锡东交通状态尚未饱和,而在节假日期间处于饱和流状态。从整个路网来看,饱和区段主要集聚在无锡枢纽-苏州枢纽范围内。

2.3.3 饱和流与非饱和流状态下基本路段交通流特性对比

研究不同交通流状态下的多车道高速公路的基本路段交通流特性,对不同交通流状态的提前判断、交通的调控和分流、信息的提前发布以及不同交通流状态下的多车道高速公路管理策略的提出具有重要意义。本节以沪宁高速公路基本路段为例,对比分析非饱和流和饱和流状态下基本路段交通量、车型、速度和车头时距分布特性。

1. 车型分类

车型分类标准多种多样,各条高速公路车型分类不一致,对车辆正确选择车道造成负面影响。车型分类不一致的根本原因是公路建设部门和交警部门采用的车型分类标准不一致。

公路部门制定的《公路工程技术标准》(JTG B01—2014)将汽车类型分为小型车、中型车、大型车和汽车列车4类,前3类中每一类既包括客车也包括货车。交警部门制定的《机动车类型术语和定义》将汽车首先分为载客汽车和载货汽车两大类,其中,客车可细分为大型、中型、小型、微型4类,货车可细分为重型、中型、轻型、微型4类。

车型划分应该通俗易懂,便于驾驶员和管理者掌握;另外,分类既不能过粗也不能过细,如果分类过粗不能区分性能差异较大的车辆,分类过细则增加了对车辆识别和监督的难度。客、货车之间的区别最直观,不涉及具体的数量标准,比车辆的大小更易判断,应作为车型划分的首要标准。车辆大小可作为第二位的标准,车辆的设计时速因为最不直观而不予考虑。在《机动车类型术语和定义》(GA 802—2014)的基础上,将汽车类型划分为小型客车、大型客车、小型货车、大型货车等4类,具体分类标准如表2-5。

表 2-5 车型分类

车辆类型	分类标准	车辆类型	分类标准
小型客车	车长<6 m,乘坐人数≤9人	小型货车	总质量<12 000 kg
大型客车	车长≥6 m,乘坐人数>9人	大型货车	总质量≥12 000 kg

考虑某些车辆性能差异较小,为方便统计,将《机动车类型术语和定义》(GA 802—2014)中的小型和微型客车合并为小型客车,大型和中型客车合并为大型客车,中型、轻型和微型货车合并为小型货车,重型货车为大型货车。

在不同时间、不同地点,混合车流中各车型比例随时空变化而变化。由于混合车流中不同车型的车身尺寸和动力性能存在差异,大型车比小客车占用更多的道路空间且运行性能差,在大部分情况下,不能与小客车保持合理的跟驰距离,会对小客车的车辆运行造成干扰,从而影响小客车的期望运行速度,造成交通流运行状态的差异。小型客车、大型客车、小型货车和大型货车的折算系数分别取 1.0、1.5、2.0、3.0 折算为标准车型。

2. 交通量时间分布

交通量在一天24 h中各时段分布差异较大,用表示各小时交通量变化曲线的交通量时变图来表示交通时变规律。由于高速公路节假日期间小客车实行免费通行政策,节假日前后各时段交通量分布与工作日一天内各时段交通量分布有较大差异。以沪宁高速公路无锡段为例,选取工作日、高速公路免费通行假日前一天、假日期间以及假日最后一天 24 h 中各时段交通量数据,进行统计分析。如图 2-7 所示,假日前一天高速公路车辆出行主要集中在 10:00—20:00,其中出行高峰时段为 14:00—18:00;假日期间交通量时间分布波动较大,其中 9:00—11:00,14:00—16:00 为两个出行高峰时段,交通量时变图大致呈马鞍形;假日最后一天出行高峰时段为 9:00—12:00,14:00 之后出行交通量也维持较高水平;工作日期间交通量时变图没有明显的峰值,车辆出行主要集中于 10:00—18:00 这一时间段。假日前一天出行交通量最高,工作日期间出行量最少。节假日对于多车道高速公路的影响较大,具体表现为交通量的大幅增加、出现明显的交通峰值、高峰持续时间较长。

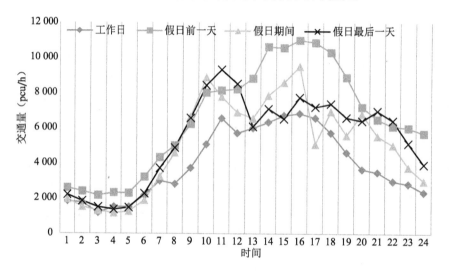

图 2-7 沪宁高速公路无锡段交通量时变图

3. 交通量空间分布

(1) 总量分布

高速公路路段交通量的大小与高速公路沿线社会经济发展速度、人民文化生活水平、人口分布、气候物产等多方面因素有关。交通量空间分布在总量、方向性、客货比例方面具有差异性。

以节假日期间沪宁高速公路为例,如图 2-8 所示,沪宁高速总体的平均交通量达到 11.5 万 pcu/d,其中宁沪方向的平均交通量为 6.4 万 pcu/d,沪宁方向平均交通量为 5.1 万 pcu/d,十一节假日期间宁沪方向交通量稍高于沪宁方向交通量。从全线平均交通量分布来看,南京与无锡区段之间的日平均交通量稍低,在 8.5~11 万 pcu/d 之间,略低于沪宁全线日平均交通量。无锡与苏州区段间的交通量明显高于沪宁全线日平均交通量,无锡硕放-东桥枢纽区段内的日平均交通量达 16.6 万 pcu/d,是沪宁高速全线交通量最大的路段;此外,东桥-苏州新区、苏州新区-苏州东、苏州东-苏州枢纽在节假日期间交通量也分别达到了 15.4 万 pcu/d、13.6 万 pcu/d、13.9 万 pcu/d,交通负荷度也比较高,服务水平较低。

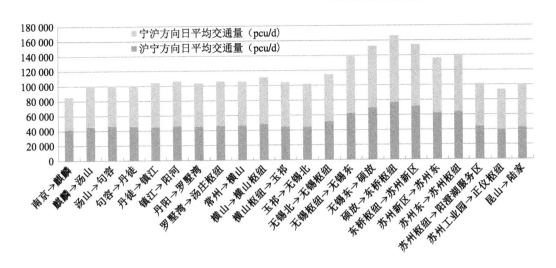

图 2-8 节假日期间沪宁高速公路交通量分布

(2) 方向分布

方向不均衡系数用以表征交通量在不同方向的不平衡性。以沪宁高速交通运行状态为例,选取工作日、高速公路免费通行假日前一天、假日期间以及假日最后一天的交通量数据进行统计分析,得到沪宁高速各区段方向不均衡系数折线图,如图2-9所示。工作日期间方向分布系数在0.50~0.52之间,沪宁沿线双向联系较为均衡;假日前一天方向分布系数在0.55~0.58之间,宁沪方向的交通量远超于沪宁方向的交通量;假日期间方向分布系数在0.50~0.53之间,沪宁沿线双向联系比较均衡;假日最后一天方向分布系数在0.51~0.59之间,沪宁方向的交通量稍高于宁沪方向的交通量。

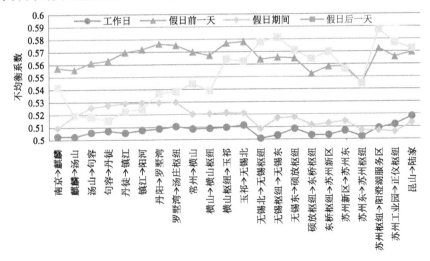

图 2-9 沪宁高速公路各区段不均衡系数

通过以上数据分析,可以看出节假日刚开始时,宁沪方向交通量远多于沪宁方向交通量;假日期间,沪宁沿线双向联系较为均衡;假期结束时沪宁方向交通量多于宁沪方向交通量。节假日期间交通出行潮汐性比较强,假期刚开始时往大城市及旅游景点城市的交通量较多,假期结束时返程交通量较多,假期期间高速公路沿线联系较为平衡;工作日期间高速公路沿线联系也较为均衡。

(3) 各车道分布

单幅路面的车道按行驶方向从左到右依次编号为车道1、2、3、4(下同)。非饱和流状态下,车道1、2、3、4的交通量分别占总交通量的比例为29.9%、27.5%、27.3%、15.3%。饱和流状态时,车道1、2、3、4交通量所占比例为25.6%、24.6%、25.5%、24.3%,如图2-10所示,对比发现饱和流状态下交通量在各车道的分布比非饱和流状态更均匀,非饱和流状态下车辆更偏向于在内侧车道行驶,交通量自车道内侧向车道外侧逐渐减少。

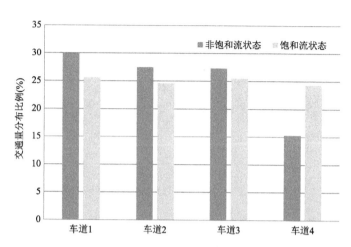

图 2-10 多车道高速公路各车道交通量分布比例

4. 车型分布

非饱和流状态和饱和流状态不同车型在各个车道的分布情况如表2-6、表2-7以及图2-11和图2-12所示,饱和流状态下各车型在对应车道的分布较非饱和流状态下更加均匀。

表 2-6 非饱和流状态各车型在各车道的分布　　　　　　　　　单位:%

车道	小客车	大客车	小货车	大货车
车道1	53.7	6.2	0.0	0.0
车道2	35.6	83.1	5.5	3.4
车道3	7.7	8.5	62.7	59.3
车道4	3.0	2.3	31.8	37.3
合计	100	100	100	100

表 2-7 饱和流状态各车型在各车道的分布　　　　　　　　　单位:%

车道	小客车	大客车	小货车	大货车
车道1	48.9	3.9	0.0	0.0
车道2	37.5	67.1	4.6	2.3
车道3	6.8	14.5	49.2	50.2
车道4	6.9	14.5	46.2	47.5
合计	100	100	100	100

非饱和流和饱和流状态下小客车在各车道的分布如图2-13(a)所示,小客车主要分布在车道1和车道2,约有13%的小客车分布在车道3和车道4。小客车在各车道的分布比例较

为稳定,非饱和状态和饱和状态之间的差异最大仅为 4.8%。

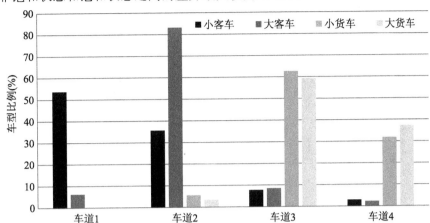

图 2-11 非饱和流状态下多车道高速公路各车道车型分布

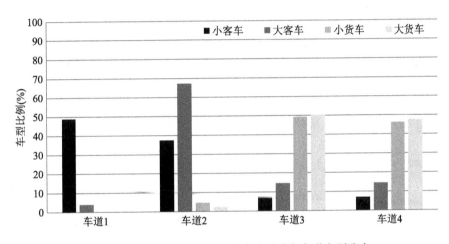

图 2-12 饱和流状态下多车道高速公路各车道车型分布

非饱和流和饱和流状态下大客车在各车道的分布如图 2-13(b)所示,大客车主要分布在车道 2,有少量违规进入车道 1。在饱和流状态,大客车有向车道 3 和车道 4 转移的趋势,在这两个车道上的比例分别增加 6% 和 12.2%。

非饱和流和饱和流状态下小货车在各车道的分布如图 2-13(c)所示,小货车主要分布在车道 3 和车道 4,有少量违规进入车道 2。在饱和流状态,小货车有由车道 3 向车道 4 转移的趋势,在这两个车道的比例分别变化 −13.5% 和 14.4%。

非饱和流和饱和流状态下大货车在各车道的分布如图 2-13(d)所示,大货车主要分布在车道 3 和车道 4,有少量违规进入车道 2。在饱和流状态,大货车有由车道 3 向车道 4 转移的趋势,在这两个车道的比例分别变化 −9.1% 和 10.2%。

非饱和流和饱和流状态下小货车和大货车在各车道上的分布情况类似。每个车道上两种车型的比例的差异最大为 5.5%。

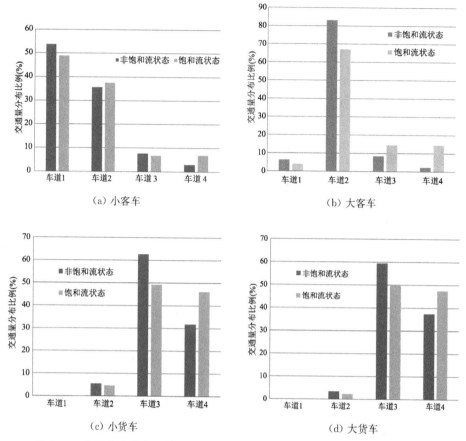

图 2-13 非饱和流状态和饱合流状态下多车道高速公路各车道交通量分布比例

5. 速度分布

在高速公路基本路段上,运行车速一般呈正态分布,通常用百分位车速表征车速统计分布特性。以沪宁高速公路为例,根据车速调查得到饱和流状态下沪宁高速公路车速分布频率如图 2-14 所示。饱和流状态沪宁高速公路车速分布主要集中于 55~95 km/h,近似符合

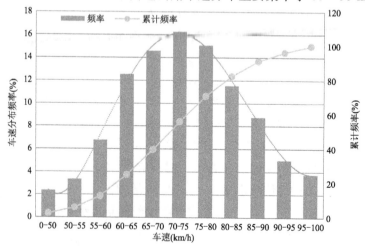

图 2-14 饱和流状态下多车道高速公路基本路段车速频率分布

正态分布。特征车速：中位车速约 70~75 km/h，15%车速约 55~60 km/h，85%车速约 85~90 km/h。

速度特征主要在于不同车道平均速度的差异，以及同一车型在不同车道的速度差异。非饱和流状态与饱和流状态下速度分布统计如图 2-15、图 2-16、图 2-17 所示。

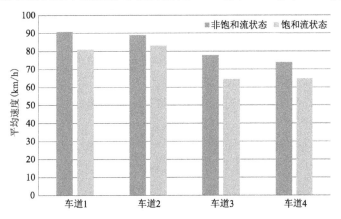

图 2-15　多车道高速公路各车道平均速度分布对比

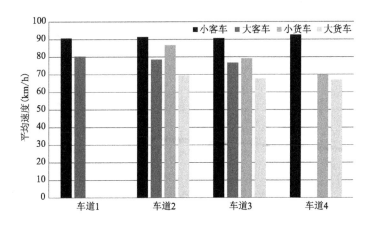

图 2-16　非饱和流状态下各车道速度分布

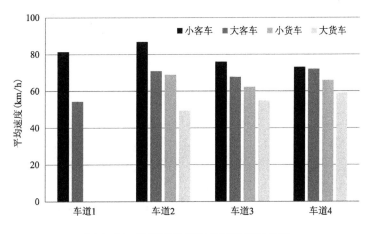

图 2-17　饱和流状态下各车道速度分布

饱和流状态下各车道平均速度普遍较非饱和流状态低,车道1、2、3、4在非饱和流状态的平均速度分别是90.7 km/h、88.9 km/h、77.8 km/h和73.8 km/h,在饱和流状态的平均速度分别是81 km/h、83.2 km/h、64.4 km/h和64.8 km/h,车道1、车道2与车道3、车道4之间的速度差异在饱和流状态比非饱和流状态更加明显。

在非饱和流状态,大、小客车和大货车在不同车道的速度差别不大,而小货车在车道2、车道3和车道4的速度逐渐减小;且车道2和车道3上小货车的速度均高于大客车。

在饱和流状态,各种车型在不同车道的速度差别均较大。小客车、大客车、小货车及大货车在不同车道的最大速度与最小速度的差值分别为13.7 km/h、17.6 km/h、6.5 km/h和9.7 km/h;且各车道上小客车速度>大客车速度>小货车速度>大货车速度。

6. 车头时距分布

根据各车道的车辆到达时间,计算出前、后车的车头时距,统计得到均值、方差和估计值如表2-8。非饱和流状态各车道的平均车头时距较饱和流状态略微增大,同时非饱和流状态各车道车头时距的方差也大于饱和流状态。说明饱和流状态下,车辆数增多,平均车头时距减小且车头时距分布更加集中。

表2-8 车头时距统计

时段	车道	均值 M(s)	方差 D(s^2)	估计值 r	样本数	交通量(辆/h)
非饱和流状态	车道1	2.45	4.11	1.47	739	1480
	车道2	2.98	7.67	1.16	606	1214
	车道3	5.52	19.91	1.53	324	650
	车道4	10.83	59.63	1.97	164	334
饱和流状态	车道1	2.37	3.92	1.43	478	1440
	车道2	2.65	5.4	1.3	422	1275
	车道3	5.27	16.25	1.71	210	639
	车道4	10.61	71.25	1.58	102	312

注:$r = M^2/D$。

分别采用负指数分布、移位负指数分布、爱尔郎分布和M3分布等常用分布对车头时距进行拟合,发现车道1和车道2的车头时距不论饱和流与非饱和流状态均服从改进型M3分布。车道3和车道4则不论饱和流与非饱和流状态均服从改进型2阶爱尔郎分布。表2-9为拟合检验结果,取0.05的置信水平。表2-10为用改进型M3分布拟合车道1和车道2的参数取值。表2-11为用2阶爱尔朗分布拟合车道3和车道4的参数取值。

表2-9 拟合检验结果

项目	非饱和流状态				饱和流状态			
	车道1	车道2	车道3	车道4	车道1	车道2	车道3	车道4
χ^2 计算值	15.7	5.79	17.07	11.817	12.281	13.809	2.214	5.9
$\chi^2_{0.05}$	21.026	23.685	22.362	27.587	21.026	22.362	21.026	24.996
检验结论	接受	接受	接受	接受	接受	接受	接受	接受

表 2-10　改进型 M3 分布拟合参数

时段	车道	α_1	α_2	α_3	λ
非饱和状态	车道 1	0.083 1	0.370 2	0.423 5	0.531 2
	车道 2	0.068 4	0.305 3	0.524 8	0.420 4
饱和状态	车道 1	0.098 6	0.405	0.364	0.396 7
	车道 2	0.102	0.340	0.453	0.383 2

表 2-11　爱尔朗分布拟合参数

参数	非饱和流状态		饱和流状态	
	车道 3	车道 4	车道 3	车道 4
r	2	2	2	2
λ	0.181	0.092	0.19	0.094

注：r 按照四舍五入的方法取整数。

根据拟合分析发现，饱和流状态下，车头时距较非饱和流状态更小且更加集中。车道 1 和车道 2 的车头时距，在非饱和流和饱和流状态均服从改进型 M3 分布，但模型参数存在差异。车道 3 和车道 4 的车头时距在非饱和流和饱和流状态均服从 2 阶爱尔朗分布，但模型参数存在差异，且在饱和流状态时拟合效果更好，说明车道 1、车道 2 较车道 3、车道 4 更容易达到饱和状态，车辆以车队状态行驶。造成这些现象的原因主要是小客车在总交通量中所占的比例较大，而供其行驶的道路资源与之不匹配。

2.4　车道管理条件下基本路段交通流特性

2.4.1　车道管理特性

高速公路交通管理是指根据某一目标、任务和对象，使高速公路各要素充分发挥作用并反馈的程序。高速公路交通管理的目标包括改善车辆行驶安全、减少交通拥堵、提高运行效率等。多车道高速公路由于车道数增多，同时考虑机动车车型种类较多，性能存在差异，为保证交通流安全高效的运行，会采用不同的交通管理方式，包括车辆混行和车道管理两类。

车辆混行时，车辆可任意选择车道，车道使用率高，车辆运行灵活，可自主选择畅通车道而避开拥堵车道，最终使得各车道的交通量及服务水平趋于统一，但不同性能的车辆间相互干扰较大，对车辆运行的安全和效率带来不利的影响。该种运行方式易造成局部交通的紊乱和短时的拥堵，当交通量较大时，堵塞难以快速消除。

车道管理即以车道为单位，以车辆性能为依据，根据道路特点、实际交通流特征和行驶需求，对交通流运行结构灵活进行划分。车道管理减少了不同类型车辆间的相互干扰，让同类型或类型相近的车辆行驶在一起，保证了行驶的快速和舒适性，对规范交通流秩序、提高通行能力、改善交通安全有一定帮助。但是该种运行方式降低了车辆运行的灵活度，当车道划分与车型比例不匹配时会造成某条车道过于拥堵而其他车道未被充分使用的现象，导致车道资源的浪费。由于性能差异较大的车辆行驶在不同车道,会使得不同车道间产生明显的速度差,降低了换道的安全性。车道管理的实施需要考虑车辆在车道的自然分布规律、车道差异性,避免同一车道出现性能差异较大的车辆等因素。车道管理存在多种形式,我国较常采用按车型划分(小型车、中型车和大型车)和按客货车划分(客车和货车)这两类车道管理形式。

多车道高速公路基本路段不受匝道、分合流及交织区影响,车辆运行情况主要受高速公路几何特征、车辆运行方式和交通流中车辆间的相互作用等的影响。从交通组织的角度来说,各种车型混合行驶和分车道分车型行驶是两种截然不同的运行方式。其中,后者可根据车道分配的差异细分为若干种不同的策略。本节主要对两种管理方式下的交通流特征进行分析,第六章将具体研究如何确定合理的车道管理策略。

为了研究两种不同运行方式下多车道高速公路的运行特征,考虑到不同运行方式下多车道高速公路交通流特征在交通量较大时才会有明显的区别,所以本专著选取 AADT 分别为 4.3 万辆/d 和 4.5 万辆/d 的杭甬六车道高速公路和苏嘉杭六车道高速公路。其中杭甬高速公路采用分车型分车道管理策略:第 1 车道限制除小客车之外的其他所有车型,第 2、3 车道不限车型,即小客车可以在任意车道行驶,大客车和大、小货车只能在第 2、3 车道行驶;而苏嘉杭高速公路各种车型混合行驶。对苏嘉杭六车道高速公路,选取 2012 年 8 月 24 日上午 9:00—9:30 的基本路段的交通流作为样本,对杭甬六车道高速公路,选取 2012 年 8 月 19 日上午 11:00—11:30 的基本路段的交通流作为样本,不同基本路段选取长度和车道宽度基本一致,均为直线段,且两个样本的交通量及车型比例很接近。

2.4.2 车型分布

运行方式影响车型在车道上的分布。混合行驶和分车型分车道行驶时,各车型在各车道的分布分别如图 2-18 和图 2-19 所示。

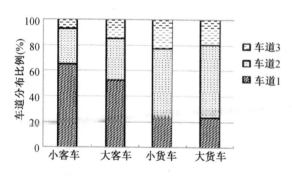

图 2-18 混合行驶时车型分布

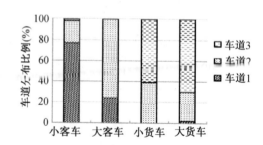

图 2-19 分车型分车道行驶时车型分布

混合行驶时,车型分布比较分散,4 种车型在 3 条车道上均有分布。不同车型对车道的选择具有一定的偏好,依据 HCM2016,在自由行驶状态下,高速车辆有向左侧车道集中的趋势。对于 4 种车型,分布比例最少的车道均为车道 3,小客车、大客车、小货车、大货车在车道 3 的数量占各自总量的比例分别为 7.2%、14.9%、22.3%、19.4%。大、小客车在车道 1 的分布比例最大,分别占各自总量的 52.7% 和 64.9%。而大、小货车在车道 2 的分布比例最大,分别占各自总量的 57.3% 和 53.6%。

分车型分车道行驶时，车型分布比较集中。大、小客车基本上未使用本可以使用的车道3，而大、小货车除少量违规行驶的车辆外也基本未占用车道1。小客车主要集中到车道1，分布比例由64.9%增至76.7%，同时，在车道2的比例由27.9%降至21.7%，车道3由7.2%降至1.6%。大客车分布由以车道1为主转变为以车道2为主，在车道2的比例由32.4%增至76.1%，车道1由52.7%降至23.9%，车道3由14.9%降至0。大、小货车的分布由以车道2为主转变为以车道3为主。小货车在车道3的比例由22.3%增至60.8%，在车道2由53.6%降至38.0%，在车道1由24.1%降至1.2%。大货车在车道3的分布由19.4%增至70.1%，在车道2由57.3%降至28.2%，在车道1由23.2%降至1.7%。

不同的运行管理方式，对多车道高速公路的车型分布产生了显著的影响。车辆混行时，车辆行驶无特别限制，大、小客车和大、小货车为了获得较高的速度优先选择左侧道路行驶，使得车道1上大、小客车和货车均占有一定比例。实施分车型分车道管理后，部分大、小货车被转移至车道3，提高了车道3的使用率，同时小客车在车道1的分布比例增加，车道2作为中间车道，使得车道2上各车型分布较车道1和车道3的各车型分布更加均匀。

2.4.3 交通量分布

为便于对比，折算成标准车前后的交通量分别统计，如图2-20至图2-23所示。

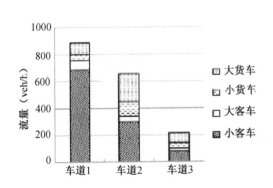

图2-20 混合行驶时交通量分布
（未折算成标准车）

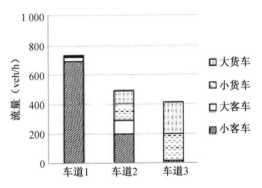

图2-21 分车型分车道行驶时交通量分布
（未折算成标准车）

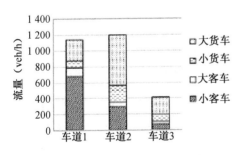

图2-22 混合行驶时交通量分布
（折算成标准车）

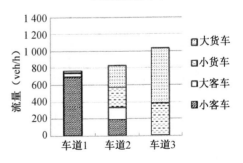

图2-23 分车型分车道行驶时交通量分布
（折算成标准车）

混合行驶时,折算前的交通量为 1 756 veh/h,如图 2-20 所示。其中,小客车、大客车、小货车、大货车的比例分别为 60.1%、7.4%、11.3% 和 21.2%。分别取小客车、大客车、小货车和大货车的折算系数为 1.0、1.5、2.0、3.0,可得折算后的交通量为 2 762 veh/h,如图 2-21 所示,各种车型比例分别为 38.2%、7.1%、14.3% 和 40.4%。车道 1 主要以小客车为主,大客车和大、小货车也占有一定的比例,小客车和小货车在车道 2 中的所占比例比较接近;货车在三条车道上均有分布,但车道 2 上货车交通量分布相对更高。

分车型分车道行驶时,折算前的交通量为 1 650 veh/h,如图 2-22 所示,各种车型比例为 55.2%、7.6%、18.3% 和 18.9%。折算后的交通量为 2 633 veh/h,如图 2-23 所示,各种车型比例为 34.6%、7.1%、22.9% 和 25.4%。车道 1 上基本为小客车,三条车道上交通量分布比较均匀,货车主要分布在车道 3 上,车道 2 上各种车型的交通量分布比较均匀。

混合行驶时,在折算成标准车前,车道 1,2,3 的交通量分别占总交通量的 50.6%、37.4% 和 12.1%;折算成标准车后,3 个车道的分别占总交通量的 41.3%、43.8% 和 14.8%。分车型分车道行驶时,在折算成标准车前,车道 1,2,3 的交通量分别占总交通量的 44.7%、30.1% 和 25.2%;折算成标准车后,3 个车道分别占总交通量的 29.1%、31.6% 和 39.3%。实行分车道分车型行驶后,货车大量转移至车道 3,车道 3 的交通量大幅度提高,车道 1 和车道 2 的交通量有所下降,各个车道的交通量更加均匀,这在交通量折算之后更加明显。

2.4.4 速度分布

混合行驶时,如图 2-24 所示,车道 1 上小客车行驶平均速度为 95.0 km/h,大客车行驶平均速度为 87.5 km/h,小货车行驶平均速度为 85.0 km/h,大货车行驶平均速度为 78.8 km/h;车道 2 上的小客车行驶平均速度为 94.7 km/h,大客车行驶平均速度为 88.6 km/h,小货车的行驶平均速度为 78.8 km/h,大货车的行驶平均速度为 70.2 km/h;车道 3 上的小客车行驶平均速度为 91.8 km/h,大客车的行驶平均速度为 86.8 km/h,小货车的行驶平均速度为 76.0 km/h,大货车的行驶平均速度为 70.9 km/h。由于各车道的交通组成比较复杂,均含有一定数量的货车,客车行驶受限制,所以,各车道之间的速度差异不大,车道内部各车型之间的速度差异也不大。

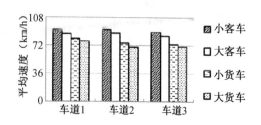

图 2-24 混合行驶时速度分布

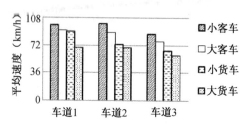

图 2-25 分车型分车道行驶时速度分布

分车型分车道行驶时,如图 2-25 所示,车道 1 上的小客车行驶平均速度为 100.4 km/h,大客车的行驶平均速度为 94.0 km/h,小货车的行驶平均速度为 92.5 km/h,大货车的行驶平均速度为 70.2 km/h;车道 2 上的小客车行驶平均速度为 102.2 km/h,大客车的行驶平均速度为 91.8 km/h,小货车的行驶平均速度为 74.2 km/h,大货车的行驶平均速度为

69.5 km/h；车道 3 上的小客车行驶平均速度为 90.0 km/h，大客车的行驶平均速度为 80.3 km/h，小货车的行驶平均速度为 65.2 km/h，大货车的行驶平均速度为 60.1 km/h。车道 1 上货车的数量减少，小客车、大客车和小货车的速度明显提高，但大货车的速度显著降低；车道 2 上的小客车和大客车平均速度有所提高，而大、小货车的速度有所下降；车道 3 上货车数量增加，各车型速度均有下降。同时，混行在同一车道上的不同车型，尤其是小客车与大货车，速度差异也增大。

分车型分车道行驶时，小客车的平均行驶速度明显提高，大货车的平均行驶速度明显下降。说明分车型分车道管理策略可以提高小客车的运行效率，但同时也牺牲了大货车的部分运行效率。

分车型分车道管理使得车道内部不同车型之间的速度差增大。车道 1、车道 2 和车道 3 上小客车与大货车的速度差分别由车辆混行时的 16.2 km/h、20.9 km/h 和 20.9 km/h 变为分车型分车道行驶时的 30.2 km/h、32.8 km/h 和 29.9 km/h。车辆混行和分车型分车道管理条件下，各车道平均速度和各车型平均速度均表现出由内侧车道向外侧车道逐渐减小的特性，尤其是分车型分车道管理条件下。这主要与各车道的车型组成有关：车道 1 以高速的小客车为主，中间车道各车型比例均衡，车道 3 以慢速的大货车为主。

通过各车道、各车型的速度分布箱形图可知，如图 2-26 和图 2-27 所示，内侧车道的总体运行速度最高，车道 2 次之，车道 3 最低。混合行驶条件下各车道间的运行速度差异相对较小，分车型分析可知，车道管理条件下内侧车道的运行速度整体较高，车速离散性较小，该车道较好地发挥了快速通行的作用。

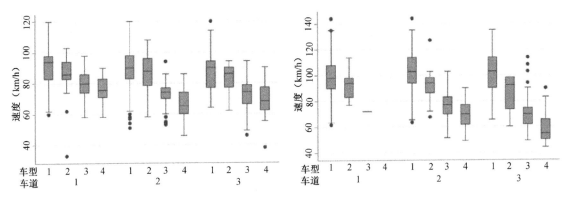

图 2-26　混合行驶速度分布箱型图　　图 2-27　分车型分车道行驶速度分布箱型图
（注：横坐标中的车型 1、2、3、4 分别表示小型客车、大型客车、小型货车、大型货车）

2.4.5　车头时距分布

常用的车头时距分布有负指数分布、移位负指数分布、爱尔朗分布和 M3 分布。车头时距分布规律主要由交通量决定。根据实测数据统计得到各车道车头时距分布如表 2-12 所示。

由于运行方式导致各车道交通量发生变化，车头时距特征也随之变化。车道 1、2 的车头时距均值和方差均增大，车道 1 的分布模型还由 M3 分布变为移位负指数分布，说明分车型分车道行驶时驾驶自由度有所提高,证实了服务水平的改善。车道 3 的车头时距的均值和方差均减小,分布模型由既可服从负指数分布又可服从移位负指数分布变为只服从移位负指数分布,说明车头时距更加紧密。

表 2-12 不同运行方式下车头时距分布

模式	车道	均值 $M(s)$	方差 $D(s^2)$	估计值 r	样本数	交通量 (veh/h)	分布函数
混行	1	4.1	15.1	1.1	502	888	M3
	2	5.5	14.9	2.0	371	657	移位负指数、2 阶爱尔朗
	3	14.7	176.5	1.2	119	212	负指数、移位负指数
分行	1	4.9	21.7	1.1	417	738	移位负指数
	2	7.0	41.2	1.2	280	496	移位负指数
	3	8.7	57.9	1.3	235	416	移位负指数

注:$r = M^2/D$。

2.5 多车道高速公路合流区交通特性分析

合流区的交通运行状况较基本路段更为复杂,车辆通过加速车道进入主线,换道的迫切性强烈,对主线的干扰性加强,导致主线交通流出现扰动,车速降低,行车延误增加。多车道高速公路车道数的增加,使得合流区的车辆换道行为增多,当主线交通量到一定程度时,若合流车辆强行换道进入主线,易产生排队现象。

2.5.1 合流区交通状态划分

合流区交通状态划分方法主要采用基本图和仿真的方法,以沪宁高速公路合流区为例,分析合流区各车道在饱和流状态下的阈值。

1. 基于三维基本图的合流区饱和流阈值分析

采用三维基本图直观、立体反映交通流特性的演变特征和变化方式,分析沪宁高速公路合流区各车道在饱和流状态的阈值。

高速公路合流区包括主线车道、加速车道和匝道三部分,我国《公路路线设计规范》(JTG D20—2017)中规定,加速车道为单车道时,加速车道宜采用平行式,加速车道为双车道时,加速车道应采用直接式。

为掌握多车道高速公路合流区各车道的流量、速度和密度,根据实际调查条件,以沪宁高速公路无锡段合流区为例,选取 2017 年清明节假日期间的视频数据,根据 HCM2016,选取从合流鼻端向下游,包含加速车道和主线 450 m 内的范围为研究区域,分析合流区交通流特性,如图 2-28 所示,以合流鼻端断面进行交通流各参数的采集和统计。同时,沪宁高速公路采用分车型分车道管理策略,车道从内侧到外侧分别为主线 1 车道、主线 2 车道、主线 3 车道和主线 4 车道(下同),其中主线 1 车道为小客车专用车道,主线 2 车道为大、小客车车道,主线 3 车道和主线 4 车道为客货车道,最外侧为应急车道。观测期间,天气晴朗,且研究区域上下游足够长度范围内无意外事故发生。

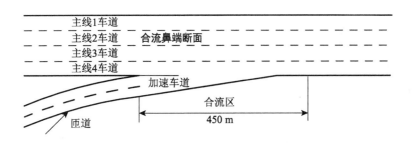

图 2-28　合流区示意图

（1）加速车道

沪宁高速的加速双车道上的车辆会形成一股车流汇入主线,以避免加速车道上车流间的相互干扰。主线上交通量较小时,车辆容易寻找间隙进入主线。但随着主线交通量的增加,车辆汇入更加困难,甚至会发生排队。

从图 2-29 可以看出,流量-速度-密度关系图所构成的立体曲面顶部颜色最亮的黄色部分为饱和流状态下对应的速度、密度和流量关系,当速度 v、密度 k、流量 q 三者的值在这个黄色曲面范围内时,加速车道为饱和流状态。将这个三维空间曲面进行平面投影。

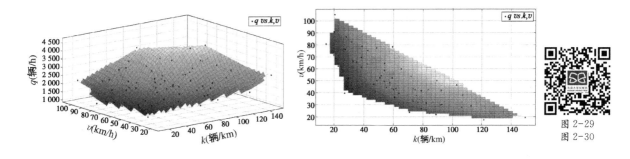

图 2-29　加速车道流量-速度-密度三维基本图　　图 2-30　加速车道速度-密度关系

速度和密度呈负相关关系,如图 2-30,符合实际情况。分析反映交通流特性的特征变量,加速车道上的畅行速度为 102 km/h,阻塞密度为 143 辆/km。对应三维图中的黄色部分,在饱和状态下,速度阈值为 46~62 km/h,密度阈值为 80~104 辆/km。

随着密度的增加,流量的变化趋势为先增加后减少,如图 2-31。交通流特性的特征变量中极大流量的值为 4 600 辆/h,最佳密度为 103 辆/km。对应三维图中的黄色部分,在饱和状态下,流量阈值为 4 400~4 600 辆/h,密度阈值为 80~104 辆/km。

伴随速度的提高,流量也展现出先增加后减小的走向,如图 2-32。交通流特性的特征变量临界速度的值为 47 km/h。对应三维图中的黄色部分,在饱和状态下,流量阈值为 4 400~4 600 辆/h,速度阈值为 46~62 km/h。

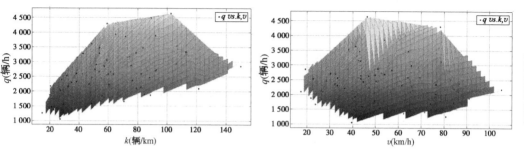

图 2-31　加速车道流量-密度关系　　　　图 2-32　加速车道流量-速度关系

(2) 主线 4 车道

主线 4 车道是受合流干扰最大的车道,客货混行。因为合流主要是对上游车辆产生影响,所以本专著主要统计合流区上游的交通数据。当主线车辆较少时,4 车道上的部分车辆会变换车道,为合流行为提供空间。当合流区中下游因为车辆汇入和频繁的换道而导致速度降低或停车时,考虑交通流的传播特性,上游则会产生排队。

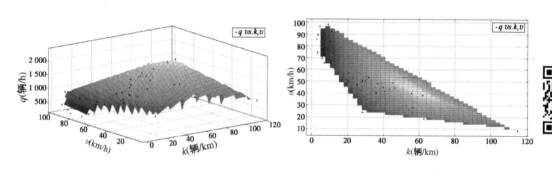

图 2-33　主线 4 车道流量-速度-密度三维基本图　　图 2-34　主线 4 车道速度-密度关系

同加速车道,流量-速度-密度关系图所构成的立体曲面上部颜色最亮的黄色部分为饱和流状态下对应的速度、密度和流量关系,当速度、密度、流量三者的值在这个黄色曲面范围内时,主线 4 车道为饱和流状态。

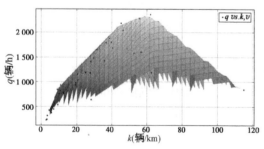 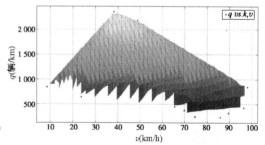

图 2-35　主线 4 车道流量-密度关系　　　　图 2-36　主线 4 车道流量-速度关系

分析反映交通流特性的特征变量，主线 4 车道上的畅行速度为 97 km/h，阻塞密度为 110 辆/km。对应三维图中的黄色部分，在饱和状态下，速度阈值为 36~45 km/h，密度阈值为 52~68 辆/km。

分析图 2-35 中流量和密度关系，交通流特性的特征变量中极大流量的值为 2 300 辆/h，最佳密度为 58 辆/km。对应三维图中的黄色部分，在饱和状态下，流量阈值为 2 100~2 300 辆/h，密度阈值为 52~68 辆/km。

从图 2-36 中可以看出，交通流特性的特征变量临界速度的值为 39 km/h。对应三维图中的黄色部分，在饱和状态下，流量阈值为 2 100~2 300 辆/h，速度阈值为 36~45 km/h。

（3）主线 3 车道

主线 3 车道为客货混行车道，受合流影响较大。为方便合流车辆的汇入，4 车道上的部分货车在中上游会变道驶入 3 车道。

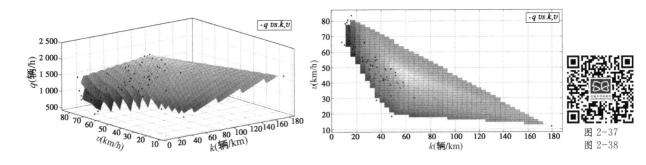

图 2-37　主线 3 车道流量-速度-密度三维基本图　　图 2-38　主线 3 车道速度-密度关系

分析反映交通流特性的特征变量，主线 3 车道上的畅行速度为 82 km/h，阻塞密度为 177 辆/km。对应三维图中的黄色部分，在饱和状态下，速度阈值为 40~52 km/h，密度阈值为 46~65 辆/km。

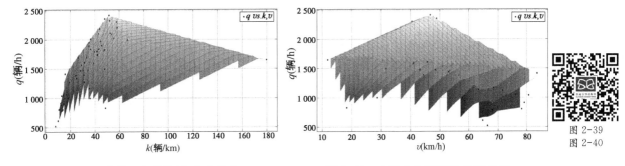

图 2-39　主线 3 车道流量-密度关系　　图 2-40　主线 3 车道流量-速度关系

分析图 2-39 中流量和密度关系，交通流特性的特征变量中极大流量的值为 2 400 辆/h，最佳密度为 50 辆/km。对应三维图中的黄色部分，在饱和状态下，流量阈值为 2 200~2 400 辆/h，密度阈值为 46~65 辆/km。

从图 2-40 可以看出,交通流特性的特征变量临界速度的值为 46 km/h。对应三维图中的黄色部分,在饱和状态下,流量阈值为 2 200~2 400 辆/h,速度阈值为 40~52 km/h。

(4) 主线 2 车道

主线 2 车道为客车专用车道,受合流影响较小。见图 2-41。

分析反映交通流特性的特征变量,主线 2 车道上的畅行速度为 125 km/h,阻塞密度为 103 辆/km。对应三维图中的黄色部分,在饱和状态下,速度阈值为 50~66 km/h,密度阈值为 38~52 辆/km。见图 2-42。

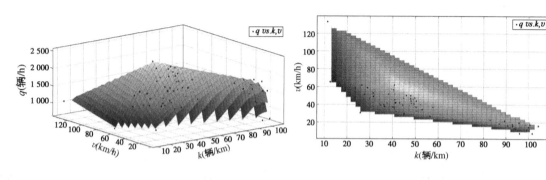

图 2-41　主线 2 车道流量-速度-密度三维基本图　　图 2-42　主线 2 车道速度-密度关系

分析图 2-43 中流量和密度关系,交通流特性的特征变量中极大流量的值为 2500 辆/h,最佳密度为 41 辆/km。对应三维图中的黄色部分,在饱和状态下,流量阈值为 2 300~2 500 辆/h,密度阈值为 38~52 辆/km。

从图 2-44 可以看出,交通流特性的特征变量临界速度的值为 64 km/h。对应三维图中的黄色部分,在饱和状态下,流量阈值为 2 300~2 500 辆/h,速度阈值为 50~66 km/h。

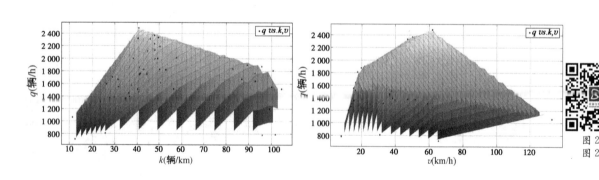

图 2-43　主线 2 车道流量-密度关系　　图 2-44　主线 2 车道流量-速度关系

(5) 主线 1 车道

主线 1 车道为小客车专用车道,受合流影响最小。见图 2-45。

由图 2-46,分析反映交通流特性的特征变量,主线 1 车道上的畅行速度为 110 km/h,阻塞密度为 168 辆/km。对应三维图中的黄色部分,在饱和状态下,速度阈值为 86~98 km/h,密度阈值为 28~40 辆/km。

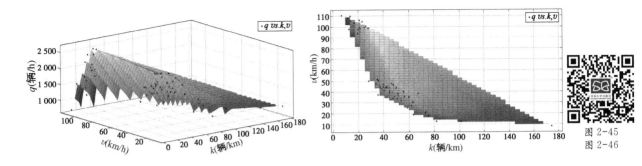

图 2-45　主线 1 车道流量-速度-密度三维基本图　　图 2-46　主线 1 车道速度-密度关系

分析图 2-47 中流量和密度关系，交通流特性的特征变量中极大流量的值为 2 600 辆/h，最佳密度为 30 辆/km。对应三维图中的黄色部分，在饱和状态下，流量阈值为 2 400～2 600 辆/h，密度阈值为 28～40 辆/km。

从图 2-48 可以看出，交通流特性的特征变量临界速度的值为 95 km/h。对应三维图中的黄色部分，在饱和状态下，流量阈值为 2 400～2 600 辆/h，速度阈值为 86～98 km/h。

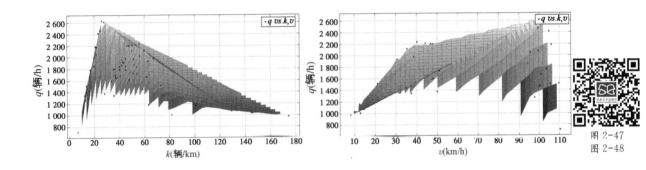

图 2-47　主线 1 车道流量-密度关系　　图 2-48　主线 1 车道流量-速度关系

综上所述，对加速车道和主线车道上交通流特性三个基本参数路口、速度和密度的阈值以及特征变量进行整理，如表 2-13 和表 2-14。

表 2-13　各车道三参数阈值

	流量阈值(辆/h)	速度阈值(km/h)	密度阈值(辆/km)
加速车道	4 400～4 600	46～62	80～104
主线 4 车道	2 100～2 300	36～45	52～68
主线 3 车道	2 200～2 400	40～52	46～65
主线 2 车道	2 300～2 500	50～66	38～52
主线 1 车道	2 400～2 600	86～98	28～40

表 2-14　各车道特征变量

	极大流量 （辆/h）	临界速度 （km/h）	最佳密度 （辆/km）	堵塞密度 （辆/km）	畅行速度 （km/h）
加速车道	4 600	47	103	143	102
主线 4 车道	2 300	39	58	110	97
主线 3 车道	2 400	46	50	177	82
主线 2 车道	2 500	64	41	103	125
主线 1 车道	2 600	95	30	168	110

分析比较各车道流量、速度、密度阈值，对加速车道为双车道，可以看出其流量阈值约为主线 4 车道的两倍，主线 3、4 车道是合流影响的主要车道。主线车道上的流量阈值由内侧 1 车道到外侧 4 车道逐渐减少，同样的速度阈值也呈下降趋势，而密度的阈值则逐渐增加。分析其中原因，主要有两点：一是加速车道上汇入车辆合流对主线车道的影响从外侧向内侧逐渐减小；二是由于车道管理策略，内侧车道受到大车影响较小。

分析各车道的特征变量，加速车道的极大流量是主线 4 车道的两倍，同时加速车道最佳密度值最大。主线 2 车道畅行速度最大，但对应的堵塞密度最小；相反主线 3 车道畅行速度最小，但对应的堵塞密度最大。

2. 基于元胞自动机仿真的合流区阈值分析

（1）运行规则

元胞自动机模型具有易于计算机实现，仿真多种场景和再现各种复杂交通现象的特点。在多车道元胞自动机模型中，每次更新分为两个步骤：第一步，车辆按照换道规则进行换道；第二步，各车道上车辆按照单车道的更新规则进行更新。

车辆换道规则依据变换对象可以分为对称换道和非对称换道规则，依据变换状态可以分为判断性换道规则和强制性换道规则。

考虑到道路结构的特殊，匝道为绝对性的非对称换道，即只允许加速车道的车辆换道汇入主线，反之不成立。因此匝道上的换道规则和主线车道有较大的不同，匝道上的车辆必须换道进入主线行驶，即匝道为强制性换道行为。设置匝道为双车道，假定外侧匝道向内侧匝道换道的规则和内侧匝道向主线 1 车道换道的规则相同，换道只需考虑安全条件。

在合流区上游处，主线车辆为给加速车道上车辆的汇入提供空间，减少干扰，部分主线车辆选择向左换道，且一般情况下，车辆倾向在左侧车道行驶，只有当右侧车道条件较好时，车辆才会选择向右换道。因此，主线向左换道的概率要大于向右换道，换道时还应考虑多车道高速公路的车道管理策略。

（2）实测结果与模拟结果对比

考虑实际调查统计的结果，如表 2-15 所示，本节选取流量作为评价指标，评估仿真交通流运行状况。模型输入合流区上游车辆的到达率，比较合流区断面的实际流量和虚拟检测器采集的仿真流量，采用偏差指标来检验仿真试验值和实测值之间的适合度。

表 2-15　实测值和仿真值的统计结果

	加速车道	主线 1 车道	主线 2 车道	主线 3 车道	主线 4 车道
车辆到达率(辆/s)	0.587	0.300	0.477	0.463	0.423
实测值(辆/5 min)	178	80	139	147	141
仿真值(辆/5 min)	176.0	83.5	136.5	143.5	137.9
相对误差(%)	1.1	4.4	1.8	2.4	2.2

各车道交通流量的相对误差在 5% 以内,符合要求,所以本专著建立的交通流元胞自动机模型是有效的。仿真八车道高速公路饱和流状态各车道的阈值,结果如表 2-16。

表 2-16　仿真条件下各车道饱和流状态阈值

	主线 1 车道	主线 2 车道	主线 3 车道	主线 4 车道	加速车道
流量(辆/h)	2 424	2 333	2 299	2 107	4 356

将仿真结果与表 2-13 实测的流量阈值比较,发现各车道的饱和流状态阈值基本吻合,再次验证了仿真模型的有效性,可应用于多车道高速公路饱和流状态下合流区各车道的阈值确定。

2.5.2　非饱和流状态下合流区交通流特性分析

1. 合流比例

车辆合流时,需观测主线最外侧车道上车辆之间的可插入间隙,并通过加减速操作使得变换车道进入主线车道。在合流区,由于驾驶员的个性差异,驾驶员在加速车道上选择汇入主线车道行驶的时机不同,部分驾驶员选择在合流鼻端一开始还未开始加速时就直接汇入主线车道,此类驾驶行为会导致车流紊乱,使得主线 4 车道上车流出现波动。

合流比例主要衡量观测车辆在合流区不同位置的汇入情况。驾驶员特性、车型及交通运行状况导致车辆在合流区不同位置合流特性不同,以合流鼻端为起点,向下游每 50 m 作为一个观测断面,如表 2-17 所示,统计断面内汇入车辆进入主线车道的比例,如表 2-18 所示。

表 2-17　观测断面编号及位置

编号	名称	位置
1	断面 1	合流始端
2	断面 2	100～150 m
3	断面 3	150～200 m
4	断面 4	大于等于 200 m

表 2-18　各断面的合流比例

断面	1	2	3	4
合流比例(%)	3.52	68.95	10.35	17.18
累计合流比例(%)	3.52	72.47	82.82	100

如表 2-18，在断面 1 附近，加速车道上大部分车辆刚开始进行加速，进入主线的车辆较少，仅占 3.52%；大部分车辆选择在断面 2 前汇入主线车道，占总数的 72.47%；同时可以看出，仍有 17.18% 的车辆在距离合流鼻端超过 200 m 位置处汇入主线车道。表明大部分驾驶员会在加速车道上加速一段距离后等待时机汇入主线。

2. 各车道车型分布

不同的高速公路车型结构比例、车道管理方式、入口匝道连接地区经济特性以及时间变化等因素决定了不同合流区上的车型比例存在较大的不同。高速公路沿线地区经济较为发达时，其车型结构通常以小客车为主，汇入车辆中的小客车也会占较大比例，而入口匝道连接地区为高端产业集聚地区或城镇密集地区，小客车车流愈加明显；高速公路沿线为工业聚集区时，入口匝道车流中货车占有较大比例，而入口匝道连接地区为工业型经济开发区时，货车通常为主要车型。时间上，节假日期间高速公路七座及以下小客车免收通行费，因此节假日期间入口匝道上小型客车的比重大于工作日。

分别观测断面 1 和断面 3 上的车型，对比不同断面上车型的分布特征。如表 2-19、表 2-20 和图 2-49 和图 2-50 所示。

表 2-19　断面 1 各车道车型比例　　　　　　　　单位：%

车　　型	小型客车	小型货车	大中型客车	大中型货车
加速车道	83.17	5.06	5.34	6.43
主线 4 车道	27.37	35.79	0.00	36.84
主线 3 车道	60.55	16.02	3.13	20.31
主线 2 车道	93.21	0.00	6.79	0.00
主线 1 车道	100	0.00	0.00	0.00

表 2-20　断面 3 各车道车型比例　　　　　　　　单位：%

车　　型	小型客车	小型货车	大中型客车	大中型货车
加速车道	64.04	10.53	5.26	20.18
主线 4 车道	63.13	7.54	6.98	22.35
主线 3 车道	75.05	4.37	4.99	15.59
主线 2 车道	92.17	0.18	7.47	0.18
主线 1 车道	100.00	0.00	0.00	0.00

从图 2-49 可以看出，加速车道上小型客车比例较大，占 83% 左右，其余三种类型所占比例相当，表明清明节假日期间私家车出行较多；主线 4 车道上没有大中型客车的分布，小型客车、小型货车和大中型货车的分布比例基本相当，分别为 27.37%、35.79% 和 36.84%；主线 3 车道上小型客车分布比例有所增加，为 60.55%，货车分布比例有所降低，为 36.33%；根据车道管理策略，主线 2 车道上没有货车分布，小型客车、大中型客车的分布比例分别为 93.21% 和 6.79%；主线 1 车道上只有小型客车行驶。

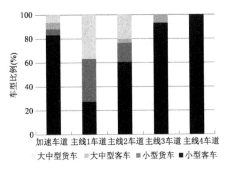

图 2-49　断面 1 各车道车型比例

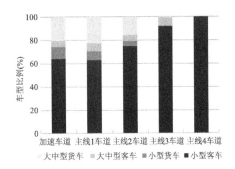

图 2-50　断面 3 各车道车型比例

从图 2-50 得,加速车道上小型货车比例较大,占 64.04%,其次大中型货车所占比例为 20.18%;主线 4 车道上小型客车相比加速车道略有下降,为 63.13%,其次大中型货车较加速车道略有上升,所占比例为 22.35%;主线 3 车道和主线 2 车道上小型客车所占比重均最大,分别为 75.05% 和 92.17%;主线 1 车道上只有小型客车行驶。

对比断面 1 和断面 3 各车道的车型比例,加速车道上断面 3 的小型客车比断面 1 的小型客车比例减少 20%,同时断面 3 的小型货车、大中型货车比断面 1 分别增加 5% 和 14% 左右,表明小型客车比较灵活,相比货车更容易变换车道汇入主线,由于货车自身惯性较大,加速距离和换道间隙要求较大,因此货车换道行为滞后于客车。主线 4 车道上断面 3 的小型客车的比例明显增加,增加了约 36%,断面 3 的小型货车和大中型货车比例较断面 1 明显下降,进一步说明了小型客车相较于货车更早地进入主线车道。由于车道管理策略,主线 1 车道上应完全为小型客车,主线 2 车道上应完全为客车,但实际上通常有货车汇入主线 2 车道,在断面 3 中占 0.8%,反映了主线 2 车道的实际运行情况。

3. 交通量分布特性

在合流区内,加速车道上的汇入车辆寻找间隙变换车道进入主线 1 车道,主线车道之间也不停地进行车道变换,使得不同断面各车道的交通量呈现不同的分布特征。

断面 1 各车道交通量分布如图 2-51 所示,加速车道上交通量最大,近 1 800 pcu/h,其中小型客车所占比重最大,为 1 200 pcu/h。主线车道交通量从内侧 1 车道向外侧 4 车道呈递减趋势,尤其是主线 4 车道上交通量最少,表明在合流区总交通量较少时,车辆倾向在道路内侧行驶,为加速车道上合流车辆的汇入提供空间车辆,减少合流的干扰。客车主要分布在主线 1、2 车道上,货车主要分布在主线 3、4 车道上,符合沪宁高速公路车道管理策略。

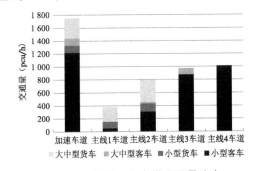

图 2-51　断面 1 各车道交通量分布

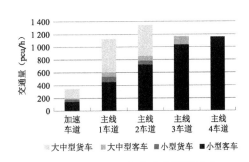

图 2-52　断面 3 各车道交通量分布

断面 3 的各车道交通量分布如图 2-52 所示，加速车道上交通量分布最少，为 350 pcu/h；主线各车道上交通量的分布较为均匀，其中主线 3 车道上车辆最多，约 1 300 pcu/h。加速车道上剩余车辆主要为小型客车和大中型货车，分别占 64% 和 20%。小型客车在各车道均有分布，并且小型客车交通量从主线内侧 1 车道向外侧 4 车道呈递减趋势。

比较断面 1 和断面 3 的交通量分布情况，加速车道上断面 3 的交通量较断面 1 的交通量降低了 80%，说明加速车道上绝大部分车辆在断面 3 之前汇入主线，其中小型客车的交通量明显减少，减少了 88%；断面 3 上主线各车道上的交通量较断面 1 均有增加，其中主线 3、4 车道增加幅度最大，分别增加了 1.9 倍、0.7 倍，表明加速车道汇入主线车道、主线车道间的换道行为在不断发生。

对比还可以观察到，主线 4 车道上的部分大中型货车不断换道汇入主线 3 车道，由于大中型货车所占空间较大，在主线 4 车道上多辆大中型货车结伴行驶会对加速车道上的汇入车辆形成屏障，所以部分大中型货车选择换道汇入主线 3 车道，为加速车道上的汇入车辆提供合流空间。

合流行为对于加速车道、主线 4 车道和主线 3 车道都有较大的影响，而对于主线 2 车道和主线 1 车道的干扰较小，体现在主线 2 车道和主线 1 车道上交通量、车型比例变化较小，其中主线 2 车道上大中型客车增加比例较大，为小型客车增加比例的 1.7 倍。随着距合流区鼻端长度的增加，交通量不断增加，加速车道上车辆的合流行为会增加主线车道之间换车道行为的发生。

4. 速度变化特性

（1）加速车道速度特性

① 速度分布特性

加速车道上速度频率变换关系如图 2-53 所示，加速车道上车速主要分布在 55～90 km/h，速度均值为 73.5 km/h，从累计频率可以看出，90% 的速度在 85 km/h 以下，车速高于 85 km/h 的车辆较少，且主线 1 车道限速为 60～100 km/h。加速车道上车辆速度与主线 1 车道上车辆速度差异越小，合流后离散性越小，对主线的干扰相对越少。

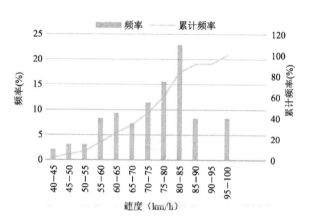

图 2-53 加速车道速度分布

② 假设分布拟合

威布尔分布适用范围较广，能较好地描述车速的分布。因此本文采用威布尔分布拟合车速特性。

三参数威布尔分布的基本公式和概率密度函数如下：

$$P(h \geqslant t) = \exp\left[-\left(\frac{t-\gamma}{\beta-\gamma}\right)^{\alpha}\right], \gamma \leqslant t < \infty \qquad (2-3)$$

$$p(t) = \frac{\mathrm{d}\langle 1-P(h \geq t)\rangle}{\mathrm{d}t} = \frac{1}{\beta-\gamma}\left(\frac{t-\gamma}{\beta-\gamma}\right)^{\alpha-1}\exp\left[-\left(\frac{t-\gamma}{\beta-\gamma}\right)^{\alpha}\right] \qquad (2-4)$$

式中，β、α、γ 为分布参数，取正值且 $\beta > \gamma$。其中，γ 称为位置参数，α 称为形状参数，β 称为尺度参数。

③ 参数估计与假设检验

基于 MATLAB 实验，采用理论分布（威布尔分布）含有未知数参数 χ^2—拟合优度检验，该方法采用最大似然估计法进行参数估计，再采用 K. 皮尔逊提出的 χ^2—拟合优度检验，置信水平为 95% 条件下求出位置参数 c、形状参数 b、尺度参数 a。加速车道威布尔分布参数特征，如图 2-54 所示。

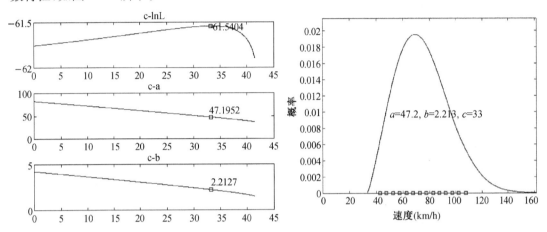

图 2-54　加速车道威布尔分布参数特征　　图 2-55　加速车道威布尔分布概率密度拟合曲线

威布尔分布概率密度拟合曲线中尺度参数表示曲线的分布宽度，尺度参数越大，曲线分布越大，即速度离散性越大；形状参数越大，曲线越陡峭；位置参数对于曲线的形状和分布宽度无影响，仅表现为曲线在横坐标上位置的改变，表示速度分布的区间。由图 2-55 可得加速车道上速度威布尔概率密度函数中位置参数 c 为 33.23，形状参数 b 为 2.21，尺度参数 a 为 4.15。

(2) 主线车道速度特性

① 速度分布特性

对主线 1、2、3、4 车道的速度特性进行统计分析，见图 2-56 至图 2-59。

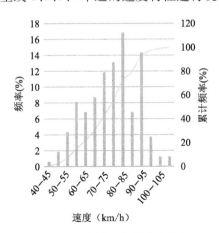

图 2-56　主线 4 车道速度分布

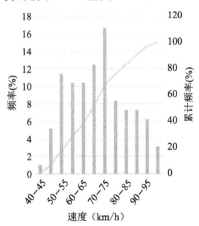

图 2-57　主线 3 车道速度分布

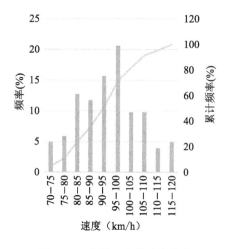
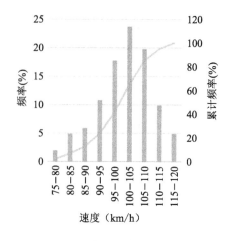

图 2-58　主线 2 车道速度分布　　　　图 2-59　主线 1 车道速度分布

主线 4 车道为客货车混行车道，对车型没有严格限制。但是在合流区上游处，主线 4 车道的车型主要是货车，因此平均速度较低，车型混杂使得速度离散性较大。平均速度为 78.2 km/h，最大速度为 107.0 km/h，最低速度为 48.4 km/h，速度差为 58.6 km/h。速度主要分布在 70～95 km/h，累计曲线表明 90％的车辆速度在 95 km/h 以下。

主线 3 车道也为客货混行车道，其速度分布在 40～100 km/h 之间，各个小区间内的速度频率相差较小，在 70～75 km/h 内的速度出现的频率最高，车辆平均速度为 70.2 km/h，速度离散性比主线 1 车道小，由于主线 3 车道限速为 80～100 km/h，从图 2-57 中可以看出实际速度在 80～100 km/h 范围内的频率为 24％，表明主线 3 车道受到车辆合流的干扰较大，同时分析累计频率曲线，75％的车辆速度在 80 km/h 以下，速度总体偏低。

主线 2 车道为客车车道，受货车和车辆合流行为的影响较小，从图 2-58 中可以看出其最低速度明显比主线 3、4 车道的最低速度高，高约 30 km/h。并且速度主要集中分布在 80～110 km/h，车辆平均速度为 94.6 km/h；同时，主线 2 车道限速为 90～120 km/h，分析累计频率曲线，35％的车辆速度在 90 km/h 以下，65％的车辆在 90～120 km/h 之间，表明实际中大部分车辆在限速范围内。

主线 1 车道为小型客车专用车道，其受车辆合流行为的影响最小，从频率分布条形图 2-59 可以看出，主线 1 车道上速度分布特性接近于正态分布，车速主要分布在 90～115 km/h，车辆平均速度为 101.0 km/h；同时，该车道限速为 110～120 km/h，分析累计频率曲线，85％的车辆速度在 110 km/h 以下，说明合流区范围内仅有 15％的车辆满足车道限速的要求。

② 分布拟合和假设检验

与加速车道速度分布拟合及假设检验过程的操作类似，得出主线各车道的均服从威布尔分布，在此不再赘述相关操作步骤，仅用表格给出参数数据和最终结果。

如表 2-21，从主线 4 车道到主线 1 车道，位置参数逐渐增加，尺度参数逐渐减小，说明主线车道越向内侧，受到车辆合流的影响越小，车速越高，即位置参数越大；同时车辆类型越单一，速度分布离散性越小，尺度参数越小。

表 2-21　主线车道威布尔分布三参数

	位置参数	形状参数	尺度参数	置信水平
主线 4 车道	33.86	2.20	43.66	95%
主线 3 车道	34.52	2.19	40.09	95%
主线 2 车道	65.85	2.15	32.93	95%
主线 1 车道	71.60	2.12	29.25	95%

5. 车头时距分布特性

（1）加速车道

观测加速车道上的车头时距分布，见图 2-60，可以看出车头时距主要分布在 0～3 s，其中 1～2 s 所占频率最高，超过 30%；从累计曲线可以看出，80% 的车辆的车头时距在 4 s 以下。因为加速车道为双车道，进入主线前车辆形成一条车队，同时小型客车比例占 80% 以上，所以车头时距相对较小。

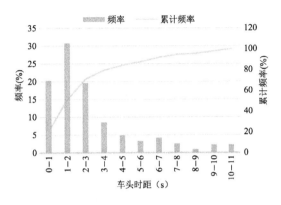

图 2-60　加速车道车头时距分布

（2）主线 4 车道

合流前主线 4 车道的车头时距分布如图 2-61 所示，主线 4 车道的车头时距最大值为 39.9 s，最小值为 1 s，极差为 38.9 s。车头时距分布频率最高的为 5～10 s，近 80% 的车辆的车头时距在 5 s 以上。因为合流前主线 4 车道上车辆较少，且多为大中型货车，车头时距较大，同时主线 4 车道上的部分车辆向内侧换道，为加速车道上合流车辆的汇入提供条件。

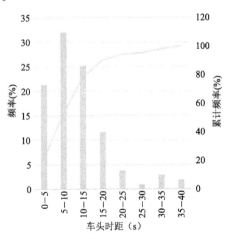

图 2-61　主线 4 车道断面 1 车头时距分布

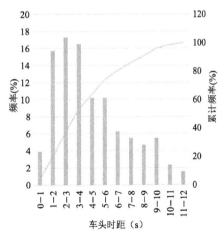

图 2-62　主线 4 车道断面 3 车头时距分布

合流后断面 3 主线 4 车道的车头时距分布如图 2-62 所示，由于合流车辆的汇入，主线 4 车道上车辆明显增多，车头时距明显减小并且分布均匀，最大车头时距为 11.2 s，最小为 1 s，主要分布在 1～6 s，同时，分析累计曲线，80% 的车辆的车头时距在 7 s 以下。

对比主线4车道断面1和断面3的车头时距分布图,得出合流前后主线4车道的车头时距变化较大,合流后车头时距的均值和极差均明显减小,说明合流对于主线4车道有较大的影响。

(3) 主线3车道

如图2-63所示,合流前主线3车道上车头时距分布比较均匀,集中在1~9 s,频率最高的车头时距集中在2~3 s,最大车头时距为15 s。分析累计曲线,90%车辆的车头时距在11 s以下。

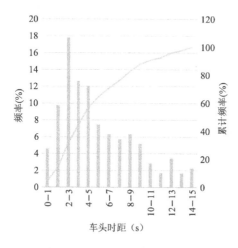

图2-63 主线3车道断面1车头时距分布

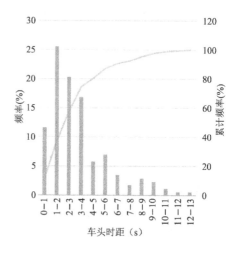

图2-64 主线3车道断面3车头时距分布

合流后断面3主线3车道的车头时距分布如图2-64所示,主线3车道在断面3的车头时距主要分布在0~4 s,频率最高的车头时距集中在1~2 s,最大车头时距为12.6 s,同时,从累计曲线可以得出,90%车辆的车头时距在7 s以下,相比合流前减少5 s。

对比分析两张合流前后主线3车道的车头时距分布,可以看出车辆合流对主线2车道影响也较大,车辆增加使得车头时距减小。

(4) 主线2车道

分析图2-65,合流前主线2车道上车辆的车头时距主要分布在0~4 s,在1~4 s的区间上分布均匀且频率较高,最大车头时距为14.8 s,同时,分析累计曲线,80%车辆的车头时距在5 s以下。

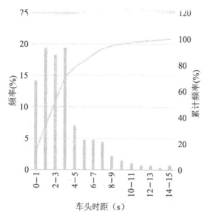

图2-65 主线2车道断面1车头时距分布

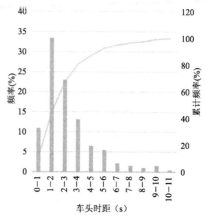

图2-66 主线2车道断面3车头时距分布

合流后断面3时主线2车道的车头时距分布如图2-66所示,车头时距也主要分布在0~4 s,其中频率最大的车头时距集中在1~2 s,最大车头时距为11 s。另外,分析累计曲线,80%的车辆在4 s以下,比合流前减少1 s。

对比合流前后主线2车道车头时距分布,可以发现主线3车道在合流前后车头时距分布差异较小,最明显的就是最大车头时距减小3.8 s,所以合流对主线2车道的影响相对较少。

(5) 主线1车道

分析图2-67,合流前主线1车道上的车头时距主要分布在0~5 s,其中最高频率车头时距集中在1~3 s,最大车头时距为10 s,同时,分析累计曲线,90%车辆的车头时距在6 s以下。

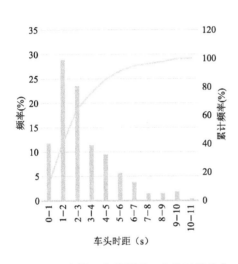 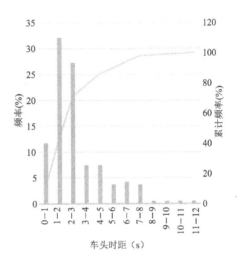

图2-67 主线1车道断面1车头时距分布　　图2-68 主线1车道断面3车头时距分布

合流后断面3时主线1车道的车头时距分布如图2-68所示,车头时距主要分布在0~3 s,其中最高频率车头时距分布集中区间与合流前相同,为1~3 s,另外从累计曲线可以看出,90%车辆的车头时距在6 s以下。

对比分析合流前后车头时距分布,可以发现主线1车在合流前后车头时距变化最小,因此主线1车道受合流干扰最小。

从合流前后主线4、3、2、1车道的车头时距分布情况,可以发现合流对主线车道的影响从外侧(主线4车道)向内侧逐渐减小,且合流后的车头时距分布更为集中,各车道的极差均有所减小。

2.5.3　饱和流状态下合流区交通流特性分析

选取沪宁高速公路无锡段合流区的数据,时间为2017年清明节假期,对比非饱和流状态,分析饱和流状态下多车道高速公路合流区各车道的车型、交通量和速度的交通流特性。

1. 车型分布

见图2-69,节假日期间小型客车高速免收通行费,私家车旅游较多,小型客车所占出行比例较大，同时货车为避免拥堵，部分货车在节假日期间避开高速公路，因此饱和流状态下小型客车比例较大，货车比例较小。

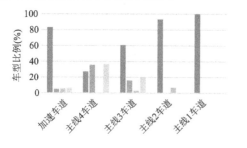

(a) 非饱和流状态下各车道车型分布

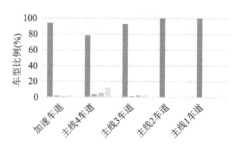

(b) 饱和流状态下各车道车型分布

图 2-69　饱和流和非饱和流状态下各车道车型分布

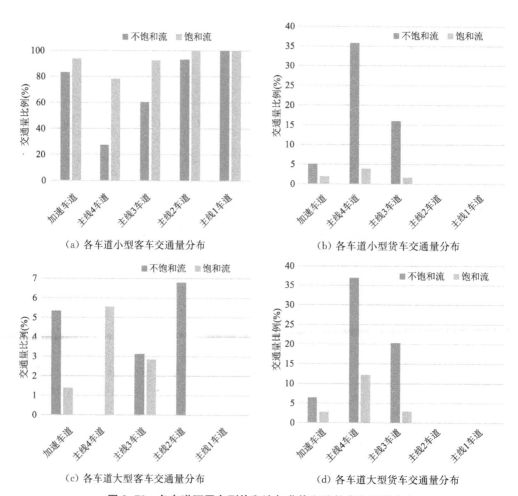

(a) 各车道小型客车交通量分布

(b) 各车道小型货车交通量分布

(c) 各车道大型客车交通量分布

(d) 各车道大型货车交通量分布

图 2-70　各车道不同车型饱和流与非饱和流状态交通量分布

饱和流状态下各车道的小型客车所占比例最大且在各车道占比比较均匀，均在 80% 及以上；非饱和流状态下主线车道上小型客车数量均由内侧到外侧逐渐减少，其中主线 4 车道受合流影响最大,小型客车交通量最少,但是非饱和流状态下各车道之间小型客车的差异较大。

由于车道管理策略,小型货车主要分布在加速车道和主线 3、4 车道,非饱和流状态下主线 4 车道上小型货车分布最多,占 35% 以上;饱和流状态下小型货车在三个车道上分布均匀,占比均较小,不足 5%。

大型客车主要分布在加速车道和主线 2、3、4 车道上,非饱和流状态下主线 2 车道上大型客车比例较大,主线 4 车道上基本没有大型客车分布;而饱和流状态下则恰恰相反,主线 2 车道上没有大型客车分布,但主线 4 车道上大型客车比例较大。说明非饱和流状态时,主线车道上车流较少,为保证行驶速度,大型客车避免与货车行驶在同一车道;而饱和流状态时,由于小型客车比重较大且主要分布在主线 1、2 车道,所以大型客车主要分布在主线 3、4 车道。

货车在主线上主要分布在主线 3、4 车道,非饱和流状态下主线 4 车道上大型货车比例较大,在 37% 左右,相应加速车道上大型货车比例较低,说明该入口匝道连接地区经济发达;同非饱和流状态类似,饱和流状态大型货车也主要分布在主线 4 车道。

2. 交通量分布

饱和流状态下主线各车道交通量所占比例基本一致,分布较为均匀且差异较小,如图 2-71 所示。非饱和流状态下主线各车道的交通量由内侧向外侧逐渐减少,分布不均匀。如图 2-72 所示,饱和流状态下各车道的交通量均大于非饱和流状态,特别是主线 4 车道的交通

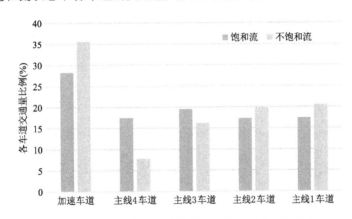

图 2-71 饱和流与非饱和流状态下各车道交通量分布

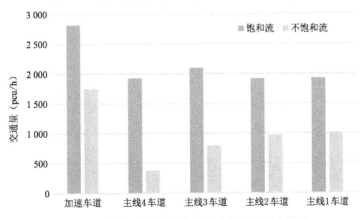

图 2-72 饱和流与非饱和流状态下各车道交通量

量,饱和流状态是非饱和流状态的近5倍,主线1、2车道饱和流状态的交通量是非饱和流状态的近两倍。

3. 速度分布

如图2-73所示,各车道平均速度在饱和流状态普遍较非饱和流状态低,在非饱和流状态下,各车道的平均速度均超过70 km/h,其中主线3车道上车辆的平均速度最小,主线1车道上车辆的平均速度最大,超过100 km/h;非饱和流状态下加速车道上车辆的平均速度约等于主线4车道的平均速度,有利于加速车道上的车辆汇入主线。饱和流状态下各车道平均速度分布比较均匀,均在40 km/h左右。

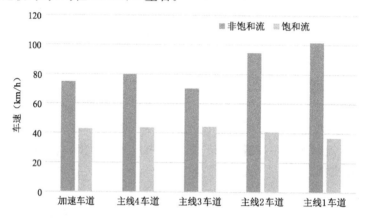

图2-73 饱和流和非饱和流状态下各车道平均速度分布

2.6 本章小结

本章阐述了多车道高速公路与双向四车道高速公路相比,在道路设施、驾驶员行为和车辆运行特性方面的不同;运用实测数据,对交通状态进行划分,给出多车道高速公路饱和流状态的定义,分析了多车道高速公路基本路段饱和流状态下交通量分布、速度分布、车头时距分布等特征;考虑车道管理策略对交通特性的影响,对混合运行和分车型分车道管理条件下的六车道高速公路进行分析;以沪宁高速公路为例,采用基本图和元胞自动机仿真两种方法得到合流区的饱和流状态阈值,分析非饱和流状态和饱和流状态下合流区的合流特性、车型分布和交通量分布等特征。

第 3 章

多车道高速公路交通仿真模型

3.1 多车道高速公路车辆行为特性分析

3.1.1 车辆跟驰特征分析

对车辆轨迹数据进行优化处理：(1)去除噪声；(2)将数据按照跟车对组合分为小型车辆跟驰小型车辆(C-C)、小型车辆跟驰大型车辆(C-H)、大型车辆跟驰小型车辆(H-C)、大型车辆跟驰大型车辆(H-H)四类；(3)剔除存在换道行为的数据。获得满足要求的车辆跟驰数据，进行跟驰特征分析。

1. 车辆轨迹特征分析

图 3-1 展示了一条车道中所有车辆的跟驰行驶轨迹。其中，蓝色曲线为小型车辆，红色曲线为大型车辆。图中部分曲线不连续是因为车辆中途换道离开或进入该车道。从图中可以看出一些车辆跟驰行为的特征以及不同车辆间的特征差异：(1)当跟驰行为中只有小型车辆时，车辆的跟驰行驶轨迹分布较为密集。当存在大型车辆时，车辆的跟驰行驶轨迹分布则相对较为稀疏。(2)蓝色曲线相对红色曲线，曲线的波动程度更大。以上两个特征说明当有大型车辆存在时，车辆在跟驰行驶中保持的间距相对更大。小型车辆在跟驰中的行为较大型车辆更加灵活，小型车辆在跟驰中的灵活性有时会受到前方车辆的驾驶行为影响。

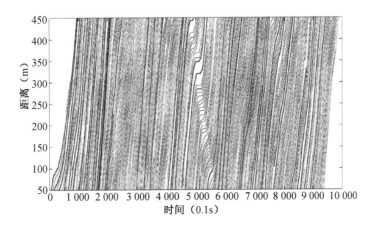

图 3-1 车辆的跟驰行驶轨迹

2. 车头间距特征分析

四类跟车对组合的车头间距累积频率分布如图3-2所示。图中，C-C的车头间距最小，H-H的车头间距最大，C-H和H-C的车头间距介于C-C和H-H之间。其中，当车头间距小于34 m时，C-H的车头间距大于H-C的车头间距，而当车头间距大于34 m后，H-C的车头间距大于C-H的车头间距。C-C、C-H、H-C和H-H的车头间距中值分别为17.05 m、27.22 m、24.18 m和39.06 m，标准差分别为13.14 m、10.44 m、23.50 m和15.29 m。当后车为小型车辆时，跟车对组合的车头间距值较小且变化也较小，说明小型车辆会紧跟前车行驶，且相对大型车辆对前车的刺激更加敏感，尽可能地及时调整自身的行驶状况以保持与前车的间距。当前车为大型车辆时，跟车对组合的车头间距值较大但变化较小，表明后车会与大型车辆维持更长且稳定的间距。对比C-C和H-H，H-H中两车辆间距很少小于15 m，该数值在C-C中仅为5 m。在C-C中95%的车头间距小于40 m，而H-H中小于40 m的车头间距只占54%，累计频率达到95%的车头间距为70 m。

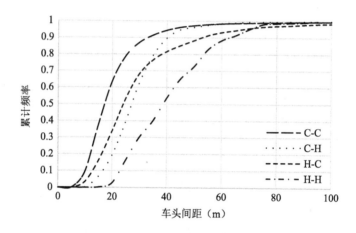

图3-2 四类跟车对组合的车头间距累计频率分布

四类跟车对组合的平均车头间距与后车车辆平均速度的相互关系如图3-3所示，图中展示了速度在60 km/h范围内车头间距随着车辆速度的变化趋势，其中各速度区段的速度中值作为该速度区段的代表速度。图中，H-H的车头间距最大，C-C的车头间距最小，与前面的统计结果一致。当速度小于30 km/h时，C-H的车头间距要大于H-C，而当速度大于30 km/h后，C-H的车头间距变得小于H-C。随着车辆速度的增加，H-C的车头间距增长明显，其增长速率最大。车头间距的变化特征体现了车辆的跟驰行为，四类跟车对组合跟驰行为的差异可以通过车辆视距和动力性能的相对重要性来解释。车辆行驶在大型车辆身后，其车辆视距会严重受限，该影响会在车辆低速行驶时频繁发生而影响车辆驾驶员的行为。而当车辆处于高速行驶状态时，车辆的动力性能成为更加重要的考虑因素，这导致大型车辆倾向于保持更大的车辆间距。在车辆低速行驶时，车辆视距是需要重点考虑的因素，由于视距对C-H的影响要大于H-C，使得C-H的车头间距大于H-C的车头间距。当车辆高速行驶时，车辆动力性能是需要重点考虑的因素，而动力性能对H-C的影响要大于C-H，所以H-C的车头间距大于C-H的车头间距。对于H-H，车辆视距和动力性能同时对其有较大影响,所以其保持的车头间距也最大。

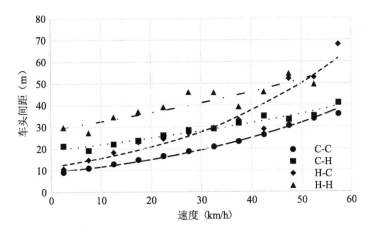

图 3-3 四类跟车对组合车头间距与速度的关系

对四类跟车对组合间车头间距的差异性进行验证,方法为显著性水平 $\alpha=0.05$ 下独立样本的 t 检验。对相同速度区间内任意两个跟车对组合进行车头间距的差异性检验,零假设为参与比较的两组车头间距相等。共检验 69 组,其中 64 组拒绝零假设,只有 5 组接受零假设。综合整个假设检验的结果,四类跟车对组合在不同速度区间内的车头间距存在着显著差异性。表 3-1 为小型车辆跟驰小型车辆和大型车辆跟驰大型车辆之间车头间距假设检验的结果,两类跟车对组合在各速度区段内的车头间距具有显著性差异。

表 3-1 小型车辆跟驰小型车辆和大型车辆跟驰大型车辆的车头间距 t 检验结果

速度区间 (km/h)	C-C		H-H		C-C		H-H	
	车头间距 (m)	车头时距 (s)	车头间距 (m)	车头时距 (s)	T 值	显著性	T 值	显著性
0~5	9.19	18.61	29.76	38.08	89.191	<0.001	11.776	<0.001
5~10	11.03	5.61	27.33	15.86	49.810	<0.001	55.200	<0.001
10~15	12.98	3.80	34.59	10.04	96.469	<0.001	93.476	<0.001
15~20	14.83	3.08	36.97	7.43	127.862	<0.001	122.537	<0.001
20~25	16.6	2.67	39.07	6.40	160.074	<0.001	165.514	<0.001
25~30	18.89	2.47	45.97	6.04	137.559	<0.001	139.221	<0.001
30~35	20.92	2.32	45.83	5.04	110.665	<0.001	108.732	<0.001
35~40	23.33	2.25	39.2	3.80	36.179	<0.001	37.043	<0.001
40~45	26.39	2.25	46.03	3.99	14.184	<0.001	15.000	<0.001
45~50	30.48	2.29	54.47	4.11	3.580	<0.001	3.607	<0.001
50~55	33.81	2.30	49.55	3.38	3.901	<0.001	3.965	<0.001

3. 车头时距特征分析

四类跟车对组合的车头时距累计分布图如图 3-4 所示。与车头间距分布类似,H-H 的车头时距大于另外三类跟车对组合,C-C 的车头时距最小,而 C-H 和 H-C 的车头时距介于

C-C 和 H-H 之间。其中,当车头时距小于 4.5 s 时,C-H 的车头时距大于 H-C 的车头时距,而当车头时距大于 4.5 s 时,H-C 的车头时距大于 C-H 的车头时距。图中,C-C、C-H、H-C 和 H-H 的车头时距中值分别为 2.47 s、3.71 s、3.45 s 和 6.25 s,标准差分别为3.46 s、6.29 s、2.71 s 和 5.88 s。当后车为小型车辆或者前车为大型车辆时,跟车对组合的车头时距变化较大,这应该与小型车辆的灵活性以及大型车辆对后方车辆产生的影响有关。对比 C-C 和 H-H,H-H 中两车的车头时距很少小于 2 s,该数值在 C-C 中仅为 1 s。在 C-C 中,95%的车头时距小于 6 s,而 H-H 中小于 6 s 的车头时距只占 46%,累计频率达到95%的车头时距为 11 s。

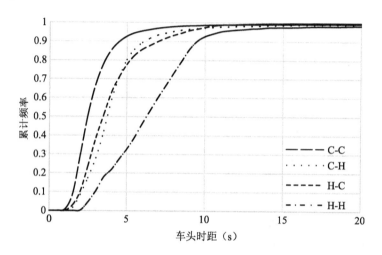

图 3-4 四类跟车对组合的车头时距累计频率分布

四类跟车对组合的平均车头时距与后车平均速度的相互关系如图 3-5 所示,车辆车头时距与速度的关系同车辆车头间距与速度的关系一致。四类跟车对组合中,H-H 的车头时距最大,C-C 的车头时距最小。当目标车辆的速度小于 30 km/h 时,C-H 的车头时距要大于 H-C,而当目标车辆的速度大于 30 km/h 后,C-H 的车头时距变得小于 H-C。

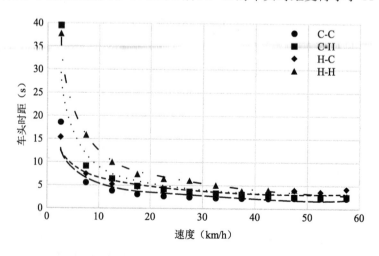

图 3-5 四类跟车对组合车头时距与速度的关系

同样使用独立样本的 t 检验来验证任意两个跟车对组合在相同速度区间内的车头时距在显著性水平 $\alpha = 0.05$ 下的差异性,零假设为参与比较的两组车头时距相等。根据检验结果,零假设被拒绝,四类跟车对组合在不同速度区间内的车头时距存在着差异性。

对沪宁高速公路采集获得的四类跟车对组合的车头时距数据进行差异性分析,也获得了类似的结果。采用 Kruskal-Wallis 检验和 Mann-Whitney U 检验分析四类跟车对组合的车头时距是否有显著的差异性,并用 Kolmogorov-Smirnov 检验对各类跟车对组合的车头时距分布进行拟合。结果表明 C-C、H-H 和 C/H(C-H 和 H-C 间差异性不明显,故合并为一类)之间存在显著差异,且车头时距符合不同的分布模型:C-C 符合对数正态分布,C/H 符合逆高斯分布,H-H 符合对数正态分布,具体拟合结果如表 3-2 所示。

表 3-2 车头时距拟合结果

类型	分布模型	参数形式	
C-C	Lognorm (μ, σ)	$\mu = 10\,323.667/f - 0.077/P + 0.881L - 0.482$	$R^2 = 0.710$
		$\sigma = -0.001f + 0.923P + 2.219L + 3.628$	$R^2 = 0.765$
C/H	Inverse Gaussian (μ, λ)	$\mu = 23\,826.121/f + 0.208/P - 18.739/L + 5.881$	$R^2 = 0.729$
		$\lambda = 109\,525.174/f + 1.000/P - 53.773/L - 5.174$	$R^2 = 0.722$
H-H	Lognorm (μ, σ)	$\mu = -0.001f + 17.259P + 4.447L - 6.505$	$R^2 = 0.801$
		$\sigma = -0.002f + 8.150P + 1.883L + 6.800$	$R^2 = 0.736$

注:f 为交通流率,P 为大车比例,L 为车道位置。

4. 车辆速度特征分析

四类跟车对组合中后车速度的统计情况如图 3-6 所示。四类跟车对组合中,C-C 的后车速度变化范围最广,达到了 0~30 m/s。H-H 的后车速度变化范围最小,仅为 C-C 的一半,只有 0~15 m/s。当前车为大型车辆时,后车速度的变化范围会显著减小:C-H 的后车速度变化范围降至 0~25 m/s,而 H-C 的后车速度变化范围升至 0~26 m/s。图中结果表明前后车辆的组合不同对目标车辆的速度选择存在影响。

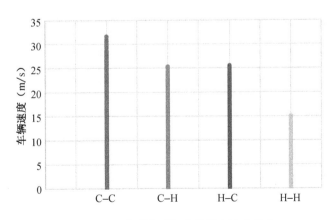

图 3-6 四类跟车对组合的后车速度分布

四类跟车对组合中前后车相对速度的统计情况如图 3-7 所示。四类跟车对组合按前后车相对速度变化从小到大依次是 H-H、C-H、H-C 和 C-C。H-H 的前后车相对速度变化范围最小,只有-5~5 m/s,仅为 C-C 的三分之一,C-C 的前后车相对速度变化范围达到了-17~15 m/s。从统计结果可以看出当跟车对组合中有大型车辆时,前后车的相对速度变化范围会减小。

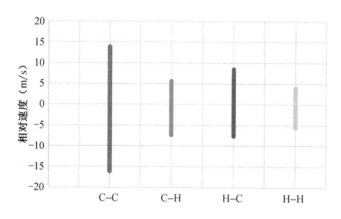

图 3-7 四类跟车对组合的前后车相对速度分布

后车行驶速度和前后车相对速度在不同跟车对组合中的变化主要与不同车型的车辆性能、驾驶员的驾驶习惯以及行驶中大型车辆产生的影响等因素有关。大型车辆受性能限制,自身速度变化较小,使得 H-H 中车辆行驶速度和前后车相对速度的变化范围最小。C-H 中尽管小型车辆性能优越,灵活度高,但受前方大型车辆的阻碍以及自身受大型车辆影响后驾驶行为的谨慎,车辆行驶速度和前后车相对速度的变化范围也变得较小。H-C 中受前方小型车辆速度的带动,大型车辆可以提高速度行驶,使得其速度范围变大。前方小型车辆在行驶中会经常的改变速度而大型车辆对此反应不及时,从而使得两者的相对速度范围变大。C-C 中,车辆追求高速度,灵活频繁地根据实际情况调整速度,使得后车行驶速度和前后车的相对速度变化范围都最大。

采用变异系数对四类跟车对组合的后车行驶速度以及前后车相对速度进行评估:C-C 的后车速度和相对速度的变异系数分别为 0.53 和 0.96,C-H 的变异系数分别为 0.49 和 0.93,H-C 的变异系数分别为 0.47 和 0.91,H-H 的变异系数分别为 0.33 和 0.81。从变异系数结果可以看出四类跟车对组合的离散程度存在差异,当大型车辆存在时,变异系数降低,表明行驶更加稳定。

5. 加速度特征分析

将四类跟车对组合中后车的加速度值按照每 0.05 m/s² 的间隔进行分类并统计频率,结果如图 3-8 所示。C-C 的加速度分布范围最广,主要分布在-5.25~5.25 m/s²,其次是 C-H,主要分布在-3.25~3.25 m/s²。H-C 的加速度分布范围略小于 C-H,主要分布在-3.05~3.05 m/s²。H-H 的加速度分布范围最小,主要分布在-2.95~2.95 m/s²。小型车辆的加速度分布范围要大于大型车辆,体现了小型车辆较好的动力性能与灵活性。而当大型车辆为前车时,会对后车的加速度变化有抑制作用。

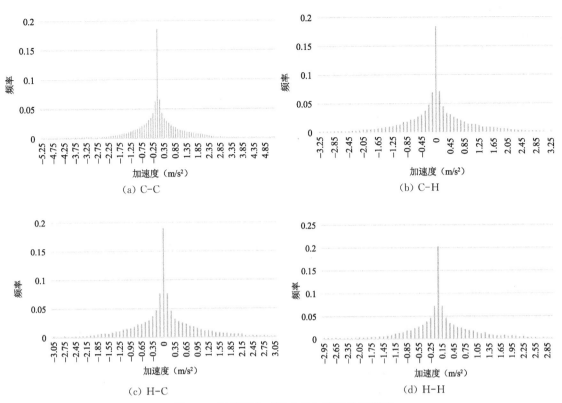

图 3-8　四类跟车对组合的加速度分布频率

根据中心极限定理,对四类跟车对组合的车辆加速度进行正态拟合,结果如图3-9所示。拟合结果中,C-C的加速度均值和标准差分别为 $-0.014\ \text{m/s}^2$ 和 $0.976\ \text{m/s}^2$,C-H的加速度均值和标准差分别为 $-0.007\ \text{m/s}^2$ 和 $0.912\ \text{m/s}^2$,H-C的加速度均值和标准差分别为 $0.034\ \text{m/s}^2$ 和 $0.883\ \text{m/s}^2$,H-H的加速度均值和标准差分别为 $-0.013\ \text{m/s}^2$ 和 $0.876\ \text{m/s}^2$。各类组合的加速度均值基本相同,约等于0,但标准差存在差别。C-C的加速度分布均匀分散,H-H的加速度分布凸起集中,C-H和H-C的加速度分布介于C-C和H-H的加速度分布之间,目标车辆以及前方车辆的车辆类型会同时对车辆的加速度分布产生影响。大型车辆的加速度分布较小型车辆更加集中,表明大型车辆在跟驰中偏向于使用较小的加速度值。当前车是大型车辆时,大型车辆的跟驰加速度有稍微的降低。小型车辆的加速度分布曲线较大型车辆更加均匀分散,表明小型

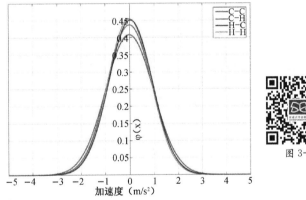

图 3-9　四类跟车对组合的加速度分布拟合结果

图 3-9

车辆在跟驰中较大型车辆的加速度要大。但当前车是大型车辆时,小型车辆的加速度变化明显,C-H 的加速度分布明显较 C-C 更加集中,说明小型车辆也以采用较小的加速度值为主。调查结果表明,大型车辆在跟驰中会采用较小的加速度值而小型车辆会采用较大的加速度值。当车辆行驶于大型车辆后方时,其加速度会受大型车辆的影响而减小。

使用两样本的 Kolmogorov-Smirnov 检验对四类跟车对组合的加速度进行两两比较,检验各跟车对组合间加速度是否有显著差异,检验的零假设为参与比较的两组跟车对的加速度分布一样。在显著性水平 $\alpha = 0.05$ 下,检验结果均小于 0.05,表明零假设被拒绝,不同跟车对组合间的加速度分布具有统计性差异。

3.1.2 车辆换道特征分析

对车辆轨迹数据进行平滑处理,并提取出合适的车辆换道信息。车辆换道信息中包括换道车辆及其周围车辆的信息,如图 3-10 所示,具体包括当前车道的目标车辆、前车与后车,目标车道的前车与后车,可选车道的前车与后车。对车辆换道信息进行分析,确定小型车辆和大型车辆在换道中的速度、间距、换道持续时间、驾驶行为、换道选择等方面的特征。

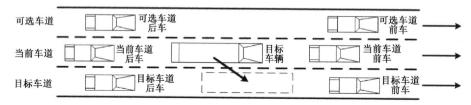

图 3-10 目标车辆及其周围车辆的空间关系

1. 当前车道车辆的速度特征

当前车道的行驶条件会影响驾驶员的换道决策,前车与后车的行驶速度可能会刺激驾驶员选择换道。图 3-11 表明了目标车辆速度与当前车道前车速度的关系。图 3-12 表明了目标车辆速度与当前车道后车速度的关系。

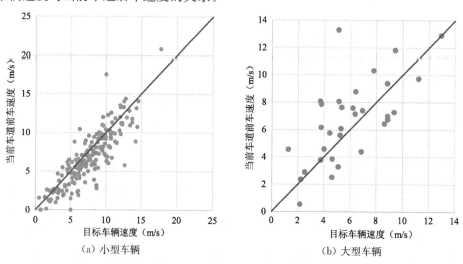

(a) 小型车辆　　(b) 大型车辆

图 3-11 目标车辆速度与当前车道前车速度的关系图

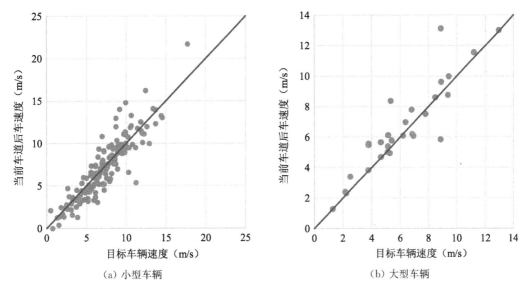

(a) 小型车辆　　　　　　　　　　　　(b) 大型车辆

图 3-12　目标车辆速度与当前车道后车速度的关系

可以很明显地发现小型车辆与大型车辆在换道时，与当前车道前车有着不同的速度相对关系。小型车辆换道时，目标车辆速度要大于当前车道前车速度，比例达到了 69.68%，而大型车辆换道时，目标车辆速度要小于当前车道前车速度，比例为 65.63%。表明当车辆快于前车时，会刺激小型车辆驾驶员去执行换道行为，即小型车辆在行驶中受前车阻挡时，为了获取更大的速度优势，其会倾向于换道。由于大型车辆换道时前车速度依然大于自身速度，所以被前车阻挡而换道并不是大型车辆换道的唯一原因。

图 3-12 中，大型车辆进行换道时，后车车辆速度明显大于目标车辆速度，比例达到 72.41%。然而小型车辆进行换道时，后车车辆速度与目标车辆速度之间并无明显的大小关系。结果表明当后方车辆速度较目标车辆速度更快时，会促使大型车辆驾驶员进行换道考虑，以避免阻挡从后方驶来的速度较快的车辆。或者大型车辆会在后方驶来快车的压力下考虑换道避让，以保证自己的稳定行驶。

2. 当前车道车辆与目标车道车辆的速度特征

分析当前车道与目标车道上车辆的速度特征，了解目标车道上哪些交通特征吸引车辆驾驶员进行换道。图 3-13 表明了当前车道前车速度与目标车道前车速度的关系。不管是小型车辆换道还是大型车辆换道，目标车道前车的速度都要大于当前车道前车的速度，表明车辆追求更好的驾驶条件。对于大型车辆，这一情况出现的比例为 68.75%，对于小型车辆，这一情况更为显著，达到了 72.87%。从统计结果来看，目标车道前车速度是影响车辆换道的一个重要因素。

图 3-14 表明了当前车道后车速度与目标车道后车速度的关系，小型车辆与大型车辆存在明显的差异性。目标车道后车速度在小型车辆换道行为中要大于当前车道后车速度（比例为 61.94%），综合当前车道前车速度与目标车道前车速度的比较结果，说明小型车辆在换道时主要向快车道换道。在 71.42% 的大型车辆换道中，目标车道后车速度要小于当前车道

后车速度。从统计结果来看,较低的目标车道后车速度可能成为大型车辆换道的重要影响因素之一。

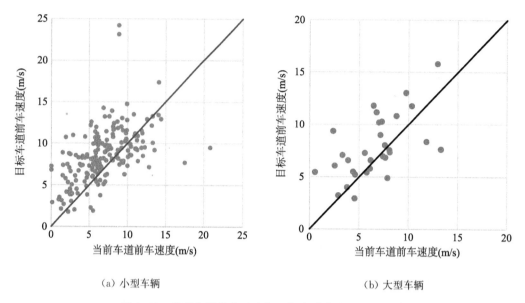

图 3-13 当前车道前车速度与目标车道前车速度的关系

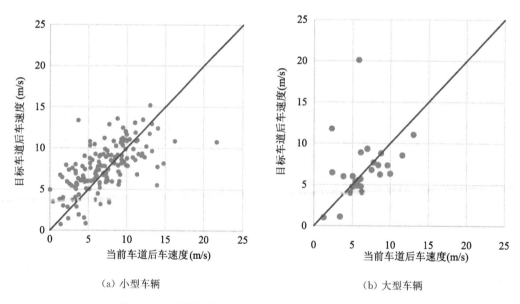

图 3-14 当前车道后车速度与目标车道后车速度的关系

图 3-15 表明了目标车辆速度与目标车道前车速度的关系,小型车辆与大型车辆的统计结果一致,为目标车辆速度小于目标车道前车速度,且这一特征在大型车辆换道中更加显著(67.55%的小型车辆和 94.12%的大型车辆)。由于这一特征非常显著,可作为后续大型车辆换道建模需要考虑的因素之一。

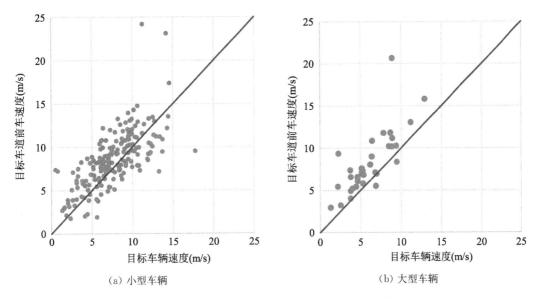

图 3-15 目标车辆速度与目标车道前车速度的关系

图 3-16 表明了目标车辆速度与目标车道后车速度的关系。小型车辆和大型车辆均表现出目标车辆速度小于目标车道后车速度的特征,且两者的发生比例较为接近,分别为 61.82% 和 57.14%,该结果可能与车辆换道至快车道的选择有关。

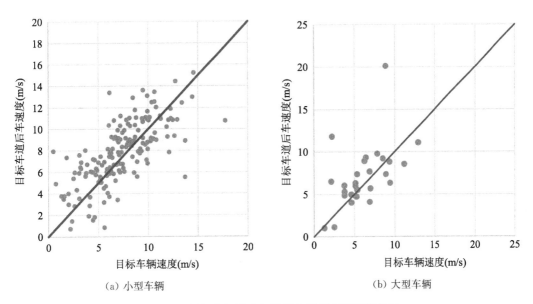

图 3-16 目标车辆速度与目标车道后车速度的关系

通过车道前车和后车的速度平均值计算得到车道平均速度,当前车道平均速度与目标车道平均速度的关系如图 3-17 所示。小型车辆换道时,73.55% 的情况为目标车道平均速度大于当前车道平均速度,表明车辆换道至快车道以获得更高的速度优势。61.54% 的大型车辆也会选择换道至快车道,但该比例相对小型车辆要低很多,说明速度优势仅是大型车辆换道的考虑因素之一,大型车辆换道可能考虑的因素更多也更复杂,如前面提到的避让快车引起的换道。

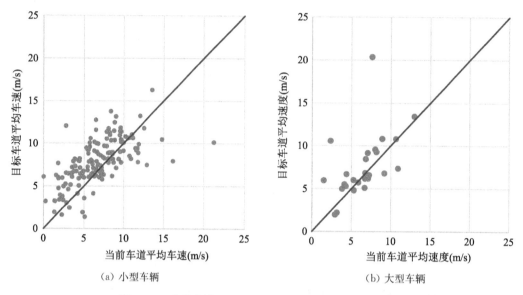

(a) 小型车辆　　　　　　　　　　(b) 大型车辆

图 3-17　当前车道平均速度与目标车道平均速度的关系

3. 可选车道车辆与目标车道车辆的速度特征

通过对比可选车道与目标车道的交通特征,可分析获得车辆驾驶员选择目标车道而非可选车道的原因,从而找出驾驶员在车道选择时考虑的主要因素。图 3-18 表明了可选车道前车速度与目标车道前车速度的关系。小型车辆在选择换道时,可选车道前车速度明显小于目标车道前车速度,这一比例达到了 70.34%,说明小型车辆在确定目标车道时会优先选

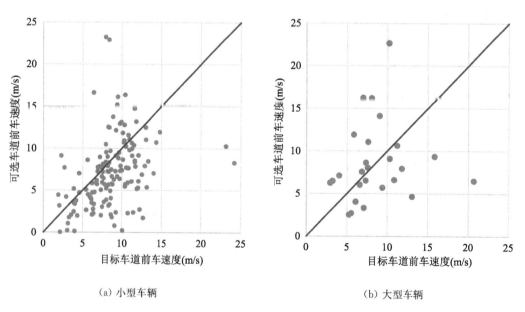

(a) 小型车辆　　　　　　　　　　(b) 大型车辆

图 3-18　可选车道前车速度与目标车道前车速度的关系

择前车速度更快的车道。前面分析可知小型车辆换道主要是因为受前车阻挡以及获取更高的速度优势，所以当两侧车道均可以进行换道时，小型车辆会主动选择速度更快的目标车道。根据该特性统计结果的显著性，可以考虑作为小型车辆进行换道选择的考虑因素之一。而当大型车辆选择换道时，可选车道前车速度小于目标车道前车速度的比例只有53.82%，可选车道与目标车道之间的速度关系并不明确，所以比较可选车道前车速度与目标车道前车速度的结果无法作为大型车辆换道选择的考虑因素。

图3-19表明了可选车道后车速度与目标车道后车速度的关系。大型车辆在选择换道时，可选车道后车速度明显大于目标车道后车速度，这一比例达到了63.64%，说明大型车辆在确定目标车道时会选择后车速度更慢的车道。考虑到大型车辆会以后车速度作为换道的考虑因素之一，故当其发现两侧车道均可以进行换道时，会选择后车速度更慢的目标车道。由于大型车辆机动性能有限，这样的选择可使其行驶得更加舒适，更容易调整自身车速以适应新车道的交通环境。小型车辆进行换道选择时，可选车道后车速度一般小于目标车道后车速度（比例为59.84%），这一结果主要是由于小型车辆换道至快车道所致。

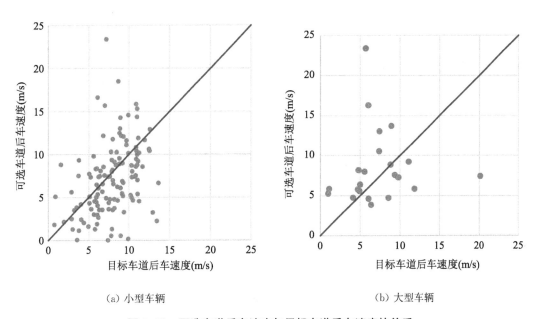

(a) 小型车辆　　　　　　　　　　(b) 大型车辆

图 3-19　可选车道后车速度与目标车道后车速度的关系

图3-20表明了可选车道平均速度与目标车道平均速度的关系。由于小型车辆主要换道至快车道以提升自身的车速，所以可选车道平均速度要小于目标车道平均速度，比例达到了64.80%。大型车辆在选择换道时，59.09%的换道中可选车道平均速度大于目标车道平均速度。统计结果说明提升速度并不是大型车辆换道的唯一因素。大型车辆可能会为了提升自身速度而选择更快速的车道，但也有可能由于其他原因（如前面所提到的避让后车），而选择平均速度较慢的车道作为目标车道。相对来说，大型车辆的换道较小型车辆的换道更加复杂。

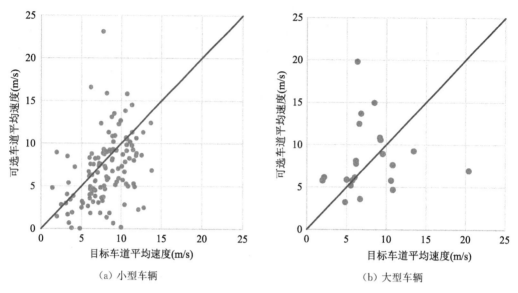

(a) 小型车辆　　　　　　　　　　　(b) 大型车辆

图 3-20　可选车道平均速度与目标车道平均速度的关系

4. 当前车道与目标车道的车辆间距特征

车辆间距也是许多换道模型中需要重点考虑的因素之一，需要对小型车辆和大型车辆在换道选择时表现出的车辆间距特征进行比较分析。图 3-21 表明了当前车道前车间距与目标车道前车间距的相互关系。预期当前车道前车间距应小于目标车道前车间距，但实际得到的统计结果与预期结果正好相反。65%的小型车辆以及 79.31%的大型车辆在换道时，目标车道前车间距要小于当前车道前车间距。所得结果表示小型车辆和大型车辆并没有在换道时追求更大的前车空间，即在实验中更大的目标车道前车间距并不是在小型车辆和大型车辆换道决策中起主要影响作用的因素。

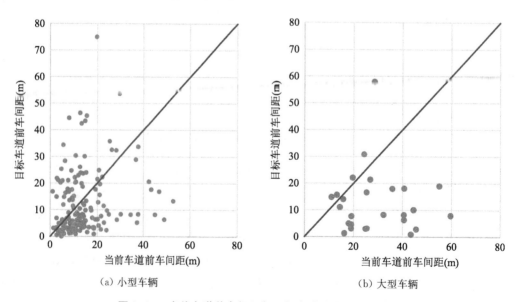

(a) 小型车辆　　　　　　　　　　　(b) 大型车辆

图 3-21　当前车道前车间距与目标车道前车间距的关系

图 3-22 则表明了当前车道后车间距与目标车道后车间距的相互关系。从舒适性的角度出发,预期当前车道后车间距应小于目标车道后车间距,但依然没有得到所预期的结果。在小型车辆换道中,目标车道后车间距与当前车道后车间距相当,不存在明确的大小关系(只有 53.06% 的小型车辆换道为目标车道后车间距大于当前车道后车间距)。在大型车辆换道中,当前车道后车间距则要大于目标车道后车间距(比例为 70%)。统计结果表示小型车辆和大型车辆也没有为了获取更大的后车间距选择换道,即在实验中目标车道后车间距也不是在小型车辆和大型车辆换道决策中起主要影响作用的因素。

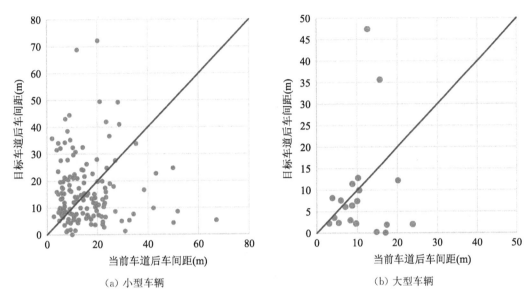

(a) 小型车辆　　　　　　　　　　　(b) 大型车辆

图 3-22　当前车道后车间距与目标车道后车间距的关系

5. 车辆换道持续时间

对小型车辆和大型车辆的换道持续时间进行统计分析,结果如图 3-23 所示。小型车辆的换道持续时间分布更加集中,主要分布在 2~4 s 的范围内,其平均值为 4.63 s,中值为 3.25 s,标准差为 5.16 s,85% 的车辆会在 6 s 内完成换道。大型车辆的换道持续时间分布

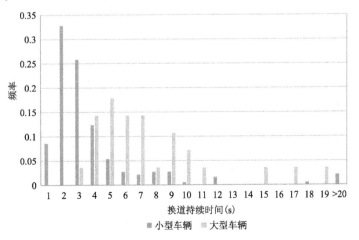

图 3-23　小型车辆与大型车辆换道持续时间的分布

较为平缓,主要分布在 4~8 s 的范围内,其平均值为 8.42 s,中值为 7.2 s,标准差为 3.92 s,85%的车辆会在 12 s 内完成换道。对比小型车辆和大型车辆,小型车辆由于较小的车型以及较好的动力性能,能更快速的完成换道,换道持续时间明显小于大型车辆。

对车辆换道速度与换道持续时间的关系进行分析,如图 3-24 所示。尽管数据点较为分散,但是根据线性拟合的结果,小型车辆与大型车辆的换道持续时间均与换道速度成反比关系。车辆的换道速度越低,车辆的换道持续时间越长。

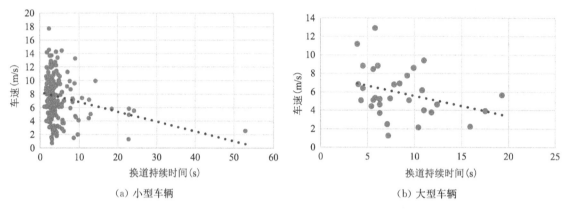

图 3-24 车辆换道实施过程中速度与换道持续时间的关系

6. 车辆换道时的驾驶行为

对车辆在换道过程中的加速、匀速与减速行为进行统计,分析小型车辆和大型车辆在换道实施过程中的驾驶行为。小型车辆在换道过程中,27.1%选择减速、19.7%选择匀速而 53.2%选择加速。小型车辆在换道实施过程中以加速行驶为主。统计结果与预期一致,因为小型车辆换道主要就是为了提升自身的速度优势,保证行驶得更快。大型车辆在换道过程中,13.3%选择减速、56.7%选择匀速而 30%选择加速。大型车辆在换道实施过程中以匀速行驶为主,一方面大型车辆受自身行驶性能所限,以稳定行驶为主要目的,因此在换道过程中维持换道时的初始速度。另一方面,大型车辆换道不一定是为了提升自身车速。

7. 大型车辆对车辆换道选择的影响

分别统计当前车道前车为小型车辆(大型车辆)与目标车道前车为小型车辆(大型车辆)时的换道次数,将统计得到的换道次数分别除以对应的小型车辆或大型车辆总数,即可获得当前车道前车为小型车辆(大型车辆)与目标车道前车为小型车辆(大型车辆)时的换道率。当前车道前车为小型车辆时的换道率与当前车道前车为大型车辆时的换道率分别为 0.14 和 0.30,而目标车道前车为小型车辆时的换道率与目标车道前车为大型车辆时的换道率分别为 0.15 和 0.11。计算结果表明当目标车辆的前车为大型车辆时,目标车辆的换道概率会变大;当目标车道前车为大型车辆时,目标车辆的换道概率会减小。

3.1.3 大型车辆对驾驶员的影响作用

大型车辆对驾驶员的影响指车辆驾驶员(小型车辆或大型车辆)在行驶过程中,大型车辆对其心理和生理产生的潜在影响,如不舒适感和压迫性,而这种影响可能会引起驾驶员行为上的变化。当车辆行驶前方不是大型车辆时,认为其并不受大型车辆的影响。当车辆行驶前方是大型车辆,但两者之间的距离足够远时,车辆间无相互干扰,此时也不存在大型车辆的影响。大型车辆的影响是动态的,与驾驶员的个人属性以及驾驶环境有关。不同的车辆驾驶员在相同的驾驶环境中受到的大型车辆的影响可能并不相同。同时,同样的车辆驾驶员在不同的驾驶环境中受到的大型车辆的影响也可能不一样。从驾驶行为的角度来看,这些影响最后会反映在驾驶员的跟车与换车道行为上。

进行大型车辆对驾驶员影响作用的研究,数据通过对小型车辆和大型车辆驾驶员进行意向调查获得。在调查中设定多个假设环境,观测被调查者针对大型车辆产生的影响会做出怎样的反应。

1. 大型车辆影响的普遍性

驾驶员对于大型车辆在高速公路运行中产生影响的情况的调查结果如表3-3所示。小型车辆驾驶员和大型车辆驾驶员对于大型车辆对驾驶员的影响作用的反应有着显著差异:接近2/3的小型车辆驾驶员认为大型车辆对其他车辆运行影响的发生频率较高,而接近4/5的大型车辆驾驶员多认为该影响的发生频率较低或一般。

表3-3　高速公路大型车对其他车辆运行影响调查结果　　　　　　　　　　单位:%

影响频率	小型车辆驾驶员	大型车辆驾驶员
高	68.73	21.05
一般	26.06	38.60
低	5.21	40.35

表3-4展示了大型车辆是否会对后方车辆驾驶员产生影响的调查结果。小型车辆驾驶员和大型车辆驾驶员对此问题的回应也显著不同。87.30%的小型车辆驾驶员认为前车为大型车辆时会对其行驶产生影响,而只有42.11%的大型车辆驾驶员赞成该观点。12.70%的小型车辆驾驶员认为前车为大型车辆时不会对其行驶产生影响,而该比例在大型车辆驾驶员中高达57.89%。可以认为小型车辆驾驶员都会觉得大型车辆会对其心理和生理产生潜在的影响,而该影响对大型车辆驾驶员并不明显。表3-3与表3-4结果一致,表明了小型车辆驾驶员对于大型车辆产生的影响较大型车辆驾驶员更加敏感。造成这一结果的原因有很多,如小型车辆本身灵活易受到大型车辆的影响,亦或大型车辆群体有着相同的行驶习惯和特性,对大型车辆产生影响的感知较低。

表3-4　大型车辆对后方车辆驾驶员影响调查结果　　　　　　　　　　　　单位:%

是否会产生影响	小型车辆驾驶员	大型车辆驾驶员
会	87.30	42.11
不会	12.70	57.89

2. 大型车辆影响的范围

大型车辆的影响并不一直存在,只有当后方行驶车辆进入到大型车辆的影响范围内时才会受到大型车辆的干扰,感觉到大型车辆产生的影响。驾驶员何时会感受到大型车辆影响的调查结果如图3-25所示。多数小型车辆与大型车辆驾驶员认为大型车辆的影响范围主要集中在20～100 m范围，表明两类驾驶员总体上对于大型车辆影响的范围感知较为相似。也有一些驾驶员选择其他，表示大型车辆的影响范围非常广，如大型车辆的影响范围可以达到500 m左右，甚至只要在行驶中发现前方是大型车辆就会对其有影响，只是当间距达到100 m左右时会非常明显。

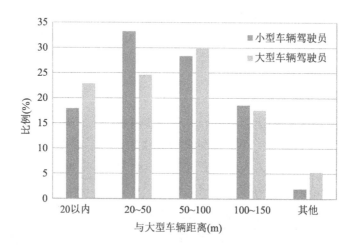

图3-25　大型车辆对驾驶员影响的范围

3. 大型车辆对驾驶员行为的影响

表3-5给出了驾驶员在受到大型车辆影响时驾驶行为是否改变（相对于前车是小型车辆）的调查结果。调查结果与表3-3和表3-4表现出一致性，小型车辆驾驶员与大型车辆驾驶员的差异明显。小型车辆驾驶员较为敏感，在受到大型车辆影响时会更倾向于改变驾驶行为，选择这一结果的小型车辆驾驶员高达87.95%。大型车辆驾驶员则没那么敏感，只有59.65%的人选择改变行为。该调查结果也较好理解：首先，小型车辆受大型车辆的影响较大型车辆要大，刺激其改变驾驶行为远离大型车辆。其次，小型车辆性能优越、灵活性高，改变驾驶行为也较为容易。而大型车辆性能较弱、行驶偏向稳定，即使受到影响也会考虑维持现有的行驶状态，除非受到的影响特别大时才会寻求改变。

表3-5　大型车辆对驾驶员行为的影响调查结果　　　　　　　　　　单位：%

是否会改变驾驶行为	小型车辆驾驶员	大型车辆驾驶员
会	87.95	59.65
不会	12.05	40.35

表3-6给出了驾驶员受到大型车辆影响后会采取哪些行为改变的调查结果。驾驶员基于李克特量表五分制对关于跟驰与换道的各个行为选项进行打分，1代表非常不同意，5代表非常同意。关于跟驰行为，小型车辆和大型车辆驾驶员的响应较为一致，当前车为大型车辆且无法换道时，会倾向于拉开与前车的车辆间距并减速或控制速度以更加谨慎的行驶。当可以换道时，83.39%的小型车辆驾驶员和78.94%的大型车辆驾驶员（选择4分和5分）

觉得其换道的可能性会变大,但也有10.53%的大型车辆驾驶员对这一点非常不同意。对于选项"当可以换道超车时,即使当前车道仍可以满足现在的行驶需求,也会提前换道",小型车辆和大型车辆驾驶员给出了不同的反应:小型车辆驾驶员很同意该观点,达到了83.39%,表明他们想尽快超越大型车辆。大型车辆驾驶员并不很赞同该观点,五类分值均有一定比例的驾驶员选择,表明受大型车辆影响时,其换道的欲望并没有小型车辆那么强烈。只有26.05%的小型车辆驾驶员和21.06%的大型车辆驾驶员较为赞同当目标车道前车为大型车辆时仍然换道,表明目标车道上的大型车辆会减弱驾驶员的换道动机。

总结来说,小型车辆和大型车辆驾驶员受大型车辆影响时都会拉开间距并控制速度行驶,且会考虑变换车道。但小型车辆的换道动机要高于大型车辆,大型车辆只有受到影响较大时才会换道。同时目标车道前方是大型车辆会降低换道动机。

表3-6 驾驶员受大型车辆影响时的行为　　　　　　　　　　单位:%

驾驶行为	驾驶员	分值				
		1	2	3	4	5
当无法换道超车时,会倾向于拉开与前车的车辆间距	小型车辆驾驶员	9.12	2.93	10.42	20.2	57.33
	大型车辆驾驶员	8.77	0	10.53	15.79	64.91
当无法换道超车时,会倾向于减速或控制速度以更加谨慎地行驶	小型车辆驾驶员	5.53	1.95	7.82	20.20	64.50
	大型车辆驾驶员	8.77	1.75	7.02	12.28	70.18
当可以换道超车时,选择换道的可能性会变大	小型车辆驾驶员	5.86	1.63	9.12	18.57	64.82
	大型车辆驾驶员	10.53	3.51	7.02	10.53	68.41
当可以换道超车时,即使当前车道仍可以满足现在的行驶需求,也会提前换道	小型车辆驾驶员	8.14	6.51	11.4	20.85	53.09
	大型车辆驾驶员	21.05	14.04	14.04	12.28	38.60
准备换道时,发现可换车道前方也有一辆大型车辆时仍然会换道超车	小型车辆驾驶员	42.02	15.64	16.29	10.42	15.63
	大型车辆驾驶员	61.40	12.28	5.26	7.02	14.04

4. 引起大型车辆影响的原因

对引起大型车辆影响的潜在原因进行调查分析,结果如表3-7所示。大型车辆阻挡后车视线是大型车辆影响的最主要原因,56.68%的小型车辆驾驶员和43.86%的大型车辆驾驶员均将其排在了第一位,表明产生大型车辆影响的最主要因素是大型车辆的车型结构。

大型车辆速度较慢阻挡后车行驶排在了第二位,表明大型车辆的动力性能也是引起大型车辆影响的重要因素。对于小型车辆驾驶员,大型车辆造成的心理压力不能被忽视,排在了第三位。其中,15.96%的小型车辆驾驶员将心理压力排在了第一位,而大型车辆驾驶员将心理压力排在第一位的比例只有小型车辆驾驶员的一半。大型车辆驾驶员则将"大型车辆驾驶员无法看到后方车辆,其驾驶行为会影响行驶"排在了第三位。总结来看,大型车辆的车型结构、动力性能、驾驶行为阻碍了后方车辆驾驶员对前方交通信息的获取,增加了行驶的不确定性并引起心理上的压力,进而造成了大型车辆的影响。

表 3-7 大型车影响因素打分表

描述	驾驶员	1	2	3	4	5	均分
阻挡视线	小车	56.68%	21.50%	13.68%	5.86%	2.28%	4.24
	大车	43.86%	33.33%	14.04%	3.51%	5.26%	4.07
速度慢	小车	15.31%	30.62%	21.17%	31.27%	1.63%	3.27
	大车	35.09%	28.07%	22.81%	12.28%	1.75%	3.82
驾驶行为	小车	10.75%	25.08%	35.50%	25.41%	3.26%	3.15
	大车	8.77%	26.32%	35.09%	15.79%	14.04%	3.00
心理压力	小车	15.96%	21.50%	28.01%	32.25%	2.28%	3.17
	大车	7.02%	8.77%	24.56%	45.61%	14.04%	2.49
其他	小车	1.30%	1.30%	1.63%	5.21%	90.55%	1.18
	大车	5.26%	3.51%	3.51%	22.81%	64.91%	1.61

5. 大型车辆影响程度的变化

大型车辆的影响程度在不同场景下的变化如表 3-8 所示,给出了各类场景下驾驶员感受的大型车辆的影响程度大小。表中一般条件指白天、天气晴、交通量适中无拥堵、周围大型车辆较少、与前方大型车辆间距适中、与前方大型车辆速度相等的情况。在一般条件下,小型车辆驾驶员中认为大型车辆影响比较大的比例为 55.70%,认为影响较小的比例为 44.30%,两者相当。但是在恶劣天气、夜晚、交通量和大型车辆比例增大的条件下,认为大型车辆影响比较大的比例显著提高,增幅达到 14.01%~29.32%。大型车辆的影响程度与车辆间距成反比:车辆间距较大时,小型车辆中只有 26.71% 的驾驶员还认为影响较大。当车辆间距较小时,认为大型车辆影响比较大的驾驶员比例显著增至 84.36%。大型车辆的影响程度也与相对速度有关:当快于前方大型车辆时,认为影响较大的人数明显增多(80.78%),而当慢于前方大型车辆时,认为影响较大的人数明显减少(26.06%)。大型车辆驾驶员在一般条件下认为大型车辆影响较大的比例很低,只有 17.54%。恶劣天气、交通拥堵、大型车辆比例较大时,会使得认为大型车辆影响较大的人数明显增多,而夜晚、交通量较大、大型车辆比例适中时,大型车辆影响程度的变化并不明显。车辆间距、相对速度与大型车辆影响的相互关系与小型车辆驾驶员的分析结果相同,但影响程度没那么明显。

表 3-8 不同场景下大型车辆的影响程度　　　　　　单位:%

场景	小型车辆驾驶员		大型车辆驾驶员	
	影响大	影响小	影响大	影响小
一般条件	55.70	44.30	17.54	82.46
恶劣天气	83.39	16.61	43.86	56.14
夜晚	84.69	15.31	22.81	77.19
交通量较大	69.71	30.29	19.30	80.70
交通拥堵	74.92	25.08	31.58	68.42
大车比例适中	67.43	32.57	15.79	84.21
大车比例较高	85.02	14.98	49.12	50.88
间距较大	26.71	73.29	12.28	87.72
间距较小	84.36	15.64	47.37	52.63
快于前车	80.78	19.22	26.32	73.68
慢于前车	26.06	73.94	10.53	89.47

3.2 元胞自动机模型

元胞自动机模型是用来构建复杂系统的一类微观仿真模型,其因为简单、灵活、运算效率高等特性被广泛应用于交通运行仿真当中。

3.2.1 元胞自动机的组成

构成元胞自动机的要素主要包括元胞、元胞空间、邻居、规则、状态和时间[101]。其中前四个要素被称为基本要素。

1. 元胞

元胞是元胞自动机中最重要的组成部分,是元胞自动机的载体。元胞根据仿真需要可以分布在离散的一维、二维或多维空间中。元胞可以通过其状态表示很多信息,其中最简单的元胞状态是二进制形式,即(0,1)。在交通仿真中,某一个元胞被车辆占据,则该元胞状态为1,否则,该元胞为空,元胞状态为0。复杂的元胞状态表现为在有限整数集合中取值,如当某元胞被一辆车占据时,元胞的状态可以用车辆速度表示,则该元胞状态就是在车辆的车速范围内取值。

2. 元胞空间

元胞空间就是元胞在空间中分布的空间格点集合,理论上讲元胞空间可以是任意维数的欧几里得空间的规则划分。在交通仿真中最常用到的是一维和二维的元胞空间。一维元胞自动机的元胞空间通常采用正方形的网格类型,而二维元胞自动机的元胞空间通常采用三角形、正方形和正六边形的网格类型,各种网格类型有着各自的优缺点。在实际应用中,也会根据不同需要对元胞空间设置不同的边界条件,其中常用的有周期型、定制型和反射型。周期型边界条件通过将元胞空间首尾相接,从而形成一个无限空间。定制型边界条件和反射型边界条件则不是无限空间,两者的区别在于边界外的元胞的取值方法不同。定制型边界条件将边界外的元胞取某一常量。而反射型边界条件以边界为轴,将边界外的元胞取为反射值。

3. 邻居

元胞的邻居就是目标元胞周围,可以对目标元胞下一个时间步的状态变化造成影响的元胞。通常元胞的邻居利用半径 r 来确定。距离目标元胞距离 r 以内的其他元胞都被认为是目标元胞的邻居。

4. 规则

规则用于确定元胞下一个时间步的状态,即目标元胞根据自身及其邻居在当前时刻的状态按照规则变化为下一个时间步的状态。规则可以看作是一个状态转移函数,成为元胞自动机的局部映射或局部规则。

3.2.2 元胞自动机的一般特征

1. 离散性

元胞自动机的最大特性即是其在空间、时间和状态上离散。元胞空间被划分为离散的元胞。系统在演化过程中只能等时间间隔的更新,即时间步每次只能为 $t, t+1, t+2, \cdots$。元胞自动机的状态也只能在有限集合中的离散值中进行选择。元胞自动机的离散性使得其运算效率较连续型模型更高,尤其是在计算机仿真中,元胞自动机不需要经历"连续-离散-连续"的过程。

2. 时空局部性

目标元胞下一个时间步的状态只取决于其当前时间步、距离 r 以内中的所有元胞的状态,而不受之前时间步或者距离 r 范围外的元胞状态的影响,即时间空间局部性。

3. 同质性

元胞空间中的所有元胞都按照相同的规则进行演化。

3.2.3 元胞自动机的不足

最常用的元胞自动机模型为 NaSch 模型[36],其假设车辆期望以最大速度行驶,共有四步更新规则:

(1) 加速:$V_n(t+1) \rightarrow \min(V_n(t)+1, V_{\max})$

(2) 防碰撞:$V_n(t+1) \rightarrow \min(V_n(t+1), d_n)$

(3) 随机慢化:以概率 p,$V_n(t+1) \rightarrow \max(V_n(t+1)-1, 0)$

(4) 位置更新:$X_n(t+1) \rightarrow X_n(t) + V_n(t+1)$

其中,V_n、X_n 分别为车辆 n 的速度和位置,d_n 为车辆 n 与前车之间的距离,即空元胞数。p 为随机慢化概率。NaSch 模型规则(1)体现了车辆驾驶员期望以最大速度行驶的驾驶特性。规则(2)确保了车辆 n 不会与其前车发生碰撞。规则(3)体现了驾驶员行驶中的差异性,也反映了驾驶员在行驶中的驾驶习惯、误操作等。其他较常用的元胞自动机模型有 VDR 模型、速度效应模型、舒适驾驶模型、KKW 模型、CTH 模型等[102-105],均是在 NaSch 模型的基础上扩展获得。

多车道元胞自动机模型主要在单车道元胞自动机模型的基础上加上换道模型。换道模型较常使用的是 Chowdhury 所提出的 STCA 模型[54, 106],该模型假设系统中两车道的换道是对称的,即车辆从左车道换道至右车道与从右车道换道至左车道均遵循相同的换道规则,只要车辆满足了所提出的换道规则就执行换道。其换道规则如下:

(1) 换道动机:$d_n < \min(V_n + 1, V_{\max})$ and $d_{n,\text{other}} > d_n$

(2) 安全条件:$d_{n,\text{back}} > d_{\text{safe}}$

式中,d_n、V_n 分别为车辆 n 的前车间距和速度,$V_{\max}$ 为车辆的最大速度,$d_{n,\text{other}}$ 为车辆 n 与邻道前车之间的间距,$d_{n,\text{back}}$ 为车辆 n 与邻道后车之间的间距,d_{safe} 为可确保顺利换道的安全距离。换道规则中的换道动机指车辆 n 在当前车道无法按照期望速度行驶,但相邻车道有更好的行车条件。安全条件指车辆 n 与邻道后车之间的间距满足了可顺利换道的安全距离。

1. 元胞自动机模型对跟驰行为仿真的不足

现有的元胞自动机模型多用于仿真同质交通流,即仿真的交通流中只有小型车辆一类车型。当需要仿真混合交通流时,会先使用车辆换算系数将大型车辆换算为等量的小型车辆后再通过元胞自动机模型对同质交通流进行仿真得到最终的结果。这样的处理相对较为简单,仿真结果无法反映出大型车辆对交通流的微观影响。

部分学者在使用元胞自动机模型模拟混合交通流时并没有采取车辆换算系数的做法,而是基于 NaSch 模型等,在模型设置中对小型车辆和大型车辆的相关参数进行分别取值,其中最常见的是对不同车型的车辆长度、最大速度、加减速度进行区分[107-108]。在这类方法中,不同车型的元胞自动机模型更新规则完全一样。相对于前一种方法,这种方法能进一步的反映出大型车辆对交通流的影响,但这种影响是不全面的。通过采用相同的更新规则而不相同的参数设置仿真混合交通流,其仿真出的大型车辆影响其实主要是大型车辆的性能产生的影响。如单独设置大型车辆长度是考虑了大型车辆长度对空间占有的影响,单独设置大型车辆的最大速度、加减速度是考虑了大型车辆较差的动力性能对交通运行的影响。这是大型车辆本身同小型车辆的差异对交通流所产生的影响,而由于大型车辆对其他车辆影响导致其他车辆驾驶行为发生改变后对交通流产生的影响却无法体现。例如当采用 NaSch 模型通过设置不同的参数来仿真混合交通流时,小型车辆跟驰大型车辆的驾驶行为完全可以看作是小型车辆在跟驰一辆速度较慢的小型车辆时的行为,大型车辆对车辆行为的影响在其中被忽略了。这样的仿真方法会使得在分析中低估大型车辆对交通流的影响,有时甚至会得出一些不符合实际情况的仿真结果。已有研究发现在使用 NaSch 模型仿真混合交通流时,小型车辆跟驰大型车辆的车辆间距始终小于小型车辆跟驰小型车辆的车辆间距,这与实际情况不符[51]。主要就是因为其只考虑了车辆性能的差异:大型车辆性能差于小型车辆,在只考虑车辆性能差异时,小型车辆能够轻易追赶上大型车辆并保持较小的间距跟随其后。

CTH 模型是用元胞自动机模型仿真混合交通流的一次进步,其在建模中进行了跟车对组合的分类,并考虑了不同跟车对组合的反应时间和随机慢化概率。但深入的分析发现,CTH 模型其实也并没有考虑大型车辆对其他车辆影响而导致其他车辆的驾驶行为发生改变这一特征。四类跟车对的仿真更新规则依然是相同,且在计算安全距离和随机慢化概率值时,更多的还是从小型车辆和大型车辆的性能差异入手。对于小型车辆受到大型车辆影响以后会拉开距离、降低速度等特征并没有体现。

所以现有使用元胞自动机模型进行混合交通流的仿真仍然存在着较大的问题,主要是对大型车辆的影响没有充分考虑。在大型车辆的影响中不仅应考虑大型车辆本身物理性能的影响,还应考虑对其他车辆驾驶行为的影响。

2. 元胞自动机模型对换道行为仿真的不足

在车辆换道方面也存在着同车辆跟驰方面类似的问题,即模型构建的出发点以小型车辆为主,对于大型车辆的换道以及大型车辆对换道的影响考虑不足。

(1) 小型车辆与大型车辆采用相同的换道规则

在大部分的多车道混合交通流元胞自动机模型中,大型车辆的换道采用了同小型车辆相同的考虑来设计,即采用了相同的换道规则。尽管有些模型中对慢车的换道增加了被动换道这一特殊情况,但在具体的换道参数设置上依然与小型车辆一样。小型车辆和大型车辆在这些元胞自动机模型中采用了相同的换道动机,即换道是为了获取更快的速度。但是通过前面的分析结果可知,小型车辆的换道的确是以获取更快的速度为主,但大型车辆的换道却并非如此,可能是为了提升速度,也可能是为了避让快车。所以在元胞自动机模型的换道设置中,小型车辆和大型车辆的换道动机应有明显区别。因为将小型车辆和大型车辆的换道动机设置为一样,直接导致两者也采用了相同的换道准则和参数。在小型车辆与大型车辆的换道中,车辆换道的判断均是根据自身的前车间距与自身速度的比较以及前车间距与目标车道前车间距的比较综合确定。考虑到小型车辆和大型车辆应有不同的换道动机,相应的换道准则和参数也应有所差别。

(2) 未考虑小型车辆与大型车辆在换道实施中的差异

现有的元胞自动机模型中,车辆的换道均在瞬时完成,随后便在目标车道内按照跟驰规则进行纵向更新。由于未考虑车辆的换道实施过程,所以在这一过程中的小型车辆和大型车辆的差异也未被表现出来。小型车辆和大型车辆在换道实施过程中主要有两点的差异:首先是换道持续时间的差异。小型车辆换道较大型车辆更快,故换道持续时间更短。其次是换道中驾驶行为的差异。小型车辆在换道实施中以加速行驶为主,而大型车辆在换道实施中以维持换道时的初始速度为主。

(3) 未考虑当前车道前车与邻道前车车型的影响

现有的元胞自动机模型中,车辆换道只根据车辆自身的行驶状态来判断是否换道,对于当前车道前车与邻道前车车型的影响并没有考虑。在车辆跟驰中,车辆对在不同车型身后跟驰的接受度是不一样的,而车辆换道行为与车辆跟驰行为又是相关联的,所以当前车道前车与邻道前车车型的不同也会给车辆的换道选择产生影响。当前车道前车为大型车辆时会提高车辆的换道概率,而目标车道前车为大型车辆时会降低车辆的换道概率。

3.3 基于跟车对组合的车辆跟驰行为建模

使用车辆微观轨迹数据,以跟车对组合为对象进行车辆跟驰行为建模,反映目标车辆与前方车辆对车辆跟驰行为的综合影响。

3.3.1 不同跟车对组合的跟驰行为影响因素

1. 影响因素

车辆的跟驰行为可以被看作是刺激-响应的过程,驾驶员根据各类刺激进行加工并做出行为响应。通过统计分析的方法分析各类刺激对驾驶员响应的影响效果,并将能够显著影响驾驶员响应的刺激筛选出来带入到具体的元胞自动机模型建模中。

以目标车辆(即后车)的加速度作为车辆驾驶员的行为响应,即目标车辆在 $t+T$ 时刻的加速度会与车辆驾驶员在 t 时刻受到的一系列刺激有关。其中,T 为车辆驾驶员的反应时间,这里取为 1 s。可能的刺激如下:

(1) 后车速度 ($V_n(t)$):t 时刻目标车辆的速度(m/s);

(2) 前车加速度 ($a_{n-1}(t)$):t 时刻目标车辆的前方车辆的加速度(m/s²);

(3) 前车间距的倒数 ($1/d_n(t)$):t 时刻目标车辆前保险杠与前方车辆后保险杠之间距离的倒数(1/m);

(4) 前后车辆相对速度 ($\Delta V(t)$):t 时刻前方车辆与目标车辆的速度差值(m/s);

(5) 前后车辆相对加速度 ($\Delta a(t)$):t 时刻前方车辆与目标车辆的加速度差值(m/s²);

(6) 前车间距与期望间距的差值 ($d_n(t)-d_s$):t 时刻目标车辆前车间距与期望间距的差值(m)。其中,期望间距 d_s 指前后两车辆以相同速度稳定行驶时保持的车辆间距,可以通过平均实际数据中目标车辆保持与前方车辆速度一致时的车辆间距获得,其可表示为与目标车辆速度相关的函数形式。

2. 影响因素筛选

由于车辆跟驰行为的分析数据为时间序列数据,对其残差进行检查,发现变量中存在较高的自相关。自相关的存在会对参数估计、模型检验以及模型预测产生影响,造成不真实的结果。所以使用科克伦-奥科特迭代法和广义差分法对数据进行一定的处理以消除自相关的影响[109]。

首先使用科克伦-奥科特迭代法获得较为精确的自相关系数 ρ,具体步骤为:

步骤 1:使用普通最小二乘法估计 $y_t = a + \beta X_t + u_t$($y_t$ 是 t 时刻的行为响应,X_t 是 t 时刻各类刺激的矩阵),并获得残差 u_t。

步骤 2:使用残差 u_t 做回归 $u_t = \rho u_{t-0.1} + \varepsilon_t$,获得自相关系数估计值 $\rho^{(1)}$。

步骤 3:使用自相关系数 $\rho^{(1)}$ 进行广义差分,计算 $y_t^* = y_t - \rho y_{t-0.1}$ 和 $X_t^* = \beta(X_t - \rho X_{t-0.1})$。对 y_t^* 和 X_t^* 进行普通最小二乘估计,获得系数 a^* 和 β^*。

步骤 4:计算 $\bar{a} = a^*/(1-\rho^{(1)})$ 和 $\bar{\beta} = \beta^*$,并带入原回归方程 $y_t = a + \beta X_t + u_t$ 中,获

得新的残差 $u_t = y_t - \bar{a} - \bar{\beta}X_t$。

步骤5：使用新的残差 u_t 做回归 $u_t = \rho u_{t-0.1} + \varepsilon_t$，获得新一轮的自相关系数估计值 $\rho^{(2)}$。

步骤6：如果计算得到的自相关系数收敛 $|\rho^{(2)} - \rho^{(1)}| < 0.001$，该估计值就取为自相关系数，否则返回步骤3。

获得自相关系数 ρ 后就可以通过广义差分法对原有 $y_t = a + \beta X_t + u_t$ 的形式进行变换，使其能够使用普通最小二乘法。形式转换后对数据进行方差分析，结果如表3-9所示。除了C-C中的前车加速度和H-H中的前车间距与期望间距的差值表现不显著外，其他刺激的 p 值均很小，被认为对驾驶员的行为响应有显著影响。考虑到大数据样本会降低 p 值，使得一些实际影响效果较小的变量在显著性检验中被标定为影响显著而被选入模型中，为了更科学更准确的判断刺激的有效性，使用效应量进行进一步的分析。效应量表示不同处理下的总体均值之间差异的大小，常规显著性分析中的 p 值解释了影响的方向，而效应量可以解释影响的大小[110]。当效应量太小时，就意味着变量即使达到了显著水平，也缺乏实用价值。采用 ω^2 计算效应量，该指标可对样本中的方差进行无偏估计[111]。ω^2 的具体计算如式(3-1)所示：

$$\omega^2 = \frac{SS_{\text{effect}} - df_{\text{effect}} * MS_{\text{error}}}{MS_{\text{error}} + SS_{\text{total}}} \tag{3-1}$$

式中　SS_{effect}——影响因素的离差平方和；

　　　df_{effect}——影响因素的自由度；

　　　MS_{error}——误差波动量；

　　　SS_{total}——总离差平方和。

取0.010作为刺激的选择标准，如果刺激的 ω^2 值大于0.010，则认为其对行为响应的确存在影响，将被保留下来，结果如表3-10所示。在C-C中，前后车辆相对速度对驾驶员的行为响应有显著影响。在C-H和H-C中，前后车辆相对速度和前后车辆相对加速度对驾驶员的行为响应有显著影响。在H-H中，前后车辆相对速度、前后车辆相对加速度和前车加速度对驾驶员的行为响应有显著影响。综合来看，不同跟车对组合在跟驰中考虑的主要因素存在一定的差异，同时前后车辆相对速度是车辆在跟驰中考虑的最重要的一个因素，因为前后车辆相对速度在四类跟车对组合中均被认为是有显著影响作用的，且其效应量也最大。

表3-9　各刺激在各跟车对组合中方差分析的 p 值

	C-C	C-H	H-C	H-H
$V_n(t)$	<0.001	<0.001	<0.001	<0.001
$a_{n-1}(t)$	0.731	<0.001	<0.001	<0.001
$1/d_n(t)$	<0.001	<0.001	<0.001	<0.001
$\Delta V(t)$	<0.001	<0.001	<0.001	<0.001
$\Delta a(t)$	<0.001	<0.001	<0.001	<0.001
$d_n(t) - d_s$	<0.001	<0.001	<0.001	0.526

表 3-10　各刺激在各跟车对组合中的效应量值

	C-C	C-H	H-C	H-H
$V_n(t)$	0.002 4	0.005 9	0.002 7	0.001 1
$a_{n-1}(t)$	0.000 0	0.003 4	0.004 9	0.018 2
$1/d_n(t)$	0.000 8	0.000 5	0.000 9	0.006 6
$\Delta V(t)$	0.197 0	0.178 0	0.124 2	0.145 4
$\Delta a(t)$	0.007 0	0.013 3	0.025 4	0.021 2
$d_n(t)-d_s$	0.004 9	0.007 2	0.000 8	0.000 0

3.3.2　模型构建

模型主要由驾驶行为、防碰撞和随机慢化规则构成。

1. 驾驶行为

在模型中将车辆的驾驶行为分为两类：自由行驶和跟驰行驶。根据大型车辆的影响范围，选取 76 m 作为自由行驶和跟驰行驶的划分标准[39]：当目标车辆的前车间距不小于 76 m 时，认为目标车辆的行驶不受前方车辆的影响，其自由行驶。当目标车辆的前车间距小于 76 m 时，认为目标车辆的行驶会受到前方车辆的影响，需跟驰行驶。当车辆处于自由行驶状态时，车辆驾驶员将试图以最大速度行驶，故其会加速至最大速度然后保持匀速行驶。

当车辆处于跟驰行驶时，目标车辆需要根据运行中的实际情况对驾驶行为进行不断调整。不同的跟车对组合在跟驰行驶中考虑的主要因素存在差异性，所以需要分别对每一跟车对组合的跟驰行驶行为进行建模。C-C、C-H 和 H-C 的跟驰行驶行为需要考虑前后车相对速度，分为三种情况。H-H 的跟驰行驶行为需要考虑前后车相对速度和前车加速度，分为九种情况。目标车辆在各种情况下可能加速、减速或匀速行驶，根据训练数据集分别统计各类跟车对组合在不同情况下加速、减速或者匀速行驶的概率，当某一驾驶行为在该情况下的概率最高且达到 50% 以上，该行为便作为该跟车对组合在该情况下的代表行为。若某一情况中没有一个驾驶行为的概率超过 50%，则选取概率最大的两个行为作为该跟车对组合在该情况下的代表行为，统计结果见表 3-11。

小型车辆跟驰小型车辆时，当前车速度快于目标车辆时，目标车辆将加速；当前后车辆速度一样时，目标车辆会选择加速（相对概率 41.8%）或匀速行驶（相对概率 58.2%）；当前车速度慢于目标车辆时，目标车辆将减速。小型车辆跟驰大型车辆时，当前车速度快于目标车辆以及前车速度慢于目标车辆时，目标车辆驾驶行为并未改变，与小型车辆跟驰小型车辆时一样；但当前后车辆速度一样时，目标车辆会偏向匀速行驶（59.9%）或减速（40.1%），而不再选择加速。大型车辆跟驰小型车辆时，当前车速度更快时，目标车辆将加速；当前后车辆速度一样时，目标车辆选择加速（45.2%）或匀速行驶（54.8%）；当目标车辆更快时，目标车辆将减速。大型车辆跟驰大型车辆时，在前车速度快于目标车辆的情况下，前车加速和减速时，目标车辆将加速；而前车匀速行驶时，目标车辆将加速（55.8%）或匀速行驶（44.2%）；

在前后车辆速度一样的情况下,前车加速和减速时,目标车辆将匀速或减速,但行为发生的概率会变化;前车匀速行驶时,目标车辆也将匀速行驶;在前车速度慢于目标车辆的情况下,前车加速时,后车将减速;当前车匀速行驶和减速时,目标车辆将匀速行驶或减速,但行为发生的概率会变化。

表 3-11　C-C、C-H、H-C 和 H-H 在各种情况下的驾驶行为

C-C	$\Delta V(t) > 0$	$\Delta V(t) = 0$	$\Delta V(t) < 0$
	加速	加速(41.8%)/匀速(58.2%)	减速
C-H	$\Delta V(t) > 0$	$\Delta V(t) = 0$	$\Delta V(t) < 0$
	加速	匀速(59.9%)/减速(40.1%)	减速
H-C	$\Delta V(t) > 0$	$\Delta V(t) = 0$	$\Delta V(t) < 0$
	加速	加速(45.2%)/匀速(54.8%)	减速
H-H	$\Delta V(t) > 0$	$\Delta V(t) = 0$	$\Delta V(t) < 0$
$a_{n-1}(t) > 0$	加速	匀速(50.9%)/减速(49.1%)	减速
$a_{n-1}(t) = 0$	加速(55.8%)/匀速(44.2%)	匀速	匀速(40.7%)/减速(59.3%)
$a_{n-1}(t) < 0$	加速	匀速(59.0%)/减速(41.0%)	匀速(44.5%)/减速(55.5%)

综合来看,车辆在跟驰行驶中要表现出目标车辆慢于前车时加速、等于前车时匀速、快于前车时减速的特征。但在不同跟车对组合中也存在着一些细节上的变化,如在目标车辆速度等于前车的情况下,小型车辆在跟驰小型车辆时会加速或匀速,而在跟驰大型车辆时,受大型车辆影响,小型车辆会放弃加速而只匀速甚至减速。

2. 防碰撞

防碰撞规则主要针对现有元胞自动机模型中车辆为了避免碰撞可以瞬间由任意速度降为 0 这一不合理设置进行改进,并加入大型车辆的影响作用。

驾驶员在行驶中会时刻考虑行车的安全性,通过谨慎驾驶来避免发生碰撞。假设驾驶员对前车的行驶做了最坏的打算,即前车会突然刹车,则车辆安全行驶的条件为:

$$X_n(t) + dis_n \leqslant X_{n-1}(t) + dis_{n-1} - l_{n-1} \tag{3-2}$$

对其进行变换就得到了 $dis_n \leqslant X_{n-1}(t) - X_n(t) - l_{n-1} + dis_{n-1} = d_n(t) + dis_{n-1}$。$X_n(t)$、$X_{n-1}(t)$ 分别为目标车辆和前车在 t 时刻的位置。dis_n、dis_{n-1} 分别为目标车辆和前车的急刹车距离,l_{n-1} 为前车的长度。所以目标车辆安全行驶的条件为自身的急刹车距离不大于前车的急刹车距离与两车间距的和。考虑到驾驶员在实际驾驶中会根据自身及前车的情况对安全条件的预期进行调整,如小型车辆受大型车辆影响后会考虑增大与前车的间距,即提升了自己对安全的预期。对安全行驶的条件进行改进,加入大型车辆的影响,如式(3-3)所示。

$$dis_n \leqslant d_n(t) + \eta \cdot dis_{n-1} \tag{3-3}$$

系数 η 被称为安全预期系数,η 越小表明驾驶员要求的安全条件越高,η 越大表明驾驶员要求的安全条件越低。在四类跟车对组合中,因为小型车辆的车辆性能要优于大型车辆且小

型车辆更加追求速度,因此小型车辆的系数 η 会大于大型车辆。而当前方为大型车辆时,后方车辆由于视距受阻会想要拉开与大型车辆之间的距离,因此系数 η 会降低。

当 dis_n 确定后即可通过式(3-4)判断目标车辆的当前行驶速度是否满足安全要求。其中,dis 为实际急刹车距离,$V_n(t)$ 为车辆当前速度,b_{em} 为急刹车减速度,$m = \text{int}(V_n(t)/b_{em})$。当 $dis \leqslant dis_n$ 时,车辆当前速度满足安全要求,无需减速。当 $dis > dis_n$ 时,车辆当前速度不满足安全要求,应减速至满足 $dis \leqslant dis_n$ 条件的最大速度,表示为 $V(dis_n, b_{em})$。

$$dis = V_n(t) + (V_n(t) - b_{em}) + (V_n(t) - 2b_{em}) + \cdots + (V_n(t) - mb_{em})$$
$$= \frac{(2V_n(t) - mb_{em})(m+1)}{2} \tag{3-4}$$

由于不同车型的减速性能存在差异,当前方车辆刹车性能优于后车时,可能出现两辆车在完全停止前就已碰撞的情况[49]。所以车辆考虑防碰撞后的最终速度应为 $V_n(t) = \min(V_n(t), V(dis_n, b_{em}), d_n(t) + V_{n-1, \text{ant}})$。其中 $V_{n-1, \text{ant}}$ 为前车的预期速度。

3. 随机慢化

随机慢化概率 p 是一个重要参数,反映车辆驾驶员在行驶中的一些心理特征、驾驶习惯、误操作以及过度反应等。针对现有模型中小型车辆和大型车辆采用相同的随机慢化概率,考虑大型车辆的影响,对其进行改进。

(1) 车辆在自由行驶和跟驰行驶时采用不同的随机慢化概率。车辆在自由行驶时受干扰少,操作简单,故随机慢化概率也较小;车辆跟驰行驶时,频繁受周围车辆干扰,需随时根据实际情况判断并调整驾驶行,操作复杂,故随机慢化概率提高。

(2) C-C、C-H、H-C 和 H-H 的跟驰行驶随机慢化概率不同。考虑到四类不同的跟车对组合中,不同的前后车组合会导致不同的驾驶习惯及心理影响,所以四类跟车对组合采用了不同的随机慢化概率。

(3) C-H 和 H-H 的跟驰行驶随机慢化概率考虑大型车辆影响的动态变化而不是常数。大型车辆会引起车辆驾驶员的心理特征与驾驶习惯的改变,因此对随机慢化概率存在一定的影响。大型车辆影响的动态变化使得随机慢化概率不再是一个常数。目标车辆跟驰在大型车辆后方时,随机慢化概率会随着两车之间距离以及相对速度的变化而变化。C-H 和 H-H 中将跟驰行驶随机慢化概率改进为:

$$p_{\text{follow}} = p_{\text{free}} + \left(\frac{dis_{\text{efect}} - d_n(t)}{dis_{\text{efect}}}\right)^{n_1} \left(1 + \left(\frac{\Delta V_n(t)}{V_{\max}}\right)^{n_2}\right) \cdot p_H \tag{3-5}$$

式中 p_{free} ——车辆自由行驶时的随机慢化概率;

dis_{efect} ——车辆影响距离(这里为 76 m);

$d_n(t)$ ——目标车辆与前车的间距;

$V_{\max}$ ——目标车辆的最大速度;

$\Delta V_n(t)$ ——目标车辆与前车的相对速度,若前车速度大于等于目标车辆速度,则取为 0;

p_H ——大型车辆影响系数;

n_1、n_2——模型系数,确定两车间距及相对速度这两个因素对随机慢化概率产生的作用效果。

4. 模型结构

根据前面对元胞自动机模型中驾驶行为、防碰撞和随机慢化规则的改进,这里给出完整的基于跟车对组合的元胞自动机跟驰模型的结构。

取车辆 n 和车辆 $n-1$ 作为目标车辆和前车。$x_n(t)$ 为车辆 n 在 t 时刻的位置。$V_n(t)$ 为车辆 n 在 t 时刻的速度,其取值为 $0,1,2,3,\cdots,V_{\max}$。$V_{\max}$ 为车辆的最大速度。$d_n(t) = x_{n-1}(t) - x_n(t) - l_{n-1}$ 为车辆 n 在 t 时刻的前车间距。l_{n-1} 为车辆 $n-1$ 的长度。dis_{efect} 是车辆影响距离。a_{free} 和 a_{follow} 分别为车辆自由行驶和跟驰行驶时的加速度。b_{nor} 和 b_{emg} 分别为车辆正常减速和急刹车时的减速度。dis_n 为车辆 n 的急刹车距离。η 为安全预期系数。$V_{n-1,\text{ant}}$ 为目标车辆 n 对前车 $n-1$ 的预期速度。p_{free} 和 p_{follow} 为车辆在自由行驶和跟车行驶时的随机慢化概率。$\Delta V_n(t)$ 为车辆 n 在 t 时刻与前车的相对速度。p_H 为大型车辆影响系数。n_1 和 n_2 为常数系数。

(1) 驾驶行为规则

如果 $d_n(t) \geqslant dis_{\text{efect}}$,车辆 n 自由行驶:$V_n(t) \to \min(V_n(t-1) + a_{\text{free}}, V_{\max})$。

如果 $d_n(t) < dis_{\text{efect}}$,车辆 n 跟驰行驶,不同跟车组合根据表 3-11 的结果判断车辆加速、减速或者匀速行驶:

车辆 n 加速,则 $V_n(t) \to \min(V_n(t-1) + a_{\text{follow}}, V_{\max})$;

车辆 n 匀速行驶,则 $V_n(t) \to V_n(t-1)$;

车辆 n 减速,则 $V_n(t) \to \max(V_n(t-1) - b_{\text{nor}}, 0)$。

(2) 防碰撞规则

如果 $dis_n \leqslant d_n(t) + \eta \cdot dis_{n-1}$,$V_n(t) \to \min(V_n(t), d_n(t) + V_{n-1,\text{ant}})$。

如果 $dis_n > d_n(t) + \eta \cdot dis_{n-1}$,$V_n(t) \to \min(V(dis_n, b_{\text{em}}), d_n(t) + V_{n-1,\text{ant}})$。

(3) 随机慢化规则

如果 $d_n(t) \geqslant dis_{\text{efect}}$ 且 $\text{rand}() \leqslant p_{\text{free}}$ 时,$V_n(t) \to \max(V_n(t-1) - b_{\text{nor}}, 0)$。

如果 $d_n(t) < dis_{\text{efect}}$,对于 C-C 和 H-C:

当 $\text{rand}() \leqslant p_{\text{follow}}$ 时,$V_n(t) \to \max(V_n(t-1) - b_{\text{nor}}, 0)$。

如果 $d_n(t) < dis_{\text{efect}}$,对于 C-H 和 H-H,考虑大型车辆的影响:

当 $\text{rand}() \leqslant p_{\text{free}} + \left(\dfrac{dis_{\text{effect}} - d_n(t)}{dis_{\text{effect}}}\right)^{n_1} \left(1 + \left(\dfrac{\Delta V_n(t)}{V_{\max}}\right)^{n_2}\right) \cdot p_H$ 时,$V_n(t) \to \max(V_n(t-1) - b_{\text{nor}}, 0)$。

(4) 位置更新规则

根据车辆 n 在 $t-1$ 时刻的位置与更新后的速度,计算车辆 n 在 t 时刻的位置,$X_n(t) \to X_n(t-1) + V_n(t)$

3.3.3 模型验证

为了验证所提出的基于跟车对组合的元胞自动机跟驰模型(cellular automata model of

car-following based on the vehicle combination,简称为 CVB 模型)的有效性,分别使用训练数据集和验证数据集对模型进行参数标定和验证[112]。为了能够提高模型的仿真精度,综合考虑模型精度和运行效率等因素,取 0.5 m 作为元胞尺寸。模型的仿真时间步长设为 1 s。

1. 误差检验指标

通过误差检验对 CVB 模型进行模型标定及有效性验证,所采用的指标如下:

(1) 均方根误差(root mean square error,RMS)

$$\text{RMS} = \sqrt{\frac{1}{N}\sum_{n=1}^{N}(y_n^s - y_n^o)^2} \tag{3-6}$$

(2) 均方根百分比误差(root mean square percent error,RMSP)

$$\text{RMSP} = \sqrt{\frac{1}{N}\sum_{n=1}^{N}\left(\frac{y_n^s - y_n^o}{y_n^o}\right)^2} \tag{3-7}$$

(3) 平均百分比误差(mean percent error,MPE)

$$\text{MPE} = \frac{1}{N}\sum_{n=1}^{N}\frac{y_n^s - y_n^o}{y_n^o} \tag{3-8}$$

(4) 修正的 Theil 不等式系数

$$U = \frac{\sqrt{\frac{1}{N}\sum_{n=1}^{N}(y_n^s - y_n^o)^2}}{\sqrt{\frac{1}{N}\sum_{n=1}^{N}(y_n^o)^2}} \tag{3-9}$$

针对 Theil 不等式系数的原计算公式,分母中删除了仿真参数项 $\sqrt{\frac{1}{N}\sum_{n=1}^{N}(y_n^s)^2}$,因为相关文献指出,当存在该项时,仿真结果与实际值相差越大会导致公式中的分母越大,反而获得更小的 U。

指标中变量 y_n^s 为仿真获得值,变量 y_n^o 为观测到的实际值。在模型标定及微观验证中,变量 y 为单个车辆的速度参量。在宏观验证中,参量 y 为车队的平均速度、密度或者流量。

2. 模型参数标定

CVB 模型中需进行标定的参数有:车辆最大行驶速度、自由行驶时的加速度、跟驰行驶时的加速度、跟驰行驶时的减速度、急刹车时的减速度、车辆长度、随机慢化概率、安全预期系数、大型车辆影响系数和常数系数 n_1、n_2。车辆最大行驶速度、自由行驶时的加速度、跟驰行驶时的加速度、跟驰行驶时的减速度、急刹车时的减速度、车辆长度具有明确的物理意义,可以直接从训练数据集中获得。其中,车辆最大行驶速度、自由行驶时的加速度、急刹车时的减速度、车辆长度这几个参数主要与车辆的物理性能有关,所以这些参数按照车辆类型(大型车辆和小型车辆)分别进行获取。跟驰行驶时的加速度、跟驰行驶时的减速度这两个参数不仅与车辆的物理性能有关,同时与所处的驾驶环境有关。为了体现四类跟车对组合加减速度的差异性,跟驰行驶的加速度与减速度这两个参数按照跟车对组合分别进行获取。

随机慢化概率、安全预期系数、大型车辆影响系数和常数系数 n_1、n_2 尽管部分存在明确的物理意义,但无法直接从训练数据集中获取。采用试算法对这几个参数进行标定。在参数标定中,以车辆速度作为评判指标,通过比较车辆实际速度与车辆仿真速度,计算不同参数值条件下的均方根误差,当计算得到的均方根误差的平均值满足要求时,选取该组参数值作为模型的最终参数。自由行驶时的随机慢化概率统一设为 0.05。模型参数标定的结果如表 3-12 所示。

表 3-12 模型中的参数取值

参数	参数意义	模型中数值	实际值
V_{max}^C	小型车辆最大行驶速度	63	113.4 km/h
V_{max}^H	大型车辆最大行驶速度	51	91.8 km/h
a_{free}^C	小型车辆自由行驶加速度	5	2.5 m/s²
a_{free}^H	大型车辆自由行驶加速度	4	2 m/s²
a_{follow}^{C-C}	C-C 跟车行驶时加速度	4	2 m/s²
a_{follow}^{C-H}	C-H 跟车行驶时加速度	3	1.5 m/s²
a_{follow}^{H-C}	H-C 跟车行驶时加速度	3	1.5 m/s²
a_{follow}^{H-H}	H-H 跟车行驶时加速度	2	1 m/s²
b_{nor}^{C-C}	C-C 跟车行驶时减速度	2	1 m/s²
b_{nor}^{C-H}	C-H 跟车行驶时减速度	2	1 m/s²
b_{nor}^{H-C}	H-C 跟车行驶时减速度	1	0.5 m/s²
b_{nor}^{H-H}	H-H 跟车行驶时减速度	1	0.5 m/s²
b_{em}^C	小型车辆急刹车减速度	7	3.5 m/s²
b_{em}^H	大型车辆急刹车减速度	5	2.5 m/s²
dis_{effect}	车辆影响距离	152	76 m
p_{free}	车辆自由行驶时随机慢化概率	0.05	—
p_{follow}^{C-C}	C-C 跟车行驶时随机慢化概率	0.05	—
p_{follow}^{H-C}	H-C 跟车行驶时随机慢化概率	0.15	—
η^{C-C}	C-C 的安全预期系数	0.65	—
η^{C-H}	C-H 的安全预期系数	0.50	—

(续表)

参数	参数意义	模型中数值	实际值
η^{H-C}	H-C 的安全预期系数	0.40	—
η^{H-H}	H-H 的安全预期系数	0.40	—
p_H^{C-H}	C-H 的随机慢化影响系数	0.1	—
p_H^{H-H}	H-H 的随机慢化影响系数	0.4	—
n_1^{C-H}	C-H 的常系数 n_1	3	—
n_1^{H-H}	H-H 的常系数 n_1	1	—
n_2^{C-H}	C-H 的常系数 n_2	3	—
n_2^{H-H}	H-H 的常系数 n_2	2	—

模型参数的标定结果也印证了大型车辆对其他车辆行驶的影响。C-C 和 H-C 的跟驰行驶加速度分别大于 C-H 和 H-H 的跟驰行驶加速度。C-C 的安全预期系数要大于 C-H 的安全预期系数，体现了小型车辆驾驶员跟驰在大型车辆身后时对安全因素考虑的提高，行驶更加谨慎。C-H 和 H-H 的最大随机慢化概率可分别达到 0.15 和 0.45，远大于 C-C 和 H-C 的 0.05 和 0.1，表明车辆行驶在大型车辆身后时其行驶也会更为保守。根据常系数 n_1 和 n_2 的值，小型车辆和大型车辆在车辆距离方面对大型车辆影响的反应灵敏度一样，但在相对速度方面小型车辆对大型车辆影响的反应灵敏度更高。

3. 微观验证

将单个车辆速度的仿真结果与实际结果进行比较，分析 CVB 模型的预测能力。首先对四类跟车对组合中各车对的仿真效果进行评价，其次对一个包含了四类跟车对组合的车队进行综合评价。验证中选取了经典的 NaSch 元胞自动机模型和专门针对混合交通流构建的 CTH 元胞自动机模型两类与 CVB 模型进行比较评价。

（1）车对分析

对验证数据集中的各个车对进行微观评价，比较分析了目标车辆在实际中和 CVB 模型中的速度。图 3-26 为 C-C、C-H、H-C 和 H-H 中部分车对的速度仿真结果。为了便于比较，根据训练数据集进行参数标定后的 NaSch 和 CTH 元胞自动机模型的仿真结果也被表示在图 3-26 中。CVB 模型可以真实的反映目标车辆的速度变化情况，尽管仿真结果并没有完全匹配实际结果，但两者之间的差异较小，可以被接受。与 NaSch 和 CTH 两个模型相比，CVB 模型的仿真效果也更好。一方面，CVB 模型的仿真结果与实际结果的差异较 NaSch 和 CTH 两个模型的仿真结果与实际结果的差异要小。另一方面，NaSch 和 CTH 模型的速度仿真值有时会出现剧烈的波动，同时会与速度实际值的变化趋势差异很大。如在图 3-26 (b) 中，CTH 模型的速度仿真值存在剧烈波动。在图 3-26 (d) 中，NaSch 和 CTH 模型在最开始时的速度仿真结果为车辆持续加速，而实际情况为车辆匀速行驶。CVB 模型在这两方面则表现较好。

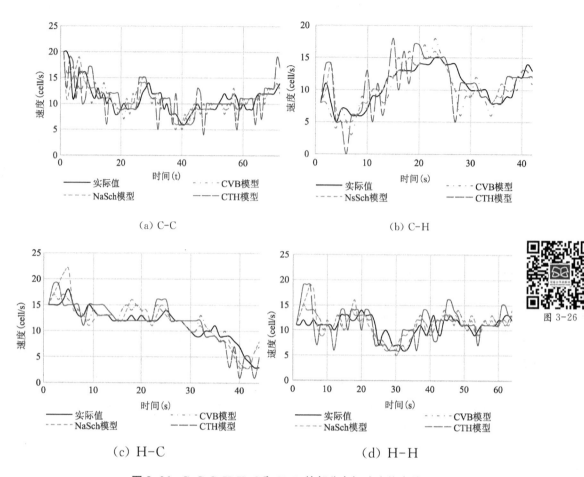

图 3-26 C-C、C-H、H-C 和 H-H 的部分车辆速度仿真结果

通过误差检验对模型的效能进行定量评价,表 3-13 展示了三类元胞自动机模型对于车辆速度误差检验的平均结果。误差检验结果进一步地证明了模型的有效性,从误差检验可以看出 CVB 模型仿真得到的车辆速度可以与实际车辆速度很好的吻合。表 3-13 中,CVB 模型的速度误差检验结果为:RMS 为 2.27,RMSP 为 17.33%,MPE 为 3.29%,正 MPE 为 20.11%,负 MPE 为 -15.11%,U 为 0.156 8。NaSch 模型的速度误差检验结果为:RMS 为 3.51,RMSP 为 24.36%,MPE 为 8.71%,正 MPE 为 24.34%,负 MPE 为 -16.46%,U 为 0.226 6。CTH 模型的速度误差检验结果为:RMS 为 3.69,RMSP 为 27.04%,MPE 为 9.97%,正 MPE 为 25.10%,负 MPE 为 -20.00%,U 为 0.246 4。CVB 模型的 RMS 较小,U 值接近于 0。尽管 RMSP、MPE、正 MPE 和负 MPE 相对较大,但这主要是因为在仿真中存在车辆低速行驶以及停止的情况造成。CVB 模型的各误差检验指标同样均明显小于 NaSch 模型和 CTH 模型的对应值,进一步验证了所提出模型的微观仿真能力。NaSch 模型和 CTH 模型同时表现出在仿真 C-H、H-C 和 H-H 时会出现更大误差的问题,表现出模型中未充分考虑大型车辆特征与影响所带来的问题,且该问题主要是由于过高的估计车辆速度造成,而 CVB 模型在这一方面依旧表现很好。

表 3-13　C-C、C-H、H-C 和 H-H 的车辆速度误差检验

模型	跟车对组合	RMS	RMSP	MPE	正 MPE	负 MPE	U
CVB 模型	C-C	2.26	16.90%	2.82%	17.49%	−14.33%	0.142 2
	C-H	2.29	15.42%	−0.57%	19.38%	−14.39%	0.146 5
	H-C	2.46	20.81%	10.54%	28.01%	−17.96%	0.186 6
	H-H	2.07	16.18%	0.35%	15.54%	−13.74%	0.151 7
	平均	2.27	17.33%	3.29%	20.11%	−15.11%	0.156 8
NaSch 模型	C-C	2.73	18.61%	4.41%	16.98%	−13.77%	0.166 7
	C-H	3.41	20.39%	−0.08%	19.63%	−16.27%	0.192 7
	H-C	4.13	30.84%	19.44%	36.94%	−18.68%	0.285 6
	H-H	3.79	27.58%	11.07%	23.81%	−17.13%	0.261 2
	平均	3.51	24.36%	8.71%	24.34%	−16.46%	0.226 6
CTH 模型	C-C	3.32	23.38%	4.69%	21.71%	−20.47%	0.207 1
	C-H	3.75	24.66%	3.88%	20.75%	−20.54%	0.228 5
	H-C	4.22	33.69%	21.36%	34.55%	−21.88%	0.307 4
	H-H	3.47	26.43%	9.93%	23.39%	−17.09%	0.242 4
	平均	3.69	27.04%	9.97%	25.10%	−20.00%	0.246 4

(2) 车队分析

从验证数据集中选取一个车队,共包含 5 辆车辆,其车型从前往后分别为小型车辆、小型车辆、大型车辆、大型车辆和小型车辆,所以该车队中涵盖了四类跟车对组合。该车队一共持续了 51 s。通过 CVB 模型、NaSch 模型和 CTH 模型,获得了车队中各车辆在每个时间步的仿真速度,如图 3-27 所示。

图 3-27 中,CVB 模型可以正确反映出车队中每辆车在每个时间步的速度变化,尽管仿真值并不与实际结果完全一致,但两者之间的差异在可接受范围内。车队在行驶中经历了交通拥堵,前车首先减速至 0,后车随即也开始减速至 0。前车停车数秒后开始加速恢复行驶,后车则紧随前车加速行驶。CVB 模型成功的仿真出了车队的这一行驶特征。NaSch 模型和 CTH 模型尽管也能仿真出车队停停走走的行驶特征,但在仿真中出现了明显的差异。在图 3-27(b) 和图 3-27(c) 中,车辆 4 和 5 的速度在仿真初始阶段与实际值出现了较大偏差。而 CVB 模型并未出现这一问题,这也反映了 NaSch 模型和 CTH 模型在仿真 H-H 和 C-H 的跟驰行为时与实际情况存在差异。图 3-27 表明 CVB 模型仿真性能较好且优于 NaSch 模型和 CTH 模型。

通过误差检验对各模型的仿真结果进行定量分析,结果如表 3-14 所示。表中未给出车辆 1 的检验结果,因为车辆 1 在仿真和实际中的数据完全一样。CVB 模型的仿真速度误差检验中,所有车辆的 MPE 值小于 12%,平均值只有 7.53%。所有车辆的 MPE 值均为正,表明模型在仿真中会把车辆速度估计的稍快。正 MPE 值均小于 38%,平均值为 29.46%。

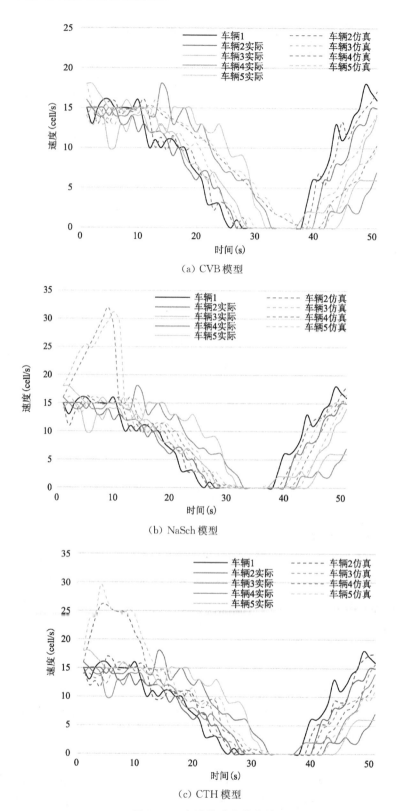

(a) CVB 模型

(b) NaSch 模型

(c) CTH 模型

图 3-27 车队的速度仿真结果

而负 MPE 值均小于 20%,平均值为 15.17%。验证结果满足精度要求。RMSP 的平均值为 36.86%,而最大值为 56.43%。之所以会出现这么高的数值,是因为在仿真中出现了车辆停停走走,车辆减速至 0 的情形。车辆速度减小使得 RMSP 的分母变得很小,从而使得 RMSP 的值变大。误差检验中的 RMS 值和 U 值均较小,各辆车的 RMS 值均小于 2,平均值为 1.75。各辆车的 U 值则均小于 0.2,平均值为 0.181 7。误差检验结果证明了模型的有效性。

表 3-14 车队的速度误差检验

模型	车辆	RMS	RMSP	MPE	正 MPE	负 MPE	U
CVB 模型	2	1.69	30.73%	8.85%	23.39%	−19.12%	0.181 7
	3	1.70	35.63%	5.19%	29.02%	−18.53%	0.195 0
	4	1.71	56.43%	11.28%	28.03%	−9.02%	0.171 5
	5	1.90	24.66%	4.81%	37.38%	−13.99%	0.178 6
	平均	1.75	36.86%	7.53%	29.46%	−15.17%	0.181 7
NaSch 模型	2	1.7	22.59%	7.29%	20.76%	−17.29%	0.182 5
	3	2.62	61.52%	13.55%	48.43%	−45.27%	0.300 9
	4	6.35	144.33%	50.28%	146.49%	−43.41%	0.638 3
	5	6.02	84.80%	25.13%	80.39%	−45.81%	0.565 8
	平均	4.17	78.31%	24.06%	74.02%	−37.95%	0.421 9
CTH 模型	2	1.81	25.27%	6.33%	20.87%	−18.90%	0.194 9
	3	1.89	56.25%	10.19%	36.42%	−39.67%	0.216 8
	4	5.02	104.05%	35.87%	96.49%	−44.01%	0.504 1
	5	4.94	64.96%	17.99%	61.39%	−37.84%	0.464 8
	平均	3.41	62.63%	17.60%	53.79%	−35.11%	0.345 2

在车辆速度的误差检验中比较三类元胞自动机模型,CVB 模型的误差检验结果要明显优于 NaSch 模型和 CTH 模型,表明了模型的优势,印证了在仿真中需要考虑大型车辆影响的重要性。

4. 宏观验证

宏观验证中主要对车队在仿真中的总体性能进行评价,包括平均速度、密度和流量,具体为:比较仿真中与实际中车队平均速度、密度和流量在每个时间步的变化;对车队平均速度、密度和流量进行统计分析;误差检验;稳定性分析。

车队在行驶中的平均速度、密度和流量这三个参数将在每个时间步统计一次。平均速度为车队内所有车辆在每个时间步的速度平均值(计算后换算成单位为 km/h 的值)。密度通过公式(3-10)进行计算:

$$k = 2\,000\left(\frac{N-1}{X_{\text{first}}^t - X_{\text{last}}^t}\right) \tag{3-10}$$

式中　2 000——转换系数(cell/km),将车队密度的单位由 veh/cell 变为 veh/km;

k——车队在每个时间步的密度(veh/km);

N——车队中的车辆数;

X_{first}^t、X_{last}^t——分别为车队中第一辆车和最后一辆车在 t 时刻的位置(cell)。

流量则通过每个时间步计算得到的平均速度和密度相乘获得,单位为 veh/h。

(1) 比较车队参数

图 3-28 展示了实际车队平均速度与仿真车队平均速度随时间的变化图。图中显示车队在行驶过程中遇到了扰动而停止了一段时间,而 CVB 模型仿真得出的每个时间步的车队平均速度变化也很好的反映了这次扰动。仿真得出的车队平均速度与实际平均速度吻合较好,其中最大差异只有 4.14 km/h,平均差异只有 1.33 km/h。

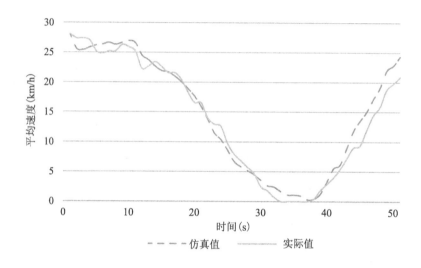

图 3-28　实际车队平均速度与仿真车队平均速度随时间的变化

图 3-29 展示了实际密度与仿真密度随时间的变化图。由于车队受到扰动,密度先增大并在车辆停止等待时达到了最大,随着车辆逐渐加速恢复行驶,密度又开始下降。CVB 模型仿真得出的密度也表现出这一趋势,并与实际值较为接近,两者间的最大差异为 8.77 veh/km,平均差异为 3.00 veh/km。

图 3-30 展示了实际流量与仿真流量随时间的变化图。流量随时间的变化情况同速度的变化情况,先减小至 0 后又逐渐增长。CVB 模型仿真得出的流量变化曲线与实际流量变化曲线有较好的拟合,但较速度和密度要稍微差一些。最大差异为 137.40 veh/h,平均差异为 49.36 veh/h。这主要是因为流量是由速度和密度计算得到的,其中包含了速度和密度的误差。

图 3-28、图 3-29 和图 3-30 中表现出的速度、密度和流量之间的相互关系也符合正确的交通流三参数关系:拥挤条件下,流量随着密度增长(减小)而减小(增长),速度随着密度增长(减小)而减小(增长),流量随着速度增长(减小)而增长(减小)。可视化的结果表明了仿真与实际的一致性,表明了 CVB 模型在宏观层面的有效性。

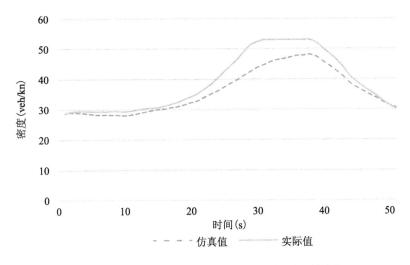

图 3-29 实际车队密度与仿真车队密度随时间的变化

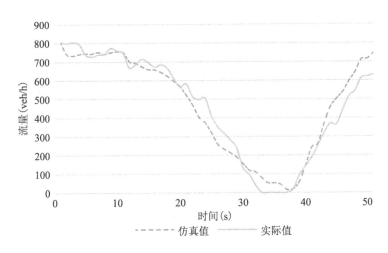

图 3-30 实际车队流量与仿真车队流量随时间的变化

(2) 统计分析

为了定量化地验证模型的有效性,我们对仿真结果进行了统计分析。线性回归分析被用于比较实际中和仿真中获得的平均速度、密度和流量,其目的在于发现仿真数据是否能很好地解释实际数据。线性回归分析采用如下的形式:

$$Y = B + A \cdot X \tag{3-11}$$

式中 Y——平均速度、密度或流量的实际值;

X——平均速度、密度或流量的仿真值;

A、B——回归系数。

表 3-15 列出了线性回归分析的结果。密度有着最高的 R^2 值,为 0.976,速度的 R^2 值也较高,达到了 0.975。由于流量是通过速度和密度获得,包含了两者存在的误差,其 R^2 值

要相对小些,但也达到了 0.947。统计结果中速度、密度和流量的系数 A 接近于 1 而系数 B 接近于 0,表明仿真结果与实际结果有较高的一致性。综合来看,回归分析中较高的 R^2 值、接近于 1 的系数 A 和接近于 0 的系数 B 证明了 CVB 模型的仿真结果的准确性。

表 3-15 线性归回分析结果

参数	A	B	系数 A 的标准误差	系数 B 的标准误差	标准估计的误差	调整后的 R^2
速度	0.988	−0.513	0.022	0.393	1.529	0.975
密度	1.305	−8.00	0.029	1.069	1.450	0.976
流量	1.00	−4.244	0.033	17.811	62.593	0.947

进一步判断 CVB 模型的优劣性,对 NaSch 模型和 CTH 模型仿真得到的宏观结果也进行统计分析,并将回归得到的 R^2 值进行比较,如表 3-16 所示。NaSch 模型在平均速度、密度和流量中的 R^2 值只有 0.885、0.826 和 0.827。CTH 模型的 R^2 值稍高于 NaSch 模型,分别为 0.933、0.902 和 0.896。从表中结果可见,所提出的模型在平均速度、密度和流量中都具有更高的 R^2 值,表明其在宏观层面的仿真效果要好于 NaSch 模型和 CTH 模型。

表 3-16 三类元胞自动机模型的统计分析结果比较

参数	CVB 模型	NaSch 模型	CTH 模型
速度	0.975	0.885	0.933
密度	0.976	0.826	0.902
流量	0.947	0.827	0.896

(3) 误差检验

车队平均速度、密度及流量的误差检验结果如表 3-17 所示。通过 RMS 和 U 值,仿真中的平均速度与实际结果拟合最好,其 RMS 和 U 值分别为 1.65 和 0.097 6。密度的拟合精度稍差于速度,其 RMS 和 U 分别为 3.93 和 0.098 3。流量的 U 值为 0.115 2,为三参数中最大,但仍非常接近于 0,其 RMS 稍高,达到了 61.49。三参数的修正 Theil 不等式系数均非常小,表明 CVB 模型有较好的预测能力。平均速度、密度和流量的 RMSP、MPE、正 MPE 和负 MPE 值中,除了流量的 RMSP 较大达到了 32.07% 外,其余数值均被控制在了 20% 以下,没有出现意外的误差。总体来看,模型仿真效果较好。

表 3-17 速度、密度和流量的误差检验结果

参数	RMS	RMSP	MPE	正 MPE	负 MPE	U
速度	1.65	17.86%	11.30%	16.09%	−8.81%	0.097 6
密度	3.93	8.20%	−6.73%	1.41%	−7.03	0.098 3
流量	61.49	32.07%	3.98%	19.97%	−12.55%	0.115 2

(4) 稳定性分析

稳定性分析用来检验模型在遇到交通扰动时的仿真情况。共设置了两种扰动：(a)轻微扰动(正常减速)和(b)严重扰动(紧急刹车)来观察车辆在行驶中是否存在不真实的加减速行为以及异常情况。采用与车队分析中一样的车队设置，车辆初始时刻以等间距进行排列。

在轻微扰动中，车辆 1 以跟驰行驶时的减速度从 22.5 m/s(45 个元胞)减速至 9.5 m/s (19 个元胞)，随后以 9.5 m/s 的速度行驶 6 s，最后以自由行驶时的加速度重新加速恢复至 22.5 m/s 的速度。车辆 1 身后的车辆(车辆 2 到 5)也经历了相同的扰动。车队中所有车辆在轻微扰动中速度的变化情况如图 3-31 所示。车辆 2 到 5 在受到轻微扰动后，也开始逐渐减速，随后又加速恢复到初始速度。由于车辆 3、4、5 在减速中时，车辆 1 和 2 已开始从 9.5 m/s 的速度开始加速度，所以车辆 3、4、5 并未减速至 9.5 m/s 就开始加速。车队中各辆车在经历轻微扰动的过程中整体保持着稳定，只有在最后维持 22.5 m/s 速度行驶时，车辆 2 到 5 的速度出现了在 22.5 m/s 附近震荡的现象。这主要是因为元胞自动机模型是一个随机模型，输出结果存在一定的较小的随机性。同时有研究表明，车队在稳定的跟驰状态下，后车速度会在稳定速度附近波动。一个不稳定的仿真模型，其输出结果会在车辆进入扰动和离开扰动的过程中表现出意外的行为，如过度减速或一些有悖于正常情况的驾驶行为。但在图 3-31 中并未出现碰撞、过度减速、不正常的加速以及异常行为等，这个检验结果说明模型中车辆行为的稳定性满足要求。

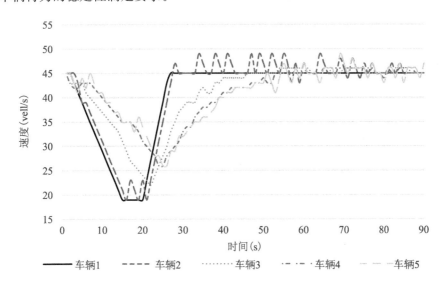

图 3-31　车队中所有车辆在轻微扰动中速度的变化情况

在严重扰动中，车队将经历两次扰动。在第一次扰动中，车辆 1 以急刹车时的减速度从 22.5 m/s(45 个元胞)减速至 0，随后停止 11 s 后重新加速至 14 m/s(28 个元胞)。接着车辆 1 再次急刹车减速直至停止。车辆 1 在停止 10 s 后最终加速恢复至初始速度。车辆 2 到 5 则紧跟在车辆 1 后方同样经历了两次扰动。严重扰动可以严格地对模型进行稳定性和防碰撞的进一步检验，车队中所有车辆在严重扰动中速度的变化情况如图 3-32 所示。车辆 2 到

5 在两次扰动中,均表现出一个个逐渐减速再一个个逐渐加速的稳定行驶状况。在整个过程中依然没有碰撞、过度减速、异常加速等情形发生。

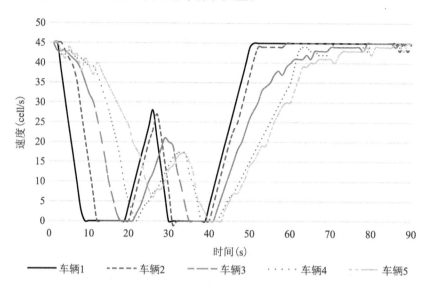

图 3-32　车队中所有车辆在严重扰动中速度的变化情况

通过车队经历轻微扰动和严重扰动的稳定性分析,分析结果肯定了所提出模型在处理严重扰动和避免碰撞的能力,表明其能满足稳定性要求。

3.4　考虑车型差异性的车辆换道行为建模

3.4.1　模型构建

根据车辆换道特征的分析,分别对小型车辆和大型车辆进行元胞自动机换道模型的构建。小型车辆的换车道以获取速度优势为目标,而大型车辆的换道目标有两个,一个为获取速度优势,另一个为避让后方车辆,提升行驶稳定性。

1. 小型车辆

(1) 换道决策

当车辆 n 不处于换道过程中时 ($t_l = 0$),如果满足

① 换道动机:

$$V_n(t-1) > V_{n,\,\text{front}}(t-1) \text{ and } V_{n,\,\text{lead}}(t-1) > V_{n,\,\text{front}}(t-1)$$

or

$$\frac{(V_{n,\,\text{front}}(t-1) + V_{n,\,\text{rear}}(t-1))}{(m_{n,\,\text{front}} + m_{n,\,\text{rear}})} < \frac{(V_{n,\,\text{lead}}(t-1) + V_{n,\,\text{lag}}(t-1))}{(m_{n,\,\text{lead}} + m_{n,\,\text{lag}})} \tag{3-12}$$

② 安全条件:

$$d_{n,\,\text{lead}} \geq d_{\text{lead, safe}} \text{ and } d_{n,\,\text{lag}} \geq d_{\text{lag, safe}} \tag{3-13}$$

同时,车辆 n 满足车辆换道概率 p_l,则进入换道过程,且 $t_l = T_l$。当车辆左右两侧车道均满足换道条件时,选择 $v_{n,\text{lead}}(t-1)$ 较大的车道进行换道,若 $v_{n,\text{lead}}(t-1)$ 相等,则随机选择一条车道进行换道。

当车辆 n 处于换道过程中时 $(t_l > 0)$,车辆无法换道,参数 $t_l = t_l - 1$。

(2) 换道实施

车辆 n 在一个时间步内完成换道行为,随后在换道持续时间内保持加速行驶。纵向更新中的驾驶行为规则由式(3-14)决定,防碰撞规则仍同 3.3.2 节,不进行随机慢化。

$$V_n(t) \rightarrow \min(V_n(t-1) + a_{lc}, V_{\max}) \tag{3-14}$$

2. 大型车辆

(1) 换道决策

当车辆 n 不处于换道过程中时 $(t_l = 0)$,如果满足

① 换道动机:

$$V_n(t-1) < V_{n,\text{rear}}(t-1) \text{ and } V_{n,\text{lag}}(t-1) < V_{n,\text{rear}}(t-1)$$
$$\text{or} \tag{3-15}$$
$$\frac{(V_{n,\text{front}}(t-1) + V_{n,\text{rear}}(t-1))}{(m_{n,\text{front}} + m_{n,\text{rear}})} < \frac{(V_{n,\text{lead}}(t-1) + V_{n,\text{lag}}(t-1))}{(m_{n,\text{lead}} + m_{n,\text{lag}})}$$

$$V_{n,\text{lead}}(t-1) > V_n(t-1) \tag{3-16}$$

② 安全条件:

$$d_{n,\text{lead}} \geqslant d_{\text{lead,safe}} \text{ and } d_{n,\text{lag}} \geqslant d_{\text{lag,safe}} \tag{3-17}$$

同时,车辆 n 满足车辆换道概率 p_l,则进入换道过程,且 $t_l = T_l$。当车辆左右两侧车道均满足换道条件时,选择 $v_{n,\text{lag}}(t-1)$ 较小的车道进行换道,若 $v_{n,\text{lag}}(t-1)$ 相等,则随机选择一条车道进行换道。

当车辆 n 处于换道过程中时 $(t_l > 0)$,车辆无法换道,参数 $t_l = t_l - 1$。

(2) 换道实施

车辆 n 在一个时间步内完成换道行为,随后在换道持续时间内以维持初始换道速度的状态行驶。纵向更新中的驾驶行为规则由式(3-18)决定,防碰撞规则仍同 3.3.2 节,不进行随机慢化。

$$\left. \begin{array}{l} \text{if } V_n(t-1) = V_{n,l},\ V_n(t) \rightarrow V_n(t-1) \\ \text{if } V_n(t-1) < V_{n,l},\ V_n(t) \rightarrow \min(V_n(t-1) + a_l, V_{n,l}) \end{array} \right\} \tag{3-18}$$

在以上换道规则中,$V_n(t-1)$ 为车辆 n 在 $t-1$ 时刻的速度;$V_{n,\text{front}}(t-1)$、$V_{n,\text{rear}}(t-1)$ 分别为当前车道的前车与后车在 $t-1$ 时刻的速度;$V_{n,\text{lead}}(t-1)$、$V_{n,\text{lag}}(t-1)$ 分别为邻道的前车与后车在 $t-1$ 时刻的速度。$m_{n,\text{front}}$、$m_{n,\text{rear}}$ 分别为当前车道的前车与后车的状态参数。$m_{n,\text{lead}}$、$m_{n,\text{lag}}$ 分别为邻道的前车与后车的状态参数。$d_{n,\text{lead}}$、$d_{n,\text{lag}}$ 分别为车辆 n 与邻道前车和后车的间距;$d_{\text{lead,safe}}$、$d_{\text{lag,safe}}$ 分别为车辆 n 换道时与邻道前车和后车应有的安全距

离,其计算同 3.3.2 节中防碰撞部分里的 $d_n(t)$。a_l 为车辆在换道过程中的加速度,小型车辆和大型车辆的 a_l 分别取为 1 m/s^2 和 0.5 m/s^2。t_l 为车辆 n 的换道剩余时间,t_l 大于 0 表示车辆 n 处于换道过程,t_l 等于 0 表示车辆 n 不处于换道过程。T_l 为换道耗时,计算方法根据 3.1.2 中的数据拟合获得,见式(3-19)。

$$T_l = \begin{cases} \text{round}(2.31 + 27.76/V_{n,l}) & \text{小型车辆} \\ \text{round}(4.97 + 25.82/V_{n,l}) & \text{大型车辆} \end{cases} \tag{3-19}$$

式中 $V_{n,l}$ 为车辆 n 的换道初始速度(cell/s)。$\text{round}(x)$ 为对 x 进行四舍五入取整。

p_l 为车辆的换道概率,分为四类情况:

$$p_l = \begin{cases} p_{\text{lcc}} & \text{当前车道前车为小型车辆且目标车道前车为小型车辆} \\ p_{\text{lct}} & \text{当前车道前车为小型车辆且目标车道前车为大型车辆} \\ p_{\text{ltc}} & \text{当前车道前车为大型车辆且目标车道前车为小型车辆} \\ p_{\text{ltt}} & \text{当前车道前车为大型车辆且目标车道前车为大型车辆} \end{cases} \tag{3-20}$$

通过设置不同条件下的车辆换道概率值,考虑了当前车道前车车型与目标车道前车车型对车辆换道选择的影响。p_{lcc}、p_{lct}、p_{ltc}、p_{ltt} 满足 $p_{\text{lcc}} > p_{\text{lct}}$、$p_{\text{ltc}} > p_{\text{ltt}}$、$p_{\text{lcc}} < p_{\text{ltc}}$、$p_{\text{lct}} < p_{\text{ltc}}$ 的关系。

为了保证车辆换道规则的合理性,进一步提出了以下几点规定:

(1) 由于车辆在静止状态下无法移动,故其也无法进行换道,因此在模型中车辆只能在运动状态下 ($V_n(t-1) > 0$) 才能执行换道行为。

(2) 为避免目标车道平均速度较高是因为目标车道后车速度较快引起,产生不真实的换道,对目标车道前车和后车的速度差进行限定。根据实际数据,在比较目标车道平均速度和当前车道平均速度来进行换道判别时,目标车道前车和后车的速度应满足 $V_{n,\text{lead}}(t-1) - V_{n,\text{lag}}(t-1) \geq -2\text{ m/s}$ 的条件。同时,考虑到车辆在行驶中一般不会换道至一辆停止的车辆身后,因此在换道中要求 $V_{n,\text{lead}}(t-1) > 0$。

(3) 在模型中设定车辆的前后检测距离 gap_+、gap_-,以反映周围车辆距离目标车辆远近对换道的影响。当前车道前车和目标车道前车处于检测距离 gap_+ 范围内时,$m_{n,\text{front}}$ 和 $m_{n,\text{lead}}$ 取值为 1,相应的车辆速度取实际值。当前车道前车和目标车道前车处于检测距离 gap_+ 范围外时,$m_{n,\text{front}}$ 和 $m_{n,\text{lead}}$ 取值为 0,相应的车辆速度取 ∞。当前车道后车和目标车道后车处于检测距离 gap_- 范围内时,$m_{n,\text{rear}}$ 和 $m_{n,\text{lag}}$ 取值为 1,相应的车辆速度取实际值。当前车道后车和目标车道后车处于检测距离 gap_+ 范围外时,$m_{n,\text{rear}}$ 和 $m_{n,\text{lag}}$ 取值为 0,相应的车辆速度取 0。

(4) 由于元胞自动机模型中存在冲突换道的问题,当出现冲突换道时,规定外侧车道车辆优先换道。

所提出的元胞自动机换道模型不仅有车辆换道决策阶段还包含了换道实施阶段,同时在具体规则设置中反映了小型车辆和大型车辆换道行为的特征以及大型车辆对换道概率的影响。

3.4.2 模型验证

为了检验所提出的考虑车型差异性的元胞自动机换道模型(cellular automata model of lane change considering the difference of the vehicle type,简称为 DVT 模型)的有效性,对换道模型进行验证。验证中构建仿真场景,根据模型对仿真场景中交通运行宏观的换道次数与交通流量的预测效果进行评价[57,113]。选取 I-80 公路最内侧三条车道(从内向外分别为车道 1、2、3)作为验证的仿真场景,以避免道路外侧入口匝道的车流对系统的影响。在数据中三条车道的 100 m、250 m 和 400 m 处分别设置虚拟检测器 1、检测器 2 和检测器 3,以 30 s 的间隔统计各个时段内的流量、空间平均速度、密度、大车比例等参数。同时,统计各个时段内在三条车道间发生的车辆换道次数。通过这样的方法获得验证中需要使用到的交通实际数据。

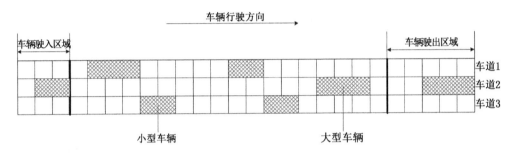

图 3-33 模型验证的元胞自动机仿真场景

模型验证的元胞自动机仿真场景如图 3-33 所示,道路长度同 I-80 公路实验段的长度(503 m),元胞尺寸取 0.5 m,仿真时间步长为 1 s。为了使得进入系统的车流与实际情况相匹配,车辆的进入概率 a 根据检测器 1 测得的流量确定:设 q_j 为检测器 1 测得的车道 j 在每 30 s 时间间隔内通过的车辆数,则 $a_j = q_j/30$(veh/s)。车道 j 进入的车辆有 r_j 的概率为大型车辆,大型车辆比例 r_j 为检测器 1 测得的车道 j 在每 30 s 时间间隔内通过的大型车辆数与总车辆数的比值。为了对系统的驶出车流进行管理调节使其也与实际情况相匹配,将系统 400~503 m 的区域设为车辆驶出区域,在车辆驶出区域内将对行驶车辆实行动态的车速限制。车辆在驶出区域内,其最大行驶速度将被限制为 $\lceil V \rceil$。$\lceil x \rceil$ 指不小于 x 的最小的整数,即向上取整。V 为检测器 3 测得的每 30 s 时间间隔内的空间平均速度。通过将检测器 1 和检测器 3 获得的实测数据输入给元胞自动机仿真模型作为场景约束,使得系统的运行环境与实际情况相接近。

模型仿真中,车辆跟驰行为采用所提出的基于跟车对组合的元胞自动机跟驰模型。车辆换道行为分别采用 DVT 模型和 STCA 模型。选取元胞自动机换道模型中最经典及最常使用的 STCA 模型作为比对模型,可对 DVT 模型的优劣进行评价。DVT 模型中,未知参数主要为车辆的检测间距(gap_+、gap_-)与车辆的换道概率(p_{lcc}、p_{lct}、p_{ltc}、p_{ltt})。设定 gap_+、gap_- 与车辆的行驶速度有关,车辆速度越快检测距离越大。对车辆的换道概率进行标定,将下午 5 点至 5 点 15 分以及下午 5 点 15 分至 5 点 30 分时段的数据集用作校准数据集,将下午 4 点至 4 点 15 分时段的数据集用作验证数据集。使用校准数据集对两类换道模型进行校准，标定其中的车辆换道概率参数。校准方法依然采用试算法，选取系统总换道次数作为评价指标，将使得仿真的总换道次数与实际的总换道次数之间均方根误差最小的数值作为模型最终的参数取值。需要注意的是在校准所提出的换道模型时，四类车辆换道概率参数 p_{lcc}、p_{lct}、p_{ltc}、p_{ltt} 应满足之前提到的相互之间的大小关系。标定后，小型车辆的四个换道概率参数值分别为 0.7、0.4、0.9 和 0.5，大型车辆的四个换道概率参数值分别为 0.5、0.4、0.8 和 0.5。将验证数据集中的数据输入到校准好的元胞自动机仿真模型中，对模型仿真效果进行验证。由于仿真结果存在随机性，在验证过程中，同样的仿真将重复 10 次，取平均值作为最终的仿真结果。通过仿真得到系统内每 30 s 时间间隔的车辆总换道次数及交通量，将仿真结果与实际值进行比较，通过修正的 Theil 不等式系数 U 进行评价，结果如表 3-18 所示。

表 3-18　模型验证结果

仿真模型	换道次数	交通量
DVT 模型	0.488	0.099
STCA 模型	0.522	0.123

表 3-18 中，DVT 模型对交通运行的描述精度较高。DVT 模型计算的换道次数与交通量的 U 值均小于 STCA 模型，表明其仿真获得的每 30 s 时间间隔的车辆总换道次数及交通量的准确率较 STCA 模型更高。验证结果表明所提出的模型在考虑了车型换道差异及大型车辆的影响后改善了对车辆换道的模拟效果。

3.5　本章小结

本章研究了多车道高速公路交通仿真模型。首先分析了多车道高速公路车辆的行为特性，包括车辆跟驰与换道行为特征以及大型车辆对驾驶员行为的影响作用。其次以元胞自动机模型为工具，构建了基于跟车对组合的车辆跟驰行为模型与考虑车型差异性的车辆换道行为模型，所构建模型可以更好地仿真出多车道高速公路混合交通流的运行情况。

第 4 章

大型车辆对多车道高速公路交通运行影响研究

4.1 大型车辆对多车道高速公路基本路段交通运行影响研究

4.1.1 模型场景设置

选取双向六车道高速公路作为多车道高速公路的代表情况进行车流模拟。模型仿真中采用周期性边界条件,即道路的尾端与首端相连,形成一个闭合环,仿真车辆在其中循环行驶。模型使用的元胞尺寸为 0.5 m,道路长度为 15 000 个元胞(即 7.5 km)。

小型车辆和大型车辆的默认长度分别为 10 个元胞(5 m)和 30 个元胞(15 m),默认的大型车辆比例为 0.25。根据车辆在自由流状态下可达到的最大行驶速度确定小型车辆和大型车辆的最大速度值,分别取为 75 个元胞(135 km/h)与 56 个元胞(100 km/h)。为了保证车辆的换道选择与实际情况相符,车辆的换道检测间距在自由行驶与跟驰行驶条件分别采用两个值:车辆在自由行驶时换道检测间距较大,为 3 倍的行驶速度;车辆在跟驰行驶时换道检测间距较小,等于车辆的行驶速度。模型中其他参数的默认取值仍采用上一章中模型校准后的标定结果。

在仿真初始时刻,小型车辆和大型车辆按照设定的大型车辆比例混合均匀地分布在三条车道上,车辆的初始速度采用随机值。系统每次仿真 20 000 时间步,为了消除暂态的影响,只对最后 2 000 时间步的交通参数进行统计。同时考虑到元胞自动机模型仿真结果存在随机性,在同一参数下共进行 10 次仿真并对仿真结果进行平均,以消除随机性的影响。

设道路上的车辆总数为 N,则此时系统的车辆密度为 $\rho = \dfrac{N}{3L}$,其中,L 为系统的道路长度。当系统内的大型车辆比例为 r 时,则此时系统的占有率为 $C = \dfrac{N \cdot r \cdot l_t + N \cdot (1-r) \cdot l_c}{3L}$。其中,$l_c$ 和 l_t 分别为小型车辆和大型车辆的长度。系统在 t 时刻的平均车速为 $V(t) = \dfrac{1}{N} \sum_{i=1}^{3} \sum_{n=1}^{N^i} V_n^i(t)$。其中,$N^i$ 为车道 i 上的车辆总数。系统在 t 时刻的平均流量则为 $Q = \rho \cdot V(t)$。

4.1.2 大型车辆比例的影响

改变系统中的大型车辆比例值,分别取为 0、0.25、0.5 和 0.75 进行仿真,获得了不同大型车辆比例下的多车道高速公路交通运行仿真结果。

1. 流量与速度

不同大型车辆比例下系统平均流量与速度的仿真结果如图 4-1 所示。随着大型车辆比例的提高，系统最大流量和临界密度减小，而与临界密度相对应的临界占有率略有增大，系统可达到的最大密度也相应减小。图 4-1(a)中，系统流量随着密度的增大先增大再减小，当密度小于 20 veh/(km·ln)时，不同大型车辆比例下的流量曲线聚合在一起，当密度大于 20 veh/(km·ln)时，不同大型车辆比例下的流量曲线表现出明显差异。当密度较小时，系统内车辆少，处于自由流状态，车辆间相互干扰小，大车影响并不明显，不同大型车辆比例下的系统速度较为接近。密度相同时，平均速度决定了系统流量的大小，所以各流量曲线也较为重合。当密度较大时，由于车辆增多，车辆间间距减小，车辆保持跟驰行驶状态，车辆间的相互干扰变得较为频繁。车辆的相互干扰使得大车影响开始显著，严重地制约了小型车辆的行驶。同时，大型车辆本身的特性也进一步导致系统流量降低。但是大型车辆比例对系统流量的影响不是等效的，随着大型车辆比例的越来越高，其造成的系统流量的变化越来越小。如大型车辆比例从 0 增至 0.25，使得系统最大流量降低了 369 veh/(h·ln)、临界密度减小 12 veh/(km·ln)，而大型车辆比例从 0.5 增至 0.75，只使系统最大流量降低了 97 veh/(h·ln)、临界密度减小 2 veh/(km·ln)。对比图 4-1(b)与现有一些研究中获得的不同大型车辆比例下混合交通流流量与占有率的变化关系会发现，仿真结果最大的差别在于流量曲线的右半支。现有研究的结果表现为当占有率大于临界占有率时，不同大型车辆

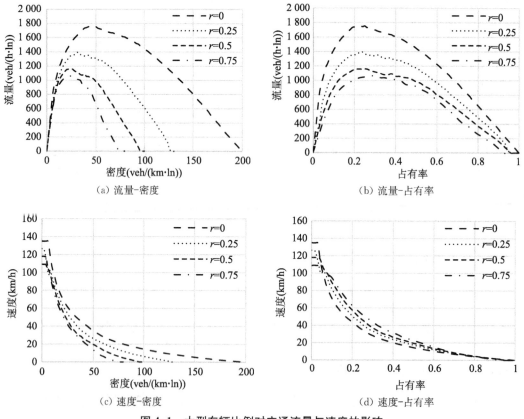

图 4-1 大型车辆比例对交通流量与速度的影响

比例下的系统流量曲线重合,即大型车辆比例并无显著影响。这是因为研究中采用的仿真模型并未考虑大型车辆的特性与影响,使得当占有率大于临界占有率后,系统的速度只与系统的平均车间距相关,导致系统流量成为了系统占有率的单值函数。而仿真中在占有率大于临界占有率后,系统的速度不只与系统的平均车间距相关,还与前后车车型有关,不同的车型组合产生不同的影响,造成目标车辆速度的变化,从而总体上造成系统流量的变化,使得不同大型车辆比例下的系统流量曲线在大于临界占有率后依然具有显著的差异。这与实际中大型车辆在交通拥挤时也具有显著影响更为接近。

系统速度则随着密度(占有率)的增大,先保持某一数值不变随后降低至零。系统初始所维持的速度主要与系统内各车型的最大速度以及所占比例有关。随后,速度先急剧降低,当达到临界密度(临界占有率)附近时,速度的下降逐渐放缓。在图 4-1(c)中,系统速度随着大型车辆比例的增大而减小。在图 4-1(d)中,系统速度主要随着大型车辆比例的增大而增大。这是因为在相同的占有率下,大型车辆比例越高,系统内车辆数和密度越小,使得车辆间相互受到的干扰较小,系统速度也因此越高。

为了能更细微地了解大型车辆比例对交通流的影响,通过仿真获得了系统的时空图,如图 4-2 所示。图中横轴表示时间,为 19 500～20 000 s,纵轴表示位置,为 0～15 000 元胞。

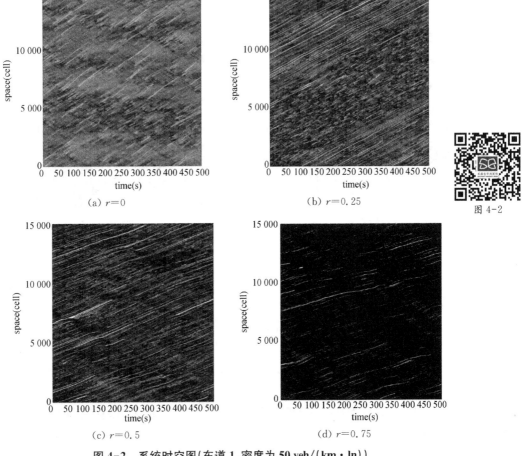

图 4-2　系统时空图(车道 1,密度为 50 veh/(km·ln))

黑点表示车辆位置，白点表示道路空白区域。随着大型车辆比例的提高，系统的拥挤程度逐渐严重。大型车辆比例为 0 和 25%时，系统内只有轻微拥挤现象，车辆行驶较为紧密。当大型车辆比例提高到 50%和 75%时，系统内出现了局部堵塞并向上游传播，堵塞的传播随着大型车辆比例越大越明显。图 4-3 展示了系统的速度分布图。可以很明显的看到，随着大型车辆比例的增大，系统的平均速度降低，且与图 4-2 相对应，系统速度逐渐由均匀分布开始出现了因为局部堵塞引起的向上游传播的速度极低的区域。

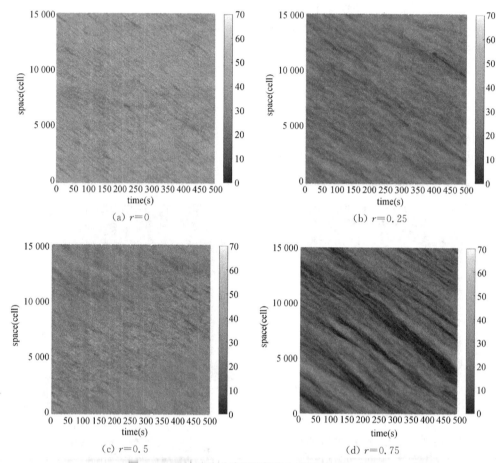

图 4-3　系统速度分布图(车道 1,密度为 50 veh/(km·ln))

2. 拥挤率

不同大型车辆比例下系统拥挤率的仿真结果如图 4-4 所示。定义行驶速度小于 20 km/h 的车辆为拥挤车辆，N_c 为系统的拥挤车辆总数，则系统的拥挤率表示为 N_c/N。系统拥挤率表现为随着密度(占有率)的增大，先保持为零，随后以 S 型曲线的形式增长至 1。图 4-4(a)中，当密度小于 24 veh/(km·ln)时，不同大型车辆比例下的系统拥挤率均等于零，此时车辆可以较高的速度行驶，不存在拥挤车辆。当密度大于 24 veh/(km·ln)时，不同大型车辆比例下的系统拥挤率开始陆续增大：$r=0.75$ 时最先出现拥挤车辆，$r=0$ 时最后出现拥挤车辆。大型车辆比例的增高，使得系统拥挤率增长越急剧，也使得相同密度条件下的拥挤率越高。一方面，大型车辆本身性能较差，使得系统中出现速度低于 20 km/h 的车辆的概率更大,另一方面,小型车辆跟驰在大型车辆后面或减速跟驰或变换车道,且当密度较大时,换道行为会影响邻道车辆运行,引起局部拥堵,增大了系统的拥挤率。图 4-4(b)中,当占有率低于临界占有率时,系统拥挤率为零,当占有率大于临界占有率时,拥挤率以 S 型曲线的形式增长。大型车辆比例越高,开始出现拥挤车辆时的占有率越大,且相同占有率下,大型车辆比例越高时的系统拥挤率越小。因为此时大型车辆比例越高,道路中车辆越少,交通运行状况相对越好。但大型车辆比例越高时的系统拥挤率的增长趋势依然更急剧。

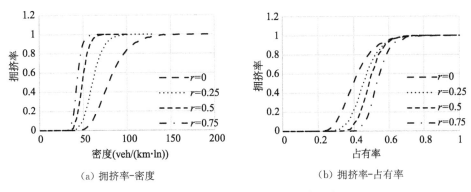

(a) 拥挤率-密度　　　　　　(b) 拥挤率-占有率

图 4-4　大型车辆比例对拥挤率的影响

3. 换道率

不同大型车辆比例下系统换道率的仿真结果如图 4-5 所示。定义换道率为单位车辆单位时间的平均换道次数。换道率随着密度(占有率)的增大,存在两个高峰,一个存在于密度(占有率)较小时的交通自由流状态,一个存在于密度(占有率)较大时的交通拥挤状态。密度小于 50 veh/(km·ln)时,纯小车交通流的换道率基本上小于混合交通流的换道率,密度大于 50 veh/(km·ln)时,纯小车交通流的换道率则开始逐渐大于混合交通流的换道率。在混合交通流中,则表现为大型车辆比例越高,车流的换道率越低。影响车辆换道率的因素主要有三个:车辆换道倾向,如小型车辆的换道倾向要高于大型车辆;是否受慢车阻挡,如快车遇到慢车阻挡后会选择换道;换道条件。密度小于 50 veh/(km·ln)时,对于纯小车流和混合交通流,车辆在行驶中是否受慢车阻挡是两者之间影响换道率的最主要因素:当系统内不存在慢车时,车辆行驶受慢车阻挡的概率较小,因而换道率明显较小。密度大于 50 veh/(km·ln)时,混合交通流中由于大型车辆的存在,相对于纯小车流,可供使用的换道空间减少,换道条件不易被满足,使得相同密度条件下纯小车流的换道率更高。对于混合交通流,尽管都存在慢车阻挡的问题,但此时车辆换道倾向的影响更大,大型车辆相对小型车辆,为了行驶的稳定性,较少会主动换道。随着大型车辆比例的提高,会主动选择换道的小型车辆越来越少,选择跟驰行驶的大型车辆越来越多,总体上使得系统的换道率降低。图 4-5(b)中,占有率小于 0.2 时,纯小车流换道率小于混合交通流。占有率处于 0.2~0.5 时,纯小车流换道率大于混合交通流,因为相同占有率下,纯小车流中车辆数量多,车辆间相互影响更频繁,刺激了车辆的换道选择。占有率大于 0.5 时,纯小车流与混合交通流的换道率趋于重合,因为此时车辆换道条件均越来越难满足,不同大型车辆比例下的换道率都开始逐渐下降。混合交通流中换道率与大型车辆比例的关系则没有变化。

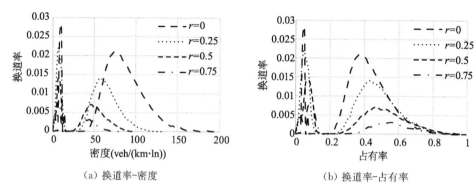

图 4-5 大型车辆比例对换道率的影响

4. 稳定性

系统内运行车辆的速度差异性在一定程度上可以反映系统的稳定性,这里采用速度标准差以及前后车辆速度差两个指标来分析系统稳定性。不同大型车辆比例下系统的车辆速度标准差的仿真结果如图 4-6 所示。密度(占有率)较小时,系统的速度标准差非常高并且会急剧下降。当下降到一定程度后,随着密度(占有率)的增大,速度标准差平缓地提高后再下降至零。图 4-6(a)中,当密度小于 6 veh/(km·ln)时,纯小车流的系统速度标准差最小。因为此时系统内车辆较少,纯小车流中的车辆均以接近 135 km/h 的速度行驶。密度处于 6~40 veh/(km·ln)范围时,不同大型车辆比例下,系统的速度标准差值较为接近,但纯小车流的速度标准差相对要稍高一些。可能是因为车辆间的相互作用使得小型车辆频繁加减速及换道,引起系统内速度波动。而大型车辆自身相对稳定同时迫使小型车辆减速稳定行驶,系统内速度离散型降低。有些研究也曾提到,大型车辆的存在使得系统内车流的运行更加稳定[30]。当密度大于 60 veh/(km·ln)时,不同比例下的系统速度标准差差异明显,表现为大型车辆比例越高,速度标准差越低。此时系统内车辆运行越来越拥挤,大型车辆比例越高,拥挤现象越严重,进一步缩小了车辆的速度变化范围,从而使得系统的速度标准差变小。图 4-6(b)中,占有率小于 0.18 时,纯小车流速度标准差最小。占有率在 0.18~0.6 范围时,纯小车流速度标准差变成最大,且大型车辆比例越高,车辆的速度标准差越小,体现了大型车辆对于交通流运行的稳定作用。当占有率大于 0.6 时,大型车辆比例对系统的速度标准差无显著影响,各大型车辆比例下的速度标准差基本相同。

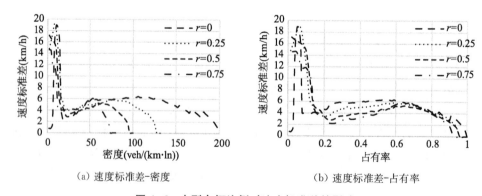

图 4-6 大型车辆比例对速度标准差的影响

前后车辆速度差指标的计算公式为:

$$\Delta V = \frac{\sum_{i=1}^{N} |V_i - V_{i+1}|}{N} \tag{4-1}$$

N 为系统内车辆总数,V_i 和 V_{i+1} 分别为目标车辆与前车的速度。不同大型车辆比例下系统内前后车辆速度差的仿真结果如图 4-7 所示。前后车辆速度差的变化曲线与图 4-6 中速度标准差的变化曲线类似。图 4-7(a) 和图 4-7(b) 中,密度小于 6 veh/(km·ln)(占有率小于 0.04)时,纯小车流中前后车辆速度差最小。当密度大于 14 veh/(km·ln)(占有率大于 0.14)时,大型车辆比例对前后车辆速度差有着显著的影响:大型车辆比例越高,前后车速度差越小。表明了大型车辆有助于提高系统内车辆运行的稳定性,从宏观角度验证了大型车辆降低系统运行不稳定性的结果。纯小车流中小型车辆由于性能灵活,频繁的加减速及换道,对前后车辆速度的变化产生一定影响,故前后车辆速度差更大。

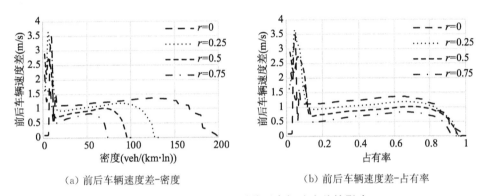

(a) 前后车辆速度差-密度　　(b) 前后车辆速度差-占有率

图 4-7　大型车辆比例对前后车辆速度差的影响

4.1.3　跟车对组合的影响

不同的跟车对组合有着不同的驾驶行为,会对交通流特征产生影响。在单车道道路上设置三类场景进行仿真,分析跟车对组合对交通流的影响规律。三类场景分别为:

场景 1:小型车辆与大型车辆交替跟驰,用字母表示即为 CHCH…CH。此时四类跟车对组合的比例为:C-C 为 0,C-H 为 0.5,H-C 为 0.5,H-H 为 0。

场景 2:以小型车辆车队和大型车辆车队的形式跟驰,用字母表示即为 CC…CHH…H。此时四类跟车对组合的比例为:C-C 约为 0.5,C-H 约为 0,H-C 约为 0,H-H 约为 0.5。

场景 3:小型车辆与大型车辆分别两两交替跟驰,用字母表示即为 CCHH…CCHH。此时四类跟车对组合的比例为 C-C 为 0.25,C-H 为 0.25,H-C 为 0.25,H-H 为 0.25。

场景 1 中由于设置小型车辆与大型车辆交替跟驰,小型车辆会受到最严重的大型车辆影响。场景 2 中设置了小型车辆车队和大型车辆车队,使得车辆间的干扰主要为同车型的干扰,小型车辆受到的大型车辆影响最小。场景 3 则介于场景 1 和场景 2 之间,四类跟车对组合的比例相同,小型车辆受到的大型车辆影响适中。仿真中大型车辆比例 r 取为 0.5,其他参数采用默认值进行交通仿真,获得不同条件下的交通流特征参数。

1. 流量与速度

三类场景下的系统平均流量仿真结果如图 4-8 所示。跟车对组合对系统流量的影响当密度在 8~77 veh/(km·ln) 范围内时最明显,场景 2 的系统流量和临界密度最大,场景 3 次之,场景 1 最小。在绝大多数的交通条件下,较高的 C-H 和 H-C 比例会导致系统流量的严重下降,造成系统运行效率的损失。这主要是因为大型车辆对小型车辆的影响是对系统运行效率影响最严重的。C-H 的组合使得拥有较高性能的小型车辆在运行中频繁受到大型车辆影响,心理上紧张,驾驶行为上更加谨慎,造成车辆减速现象明显,过多的减速使得小型车辆的性能优势无法发挥。而在 C-C 和 H-H 比例较高的场景中,小型车辆受大型车辆的影响减小,小型车辆的行驶更加平滑顺畅,减速行为减少,使得系统整体的运行效率提高。但是当密度大于 77 veh/(km·ln) 时,场景 2 的系统流量最小而场景 1 的系统流量最大。其可能的原因是:当车辆以队列形式时停时走时,大型车辆对前车行驶的响应较慢,系统在车辆停止后的启动过程中速度整体提升不是很明显。而场景 1 中由于小型车辆与大型车辆交替分布,小型车辆相对大型车辆可更快的加速起步,使得系统整体的速度与场景 2 相比有一定程度的提高,流量也因此更高。

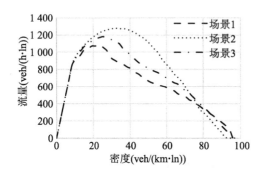

图 4-8 跟车对组合对交通流量的影响   图 4-9 跟车对组合对速度的影响

图 4-9 展示了三类场景下的系统平均速度仿真结果。跟车对组合对系统速度的影响与图 4-8 相对应。密度小于 8 veh/(km·ln) 时,由于车辆无法换道超车而只能跟驰在大型车辆身后,系统速度保持在大型车辆最大速度附近,此时跟车对组合并无影响。密度在 8~77 veh/(km·ln) 范围内时,较高的 C-C 和 H-H 比例使得系统速度最大而较高的 C-H 和 H-C 比例使得系统速度最小。而密度大于 77 veh/(km·ln) 时,三类场景下的系统速度情形刚好相反。

2. 拥挤率

三类场景下的系统拥挤率仿真结果如图 4-10 所示。三类场景中的系统拥挤率的上升速度类似。场景 1 中最先出现拥挤车辆也最先完全进入拥挤状态,场景 2 则最后出现拥挤车辆也最后完全进入拥挤状态。场景 3 介于两者之间。较高的 C-H 和 H-C 比例导致较为频繁的大小

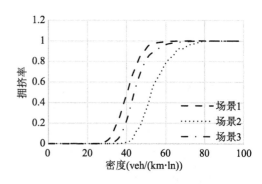

图 4-10 跟车对组合对拥挤率的影响

车辆之间的相互影响与干扰,使得系统内容易产生拥挤现象。

3. 稳定性

三类场景下的系统速度标准差仿真结果如图 4-11 所示,速度标准差随密度先增大再减小。当密度小于 9 veh/(km·ln)和大于 83 veh/(km·ln)时,三类场景中的系统速度标准差较为接近,场景 1 的系统速度标准差最大,场景 2 的系统速度标准差最小,场景 3 的系统速度标准差介于中间。密度小于 9 veh/(km·ln)时,系统内车辆以较高的速度稳定行驶。较少的大型车辆对小型车辆的影响使得小型车辆减速较少,速度波动也小,系统整体的速度标准差也相应较小。密度大于 83 veh/(km·ln)时,系统内车辆走走停停,连续的大型车辆队列以及大型车辆对速度变化的弱响应减缓了系统内车辆的速度波动变化,从而导致系统的速度标准差也减小。当密度处于 9~45 veh/(km·ln)时,跟车对组合对速度标准差的影响稍有显著,场景 1 的系统速度标准差仍最大,但场景 3 的系统速度标准差变得最小,场景 2 的系统速度标准差介于中间。当密度处于 45~83 veh/(km·ln)时,跟车对组合对速度标准差的影响最为显著,此时,场景 2 成为三类场景中速度标准差最大的,场景 1 的速度标准差则开始减小,成为三类场景中速度标准差最小的,场景 2 的速度标准差介于中间。场景 1 的速度标准差的减小主要是因为大型车辆对小型车辆行驶速度的影响[28]。当流量较大时,使得小型车辆行驶速度更加平稳,弱化了混合交通流的不稳定性。三类场景下的前后车速度差仿真结果如图 4-12 所示。前后车速度差在密度非常小时稳定不变,随后会快速上升。上升到一定程度后,前后车速度差随密度平稳增大随后逐渐减小至零。跟车对组合对前后车速度差有一定影响:场景 1 的前后车速度差最大,场景 2 的前后车速度差最小,场景 3 的前后车速度差介于两者之间。这是因为场景 1 中全为 C-H 和 H-C 的跟车对组合,前后车辆全为不同车型,前后车辆性能上的差异在速度上最直接的反应就是速度差明显。从仿真结果可知,混合交通流内各车型的混杂程度越高,系统内前后车速度差值越大。

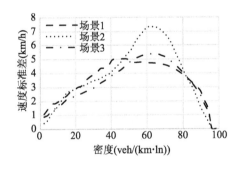

图 4-11 跟车对组合对速度标准差的影响

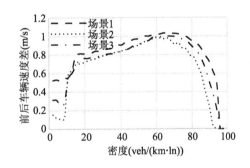

图 4-12 跟车对组合对前后车辆速度差的影响

4.1.4 大型车辆最大速度的影响

改变系统中大型车辆的最大速度,分别取为 70 km/h、80 km/h、90 km/h 和 100 km/h 进行仿真,获得不同大型车辆最大速度下的系统仿真结果。

1. 流量与速度

不同大型车辆最大速度下系统平均流量的仿真结果如图 4-13 所示。大型车辆最大速度对系统最大流量和临界密度均无影响,其对系统流量的影响主要发生在交通自由流中。大型车辆最大速度越高,自由流状态中的流量越大。在自由流状态中,车辆以接近最大速度的车速行驶,大型车辆最大速度的提高,提升了系统总体的平均速度,从而增大了系统流量。

图 4-14 展示了不同大型车辆最大速度下系统平均速度的仿真结果。大型车辆最大速度在密度较小的自由流时才对系统速度有影响。当大型车辆最大速度与小型车辆最大速度接近(如大型车辆最大速度为 90 km/h 和 100 km/h)时,系统速度表现为先维持在 125 km/h,随后逐渐减小。当大型车辆最大速度与小型车辆最大速度相差较大(如大型车辆最大速度为 70 km/h 和 80 km/h)时,系统速度表现为先维持在 120 km/h 左右,随后降低至大型车辆最大速度附近并保持不变,最后减小至 0。说明小型车辆即使在车辆较少时也难以维持自己的最大速度,速度会先下降至大型车辆的最大速度附近。对系统仿真进一步观察,系统速度出现三阶段变化主要是因为当大型车辆最大速度较小时,系统内易出现多辆大型车辆并列行驶的情形,且大型车辆间不易互相超越,导致后方的小型车辆也很难通过换道超越大型车辆以保持自身的最大速度,最终只能减速至大型车辆的速度并跟驰行驶。

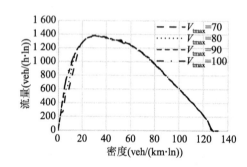 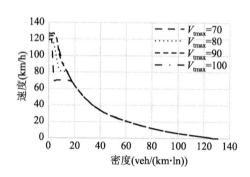

图 4-13 大型车辆最大速度对交通流量的影响　　图 4-14 大型车辆最大速度对速度的影响

仿真获得了系统的时空图与速度分布图,如图 4-15 和图 4-16 所示。在图 4-15(a)和图 4-15(b)中的空白区域表明了大型车辆在系统内行驶的阻挡作用。大型车辆阻挡了后方车

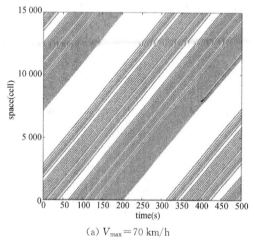 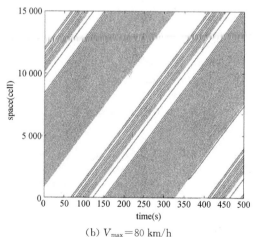

(a) $V_{max}=70$ km/h　　(b) $V_{max}=80$ km/h

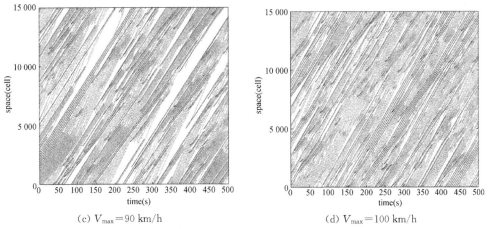

(c) $V_{max}=90$ km/h (d) $V_{max}=100$ km/h

图 4-15　系统时空图(车道 1,密度为 50 veh/(km·ln))

辆的换道超车,同时自身动力性能较弱无法紧跟前方车辆,使得系统内出现了明显的空间浪费,无法被车辆有效使用。当大型车辆最大速度进一步提高,与小型车辆最大速度接近时,系统内的空间浪费情况得到了有效缓解。图 4-16 中也表现出了大型车辆的阻挡作用,且随着大型车辆阻挡作用的削弱,系统的平均速度明显提升。

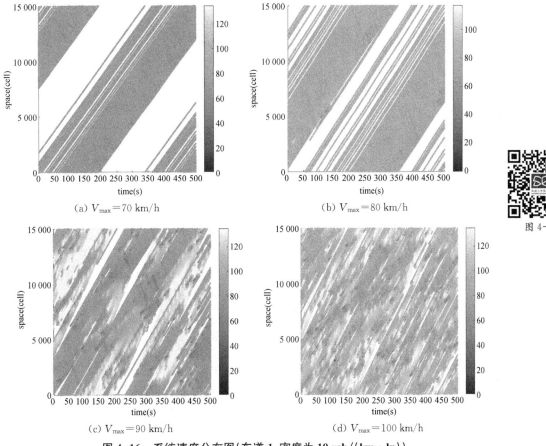

(a) $V_{max}=70$ km/h (b) $V_{max}=80$ km/h

(c) $V_{max}=90$ km/h (d) $V_{max}=100$ km/h

图 4-16　系统速度分布图(车道 1,密度为 10 veh/(km·ln))

2. 拥挤率

不同大型车辆最大速度下系统拥挤率的仿真结果如图 4-17 所示。大型车辆最大速度对系统拥挤率并无影响。当系统内出现拥挤现象时,无论大型车辆最大速度为多少,系统内的车辆运行速度均已下降至一个较低的水平,此时大型车辆最大速度的差别已无法体现。

3. 换道率

不同大型车辆最大速度下系统换道率的仿真结果如图 4-18 所示。大型车辆最大速度的影响主要作用于密度小于 20 veh/(km·ln)时:大型车辆最大速度越高,换道率也越高。当大型车辆最大速度较低时,系统内会出现多辆大型车辆并列行驶的情形,且该现象存在的时间很长,导致后方的小型车辆无法进行换道超车,从而降低了系统的换道率。同时,大型车辆最大速度越低,大型车辆并列行驶出现的概率也越大且越难消除,故系统的换道率也就越低。

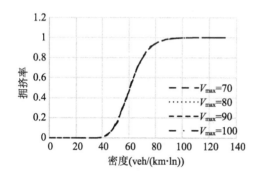

图 4-17 大型车辆最大速度对拥挤率的影响　图 4-18 大型车辆最大速度对换道率的影响

4. 稳定性

不同大型车辆最大速度下系统速度标准差的仿真结果如图 4-19 所示,密度小于 20 veh/(km·ln)时的系统速度标准差出现了明显的差异。当大型车辆最大速度只有 70 km/h 时,受阻于大型车辆的并列行驶,系统内车辆的行驶速度较低,速度变化较少,因此速度标准差也较小,随密度的变化也较为平稳。对于大型车辆最大速度为 80 km/h、90 km/h 和 100 km/h 且系统密度非常小时,系统内两类车型的最大速度差越大,系统的速度标准差也越大。随着系统内车辆数的增多,大型车辆最大速度为 80 km/h 的系统中也开始出现了大型车辆并列行驶且难以消除的情况,其系统的速度标准差也随之迅速降低。而大型车辆最大速度为 90 km/h 和 100 km/h 的系统中并未出现该现象,故其速度标准差随密度的降低相对较慢,速度标准差反而大于大型车辆最大速度为 80 km/h 的情况。

不同大型车辆最大速度下前后车辆速度差的仿真结果如图 4-20 所示。大型车辆最大速度对前后车辆速度差的影响效果与其对系统速度标准差的影响效果类似。

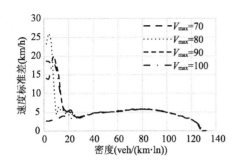
图 4-19　大型车辆最大速度对速度标准差的影响

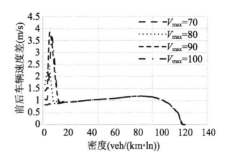
图 4-20　大型车辆最大速度对前后车辆速度差的影响

4.1.5　大型车辆长度的影响

改变系统中大型车辆的长度,分别取为 10 m、15 m、20 m 和 25 m 进行仿真,获得不同大型车辆长度下的系统仿真结果。

1. 流量与速度

不同大型车辆长度下系统平均流量与速度的仿真结果如图 4-21 所示。改变大型车辆长度对系统流量与速度的影响与改变大型车辆比例对系统流量与速度的影响有些类似。图 4-21(a)中,大型车辆长度的增大使得系统最大流量降低,临界密度略有下降。大型车辆长度对流量的影响主要表现在流量曲线的右半支。当密度较小时,改变大型车辆长度,所造成的车辆间间距的变化对车辆驾驶行为的影响很小,因为车辆间依然有着充足的间距。当密度较大时,车辆间间距会是影响系统整体运行情况的一个重要因素,增大大型车辆长度,在

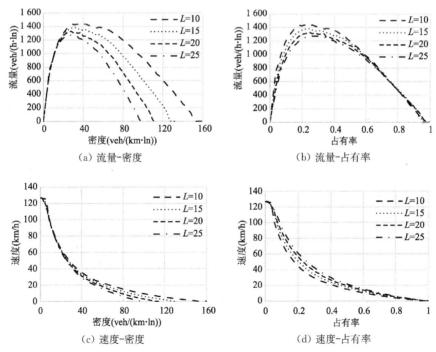

图 4-21　大型车辆长度对交通流量与速度的影响

相同车辆密度条件下会缩小车辆间的间距,使得系统运行环境更加拥挤,流量也因此下降。大型车辆长度的增大也减小了系统的最大密度。图 4-21(b)中,大型车辆长度的增大使得系统临界占有率略有增大,大型车辆长度的影响主要发生在占有率为 0.05~0.55 的区间内。图 4-21(c)中,当密度大于临界密度后,大型车辆长度的增大压缩了车辆的可行驶空间,使得系统速度明显降低。图 4-21(d)中,占有率在 0.05~0.55 区间内时,大型车辆长度的增大使得相同占有率下的车辆数减少,系统速度明显提高。

系统的时空图及速度分布图如图 4-22 和图 4-23 所示。随着大型车辆长度的增加,图中的空白区域越来越少,车辆行驶得更为紧密。在图 4-22(c)和图 4-22(d)中均出现了明显的向上游传播的局部堵塞。图 4-23 则表现的更为清楚。系统内车辆的运行速度逐渐降低,因车辆拥堵产生的低速波不断地向上游传播且随着大型车辆长度的增加而更加明显。

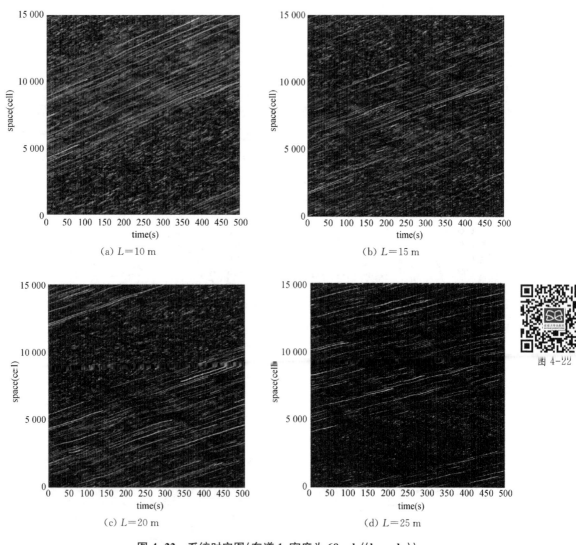

图 4-22 系统时空图(车道 1,密度为 60 veh/(km·ln))

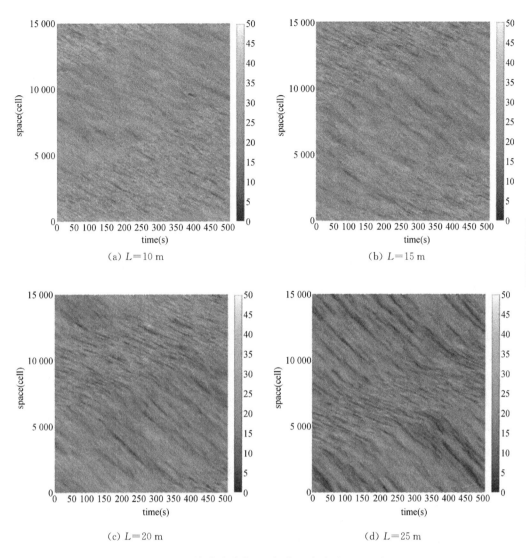

图 4-23 系统速度分布图(车道 1,密度为 60 veh/(km·ln))

2. 拥挤率

不同大型车辆长度下系统拥挤率的仿真结果如 4-24 所示。图 4-24(a)中,大型车辆长度对拥挤现象出现时的密度并无显著影响,均在 28 veh/(km·ln)附近开始出现拥挤现象。大型车辆长度越大,系统的拥挤率上升越快,相同密度时的拥挤率也就越高。因为大型车辆长度的增大压缩了车辆行驶空间,增强了车辆间的相互干扰,导致车辆速度降低,速度低于 20 km/h 的车辆比例增多。图 4-24(b)中,大型车辆长度越大,系统出现明显拥挤现象时的占有率越大。大型车辆长度为 10 m 时,系统出现明显拥挤现象时的占有率为 0.2。大型车辆长度为 25 m 时,系统出现明显拥挤现象时的占有率增至为 0.3。不同大型车辆长度的系统拥挤率的上升速率接近,相同占有率下,大型车辆长度越大的系统的拥挤率越小。因为车辆数的减少可减少车辆间的相互作用,有助于车辆保持更高的速度稳定行驶。

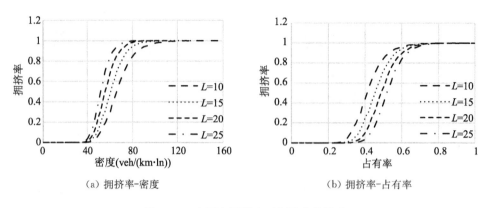

(a) 拥挤率-密度

(b) 拥挤率-占有率

图 4-24 大型车辆长度对拥挤率的影响

3. 换道率

不同大型车辆长度下系统换道率的仿真结果如图 4-25 所示。大型车辆长度对换道率的影响主要发生在密度或占有率较大时。在图 4-25(a)中,密度小于 30 veh/(km·ln)时,大型车辆长度对系统换道率并无影响。密度在 30~52 veh/(km·ln)时,大型车辆长度的增大使得系统换道率略有提高。一方面大型车辆长度的增大使得系统更加拥挤刺激了车辆的换道需求,另一方面系统仍有足够的空间供车辆换道加速,综合起来刺激了车辆的换道行为。密度大于 52 veh/(km·ln)时,大型车辆长度的增大使得系统换道率明显降低。尽管系统中的车辆依然有很高的换道需求,但随着车辆数的增多以及大型车辆长度的增加,系统内的可用换道空间减小,可供车辆换道的条件迅速减少,综合起来降低了车辆的换道行为。在图 4-25(b)中,占有率小于 0.2 时,大型车辆长度对系统换道率稍有影响但并不明显。占有率在 0.2~0.5 时,大型车辆长度的增大使得系统换道率降低。大型车辆长度的增大使得系统内的车辆数减少,运行条件更好,因而车辆的换道需求有所降低。占有率大于 0.5 时,大型车辆长度的增大使得系统换道率提高。此时,影响系统内车辆换道行为的主要因素是可用的换道空间。大型车辆长度更小使得相同占有率时的车辆数更多。尽管总的可用空间相同,但车辆数的增多使得总空间被分割成较小的单个空间,对于换道车辆而言,其换道条件不易满足,故换道率降低。

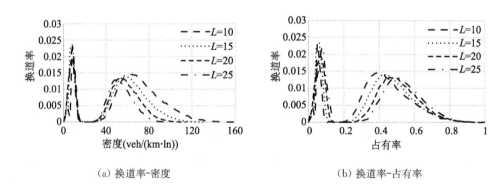

(a) 换道率-密度

(b) 换道率-占有率

图 4-25 大型车辆长度对换道率的影响

4. 稳定性

不同大型车辆长度下系统速度标准差的仿真结果如图 4-26 所示。大型车辆长度对系统速度标准差的总体影响并不显著。图 4-26(a)中,大型车辆长度在密度大于 80 veh/(km·ln)时才有影响,大型车辆长度越大使得系统速度标准差越小。因为大型车辆长度越大使得系统更拥挤,车辆速度被进一步降低,速度差也被压缩。图 4-26(b)中,大型车辆长度在不同占有率下对系统的速度标准差几乎无影响。

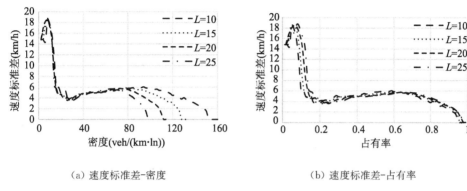

(a) 速度标准差-密度　　　　　　　　(b) 速度标准差-占有率

图 4-26　大型车辆长度对速度标准差的影响

不同大型车辆长度下前后车辆速度差的仿真结果如图 4-27 所示。大型车辆长度对前后车辆速度差的影响效果与其对系统速度标准差的影响效果类似。总体来看,大型车辆长度对系统的稳定性影响非常小。

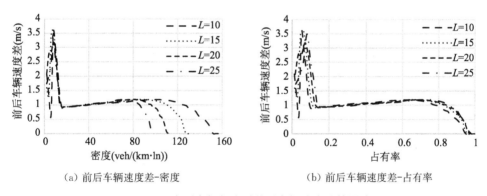

(a) 前后车辆速度差-密度　　　　　　(b) 前后车辆速度差-占有率

图 4-27　大型车辆长度对前后车辆速度差的影响

4.1.6　大型车辆影响强度的影响

大型车辆在交通运行中对周围车辆产生的影响强度往往是不一样的,如体型更大、驾驶风格越冒险的大型车辆对周围车辆产生的影响会更大。而不同的大型车辆影响强度也会使得受影响车辆产生不同的驾驶行为,如大型车辆影响强度越大,被影响车辆会与其保持更大的间距等。这些因素会导致交通流特征的改变,所以大型车辆影响强度对交通流特征存在一定的影响。

第三章构建的模型中部分参数的设置能够反映驾驶员对大型车辆影响的行为反应,使得模型的仿真结果能够考虑大型车辆影响强度这一因素,如跟驰模型中的安全预期系数 η^{C-H} 和 η^{H-H},大型车辆影响强度变大,可体现在该参数数值的减小。为了研究不同大型车辆影响强度对交通流特征的影响程度,对模型进行了适当的调整以进行仿真研究。

(1) 增加大型车辆影响强度参数 imp

在模型中加入了大型车辆影响强度参数 imp 用于表示不同程度的大型车辆影响。大型车辆影响强度参数 imp 主要对跟驰模型中的安全预期系数 η^{C-H} 和 η^{H-H}、随机慢化影响系数 p_H^{C-H} 和 p_H^{H-H} 以及换道模型中的车辆换道概率 p_{lct} 和 p_{ltc} 有影响。大型车辆影响强度变大, η^{C-H}、η^{H-H}、p_{lct} 值会减小, p_H^{C-H}、p_H^{H-H}、p_{ltc} 值会增大。大型车辆影响强度参数 imp 取为整值,变化范围为1到4。当 $imp=4$ 时表示大型车辆影响强度最大,当 $imp=1$ 时表示不存在大型车辆影响。

(2) 部分模型参数取值调整

为方便模型设置,假设大型车辆影响强度与相关参数为线性关系,安全预期参数 η^{C-C} 和 η^{H-C} 分别取为1和0.8,而 η^{C-H} 和 η^{H-H} 分别取为 $-0.2 \cdot imp + 1.2$ 和 $-0.15 \cdot imp + 0.95$。 p_H^{C-H} 和 p_H^{H-H} 分别取为 $0.2375 \cdot imp - 0.2375$ 和 $0.1625 \cdot imp - 0.1625$。小型车辆的 p_{lcc} 和 p_{ltt} 均取为0.5,而 p_{lct} 和 p_{ltc} 分别取为 $-0.125 \cdot imp + 0.625$ 和 $0.125 \cdot imp + 0.375$。大型车辆的 p_{lcc} 和 p_{ltt} 均取为0.4,而 p_{lct} 和 p_{ltc} 分别取为 $-0.05 \cdot imp + 0.45$ 和 $0.1 \cdot imp + 0.3$。以上参数值的设置以保证各参数之间满足合理的相互关系。

其他参数仍采用默认值进行交通仿真,获得不同大型车辆影响强度下的交通流特征参数。

1. 流量与速度

不同大型车辆影响强度下系统平均流量的仿真结果如图4-28所示。大型车辆影响强度的增大减小了系统的最大流量和临界密度。密度较小时,大型车辆影响强度对流量无影响,此时运行中的车辆受大型车辆影响的频率较低且车辆间相互作用较弱。当密度变大时,大型车辆影响强度的作用开始显现,流量曲线的右半支出现了差异。大型车辆影响强度越大流量越小,体现出大型车辆在拥堵条件下会对交通运行造成影响。此时大型车辆影响强度的增大会使得行驶中的车辆更加谨慎:增大车辆间距、减速更频繁,从而显著地降低了系统流量。

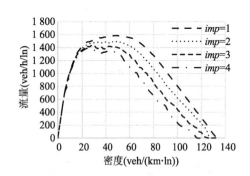

图4-28 大型车辆影响强度对交通流量的影响

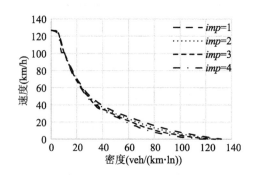

图4-29 大型车辆影响强度对速度的影响

不同大型车辆影响强度下系统的平均速度的仿真结果如图4-29所示。与图4-28中的影响效果类似,当密度大于 20 veh/(km·ln)时,随着大型车辆影响强度的增大,系统平均速度降低。

系统的时空图及速度分布图如图 4-30 和图 4-31 所示。随着大型车辆影响强度的增大,系统内出现了局部堵塞并向上游传播。同时,大型车辆强度的增大也使得系统内出现了一段车辆紧密行驶的区域。车辆紧密行驶区域的产生主要是因为由多辆连续行驶的小型车辆组成的车队受到了前后大型车辆的挤压。大型车辆影响强度越大,挤压效果越明显。此时,车辆紧密行驶区域的密度会明显大于其他区域。车辆紧密行驶区域也促使了系统运行中的局部拥堵向上游传播。从图 4-31 的速度分布中也可以明显看出由于大型车辆影响强度增大造成的局部堵塞传播以及车辆紧密行驶区域。

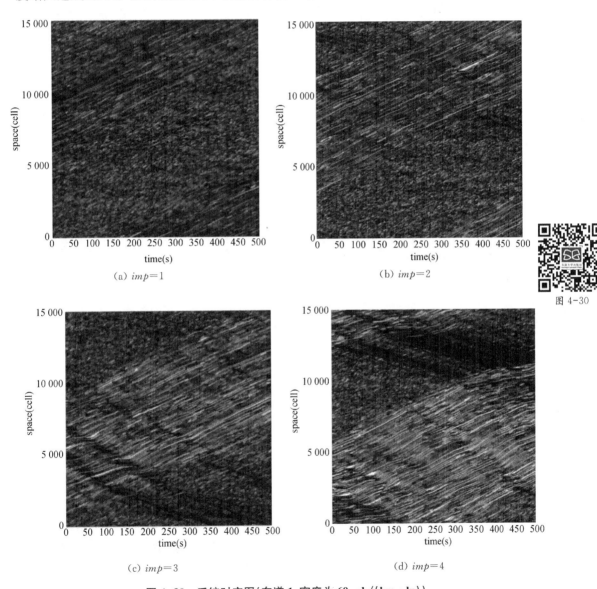

图 4-30 系统时空图(车道 1,密度为 60 veh/(km·ln))

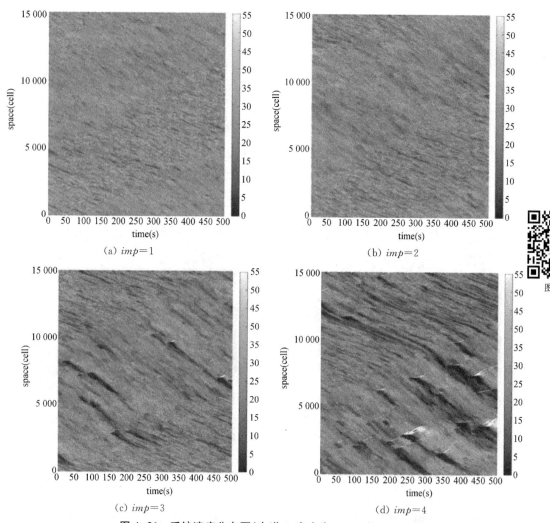

图 4-31 系统速度分布图(车道 1,密度为 60 veh/(km·ln))

2. 拥挤率

不同大型车辆影响强度下系统拥挤率的仿真结果如图 4-32 所示。当系统内出现拥挤现象时,大型车辆影响强度越大,系统内的拥挤率越高。大型车辆影响强度的增大加剧了交通拥挤的产生。

3. 换道率

不同大型车辆影响强度下系统换道率的仿真结果如图 4-33 所示。大型车辆影响强度对系统换道率的影响主要在密度为 6~10 veh/(km·ln)和大于 40 veh/(km·ln)的范围内。尽管大型车辆影响强度的增大会刺激其后方的车辆换道,但系统整体的换道率会随着大型车辆影响强度的增大而减小。目标车辆满足换道条件时,由于目标车道前车为大型车辆,目标车辆可能会放弃换道。目标车辆跟驰在大型车辆后方寻找换道机会的同时,逐渐减速并拉开两者间的间距。当速度降低到一定程度且间距足够大时,目标车辆的换道需求也会降低。大型车辆影响强度的增大会加强以上两个情况的发生,从而导致系统换道率下降。

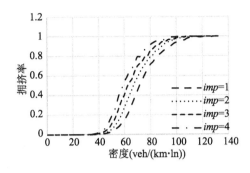
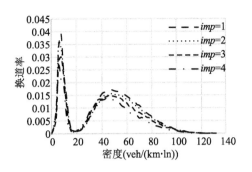

图 4-32 大型车辆影响强度对拥挤率的影响　　图 4-33 大型车辆影响强度对换道率的影响

4. 稳定性

不同大型车辆影响强度下系统速度标准差的仿真结果如图 4-34 所示。大型车辆影响强度对系统速度标准差的影响主要在密度大于 40 veh/(km·ln) 的范围。当密度在 40～70 veh/(km·ln) 时,系统的速度标准差随着大型车辆影响强度的增大而增大。此时,部分车辆受大型车辆阻挡时可以换道超车维持原本的速度,但部分车辆受阻于大型车辆只能跟驰行驶且随着大型车辆影响强度的增大速度降低明显,使得系统内车辆的速度差值变大,加大了系统的速度离散性。当密度大于 84 veh/(km·ln) 时,系统的速度标准差随着大型车辆影响强度的增大而减小。此时车辆的换道机会越来越少,被大型车辆阻挡时只能跟驰行驶,大型车辆影响强度越大,车辆减速并控制速度稳定行驶的特征越明显,使得系统内车辆的速度波动范围减小,降低了系统的速度离散性。

不同大型车辆影响强度下前后车辆速度差的仿真结果如图 4-35 所示。在密度为 6～10 veh/(km·ln) 和 40～70 veh/(km·ln) 时,不同的大型车辆影响强度对前后车辆速度差略有影响但并不显著。密度大于 84 veh/(km·ln) 时,前后车辆速度差随着大型车辆强度的增大显著降低。总体来看,当系统内车辆密度较大时,增大大型车辆影响强度可以提高系统的稳定性。

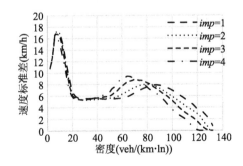
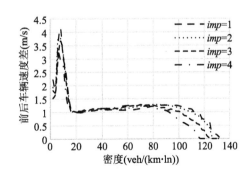

图 4-34 大型车辆影响强度对速度　　　图 4-35 大型车辆影响强度对前后
　　　　标准差的影响　　　　　　　　　　　车辆速度差的影响

4.1.7 车道管理策略对大型车辆影响的作用

车道管理是多车道高速公路中常见的交通管理策略,最为常见的车道管理主要为限制大型车辆在某些车道上的通行权。一些研究使用了微观交通仿真的方法检验了不同车道管理在不同交通环境下的实施效果,以判别车道管理是否能有效缓解大型车辆造成的影响,提高高速公路的运行效率。但这些研究中均采用了通用模型进行仿真,忽略了小型车辆和大型车辆在跟驰与换道行为上的差异以及大型车辆对其他车辆驾驶行为的影响,所以研究结果不一定能完全真实的将实施效果反映出来。通过所构建的元胞自动机仿真模型进行多车道高速公路在车道管理下的运行仿真,分析大型车辆影响的变化,获得更可靠的评价结果。

设置了三类最常见的车道管理场景进行仿真,观察多车道高速公路在不同车道管理下的运行变化。在场景 1 中,大型车辆的运行无任何限制,可以行驶在任意车道上。在场景 2 中,大型车辆被禁止使用最内侧车道,即最内侧车道为小型车辆专用道。在场景 3 中,小型车辆被禁止使用最外侧车道,即最外侧车道为大型车辆专用道。每个场景中,大型车辆比例分别取为 0.05,0.25 和 0.5,系统密度由 5 veh/(km·ln)按照 10 veh/(km·ln)的水平递增至65 veh/(km·ln)(5、15、25、35、45、55 和 65 veh/(km·ln))。

1. 流量与速度

不同车道管理下的系统流量变化如图 4-36 所示。在图 4-36(a)中,当大型车辆比例只有 0.05 时,常规行驶与限制大型车辆使用最内侧车道的系统流量基本一致而限制小型车辆使用最外侧车道的系统流量远小于前两者。当系统内大型车辆比例很低时,大型车辆对系统运行的影响非常小,小型车辆只会偶尔地受到大型车辆的阻挡与干扰。此时限制大型车辆使用最内侧车道对于整体运行质量的提升并不明显。对于场景 3,限制小型车辆使用最外侧车道,意味着5%及以下的车辆可以独享 1/3 的道路资源(最外侧车道),而95%及以上的车辆不得不行驶在 2/3 的道路资源上(内侧两车道)。这样的设置使得内侧两车道很容易提前进入拥挤状态。同时最外侧车道由于行驶车辆数量较少,车道内流量也较低。综合起来,使得场景 3 的系统流量明显小于场景 1 和场景 2。从仿真结果来看,当道路中大型车辆比例很低时,设置车道管理并不是很有必要,车道管理对于整体上减弱大型车辆影响,提升运行效率的帮助并不是很大。尤其是设置大型车辆专用道的方法,会造成道路资源使用不合理,浪费有限的道路空间,反而降低了系统运行效率。

在图 4-36(b)中,当大型车辆比例提高到 0.25 时,三类场景下的系统流量在密度较低时基本一致,但随着密度的继续增长,三类场景下的系统流量出现了差异。常规运行的场景 1 的系统流量最低,设置了车道管理的场景 2 和场景 3 的系统流量较高。其中,场景 3 的流量略高于场景 2。可见设置车道管理所产生的效益在系统密度较大时体现了出来。当密度较大时,系统内行驶车辆较多,场景 1 中对行驶车辆不加任何限制使得小型车辆与大型车辆混行程度最高,不同车型之间相互干扰严重。小型车辆受周围大型车辆的影响,行驶速度也明显降低,导致系统流量较低。场景 2 中设置了小型车辆专用道,场景 3 中设置了大型车辆专用道,两类场景相对于场景 1 都对小型车辆和大型车辆在系统内的行驶进行了分离,有效降低了小型车辆与大型车辆的混行程度,从而减少了两者之间的相互干扰,使得车辆运行更加顺畅。小型车辆也由于大型车辆影响的减少而保持更高的行驶速度,使得系统流量较高。

在图 4-36(c)中,当大型车辆比例达到 0.5 时,三类场景之间的系统流量曲线的差异更加明显。场景 2 和场景 3 的系统流量高于常规运行的场景 1,且当密度在 15～45 veh/(km·ln)时,有无车道管理的系统流量之间的差异最明显。图中结果说明此时设置车道管理能够使得系统的运行效率明显提升,也表明了让小型车辆和大型车辆分行,降低大小车辆混行程度的必要性。场景 2 和场景 3 中的系统流量近似,场景 2 的流量略高于场景 3。可能的原因是,小型车辆性能优于大型车辆,设置小型车辆专用道更有助于提高系统运行效率。

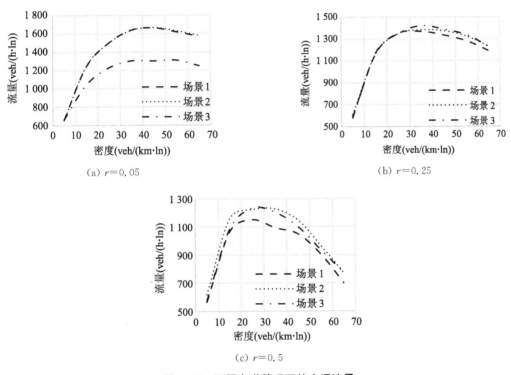

图 4-36　不同车道管理下的交通流量

系统内 C-C 和 H-H 的比例较高可以提高系统的流量而系统内 C-H 和 H-C 的比例较高会降低系统的流量。限制大型车辆使用最内侧车道与限制小型车辆使用最外侧车道本质上就是减少系统内 C-H 和 H-C 的比例,提高 C-C 和 H-H 的比例,所以其对应的系统流量也相应提高。从仿真结果来看,车道管理要在系统密度以及大型车辆比例达到一定程度时才会起作用,且通过合理设置车道管理能有效提高系统的运行效率。

不同车道管理下的系统速度变化如图 4-37 所示,大型车辆比例为 0.05 时,场景 3 的系统速度最低,因为内侧两车道车辆行驶拥挤,速度降低明显。大型车辆比例为 0.25 和 0.5 时,场景 1 的系统速度略低于场景 2 和场景 3,且差异随着大型车辆比例的增大而增大。

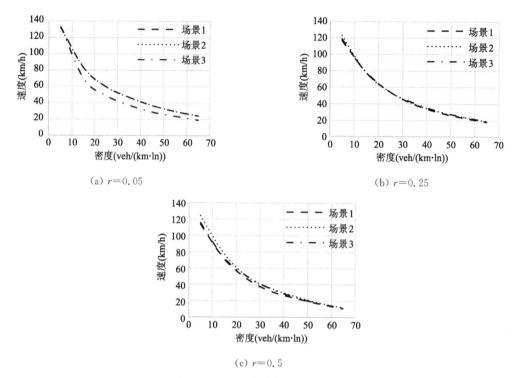

图 4-37 不同车道管理下的速度

由于车道管理实施后会使得各车道之间的运行差异更加明显,为了进一步了解车道管理的影响,不同车道管理下的各车道的流量变化如图 4-38 所示。大型车辆比例为 0.05 时,场景 1 中各条车道的流量均衡,场景 2 中车道 1 的流量稍高但总体上各条车道的流量也较为均衡。场景 3 由于车道管理的设置与大型车辆比例不匹配,使得内侧两车道流量过高而最外侧车道流量过低。车道 1 内,由于场景 3 中的车辆数更多,其流量在密度较小时要明显高于场景 1 和场景 2,但随着密度的增大,由于进入拥挤状态,其流量最先下降。场景 2 的流量在密度较小时与场景 1 相同,但随着密度的增大,车辆由于没有受大型车辆干扰,流量也更高。车道 2 内,场景 1 和场景 2 的流量基本一致,场景 3 的流量更高但也最先下降。车道 3 内,场景 1 和场景 2 的流量基本一致,场景 3 中因为车辆较少,其流量远低于场景 1 和场景 2 且随着密度 直增长。

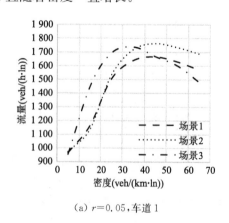

(a) $r=0.05$,车道 1

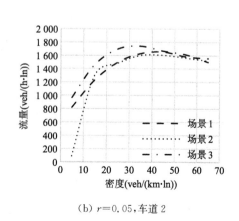

(b) $r=0.05$,车道 2

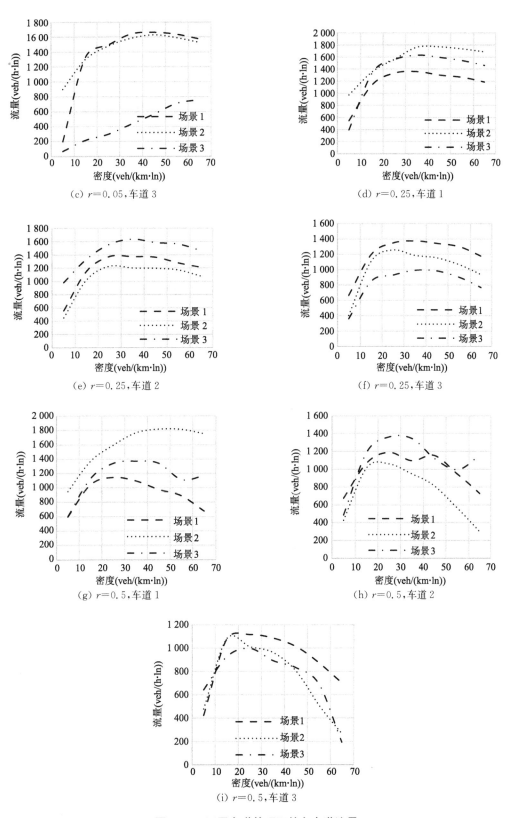

图 4-38 不同车道管理下的各车道流量

大型车辆比例为 0.25 时,场景 1 中各条车道的流量均衡,场景 2 中车道 1 的流量最高而车道 2 和车道 3 的流量接近,场景 3 中车道 3 的流量最低而车道 1 和车道 2 的流量接近。同一车道在不同场景中的流量关系与该车道内的大型车辆比例有关,大型车辆比例越高流量越小。对于车道 1,场景 2 的大型车辆比例为 0,场景 3 的大型车辆比例低于场景 1,于是场景 2 的流量最大,其次是场景 3,场景 1 最小。对于车道 2,场景 2 的大型车辆比例最高,场景 3 的大型车辆比例最低,场景 1 的大型车辆比例介于两者之间,于是场景 3 的流量最大,其次是场景 1,场景 2 最小。对于车道 3,场景 3 的大型车辆比例为 1,场景 1 的大型车辆比例低于场景 2,于是场景 1 的流量最大,其次是场景 2,场景 3 最小。

大型车辆比例为 0.5 时,不同场景中各车道的流量关系同大型车辆比例为 0.25 时。同一车道在不同场景中的流量关系也与大型车辆比例为 0.25 时类似,但显著程度降低。

不同车道管理下的各车道的速度变化如图 4-39 所示。大型车辆比例为 0.05 时,场景 1 中相邻车道间的速度差较小,场景 2 中只有在密度非常小时相邻车道间速度差较大,场景 3 中主要是车道 2 与车道 3 之间有较大的速度差。车道 1 和车道 2 中,场景 1 和场景 2 的车道速度接近,明显大于场景 3。车道 3 内,场景 1 和场景 2 的车道速度变化一致,而场景 3 的车道速度由于车辆数较少,基本保持不变。

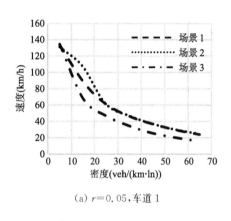

(a) $r=0.05$,车道 1

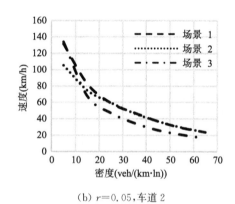

(b) $r=0.05$,车道 2

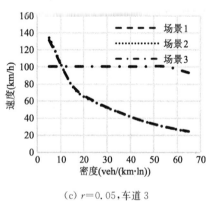

(c) $r=0.05$,车道 3

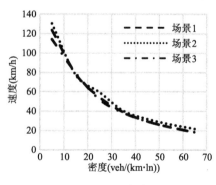

(d) $r=0.25$,车道 1

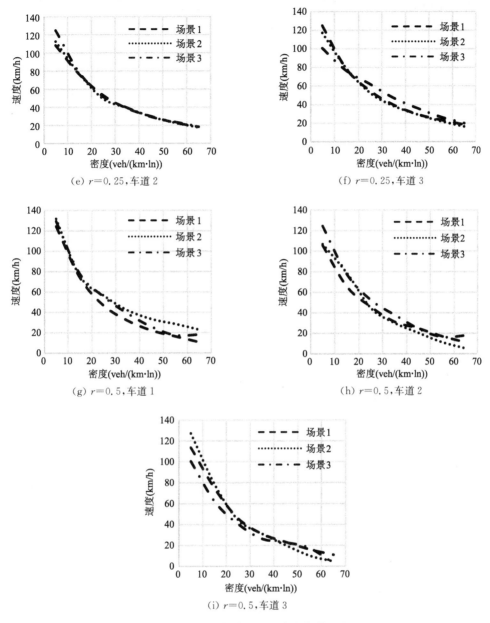

图 4-39 不同车道管理下的各车道速度

大型车辆比例为 0.25 时,场景 1 中相邻车道间的速度差依然较小,场景 2 中相邻车道间的速度差较大,车道 1 与车道 2、车道 2 与车道 3 的平均速度差分别为 3.78 km/h 和 1.20 km/h,场景 3 中主要是车道 2 与车道 3 之间有较大的速度差,为 5.25 km/h。车道 1 内,场景 2 的车道速度略大于场景 1 和场景 3。尽管场景 2 的车道 1 中没有大型车辆干扰,但也使得行驶在车道 1 中的小型车辆增多,所以其车道速度只是稍高于其他两个场景。车道 2 内,三类场景的车道速度接近,无明显特征。车道 3 内,当密度较小时场景 3 的速度最小,当密度较大时场景 3 的速度最大。

大型车辆比例为 0.5 时,场景 1 中相邻车道间的速度差依然不明显,场景 2 中车道 1 与车道 2 的速度差进一步达到了 12.44 km/h 而车道 2 与车道 3 的速度差则降低到了 0.61 km/h,场景 3 中,车道 1 与车道 2 的速度差稍有提升,约为 1.09 km/h,车道 2 与车道 3 的速度差增长至 9.40 km/h。车道 1 内,场景 2 的速度最高而场景 1 的速度最低且两者之间的差距随着密度的增大而增大。车道 2 内,场景 3 的速度稍高于场景 1 和场景 2。车道 3 内,三类场景之间无明显的关系特征。

由以上的仿真结果可见,不同的车道管理在不同的条件下会对系统流量和速度产生不同的影响。设置车道管理前必须先对道路本身的运行情况进行考察,以保证所选取的车道管理适应道路运行情况,提升道路的运行效率与安全。

2. 拥挤率

不同车道管理下的系统拥挤率变化如图 4-40 所示。图 4-40(a)中,当大型车辆比例只有 0.05 时,场景 1 和场景 2 的系统拥挤率变化一致没有太大差别。场景 3 中先出现车辆拥挤且系统拥挤率远高于场景 1 和场景 2。场景 3 的高拥挤率主要归因于内侧两车道运行的过度拥挤。图 4-40(b)中,当大型车辆比例为 0.25 时,三类场景下的系统拥挤率较为接近,常规运行的场景 1 的拥挤率最高,禁止小型车辆使用最外侧车道的场景 3 的拥挤率最低,禁止大型车辆使用最内侧车道的场景 2 的拥挤率介于两者之间。此时,车道管理对降低系统拥挤率稍有作用。图 4-40(c)中,车道管理对降低系统拥挤率的作用较为明显,其可以使系统拥挤率降低约 10%～20%。从仿真结果来看,车道管理在大型车辆比例较高时对降低系统内的拥挤程度有较好的帮助。

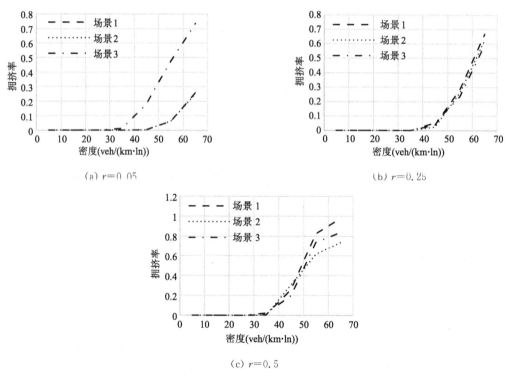

图 4-40 不同车道管理下的拥挤率

不同车道管理下的各车道的拥挤率变化如图 4-41 所示。大型车辆比例为 0.05 时,场景 1 和场景 2 中各车道的拥挤率变化基本一致没有较大差别。场景 3 中车道 1 和车道 2 由于承载了系统内 95% 及以上的车辆,拥挤率非常高,而车道 3 的拥挤率始终为 0,车辆顺畅行驶。场景 3 的设置尽管使得车道 3 的拥挤率为 0 但其车道 1 和车道 2 的拥挤率远高于场景 1 和场景 2。大型车辆比例为 0.25 时,场景 1 中各车道的拥挤率变化一致,场景 2 中各车道拥挤率从内往外逐渐增高,场景 3 中车道 1 和车道 2 的拥挤率变化一致且高于车道 3。观察三车道不同场景下的拥挤率变化会发现,当车道内只有一类车辆行驶时,其拥挤率最低。当车道内为小型车辆和大型车辆混行时,拥挤率与车道内的大型车辆比例成正比。大型车辆比例为 0.5 时,场景 1 中各车道的拥挤率变化仍然一致,场景 2 中车道 1 的拥挤率远低于车道 2 和车道 3,场景 3 中各车道拥挤率变化也较为接近。同一车道在不同场景中的拥挤率关系与大型车辆比例为 0.25 时类似且更加明显。

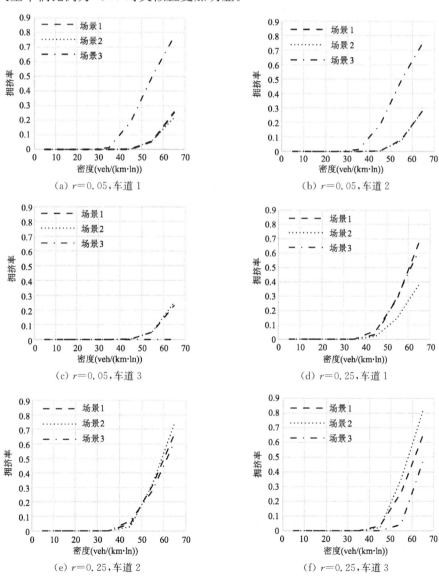

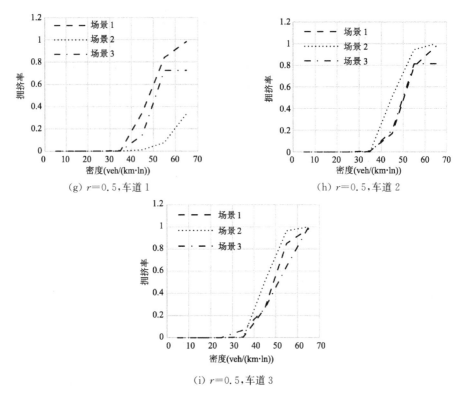

图 4-41 不同车道管理下的各车道拥挤率

3. 换道率

不同车道管理下的系统换道率变化如图 4-42 所示。在图 4-42(a)中,当大型车辆比例为 0.05 时,常规运行的场景 1 和限制大型车辆使用最内侧车道的场景 2 的换道率随密度的变化基本一致,两者间的差异可以忽略。而限制小型车辆使用最外侧车道的场景 3 的换道率随密度的变化则与场景 1 和场景 2 有较大差别。场景 3 中在密度较小时,车道内行驶的车辆并不是很多,车辆可以相对自由地行驶,且大型车辆基本上都行驶在最外侧车道,行驶在内侧两车道的小型车辆不受大型车辆阻挡。此时车辆换道需求较小,故换道率也较低。随着密度的进一步增大,内侧两车道由于行驶了过多的车辆且一些大型车辆会出现在内侧两车道中,使得场景 3 的内侧两车道的运行环境相对场景 1 和场景 2 变差,车辆需要通过频繁的换道超车以保持自己的行驶速度,导致场景 3 中的系统换道率在密度较大时会高于场景 1 和场景 2。同时,随着车道 1 和车道 2 的不断拥挤,车辆的可换道空间也逐步减少,场景 3 的系统换道率也首先下降。

在图 4-42(b)中,当大型车辆比例为 0.25 时,三类场景的换道率随密度变化的趋势基本一致且实施车道管理可以降低系统的换道率。三者之间的换道率关系表现为:场景 1 的换道率最高,场景 3 的换道率其次,场景 2 的换道率最低。考虑到系统内主要是小型车辆进行换道,大型车辆换道较少,所以系统换道率的高低主要取决于小型车辆。场景 2 中设置了小型车辆专用道,使得很多的小型车辆行驶在最内侧车道快速行驶而不受大型车辆的阻挡,降低了小型车辆大部分的换道需求,使得系统的换道率降低。场景 1 中由于没有任何车辆行驶限制,使得小型车辆和大型车辆完全混行在一起,大型车辆的阻挡作用频繁地刺激着小型车辆换道,故导致系统的换道率最高。场景3中设置了大型车辆专用道,使得一部分大型车辆行驶在最外侧车道,降低了对小型车辆的干扰,使得其换道率要低于场景1。但仍行驶在内侧两车道内的大型车辆依然会对每辆小型车辆的行驶产生明显的阻挡作用,促使小型车辆换道超车,从而使得场景3的换道率依然要高于场景2。

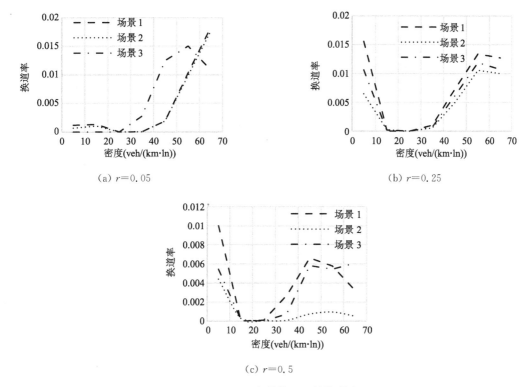

图 4-42 不同车道管理下的换道率

在图4-42(c)中,大型车辆比例为0.5时,车道管理的实施显著降低了系统的换道率。三类场景的换道率关系依然为:场景1最高,场景3其次,场景2最低。同时,场景2在密度较大时对降低系统换道率的效果尤为显著,其换道率远低于另两类场景。主要是因为此时绝大多数的小型车辆都行驶在最内侧的小型车辆专用道上,只有很少的小型车辆还受到大型车辆的阻挡需要换道。合理的实施车道管理可以有效地降低系统的换道率且设置小型车辆专用道时的效果更好。

不同车道管理下的各车道的换道率变化如图4-43所示。大型车辆比例为0.05时,场景1和场景2中三车道的换道率基本一致,场景3中车道1和车道2的换道率一致而车道3的换道率基本为0。车道1和车道2中,场景3的换道率在密度较小时低于场景1和场景2而在密度较大时高于场景1和场景2。大型车辆比例为0.25时,场景1和场景2中车道2的换道率较高而车道1和车道3的换道率较低,场景3中车道1和车道2的换道率基本一致而车道3的换道率很小(只有在密度较高时换道率略有提升)。观察各车道的换道率在不同场景下的变化,发现实施限制大型车辆使用最内侧车道降低了三个车道的换道率,实施限制小型车辆使用最外侧车道增加了车道1的换道率但降低了车道2和车道3的换道率。大型车辆比例为 0.5 时,场景 1 中车道 2 的换道率较高而车道 1 和车道 3 的换道率较低,场景 2 中三车道的换道率均保持很低的水平,场景 3 中车道 1 和车道 2 的换道率较高而车道 3 的换道率很低。实施限制大型车辆使用最内侧车道显著的降低了三个车道的换道率,平均降幅达到了 74.82%。实施限制小型车辆使用最外侧车道则增大了车道 1 的换道率,略降低了车道 2 的换道率,明显降低了车道 3 的换道率。

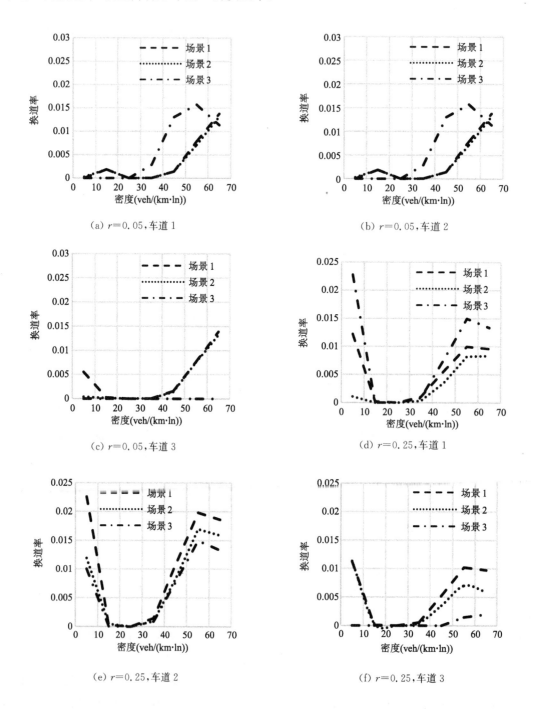

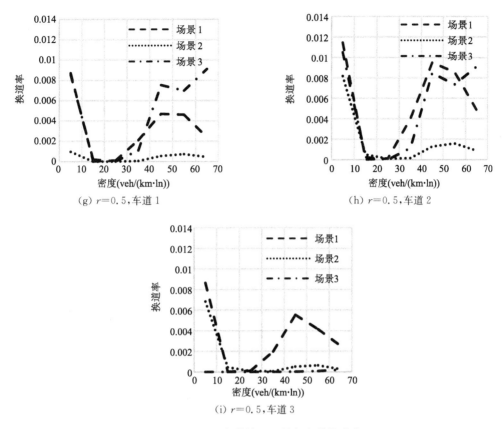

图 4-43 不同车道管理下的各车道换道率

4. 稳定性

不同车道管理下的系统速度标准差变化如图 4-44 所示。在图 4-44(a)中,当大型车辆比例为 0.05 时,常规运行的场景 1 和限制大型车辆使用最内侧车道的场景 2 的速度标准差随密度的变化基本一致,只有在密度较小时,场景 2 的速度标准差明显大于场景 1。限制小型车辆使用最外侧车道的场景 3 的速度标准差随密度的变化则与场景 1 和场景 2 有较大差别。随着密度的增大,场景 3 中车道 1 和车道 2 的车辆行驶速度逐渐降低,但车道 3 的车辆依然以最大速度行驶,从而导致了系统整体速度差异性的提升。

在图 4-44(b)中,当大型车辆比例为 0.25 时,三类场景下速度标准差随密度的变化趋势一致,相同密度下的速度标准差也较为接近。实施了车道管理的场景 2 和场景 3 较没有实施车道管理的场景 1 而言,系统整体的速度差异略有提升。车道管理的实施使得不同类型的车辆能够分开行驶,降低了交通流中不同车型的混合程度。不同类型车辆的行驶速度由混行时的较为一致逐渐出现了差异性,所以系统整体的速度标准差也逐渐提高。

在图 4-44(c)中,当大型车辆比例为 0.5 时,三类场景下速度标准差随密度的变化趋势接近且实施车道管理对系统速度标准差的影响也非常明显,相同密度下场景 2 或场景 3 的速度标准差显著高于场景 1。

从仿真结果来看,车道管理的实施会提高系统整体的速度差异,且随着大型车辆比例的增大而逐渐显著。

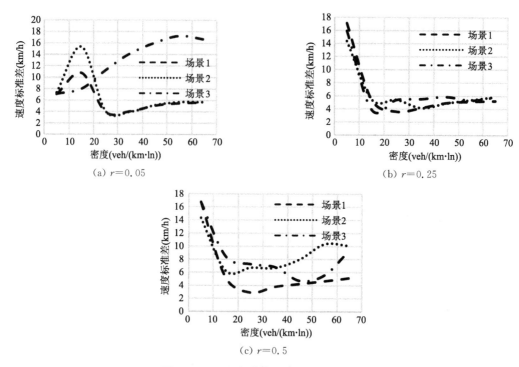

图 4-44 不同车道管理下的速度标准差

不同车道管理下的各车道的速度标准差变化如图 4-45 所示。大型车辆比例为 0.05 时,场景 1 和场景 2 中各车道内的速度标准差只有在密度较小时存在一定差异。场景 3 中车道 1 和车道 2 内的速度标准差变化基本相同而车道 3 内的速度标准差显著低于内侧两车道。车道 1 和车道 2 内,不同场景对速度标准差的影响主要表现在低密度区,车道管理的实施使得车道内的速度标准差降低。车道 3 内,实施限制最小车辆使用最外侧车道后的速度标准差最小。大型车辆比例为 0.25 时,场景 1 中各车道内的速度标准差基本相同,场景 2 中车道 1 内的速度标准差在密度较小时显著低于外侧两车道,场景 3 中则是车道 3 内的速度标准差显著低于内侧两车道。不同场景对各车道内的速度标准差影响不大,除了限制小型车辆使用最外侧车道使得车道 3 内的速度差明显低于另外两类场景。当大型车辆比例为 0.5 时,场景 3 中车道 3 内的速度标准差出现了明显提高。此时,只有在低密度时,场景 3 中车道 3 内的速度标准差低于内侧两车道以及低于场景 1 和场景 2 中的车道 3。

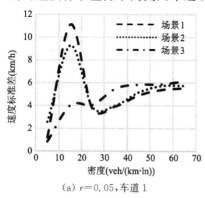

(a) $r=0.05$,车道 1

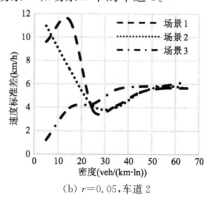

(b) $r=0.05$,车道 2

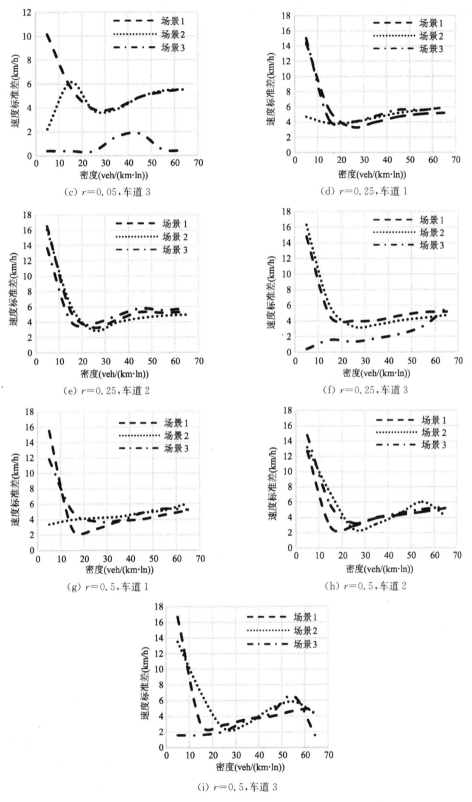

图 4-45 不同车道管理下的各车道速度标准差

不同车道管理下的前后车辆速度差变化如图 4-46 所示。在图 4-46(a)中,当大型车辆比例为 0.05 时,实施了车道管理的场景 2 和场景 3 的前后车辆速度差在密度较小时小于常规运行的场景 1。此时,车道管理策略使得同一车道内的不同类型车辆的混合程度降低,相同车道内的车辆种类更加单一,当前后车辆主要为相同车型时,前后车辆速度差也随之降低。当密度较大时,三类场景下的前后车辆速度差值接近。此时,车道内车辆以较低的速度跟驰行驶,车型差异的影响减弱。在图 4-46(b)中,当大型车辆比例为 0.25 时,实施了车道管理的场景 2 和场景 3 的前后车辆速度差相同且在密度较小时小于常规运行的场景 1。密度较大时,三类场景下的前后车辆速度差值相同。在图 4-46(c)中,大型车辆比例为 0.5 时的前后车辆速度差特征与大型车辆比例为 0.25 时的前后车辆速度差特征接近。从仿真结果来看,车道管理的实施降低了密度较小时系统内前后车辆的速度差值。

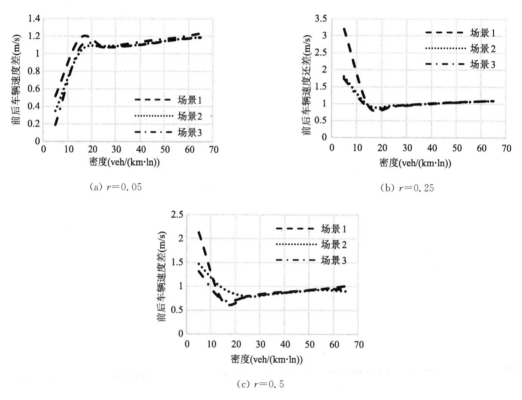

图 4-46 不同车道管理下的前后车辆速度差

不同车道管理下的各车道的前后车辆速度差变化如图 4-47 所示。当大型车辆比例为 0.05 时,场景 1 和场景 2 中各车道的前后车辆速度差只在密度较小时存在差异,这主要取决于大型车辆的分布。当密度较大时,三车道内的前后车辆速度差基本相同。场景 3 中,由于车道 3 中车辆均以最大速度自由行驶,故前后车辆速度差接近 0,远小于内侧两车道。当大型车辆比例为 0.25 和 0.5 时,场景 1 中各车道的前后车辆速度差变化没有较大差别。场景 2 中,当密度较小时,车道 1 的前后车辆速度差小于车道 2 和车道 3。因为车道 1 内只有小型车辆,当车辆均以接近最大速度行驶时,其前后车速度差自然最小。当密度较大时,各车道内车辆相互干扰,车辆只能跟驰行驶。车道 1 内全为小型车辆,速度变化范围更广,同时灵活的加减速也使得速度波动频繁。车道 2 和车道 3 内由于大型车辆的存在,速度变化范围变窄,行驶也变平稳。所以车道 1 的前后车辆速度差大于车道 2 和车道 3(该效果随大型车辆比例的增大更加明显)。场景 3 中,车道 3 内车辆行驶最平稳,前后车辆速度差小于车道 1 和车道 2。不同大型车辆比例下,同一车道在不同场景下的前后车辆速度差变化特征主要为:车道 1 内,限制大型车辆使用最内侧车道的场景 2 的前后车辆速度差在密度较小时最小;车道 3 内,限制小型车辆使用最外侧车道的场景 3 的前后车辆速度差始终最小;当前后车辆速度差随密度变化平稳时,某车道在哪类场景下的前后车辆速度差较小取决于该车道在哪类场景下的大型车辆比例较高。

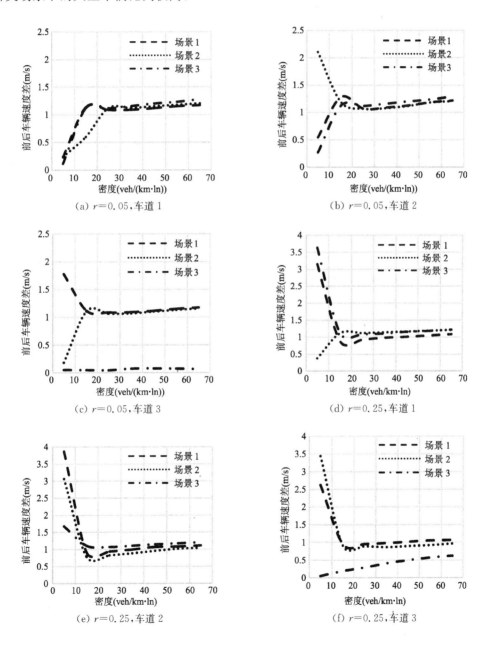

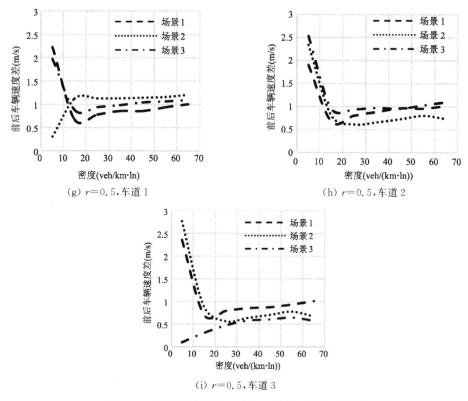

图 4-47 不同车道管理下的各车道前后车辆速度差

4.2 大型车辆对多车道高速公路合流区交通运行影响研究

4.2.1 模型场景设置

在使用元胞自动机模型仿真多车道高速公路合流区时,选取双向六车道高速公路并设有加速车道的入口匝道形式为代表进行车流模拟,示意图如图 4-48 所示,仿真中采用开放边界条件。元胞尺寸为 0.5 m,主路长度设为 30 000 个元胞(15 km),车辆汇入区域设置在主路中间位置,长为 600 个元胞(300 m)。入口匝道与加速车道连接在一起,共包含了 15 000 个元胞(7.5 km)。

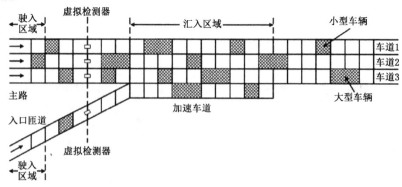

图 4-48 多车道高速公路入口匝道区段仿真示意图

在合流区存在入口匝道车辆汇入主路的强制换道行为,为了适应这一特征,对第三章所构建的换道模型进行以下几方面的调整:

1. 换道决策

在强制换道中,目标车道运行环境是否更好,当前车道是否满足行驶需求等并不是重要因素,驾驶员主要考虑自己如何能顺利安全地进入目标车道。所以当车辆处于强制换道过程中时,目标车道只要满足车辆换道的最基本条件,车辆就会选择换道。因此在所提出的元胞自动机换道模型的换道决策中只保留安全条件,即入口匝道车辆在加速车道上行驶时只要发现主路最外侧车道满足换道的安全条件时就可以选择换道。

2. 安全距离

入口匝道车辆在汇入高速公路主路的过程中,可能受主路交通的影响无法立即汇入主路而需要在加速车道上一边行驶一边寻找换道汇入的机会。入口匝道车辆在寻找换道机会的过程中,受必要性和紧迫性所致,当发现汇入主路较为困难时,其换道会变得更加激进并且尽可能的尝试各种可能的换道机会。随着入口匝道车辆距离加速车道尾端越来越近,其换道汇入的迫切程度也会逐渐提高。这样的换道往往会对主路上行驶的车辆产生很大的影响,使得目标车道后方车辆需要紧急减速以保持安全的行驶间距。为了表现出这一特征,在车辆换道安全距离计算中,当入口匝道车辆在加速车道上行驶的距离超过加速车道长度的一半时,其换道的安全距离会随着自身距离加速车道尾端的越来越近而折减。

3. 换道概率

车辆在强制换道中会尽可能的变换至目标车道,故强制换道中使用的换道概率应大于自由换道中的换道概率。车辆在加速车道上寻求汇入主路的机会时会同自由换道时一样,不喜欢换道至大型车辆的身后,尤其是对小型车辆。所以当目标车道前车为大型车辆时,车辆的强制换道概率应较目标车道前车为小型车辆时稍有降低。

除了以上三点主要修改外,为了保证仿真模型的正常运行,对原有换道模型中的一些细节也进行了调整。原有模型中规定车辆只有在运动状态下才能进行换道。但在车辆汇入主路的过程中,入口匝道车辆可能一直无法换道汇入,只能停止等待汇入机会。若车辆只能在运动状态下才能换道,该车辆将一直停在加速车道上,与实际不符。所以在强制换道的模型中,车辆在任何状态下均可以换道。原有模型中,小型车辆在换道中加速而大型车辆在换道中保持初始速度,但由于加速车道与主路的交通运行存在差别,车辆在汇入主路的过程中会不断调整自身的行驶状态以尽快满足主路的行驶条件。特别是当大型车辆执行强制换道时的速度为 0 时,若使用原有的换道模型,会出现大型车辆汇入主路后停止的不合理现象。所以在强制换道的模型中,车辆在换道中的纵向更新将根据目标车道前车的运动状态实时调整。

最终,入口匝道车辆强制换道的元胞自动机模型如下所示:

如果入口匝道车辆 n 满足:

$$d_{n,\text{lead}} \geq d_{\text{lead, safe}}, d_{n,\text{lag}} \geq d_{\text{lag, safe}} \text{ 且 rand}() < p_{\text{ml}} \tag{4-2}$$

则换道汇入主路最外侧车道,进入换道过程。

模型中设定车辆在强制换道中的安全距离最小可为自由换道中安全距离的 0.7 倍。p_{ml} 为车辆的强制换道概率:当主路最外侧车道上紧邻的前车为小型车辆时,考虑到其对其他车辆的干扰较小且换道车辆有强烈的换道意愿,故小型车辆和大型车辆的强制换道概率都取为1。当主路最外侧车道上紧邻的前车为大型车辆时,由于其会影响其他车辆的换道意愿(出于安全考虑),且该影响对小型车辆更明显,故小型车辆和大型车辆的强制换道概率分别降为0.6和0.8。

关于车辆换道的持续时间,为了简化处理,小型车辆和大型车辆均取为固定值,分别为4 s和6 s。强制换道模型中的其他参数仍采用默认值。

在仿真中,主路上各车道以及入口匝道上初始 V_{max} 个元胞为车辆驶入区域,在每个时间步更新完系统内所有车辆的位置后,检查车辆驶入区域内是否有车辆占据。若车辆驶入区域为空,则一辆新车将以概率 $a_m(a_r)$ 和最大速度 V_{max} 驶入主路(入口匝道)中第 $\min(X_{last} - l_{last} - V_{max} + 1, V_{max})$ 个元胞。当新车进入系统时,有 $r_i(i=1,2,3,4)$ 分别对应主路内侧车道、中间车道、外侧车道和入口匝道)的概率为大型车辆(即大型车辆比例)。在系统的出口处,若车辆更新后的位置超出系统长度,将被系统移除,下一辆车成为系统中新的头车,行驶不受任何限制。为了获取系统的交通流数据,分别在主路各车道以及入口匝道上第 14 250 个元胞(汇入区域上游75 m处)中设置了虚拟检测器以获得各车道通过检测器的车辆数,从而计算出系统内的车流流量。主路车辆从系统的左侧进入,右侧离开。入口匝道车辆从入口匝道进入系统,在加速车道区域内换道至主路,随后从系统右侧离开。为了保证仿真的合理性,行驶在主路外侧车道的车辆不允许换道至加速车道。仿真共进行20 000个时间步,每个时间步对应1 s。为了消除暂态和随机的影响,每次仿真中前10 000个时间步不进行数据收集。同一参数条件下进行10次仿真并取仿真平均值作为最终结果。

4.2.2 大型车辆对交通运行的影响

为了研究大型车辆对多车道高速公路入口匝道区段交通运行的影响,不同大型车辆比例下的交通仿真结果被分析。大型车辆比例分别选取0,0.25,0.5和0.75进行仿真。

1. 交通运行状态

为了解不同条件下多车道高速公路入口匝道区段中主路和入口匝道的交通运行状态,分别在不同 a_m 和 a_r 的组合下进行交通仿真,获得不同大型车辆比例下多车道高速公路入口匝道区段的交通运行状态图,如图4-49所示。图中横坐标为主路的车辆进入概率 a_m,纵坐标为入口匝道的车辆进入概率 a_r。在交通状态图中共出现了6个区域:在区域Ⅰ中,主路交通和入口匝道交通均处于自由行驶的状态;在区域Ⅱ中,主路交通进入拥挤行驶状态而入口匝道交通依然保持自由行驶状态;区域Ⅲ与区域Ⅱ相反,主路交通仍为自由行驶状态而入口匝道交通变为拥挤行驶状态;在区域Ⅳ中,主路交通和入口匝道交通均为拥挤行驶状态;区域Ⅴ同区域Ⅱ,但此时主路交通的流量可以保持最大值;区域Ⅳ同区域Ⅲ,但此时入口匝道交通的流量可以保持最大值。B1、B2和B3分别为区域Ⅰ和区域Ⅲ、区域Ⅱ和区域Ⅳ、区域Ⅰ和区域Ⅵ的分界线。它们决定了入口匝道交通何时进入拥挤行驶状态。B4为区域Ⅰ和区域Ⅱ的分界线而B5为区域Ⅲ和区域Ⅳ的分界线,他们决定了主路交通何时进入拥挤行驶状态。B6为区域Ⅲ和区域Ⅳ的分界线,表示入口匝道交通受主路交通影响何时无法保持最大通行流量。B7为区域Ⅱ和区域Ⅴ的分界线,则表示了主路交通受入口匝道交通影响何时无法保持最大通行流量。B8 和 B9 分别为区域Ⅰ和区域Ⅴ、区域Ⅳ和区域Ⅵ的分界线,功能类似于 B4 和 B5。当 $r=0.25$ 和 0.5 时,多车道高速公路入口匝道区段可以出现全部 6 种交通状态。而当 $r=0$ 和 0.75 时,系统内只会出现 5 种交通状态,其中 $r=0$ 时缺失了区域Ⅲ,$r=0.75$ 时缺失了区域Ⅴ。为了便于比较不同大型车辆比例下不同状态区域的变化趋势,将不同大型车辆比例下的交通运行状态图结合在一起,如图 4-49(e)所示。随着大型车辆比例的提高,B1、B2 和 B3 在交通运行状态图中呈向下移动的趋势,表明大型车辆比例的提高使得入口匝道交通更容易进入拥挤行驶状态。B4 和 B5 在交通运行状态图中呈向左移动的趋势,表明随着大型车辆比例的提高,主路交通进入拥挤行驶状态时的 a_m 越小。B6 在大型车辆比例提高的过程中明显左移,使得区域Ⅵ有较大程度的缩小,也表明了入口匝道交通随着大型车辆比例的提高越来越难维持其本身的最大通行能力。这也解释了为什么当 $r=0$ 时系统运行状态图中没有区域Ⅲ。此时入口匝道交通能够维持住自身的最大通行能力,只要主路交通处于自由行驶状态,入口匝道交通就可以最大流量通行。B7 随着大型车辆比例的变化也使得区域Ⅴ不断缩小,在 $r=0.75$ 时消失。主路交通随着大型车辆比例的提高,其更难维持自身的最大通行能力,且当大型车辆比例达到一定程度时,只要存在入口匝道交通的干扰,主路交通的流量就会降低。

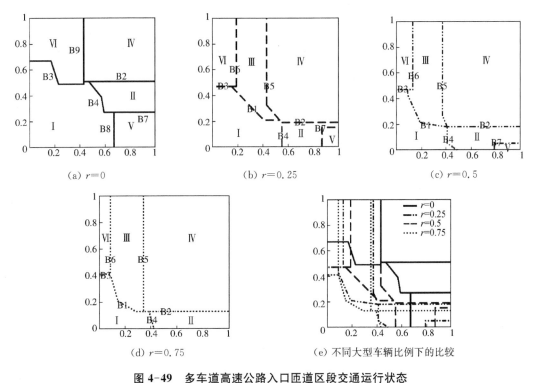

图 4-49 多车道高速公路入口匝道区段交通运行状态

注:横坐标为主路车辆进入概率 a_m,纵坐标为入口匝道车辆进入概率 a_r

大型车辆的存在对多车道高速公路入口匝道区段带来了较大的扰动,较高的大型车辆比例会使得多车道高速公路入口匝道区段更加容易拥挤。首先,大型车辆较小型车辆更低的性能、更大的尺寸以及在运行中对周围车辆造成的负面影响,使得其在主路或者入口匝道上运行时会对所处道路的交通流造成很大的影响,降低运行效率且更易拥挤。其次,主路上行驶的大型车辆,其较长的车身占据了更多的道路空间,缩减了多车道高速公路入口匝道区段中车辆汇入区域内的有效汇入空间,使得入口匝道车辆(尤其是大型车辆)的汇入机会减少,汇入难度增大。同时,主路外侧车道中大型车辆的存在也会让入口匝道车辆(尤其是小型车辆)的汇入选择变得更加犹豫,错失较好的可汇入机会。主路上大型车辆的这些影响使得入口匝道交通运行效率降低且更易拥挤。从加速车道汇入到主路的车辆需要及时调整自身的行驶状态以适应主路的交通运行。受车辆性能所限,大型车辆的行驶调整能力较差,需要花费更长的时间以适应主路的运行,期间造成的交通影响(如迫使后方车辆减速、造成前方道路资源浪费等)会使得主路交通受到一定的扰动,维持自身运行的能力降低从而更易拥挤。大型车辆造成的这类影响在流量较大时也会更大,特别是当大型车辆强行汇入主路时,会造成后方车辆紧急刹车,对交通运行和安全都会造成不利影响。

2. 交通流量变化特征

图 4-50 为主路交通流量 q_m 和入口匝道流量 q_r 在不同的主路车辆进入概率 a_m、入口匝道车辆进入概率 a_r 以及大型车辆比例 r 下的变化图。入口匝道车辆进入概率 a_r 分别取 0.1 和 0.8,代表了入口匝道交通处于自由行驶和拥挤行驶的两个状态。当 $a_r = 0.1$ 时,由于入口匝道交通一直处于自由行驶状态,基本不受主路交通的影响,所以入口匝道流量随着主路车辆进入概率 a_m 的不断增大一直保持不变,其值等于入口匝道车辆的进入概率 a_r。此时大型车辆比例对入口匝道流量也没有影响,不同大型车辆比例下的入口匝道流量曲线重合在一起。主路交通流量先随着主路车辆进入概率 a_m 的增大而增大,当 a_m 达到某一特定值时,主路交通流量开始保持不变。此时主路交通进入拥挤,流量达到饱和值。定义主路交通流量达到稳定状态时的主路车辆进入概率 a_m 为主路临界概率。当 a_m 小于主路临界概率时,主路交通流为自由行驶状态,流量变化只与 a_m 有关而不受大型车辆比例的影响。而当 a_m 大于主路临界概率时,主路交通流为拥挤行驶状态,流量达到饱和值并且保持稳定。此时大型车辆比例的影响开始显现,主路流量随着大型车辆比例的提高而显著降低。主路最大流量值从 $r = 0$ 时的 1.28 veh/s 下降到了 $r = 0.75$ 时的 0.81 veh/s,下降率达到了 36.72%。同时,主路临界概率也随着大型车辆比例的提高而减小。表明大型车辆数量增多会使主路交通更易进入拥挤状态且大型车辆的存在会对主路交通的最大流率有负面的影响。当 $a_r = 0.8$ 时,入口匝道交通处于拥挤状态。当系统内没有大型车辆时,入口匝道流量随着主路车辆进入概率 a_m 的增大一直保持着最大流量值不变。当系统内存在大型车辆时,随着主路车辆进入概率 a_m 的增大,入口匝道流量先维持着最大流量值不变,随后进入下降阶段,最后达到受限的最大流量值并保持稳定。大型车辆比例的影响显而易见,使得入口匝道流量显著下降。最大流量值从 $r = 0$ 时的 0.42 veh/s 减小到 $r = 0.75$ 时的 0.28 veh/s,受限的最大流量值从 $r = 0$ 时的 0.42 veh/s(同最大量值)减小到 $r = 0.75$ 时的 0.10 veh/s,下降率分别为 33.33% 和 76.19%。大型车辆的比例越高也使得入口匝道交通的最大流量值越早开始从最大值下降至受限值。所以当入口匝道交通处于拥挤状态时,大型车辆会对其产生一定的负面影响。主路交通流量的变化趋势以及受大型车辆的影响同 $a_r = 0.1$ 时,只是大型车辆的影响效果稍有减弱。主路最大流量值在 $r = 0$ 和 $r = 0.75$ 时分别为 1.08 veh/s 和

0.79 veh/s,下降率只有 26.85%。

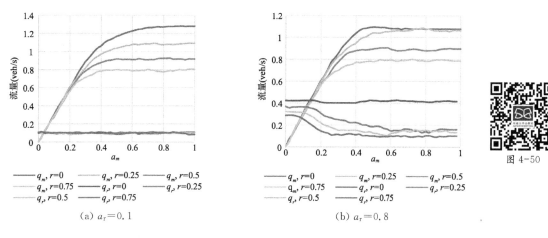

图 4-50 主路交通流量 q_m 和入口匝道流量 q_r 在不同条件下的变化

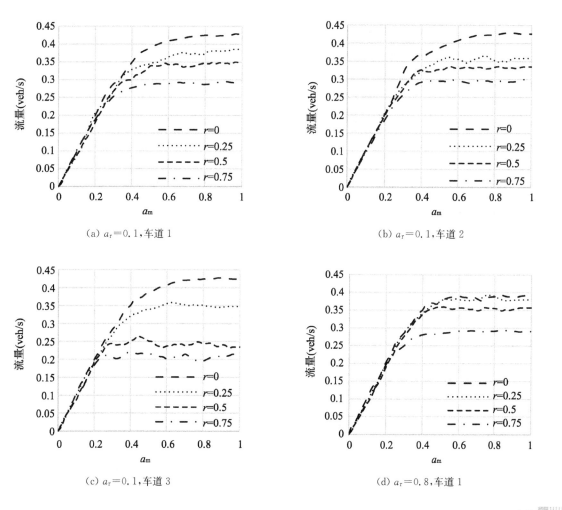

(a) $a_r=0.1$,车道 1

(b) $a_r=0.1$,车道 2

(c) $a_r=0.1$,车道 3

(d) $a_r=0.8$,车道 1

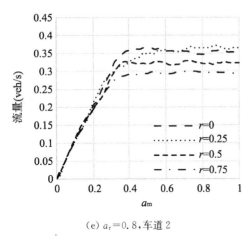
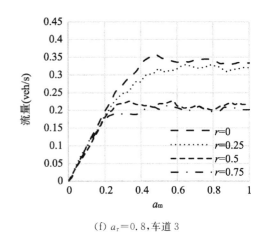

(e) $a_r=0.8$，车道 2　　　　　　　　　　　(f) $a_r=0.8$，车道 3

图 4-51　主路各车道交通流量在不同条件下的变化

针对主路交通，进一步分析了各车道流量的变化情况，如图 4-51 所示。各车道的流量变化趋势及受大型车辆的影响相同，与图 4-50 表现出的特征一样。大型车辆比例的提高使得各车道的最大流量和主路临界概率降低。相比较而言，入口匝道流量较低时，大型车辆的影响更为明显。同时，大型车辆对车道 3 的影响最大。

图 4-52 为多车道高速公路入口匝道区段总流量 q 在不同的主路车辆进入概率 a_m、入口匝道车辆进入概率 a_r 以及大型车辆比例 r 下的变化图，反映了系统流量总体的变化情况。临界概率同样随着大型车辆比例的增大而减小。总流量在主路车辆进入概率未达到临界概率时保持增长，当达到临界概率后保持不变。大型车辆比例越高，其最大流量值越小。当交通处于拥挤状态时，系统内车辆间存在着明显的相互干扰。根据前面的分析，大型车辆较小型车辆，对主路和入口匝道本身的交通运行以及主路和入口匝道间的汇入冲突都有更显著的影响，这些影响恶化了系统的运行效能。从模型本身入手也可以发现，大型车辆行驶速度更低、行驶需要更大的车辆间距、换道需要更大的换道空间，同时大型车辆让其他车辆减速、拉大行车间距、阻碍换道汇入等，都是造成系统最大流量降低的原因。比较 $a_r=0.1$ 和 $a_r=0.8$，可以发现三个主要特征。首先，总流量还在增长阶段时，$a_r=0.8$ 时的系统总流量已受到大型车辆的明显影响，流量随着大型车辆比例的增大而减小。而 $a_r=0.1$ 时，不同大型车辆比例下的系统总流量保持相同。根据图 4-50 可知，这一差异主要是由于 $a_r=0.8$ 时入口匝道的流量达到饱和并会随大型车辆比例而变化所

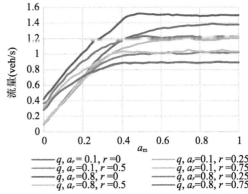

图 4-52　多车道高速公路入口匝道区段总流量在不同条件下的变化

造成。其次，$a_r=0.8$时的临界概率明显小于$a_r=0.1$时，说明主路与入口匝道间的相互干扰越严重，系统越容易变得拥挤。最后，大型车辆对于系统总流量的提升具有阻碍作用。当$r=0$时，增大入口匝道的流量显著提高了系统进入拥挤时的最大流量（如图中紫色曲线与红色曲线）。当$r=0.25$和0.5时，系统在$a_r=0.8$时的流量最大值只是略高于$a_r=0.1$时的流量最大值。而当$r=0.75$时，系统在$a_r=0.1$和$a_r=0.8$时的流量最大值完全一样，提高入口匝道的流量并未能提高系统总流量。

图4-53进一步展示了多车道高速公路入口匝道区段总流量在不同条件下变化的三维图。由于大型车辆对系统运行的干扰作用，大型车辆比例的提高使得系统可以达到的最大流量减小，降幅为39.61%左右。但大型车辆对系统最大流量的影响随着大型车辆比例的提高而减弱。$r=0$和$r=0.25$之间、$r=0.25$和$r=0.5$之间、$r=0.5$和$r=0.75$之间的系统最大流量降低幅度分别为0.28 veh/s、0.2 veh/s和0.14 veh/s。当主路和入口匝道流量均较小时，系统总流量随着a_m和a_r的提高线性增大，表明此时主路和入口匝道交通均处于自由行驶状态。入口匝道交通对系统流量大小的影响主要包含两方面，一方面是通过自身流量的增大提高系统流量，另一方面则是干扰主路交通降低系统流量。当入口匝道流量较小时，入口匝道车辆汇入主路对主路交通造成的扰动并不严重，入口匝道交通对系统流量大小的影响主要表现为提升流量。随着入口匝道流量的进一步增大，入口匝道车辆频繁的汇入主路会对主路交通造成明显的扰动甚至有时会迫使主路车辆紧急刹车，对主路交通产生显著的不利影响，造成主路流量的降低。入口匝道交通对系统流量大小的两方面影响互相抵消，导致系统最大流量的增长幅度减小。当a_r达到一定程度时，入口匝道流量会达到饱和并保持不变，所以其对主路的影响也会保持不变从而使得系统的最大流量值稳定。随着大型车辆比例的不断提高，系统总流量随着a_r的增大阶段逐渐缩短，在$r=0.75$时，系统总流量的增大阶段已不明显。这也解释了图4-52中出现的大型车辆对于系统总流量提升的阻碍作用。

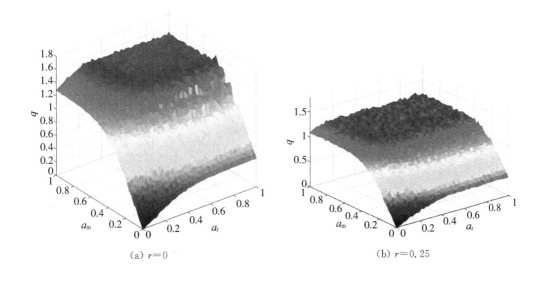

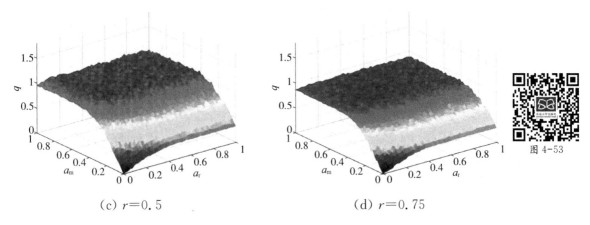

(c) $r=0.5$ (d) $r=0.75$

图 4-53 多车道高速公路入口匝道区段总流量变化三维图

3. 时空图

仿真获得了不同条件下的系统时空图,如图 4-54,图 4-55 和图 4-56 所示,进一步从微观角度分析多车道高速公路入口匝道区段交通运行情况。图中横坐标表示位置(主路为第 13 000 至 16 000 元胞,入口匝道为第 13 000 至 15 000 元胞),纵坐标表示时间(共 1 000 时间步)。图 4-54 为 $a_m=0.1$,$a_r=0.1$ 时不同大型车辆比例下的系统时空图。此时系统处于自由行驶状态,各车道上的车辆行驶轨迹顺直,说明主路交通与入口匝道交通在车辆汇入区域相互干扰较小。不同大型车辆比例下的系统时空图基本类似,没有出现明显的车辆减速、聚集等扰动现象,说明大型车辆在自由行驶状态下的影响非常小,不会对系统造成明显的干扰。但是观察入口匝道时空图,随着大型车辆比例的提高,车辆的汇入距离增长。当 $r=0$ 时,车辆基本刚驶入附加车道就可以汇入主路中,而当 $r=0.5$ 和 0.75 时,车辆需要在附加车道上行驶较长距离后才会汇入主路。

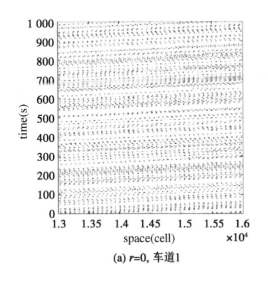
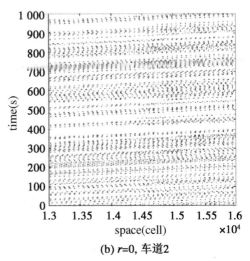

(a) $r=0$,车道1 (b) $r=0$,车道2

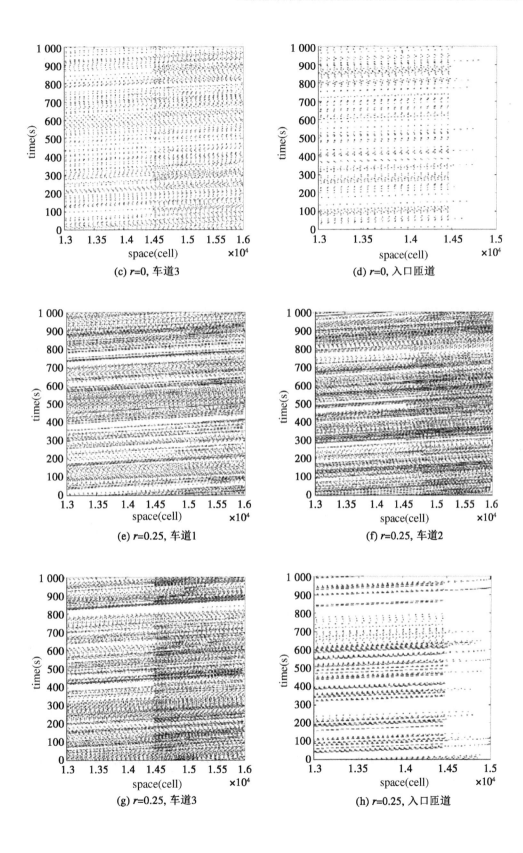

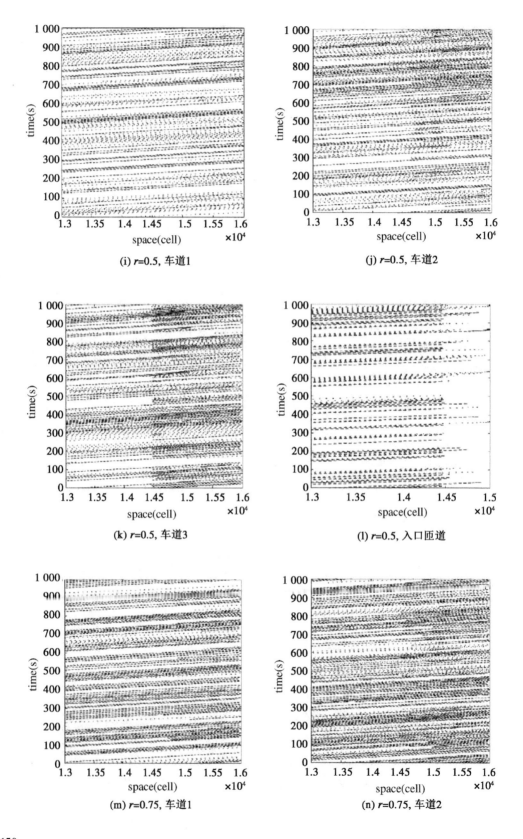

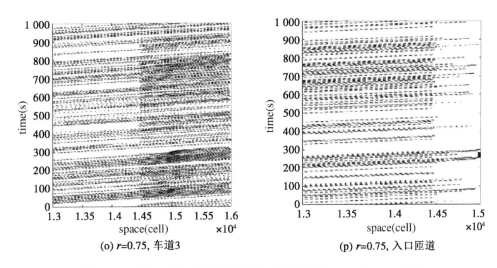

图 4-54 多车道高速公路入口匝道区段时空图($a_m=0.1$, $a_r=0.1$)

图 4-55 为 $a_m=0.4$、$a_r=0.4$ 时不同大型车辆比例下的系统时空图。$r=0$ 时，系统处于区域 Ⅰ，$r=0.25$ 时，系统处于区域 Ⅲ，$r=0.5$ 和 0.75 时，系统处于区域 Ⅳ。$r=0$ 和 0.25 时，车道 1 的交通行驶依然顺直未受到太大的影响，车道 2 和车道 3 上的车辆受到入口匝道车辆汇入的干扰，交通出现了一定程度的拥挤，但由于扰动较小，拥挤范围较小，车辆运行总体较为平稳顺滑。而 $r=0.5$ 和 0.75 时，车道 1 交通较为平稳，但车道 2 和车道 3 中出现了明显的车辆减速慢行（图中车辆轨迹曲线变陡）与车队集聚现象，形成了明显的拥挤区域且蔓延至上游，使得主路处于拥挤行驶状态。对于入口匝道而言，$r=0$ 时的交通运行平稳，车辆可以顺利的汇入主路，而 $r=0.25$，0.5 和 0.75 时，入口匝道交通已明显拥挤，出现了向上游传播的拥挤区域以及车辆停车等待汇入的情况。系统中车道 3 和入口匝道是受干扰程度最显著的两条车道，其次是车道 2，车道 1 所受到的干扰最小。

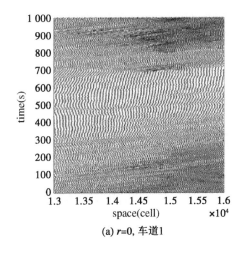
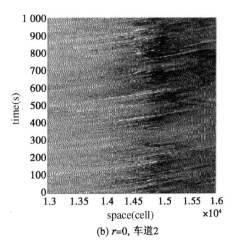

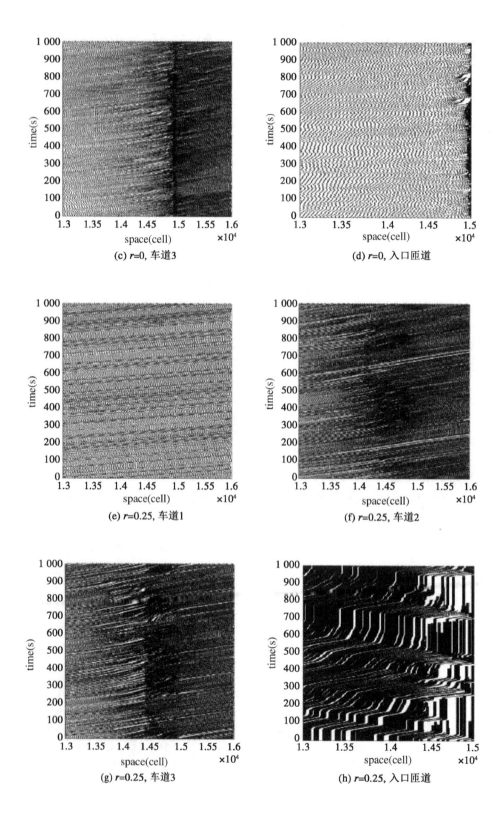

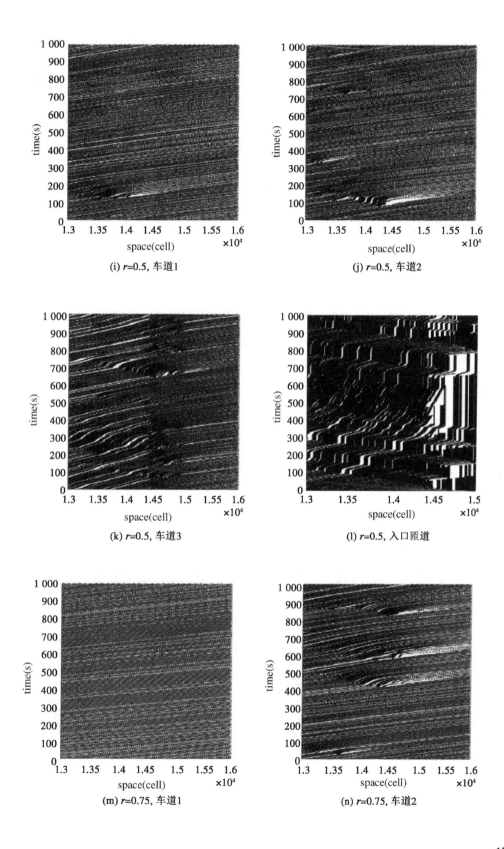

(i) $r=0.5$, 车道1
(j) $r=0.5$, 车道2
(k) $r=0.5$, 车道3
(l) $r=0.5$, 入口匝道
(m) $r=0.75$, 车道1
(n) $r=0.75$, 车道2

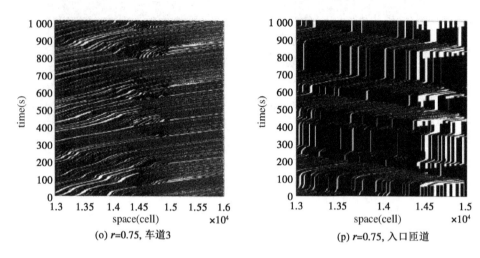

图 4-55 多车道高速公路入口匝道区段时空图($a_m=0.4$, $a_r=0.4$)

图 4-56 为 $a_m=0.6$、$a_r=0.6$ 时不同大型车辆比例下的系统时空图,系统处于拥挤行驶状态。时空图中也均出现了明显的较为严重的向上游传播的拥挤区域以及入口匝道车辆排队等待汇入主路的现象。随着大型车辆比例的提高,主路交通的拥挤现象稍有减弱但入口匝道交通的拥挤现象加强。造成该现象的原因可能是由于大型车辆的增多导致入口匝道车辆汇入主路的难度增大、机会减少,汇入主路的车辆数减少使得主路受到的扰动减小,拥挤程度也稍有缓解。入口匝道车辆则因为无法及时汇入主路而只能减速甚至停车以等待汇入机会的出现,造成车辆聚集及排队的蔓延,于是入口匝道的拥挤程度加重。

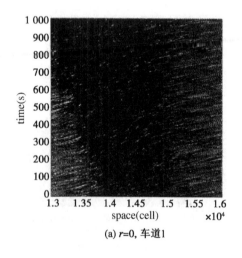
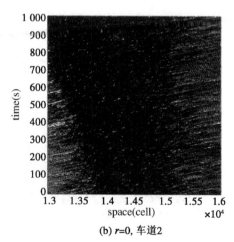

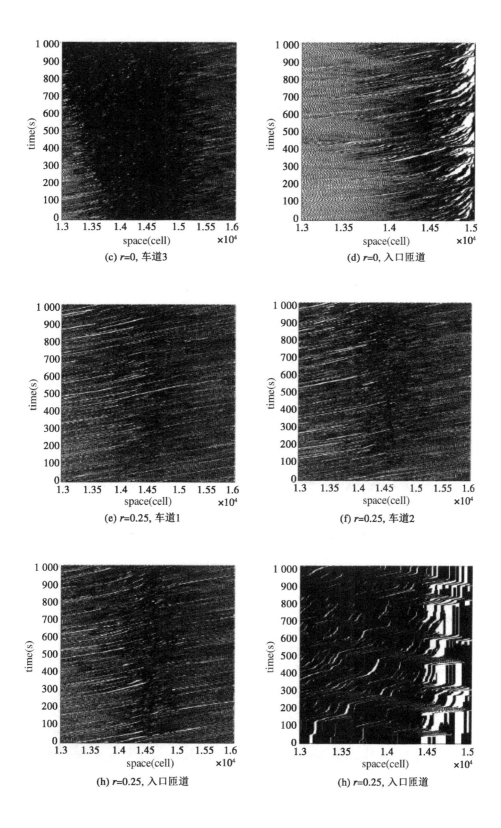

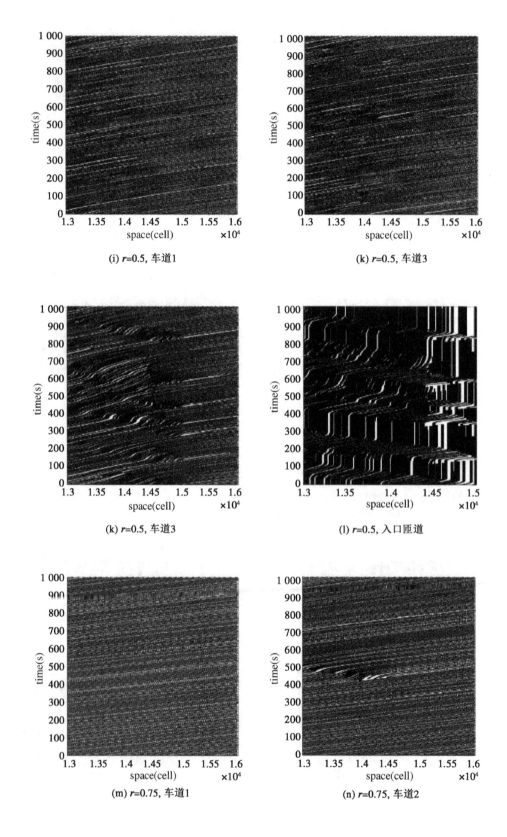

(i) $r=0.5$, 车道1

(k) $r=0.5$, 车道3

(k) $r=0.5$, 车道3

(l) $r=0.5$, 入口匝道

(m) $r=0.75$, 车道1

(n) $r=0.75$, 车道2

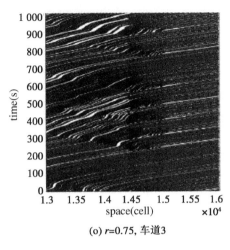 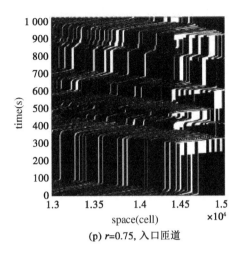

(o) $r=0.75$,车道3　　　　　　　　(p) $r=0.75$,入口匝道

图 4-56　多车道高速公路入口匝道区段时空图($a_m=0.6$, $a_r=0.6$)

4.2.3　入口匝道的大型车辆对主路交通运行的影响

研究入口匝道交通对主路交通运行的影响,分析入口匝道中的大型车辆会对主路交通产生怎样的影响。在仿真研究中,设定主路上进入系统的大型车辆比例 r_m 固定为 0.5,而入口匝道中进入系统的大型车辆比例 r_r 分别选取 0、0.25、0.5 和 0.75。

1. 流量变化特征

图 4-57 为入口匝道车辆进入概率 a_r 分别取 0.2、0.4 和 0.8 时,主路交通在不同入口匝道大型车辆比例下的流量变化图。不同的 a_r 取值分别代表了入口匝道流量较小、适中、较大三种情况。a_r 的增大对主路交通的运行存在不利影响,使得主路的最大流量以及临界概率减小,且该现象在入口匝道大型车辆比例 $r_r=0$ 时最为明显。当 $r_r=0$ 时,主路在 $a_r=0.2$、0.4 和 0.8 时的最大流量值分别为 0.90 veh/s、0.80 veh/s 和 0.75 veh/s,而当 $r_r=0.5$ 时,主路在 $a_r=0.2$、0.4 和 0.8 时的最大流量值分别为 0.90 veh/s、0.88 veh/s 和 0.87 veh/s。当入口匝道中存在大型车辆且大型车辆比例增高时,入口匝道交通流量会降低且更易达到饱和。当入口匝道交通达到饱和后,不管 a_r 如何变化,入口匝道的流量将保持不变,其对主路交通的干扰也将保持不变。所以此时增大 a_r 对主路流量的影响较小。不同入口匝道大型车辆比例对主路交通流量的影响在不同 a_r 下的影响也不一样。当 $a_r=0.2$ 时,入口匝道大型车辆比例对主路交通几乎无影响。当 $a_r=0.4$ 和 0.8 时,表现为入口匝道大型车辆比例越高,主路交通最大流量越高。在图中,$r_r=0$ 时的主路交通最大流量远低于另外三类情况,而 $r_r=0.25$、0.5 和 0.75 时的主路交通最大流量较为接近。当 $a_r=0.4$ 和 0.8 时,当主路流量达到饱和进入拥挤行驶状态时,入口匝道交通也已达到饱和。此时,入口匝道车辆在加速车道上行驶时不一定能找到合适的汇入机会而需要停车等待汇入。而大型车辆相对小型车辆的换道条件要求更高从而换道也更加困难。因此,入口匝道的最大流量会随着入口匝道大型车辆比例的提高而降低,使得主路交通所受到的干扰降低。尽管大型车辆汇入主路后相

对于小型车辆会对主路车辆产生更大的影响,但由于总体干扰的降低使得入口匝道交通对主路交通的影响减小,所以主路交通的最大流量也相应提高。对主路的三条车道而言,由于汇入交通的影响,车道 3 的流量显著小于车道 1 和车道 2。同时,入口匝道中大型车辆的存在对车道 2 和车道 3 的流量影响较大,对车道 1 的流量影响较小,且该影响在 a_r 较大时更显著。

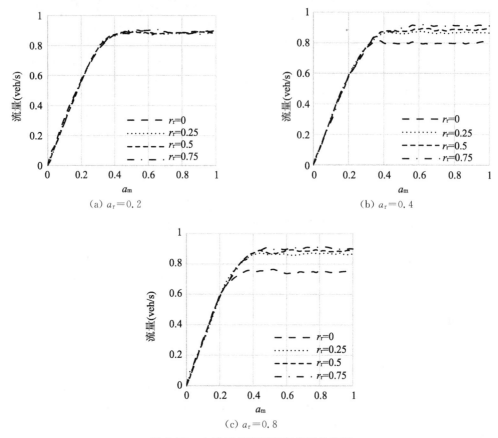

图 4-57 主路流量在不同条件下的变化

2. 稳定性特征

入口匝道车辆强制汇入主路会对主路行驶的稳定性造成一定的影响,如引起车辆的紧急刹车等。在仿真过程中,对每个时间步的主路汇入区域内发生急刹车(对于小型车辆为 $\Delta V = V_t - V_{t+1} \geqslant 7$,对于大型车辆为 $\Delta V = V_t - V_{t+1} \geqslant 5$)的车辆数进行统计,从而获得不同条件下单位时间内出现急刹车的平均车辆数,如图 4-58 所示,进行入口匝道大型车辆对主路交通稳定性的分析。急刹车数量随 a_m 的变化可以分为三个区域。在区域一中,急刹车数量随着 a_m 的增长不断升高,系统稳定性降低。此时随着 a_m 的增大,主路车流量的增多使得入口匝道车辆汇入主路的难度加大,强行汇入主路的现象也逐渐增多,主路越来越多的车辆受到干扰,急刹车次数也随之增多。在区域二中,急刹车数量随着 a_m 的增长不断降低,系统稳定升高。随着 a_m 的进一步增大,主路交通从自由行驶状态逐渐转变为了拥挤行驶状态,主路上的流量开始保持稳定,但车辆的平均行驶速度会变得更低,使得车辆行驶变得较

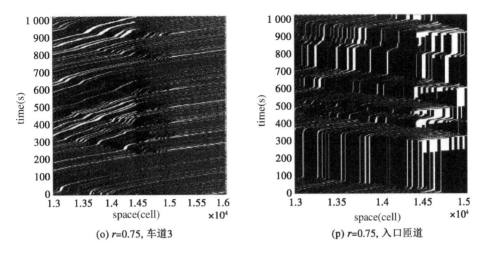

(o) $r=0.75$,车道3 (p) $r=0.75$,入口匝道

图 4-56　多车道高速公路入口匝道区段时空图($a_m=0.6$, $a_r=0.6$)

4.2.3　入口匝道的大型车辆对主路交通运行的影响

研究入口匝道交通对主路交通运行的影响,分析入口匝道中的大型车辆会对主路交通产生怎样的影响。在仿真研究中,设定主路上进入系统的大型车辆比例 r_m 固定为 0.5,而入口匝道中进入系统的大型车辆比例 r_r 分别选取 0,0.25,0.5 和 0.75。

1. 流量变化特征

图 4-57 为入口匝道车辆进入概率 a_r 分别取 0.2,0.4 和 0.8 时,主路交通在不同入口匝道大型车辆比例下的流量变化图。不同的 a_r 取值分别代表了入口匝道流量较小、适中、较大三种情况。a_r 的增大对主路交通的运行存在不利影响,使得主路的最大流量以及临界概率减小,且该现象在入口匝道大型车辆比例 $r_r=0$ 时最为明显。当 $r_r=0$ 时,主路在 $a_r=0.2$,0.4 和 0.8 时的最大流量值分别为 0.90 veh/s,0.80 veh/s 和 0.75 veh/s,而当 $r_r=0.5$ 时,主路在 $a_r=0.2$,0.4 和 0.8 时的最大流量值分别为 0.90 veh/s,0.88 veh/s 和 0.87 veh/s。当入口匝道中存在大型车辆且大型车辆比例增高时,入口匝道交通流量会降低且更易达到饱和。当入口匝道交通达到饱和后,不管 a_r 如何变化,入口匝道的流量将保持不变,其对主路交通的干扰也将保持不变。所以此时增大 a_r 对主路流量的影响较小。不同入口匝道大型车辆比例对主路交通流量的影响在不同 a_r 下的影响也不一样。当 $a_r=0.2$ 时,入口匝道大型车辆比例对主路交通几乎无影响。当 $a_r=0.4$ 和 0.8 时,表现为入口匝道大型车辆比例越高,主路交通最大流量越高。在图中,$r_r=0$ 时的主路交通最大流量远低于另外三类情况,而 $r_r=0.25$,0.5 和 0.75 时的主路交通最大流量较为接近。当 $a_r=0.4$ 和 0.8 时,当主路流量达到饱和进入拥挤行驶状态时,入口匝道交通也已达到饱和。此时,入口匝道车辆在加速车道上行驶时不一定能找到合适的汇入机会而需要停车等待汇入。而大型车辆相对小型车辆的换道条件要求更高从而换道也更加困难。因此,入口匝道的最大流量会随着入口匝道大型车辆比例的提高而降低,使得主路交通所受到的干扰降低。尽管大型车辆汇入主路后相

对于小型车辆会对主路车辆产生更大的影响,但由于总体干扰的降低使得入口匝道交通对主路交通的影响减小,所以主路交通的最大流量也相应提高。对主路的三条车道而言,由于汇入交通的影响,车道 3 的流量显著小于车道 1 和车道 2。同时,入口匝道中大型车辆的存在对车道 2 和车道 3 的流量影响较大,对车道 1 的流量影响较小,且该影响在 a_r 较大时更显著。

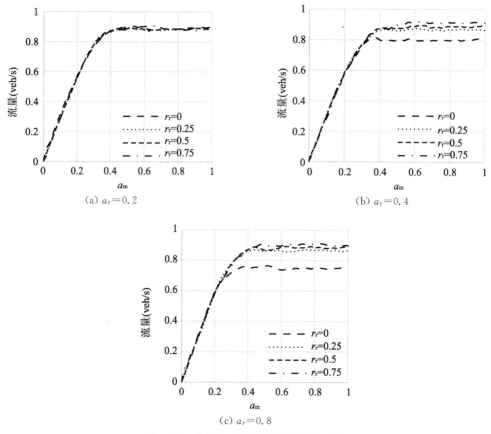

图 4-57 主路流量在不同条件下的变化

2. 稳定性特征

入口匝道车辆强制汇入主路会对主路行驶的稳定性造成一定的影响,如引起车辆的紧急刹车等。在仿真过程中,对每个时间步的主路汇入区域内发生急刹车(对于小型车辆为 $\Delta V = V_t - V_{t+1} \geqslant 7$,对于大型车辆为 $\Delta V = V_t - V_{t+1} \geqslant 5$)的车辆数进行统计,从而获得不同条件下单位时间内出现急刹车的平均车辆数,如图 4-58 所示,进行入口匝道大型车辆对主路交通稳定性的分析。急刹车数量随 a_m 的变化可以分为三个区域。在区域一中,急刹车数量随着 a_m 的增长不断升高,系统稳定性降低。此时随着 a_m 的增大,主路车流量的增多使得入口匝道车辆汇入主路的难度加大,强行汇入主路的现象也逐渐增多,主路越来越多的车辆受到干扰,急刹车次数也随之增多。在区域二中,急刹车数量随着 a_m 的增长不断降低,系统稳定升高。随着 a_m 的进一步增大,主路交通从自由行驶状态逐渐转变为了拥挤行驶状态,主路上的流量开始保持稳定,但车辆的平均行驶速度会变得更低,使得车辆行驶变得较为稳定,从而急刹车的平均车辆数开始下降。同时,当入口匝道交通也进入拥挤行驶状态时,由图 4-50(b)可知,其流量会随着 a_m 的增大而减小,所以其产生的扰动也会降低,对主路急刹车数量的降低有帮助作用。在区域三中,急刹车数量随着 a_m 的增长保持稳定略有波动,系统稳定性不变(在 $r_r = 0$ 时,急刹车数量会先有略微的升高后再保持稳定)。系统中的主路交通和入口匝道交通都已达到稳定,急刹车的平均车辆数也随之保持稳定。当 $a_r = 0.4$ 和 0.8 时,其达到急刹车数最大值时的 a_m 明显小于 $a_r = 0.2$ 时。随着入口匝道车辆进入概率 a_r 的增大,$r_r = 0$ 时的主路急刹车平均数出现了明显的增大,$r_r = 0.25$ 时的主路急刹车平均数只有略微的增大,而 $r_r = 0.5$ 和 0.75 时的主路急刹车平均数几乎保持不变。从该结果可以认为入口匝道流量的增大会降低主路交通的稳定性,而大型车辆的存在则会提高主路交通的稳定性。在图 4-58 中,当 a_m 很小时,入口匝道大型车辆的存在使得系统中急刹车的数量增多,稳定性降低。此时主路流量较小,入口匝道车辆可以比较容易的汇入主路。相对于小型车辆,大型车辆由于自身性能以及对其他车辆驾驶员造成的心理和行为上的影响,使得周围的车辆会实施急刹车以拉开距离,保证自己的正常行驶。在仿真的其他情形中,大型车辆对主路车辆速度波动特征的影响主要表现出可以降低主路中的急刹车数量,提高系统的稳定性,且该效果随着入口匝道大型车辆比例的提高而加强。入口匝道大型车辆对系统主路的稳定效果在 $a_r = 0.4$ 和 0.8 时更加明显。入口匝道不存在大型车辆时的主路急刹车平均数量约是入口匝道中存在大型车辆时的 $2\sim 5$ 倍。所以从整体看来,小型车辆是造成系统不稳定的主要因素,小型车辆比例越高,系统越不稳定。而大型车辆有助于提高系统的稳定性。首先,大型车辆行驶速度较慢且行驶较为保守,有助于提高系统稳定性。其次,基于前面的分析,由于入口匝道中的大型车辆在拥挤条件下更难汇入主路,降低了入口匝道交通对主路的干扰,使得主路中急刹车数量减少,更加稳定。对主路的三条车道而言,车道 3 的稳定性最低,车道 1 的稳定性最高,车道 2 的稳定性介于两者之间。同时,入口匝道中大型车辆的存在对三辆车道的稳定性均有明显影响,且该影响在 a_r 较大时更显著。

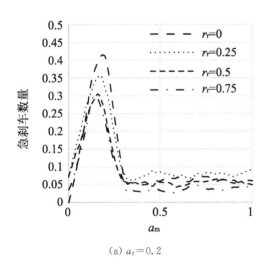

(a) $a_r = 0.2$

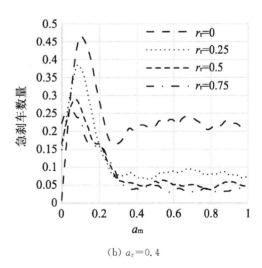

(b) $a_r = 0.4$

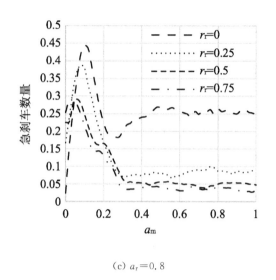

(c) $a_r=0.8$

图 4-58 主路出现急刹车的平均车辆数在不同条件下的变化

3. 密度和速度特征

不同条件下主路在车辆汇入区域附近（选取第 13 400 至 15 400 元胞）的密度与速度分布被调查，仿真结果如图 4-59 和图 4-60 所示。主路车辆进入概率 a_m 分别取 0.1 和 0.6，分别代表主路自由行驶和拥挤行驶状态。图 4-59 中，当 $a_r=0.2$ 时，主路在车辆汇入区域上游路段的密度保持稳定不变。在车辆汇入区域始端（第 14 400 元胞处），密度出现了急剧的增长。这是因为车辆汇入区域内集聚了主路车辆与入口匝道车辆，相对于上游道路，车辆密度显著提高。在车辆汇入区域内，车辆密度保持平稳增长，表明在车辆汇入区域内车辆拥挤程度从上游往下游越来越严重。在车辆汇入区域下游路段，由于不存在车辆间的汇入冲突，交通运行逐渐恢复正常，车辆密度也逐渐降低。此时，增大入口匝道的大型车辆比例会降低主路的车辆密度。因为此时主路和入口匝道交通都处于自由行驶状态，大型车辆的存在并未对交通造成很大干扰，同时大型车辆的车身长度更长，使得主路车辆密度反而降低。系统主路的速度分布与密度分布相对应：主路速度在车辆汇入区域上游较为平稳，在车辆汇入始端出现骤降，随后在车辆汇入区域内平缓下降，离开车辆汇入区域后又逐渐恢复至正常行驶速度。入口匝道大型车辆比例的提高降低了主路的车辆速度，这主要受大型车辆性能所致。$a_r=0.4$ 和 0.8 时的主路密度和速度分布特征基本相同，与 $a_r=0.2$ 时所表现出的变化趋势较为一致，但更为显著。车辆密度在车辆汇入区域内的增长程度与车辆速度在车辆汇入区域内的降低程度均更加剧烈。但与 $a_r=0.2$ 时不同的是，当 $a_r=0.4$ 和 0.8 时，增大入口匝道的大型车辆比例会提高主路车辆汇入区域及其下游的车辆密度。入口匝道流量的增大，使得车辆间的汇入冲突对主路交通产生了一定的影响，大型车辆的存在阻碍了主路上游车辆的行驶，当无法换道避让时只能跟驰行驶，从而在大型车辆身后形成车队，增大了主路的车辆密度。

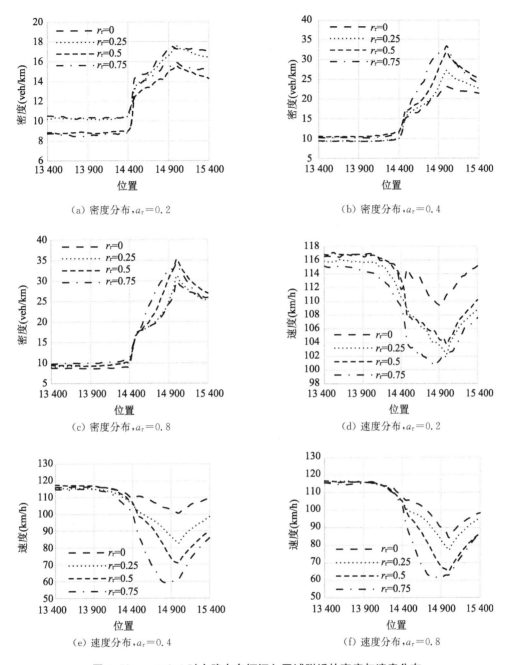

图 4-59　$a_m=0.1$ 时主路在车辆汇入区域附近的密度与速度分布

图 4-60 中,主路交通已进入拥挤行驶状态,其表现出的密度与速度分布特征与图 4-59 出现了明显区别。当 $a_r=0.2$ 且 $r_r=0$ 时,主路在车辆汇入区域及其上游的密度较为稳定无太大差别,但在车辆汇入区域尾端出现了骤增,随后又迅速降低。当 $a_r=0.2$ 且 $r_r=0.25$ 和 0.5 时,两者的密度分布变化较为接近:主路密度在车辆汇入区域上游稳定不变,在车辆汇入区域内快速增长后保持稳定,在车辆汇入区域下游再逐渐降低。当 $a_r=0.2$ 且 $r_r=0.75$

时,主路密度则表现出往道路下游逐渐降低的趋势。入口匝道大型车辆比例的不同使得主路密度分布特征也出现了明显差别。$r_r = 0$ 的主路速度分布在车辆汇入区域及其上游保持稳定,随后逐渐增大。$r_r = 0.25$ 和 0.5 的主路速度分布在车辆汇入区域上游保持稳定,随后则逐渐增大。而 $r_r = 0.75$ 的主路速度分布表现出持续增大的趋势。这主要是因为主路已出现拥挤并向上游传播,所以在车辆汇入区域内并未出现速度下降的特征。随着下游车辆逐渐恢复正常行驶,主路车辆的平均速度也越往下游越高。入口匝道大型车辆比例的提高使得主路车辆速度越早出现了提升的趋势。$a_r = 0.4$ 和 0.8 时的主路密度和速度分布特征基本相同,且入口匝道大型车辆的影响效果也较为明显。$r_r = 0$ 时,主路密度在车辆汇入区域上游保持稳定,在车辆汇入区域中先快速增大随后保持不变,在车辆汇入区域下游逐渐降低。$r_r = 0.25$ 和 0.5 时,主路密度的变化趋势与 $r_r = 0$ 时接近,但在车辆汇入区域内的密度增长程度远低于 $r_r = 0$ 时,且在车辆汇入区域内密度便开始呈下降趋势。$r_r = 0.75$ 时,主路密度变化呈持续降低的趋势。入口匝道大型车辆比例的提高使得主路的密度明显降低,这主要得益于入口匝道大型车辆的增多减少了入口匝道交通对主路的干扰。相对应的,主路的速度分布呈现先稳定再逐渐增长的趋势,且主路速度随着入口匝道大型车辆比例的提高而增大。

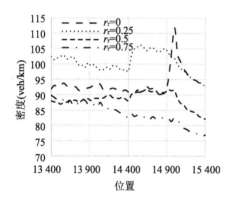

(a) 密度分布,$a_r = 0.2$

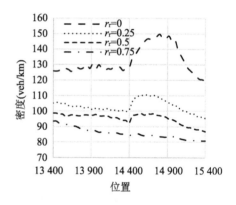

(b) 密度分布,$a_r = 0.4$

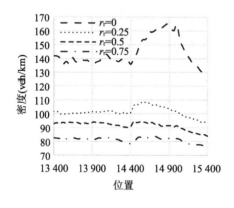

(c) 密度分布,$a_r = 0.8$

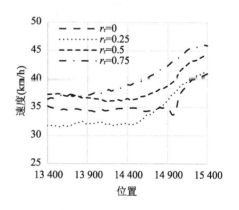

(d) 速度分布,$a_r = 0.2$

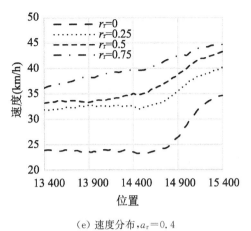
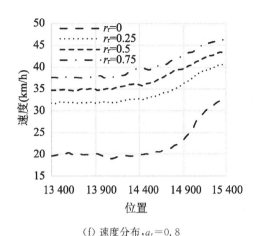

(e) 速度分布，$a_r = 0.4$　　　　　　　　　(f) 速度分布，$a_r = 0.8$

图 4-60　$a_m = 0.6$ 时主路在车辆汇入区域附近的密度与速度分布

4.2.4　主路大型车辆对入口匝道交通运行的影响

研究主路交通运行对入口匝道交通的影响，分析改变主路中大型车辆的运行情况会对入口匝道交通产生怎样的影响。在仿真中，设定入口匝道中进入系统的大型车辆比例 r_r 固定为 0.25，而主路中进入系统的大型车辆比例 r_m 分别取为 0、0.25、0.5 和 0.75。

1. 主路大型车辆比例对流量的影响

图 4-61 为主路车辆进入概率 a_m 分别取 0.1、0.4 和 0.8 时，入口匝道交通在不同主路大型车辆比例下的流量变化图。入口匝道流量随着 a_r 的增大先增大，当达到饱和后保持稳定不变。随着 a_m 的增大，入口匝道的最大流量降低且达到饱和状态时的 a_r 减小，表明较高的主路交通流量会限制入口匝道的交通运行。当 $a_m = 0.1$ 时，入口匝道流量基本不受主路大型车辆比例的影响。因为不管主路上大型车辆的比例为多少，主路中都有着充足的间隙供入口匝道车辆顺利汇入。当 $a_m = 0.4$ 时，随着车辆的增多，主路中的可用间隙减少，主路大型车辆比例的影响也开始变得明显。入口匝道的最大流量显著随着主路大型车辆比例的提高而降低。此时，提高主路上的大型车辆比例会对车辆间的可用间隙造成很大的影响，让汇入区域内的可用换道间隙显著减少，使得入口匝道车辆汇入主路的难度加大，最终导致入口匝道流量降低。当 $a_m = 0.8$ 时，主路大型车辆比例对入口匝道流量的影响依然存在，但相对 $a_m = 0.4$ 时没那么明显。主路大型车辆比例的提高使得入口匝道的最大流量出现差异并表现出下降的趋势。随着 a_m 的继续增大，主路中的可用间隙被进一步压缩，不管主路大型车辆比例为多少，入口匝道车辆都缺乏足够的空间来顺利汇入主路，所以主路大型车辆比例的影响被削弱。

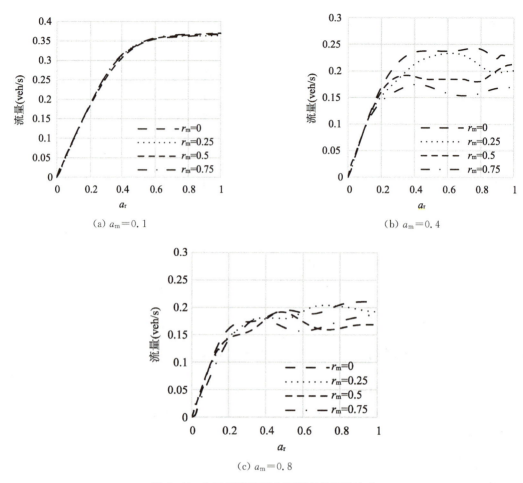

图 4-61 入口匝道流量在不同条件下的变化

2. 车道管理对流量的影响

主路外侧车道是多车道高速公路入口匝道区段的主要冲突区域,外侧车道交通运行状态的改变会影响入口匝道车辆的汇入情况。车辆管理会使得高速公路的运行状况发生改变,如各车道的流量、速度以及车型分布等,故车道管理的实施可能会对入口匝道交通产生一定的影响。通过设置两类场景进行车道管理对入口匝道流量的影响分析。在场景 1 中,车辆正常行驶无任何限制。在场景 2 中,主路实施车道管理,大型车辆禁止使用最内侧车道。图 4-62 为两类场景下入口匝道流量在不同条件下的对比图。当 r_m 取 0.25 时,在 a_m = 0.1 的条件下,由于主路流量较低,入口匝道车辆可以自由汇入主路,两类场景下的入口匝道流量并无区别。在 a_m = 0.4 和 0.8 的条件下,两类场景下的入口匝道的最大流量出现了区别,实施车道管理时的入口匝道最大流量更低。仿真结果说明对主路实施车道管理的确会对入口匝道的流量造成影响,且目前较为常见的限制大型车辆使用内侧车道的车道管理策略在入口匝道区段会进一步干扰入口匝道车辆的汇入,使得入口匝道车辆汇入困难。其实,仿真中的车道管理对入口匝道交通影响的原理等同于增加主路的大型车辆比例,因为其促使外侧车道上行驶的大型车辆数增多。外侧车道上大型车辆的增多,占据了更多的道路可用空间,同时也使得更多的入口匝道车辆在汇入过程中犹豫不决,从而降低了入口匝道的流量。r_m 取 0.5 时,仿真得到了同 r_m 取 0.25 时类似的结果。

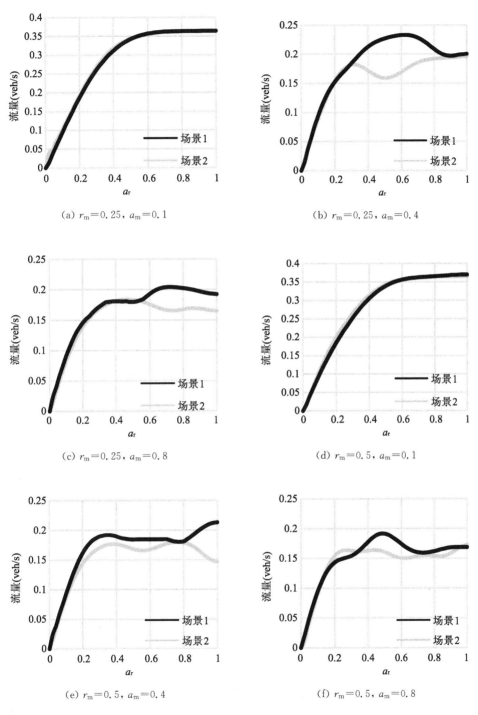

图 4-62 入口匝道流量在两类场景中的变化

4.3 大型车辆屏障效应研究

当高速公路主路大型车辆比例较高或实施了限制大型车辆使用内侧车道策略后,大量的大型车辆行驶在外侧车道中,使得驶入和驶出高速公路的车辆在出入口匝道处出现行驶困难的现象,产生大型车辆屏障效应[33]。之所以会出现大型车辆屏障效应这类的影响,主要是由于:

(1) 从大型车辆本身性能而言,其相对于小型车辆,车身更长,在出入口匝道附近会占据更多的道路空间从而减少了驶入和驶出车辆的可用换道空间。

(2) 大型车辆由于会对其他车辆的运行造成干扰以及本身的危险性,会对其他车辆驾驶员造成心理上的影响,使得车辆驾驶员(尤其是小型车辆)并不愿意在其周围行驶,即使是驶入和驶出车辆在换道中也会考虑尽量避开大型车辆。

(3) 当外侧车道大型车辆比例较高时,多辆大型车辆连续跟驰行驶的情形会经常出现,驶入和驶出车辆由于不想被大型车辆夹在中间行驶而放弃换道,使得其他车道上的车辆难以汇入。

关于大型车辆屏障效应的解释,主要分为两类:第一类主要从宏观的角度出发,认为大型车辆屏障效应是指当高速公路主路大型车辆比例较高且当主路流量达到一定水平后,车辆汇入主路存在困难而导致的入口匝道流量降低的现象[34]。另一类关于大型车辆屏障效应的解释则更加细致,主要从微观的角度出发,认为大型车辆屏障效应是指在一定的行驶条件下,同一车道上因为出现多辆大型车辆连续跟驰行驶而形成了一道由大型车辆组成的"墙",从而阻碍了其他车辆汇入的能力[114]。本节主要从微观角度通过模糊聚类与交通仿真两种方法对大型车辆屏障效应进行分析。

4.3.1 基于模糊聚类的大型车辆屏障效应识别

采用模糊 C 均值聚类法进行大型车辆屏障效应的识别。模糊 C 均值聚类是一种比较典型的模糊聚类算法,用于将多维数据空间分布的数据点分成特定数目的类。在模糊聚类中,每一个数据点以某种程度属于某一类,它用隶属度来表示每个数据点属于某个聚类的程度。模糊 C 均值聚类把 n 个向量 $x_i(i=1,2,\cdots,n)$ 分为 c 个模糊组,并求每组的聚类中心,使得非相似性指标的目标函数达到最小。目标函数如式(4-3)所示。

$$J(U, x_1, \cdots, x_c) = \sum_{i=1}^{c} J_i = \sum_{i=1}^{n}\sum_{j=1}^{c} u_{ij}^m d_{ij}^2 \tag{4-3}$$

$$u_{ij} = \frac{1}{\sum_{k=1}^{c}\left(\dfrac{d_{ij}}{d_{kj}}\right)^{2/(m-1)}} \tag{4-4}$$

$$\sum u_{ij} = 1 \quad j=1,\cdots n \tag{4-5}$$

中,$u_{ij} \in [0,1]$,表示第 j 个数据点属于第 i 个聚类中心的隶属度;c_i 为模糊组 i 的聚类中心,$d_{ij} = \|\|c_i - c_j\|\|$ 表示第 i 个聚类中心与第 j 个数据点间的欧几里德距离;$m \in$

$[1, \infty)$ 是一个加权 i 指数。

构造拉格朗日乘子,建立新的目标函数如式(4-6)所示。

$$J(U, c_1, \cdots c_c, \lambda_1, \cdots \lambda_n) = J(u, c_1, \cdots c_c) + \sum_{i=1}^{n}\lambda_i \left[\sum_{i=1}^{c} u_{ij} - 1\right]$$

$$= \sum_{i=1}^{n}\sum_{j=1}^{c} u_{ij}^m d_{ij}^2 + \sum_{i=1}^{n}\lambda_i \left[\sum_{i=1}^{c} u_{ij} - 1\right] \tag{4-6}$$

对所有输入参量求导,使原目标函数达到最小的必要条件为:

$$c_i = \sum_{j=1}^{n} u_{ij}^m x_j \bigg/ \sum_{j=1}^{n} u_{ij}^m \tag{4-7}$$

模糊 C 均值聚类算法的迭代过程如下:

步骤 1:随机初始化 c 个数据聚类中心;

步骤 2:计算 U 阵;

步骤 3:计算 c 个新的聚类中心 c_i, $i=1, \cdots, c$;

步骤 4:计算目标函数,若小于某个确定的阈值,或相对上次目标函数改变量小于某个阈值,则算法停止,否则,返回步骤 2。

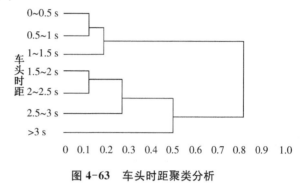

图 4-63 车头时距聚类分析

聚类分析结果如图 4-63 所示,连续出现的<1.5 s 的车头时距可视为形成货车屏障。

4.3.2 基于交通仿真的大型车辆屏障效应识别

通过对入口匝道区段的仿真进行大型车辆屏障效应的识别。在场景设置中,高速公路主路只保留外侧一条车道,入口匝道选取带有加速车道的形式。在车型设置中,主路上的大型车辆比例取为 1,即全为大型车辆,以表现出入口匝道车辆持续受到主路大型车辆队列的影响作用。仿真中,将改变主路与入口匝道的车辆进入概率、入口匝道大型车辆比例、主路大型车辆影响程度以及主路大型车辆长度等参数以观察不同条件的大型车辆屏障效应。

1. 不同因素对大型车辆屏障效应的影响

(1) 主路与入口匝道的车辆进入概率

因为主路车道中只有大型车辆,故可认为大型车辆一直以连续的队列形式行驶,而改变主路的车辆进入概率则可以实现队列中的大型车辆在行驶中保持不同的车辆间距及速度。改变入口匝道的车辆进入概率则可以实现不同强度的车辆汇入需求。图 4-64 展示了主路与入口匝道的车辆进入概率在不同组合下的入口匝道流量分布图。横轴为入口匝道的车辆进入概率 a_r,纵轴为主路的车辆进入概率 a_m。从图中可以发现当 a_m 和 a_r 大于一定值以后,入口匝道流量会出现骤降的情形(图中深蓝色区域),可认为大型车辆屏障效应开始显现。仿真结果表明,主路的大型车辆流量满足一定水平,或者说当大型车辆之间的间隙小于一定程度时，才会形成大型车辆屏障。而当入口匝道的汇入需求满足一定水平时，大型车辆屏障的效应才会展现。当入口匝道的汇入需求较小时，大型车辆屏障产生的影响并不显著。

(2) 入口匝道大型车辆比例

由于大型车辆和小型车辆汇入主路的难度不同，故当入口匝道大型车辆比例不同时，大型车辆屏障效应的出现条件及效应程度可能也会不同，故需要通过仿真进行了解。在仿真模型中，分别设置入口匝

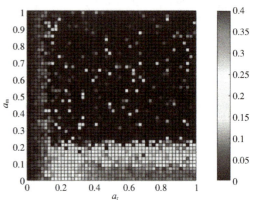

图 4-64 入口匝道流量分布

道大型车辆比例为 0.25，0.5 和 0.75，然后改变主路与入口匝道的车辆进入概率获得入口匝道的流量。在仿真结果中，提高入口匝道大型车辆比例会显著降低大型车辆屏障效应显现时的入口匝道车辆进入概率 a_r，而大型车辆屏障形成时的主路车辆进入概率 a_m 只有略微的降低，同时，入口匝道流量也会明显下降。但入口匝道流量的下降并不全是由于大型车辆屏障的原因，也存在入口匝道中大型车辆的增多所致。

(3) 主路大型车辆影响程度

大型车辆影响程度在车辆汇入过程中指：当入口匝道车辆发现汇入主路后将行驶在大型车辆身后时还选择汇入的意愿程度。大型车辆影响程度越大，入口匝道车辆选择汇入的意愿越小。在仿真中，通过调整车辆汇入的换道概率来实现。由于这一影响主要作用于小型车辆，故在仿真模型中，分别设置入口匝道中的小型车辆遇到主路前车为大型车辆时的汇入概率为 0.3，0.6 和 0.8 来表示不同大型车辆影响程度下的车辆汇入意愿，然后改变主路与入口匝道的车辆进入概率获得入口匝道的流量。仿真结果中，改变大型车辆影响程度并未明显改变大型车辆屏障的出现条件，但对其效应程度有一定影响，会使得入口匝道流量有一定的下降。

(4) 主路大型车辆长度

主路大型车辆长度可能也是影响大型车辆屏障效应的因素之一，因为大型车辆长度的改变会使得主路的可用空间发生变化。其对大型车辆屏障的影响情况可通过仿真进行了解。在仿真模型中，分别设置主路大型车辆的长度为 10 m，15 m 和 25 m，然后改变主路与入口匝道的车辆进入概率获得入口匝道的流量。在仿真结果中，主路大型车辆长度越长，大型车辆屏障效应显现时的入口匝道车辆进入概率 a_r 越小，而大型车辆屏障形成时的主路车辆进入概率 a_m 以及大型车辆屏障的效应程度并未明显变化。

2. 大型车辆屏障的形成条件

入口匝道车辆汇入主路的过程主要是入口匝道车辆在附加车道上一边行驶一边寻找主路中的可用间隙的过程。当发现主路中的可用间隙满足换道条件时，就换道进入主路从而完成汇入。所以综合大型车辆屏障所表现出的效果，选取大型车辆在行驶中的车辆间隙作为决定大型车辆屏障形成的条件。当大型车辆间的车辆间隙小于一定条件时，入口匝道车辆无法或不愿意汇入，从而造成大型车辆屏障效应。关于车辆间隙，可用以距离为标准的车

头间距和以时间为标准的车头时距这两个参数来表示。在仿真中分别对开始出现大型车辆屏障时的大型车辆间的车头间距与车头时距进行统计,发现出现大型车辆屏障时的车辆间的平均车头间距波动较大,主要分布在 55~120 m 之间,而出现大型车辆屏障时的车辆间的平均车头时距则较为集中,主要分布在 3.5~4.5 s 之间。为了便于对大型车辆屏障的形成进行界定,最终选取大型车辆间的车头时距作为大型车辆屏障形成的判别参数。大型车辆屏障形成时的车头时距判别值取仿真中出现的最小值,即 3.5 s。所以当大型车辆形成队列并且车辆间的车头时距不大于 3.5 s 时,认为形成了大型车辆屏障。

3. 大型车辆屏障的长度

了解了当大型车辆间的车头时距满足一定条件时可形成大型车辆屏障后,还需要知道当多少辆大型车辆连续排列形成车队时,大型车辆屏障效应会对入口匝道的流量产生显著影响。在仿真中,设大型车辆长度为 15 m,分别取构成大型车辆屏障的车队中含有 1 至 6 辆大型车辆。实验分析时,大型车辆车队将周期性地行驶在主路车道中,当车队中大型车辆间的车头时距满足大型车辆屏障形成条件时,观测其对入口匝道流量的影响情况并相互对比。从仿真结果来看,随着主路流量越来越大,出现明显大型车辆屏障效应时所需的车队车辆数也会减少,如图 4-65 所示。当 $a_m = 0.3$ 时,主路流量适中,此时当 4 辆大型车辆连续行驶形成车队时,入口匝道流量才会明显地下降,即大型车辆屏障效应出现。当 $a_m = 0.8$ 时,主路流量较大,此时 3 辆大型车辆连续行驶形成车队就可以使入口匝道流量显著降低。

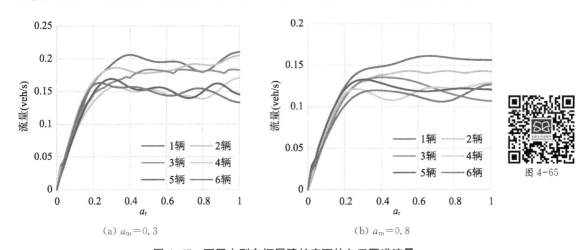

图 4-65 不同大型车辆屏障长度下的入口匝道流量

综合以上研究,大型车辆屏障效应的出现条件为连续 3 辆以上的大型车辆成队列行驶且车辆间的平均车头时距不大于 3.5 s。

4.4 本章小结

本章采用第三章所构建的仿真模型模拟多车道高速公路基本路段与合流区,分析了大型车辆对多车道高速公路交通运行的影响。在多车道高速公路基本路段,研究了大型车辆比例、跟车对组合、大型车辆最大速度、大型车辆长度、大型车辆影响强度与车道管理策略对交通流流量、速度、拥挤率、换道率以及稳定性的影响。在多车道高速公路合流区,研究了大型车辆对合流区整体、主路大型车辆对入口匝道以及入口匝道大型车辆对主路的运行影响,包括交通状态、流量、稳定性等。其中,对大型车辆屏障效应的形成条件进行了研究,通过模糊聚类与交通仿真两种方法对大型车辆屏障效应进行了识别。

第 5 章

多车道高速公路交通事故应急交通组织

事故情况下合理的交通流组织可以降低交通事故对路网交通流的影响,保证高速公路网交通流运行安全有序。为提高应急交通组织方案的实时性、有效性和准确性,有必要对多车道高速公路交通事故及对应的应急交通组织进行研究,以实现交通组织方案的合理制定、迅速传达和高效实施。

5.1 多车道高速公路交通事故分析

高速公路的断面流量在不同区段各不相同,交通事故的分布随着交通量的变化,在空间上分布也有着明显的区别。本节以沪宁高速公路江苏段发生的交通事故为研究对象,数据采集时段为 2012 年 7 月到 2014 年 7 月,分析交通事故在不同空间、时间、车型、事故类型、事故严重程度情况下的分布规律。本节旨在对多车道高速公路交通事故数据进行分析,找出多车道高速公路交通事故的一般特征,形成对高速公路交通事故的初步认识,进而为交通事故影响分析、事故拥堵机理和时空计算分析奠定数据基础。

5.1.1 多车道高速公路交通事故数据分析

结合沪宁高速公路江苏段交通事故资料,统计沿线不同区段的事故情况,结果见表5-1、图 5-1、图 5-2。

表 5-1 沪宁高速公路江苏段事故流量空间分布统计

断面	断面长度(km)	日均流量(pcu/d)	月平均事故数(次)	每公里事故数(次)
南京—麒麟	6.11	45 989	3	0.5
麒麟—丹徒	42.78	53 432	43	1.0
丹徒—镇江	5.71	54 829	5	0.9
镇江—丹阳	12.76	55 065	18	1.4
丹阳—罗墅湾	24.93	54 492	28	1.1
罗墅湾—横山枢纽	36.43	59 937	45	1.2
横山枢纽—无锡北	18.81	62 766	13	0.9
无锡北—无锡枢纽	4.53	77 656	28	1.9
无锡枢纽—硕放枢纽	19.98	101 238	39	2.9
硕放枢纽—东桥枢纽	6.88	124 680	29	4.1
东桥枢纽—苏州枢纽	18.90	102 045	46	2.4
苏州枢纽—正仪枢纽	23.41	72 264	28	1.2
正仪枢纽—花桥	24.42	84 644	34	1.5

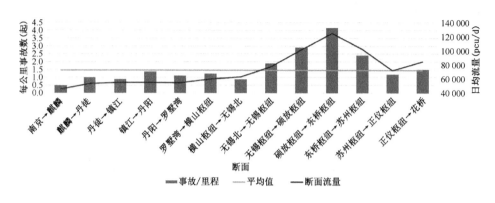

图 5-1 沪宁高速公路江苏段流量事故分布

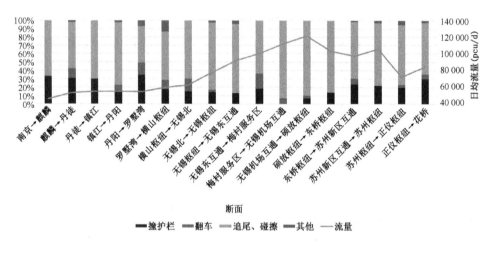

图 5-2 沪宁高速公路江苏段流量事故类型统计

从表 5-1、图 5-1、图 5-2 中可以看出：

(1) 沪宁高速江苏段的流量峰值出现在无锡枢纽-苏州枢纽段内。

(2) 事故数与流量有着正相关的关系，随着流量的增加，每公里事故数也在增加，且事故高峰与断面流量高峰基本相同。

(3) 沪宁高速公路江苏段的每公里月平均事故数为 1.45 起，大流量区段的事故数都高于平均值，表明大流量区段事故频发，安全服务水平较低。

(4) 沪宁高速公路江苏段的事故类型以追尾、碰擦为主，随着断面流量的增加，车辆占用的道路空间进一步减少，大流量区段的追尾、擦碰事故比例进一步提高。

从以上分析可以看出，沪宁高速公路大流量区段的事故数比非大流量区段多，事故类型中追尾、碰擦事故比例较高。有必要从时间、空间、事故类型、事故严重程度等四个方面具体分析沪宁高速公路江苏段的事故特征。

5.1.2 事故空间分布特征

高速公路系统由基本路段、匝道连接段等组成，不同位置上发生的事故形态不尽相同。

1. 主线事故

分析 2012—2013 年高速公路免费通行节假日国庆、春节、清明、五一节，沪宁高速公路无锡枢纽-苏州枢纽的事故数据，统计单位长度 1 km 内发生的事故次数，结果如表 5-2 和图 5-3 所示。

表 5-2 沪宁高速无锡枢纽-苏州枢纽段节假日事故空间分布统计

桩号	沪宁方向		宁沪方向	
	事故数(起)	事故频率(%)	事故数(起)	事故频率(%)
K133	1	0.6	7	4.1
K132	2	1.2	12	7.1
K1095	26	15.8	4	2.4
K1096	18	10.9	16	9.4
K1097	0	0.0	5	2.9
K1098	3	1.8	3	1.8
K1099	2	1.2	1	0.6
K1100	1	0.6	0	0.0
K1101	0	0.0	2	1.2
K1102	1	0.6	7	4.1
K1103	6	3.6	13	7.6
K1104	1	0.6	5	2.9
K1105	0	0.0	3	1.8
K1106	1	0.6	1	0.6
K1107	4	2.4	3	1.8
K1108	4	2.4	2	1.2
K1109	1	0.6	3	1.8
K1110	4	2.4	3	1.8
K1111	0	0.0	1	0.6
K1112	3	1.8	9	5.3
K1113	0	0.0	5	2.9
K1114	3	1.8	11	6.5
K1115	5	3.0	1	0.6
K1116	9	5.5	4	2.4
K1117	2	1.2	2	1.2
K1118	8	4.8	2	1.2

(续表)

桩号	沪宁方向		宁沪方向	
	事故数（起）	事故频率（%）	事故数（起）	事故频率（%）
K1119	6	3.6	5	2.9
K1120	7	4.2	5	2.9
K1121	4	2.4	8	4.7
K1122	3	1.8	2	1.2
K1123	2	1.2	1	0.6
K1124	1	0.6	0	0.0
K1125	0	0.0	1	0.6
K1126	5	3.0	0	0.0
K1127	1	0.6	0	0.0
K1128	2	1.2	0	0.0
K1130	2	1.2	2	1.2
K1131	4	2.4	1	0.6
K1132	1	0.6	0	0.0
K1133	5	3.0	6	3.5
K1134	6	3.6	2	1.2
K1135	2	1.2	2	1.2
K1136	7	4.2	0	0.0
K1137	2	1.2	0	0.0
K1138	0	0.0	2	1.2
K1139	0	0.0	1	0.6
K1140	0	0.0	2	1.2
K1141	0	0.0	5	2.9
事故总数	165	100.0	170	100.0

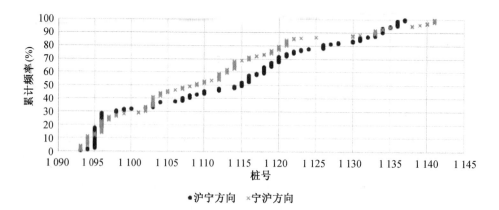

图 5-3　沪宁高速节假日事故空间分布

道路南北半幅的事故总数基本一致,事故多发点段包括 K1094-K1096 区段以及 K1112-K1122 区段,这是因为 K1094-K1096 区段包含了 G2 和 G42 的交汇点,车辆分、合流行为较多,易引发交通事故,而 K1112-K1122 总计 10 km 的区段则包含了无锡机场枢纽、硕放互通、东桥互通等 3 个枢纽,车辆上下匝道行为频繁且多处车辆交织,易导致事故多发。

2. 匝道事故

统计分析匝道的事故类型,匝道发生各类型事故比例统计结果见表 5-3 和图 5-4。

表 5-3 匝道事故类型统计

事故类型	撞护栏	翻车	追尾、碰擦	其他	合计
事故数(起)	12	3	7	2	24
占比(%)	50	12.5	29.2	8.3	100

从表 5-3 和图 5-4 可以看出,与主线事故类型相比,匝道事故中,撞护栏事故最多,占事故总数的 50%,其次是追尾事故,占事故总数的 29%,翻车事故的比例为 13%。原因为大部分车辆从高速公路驶入匝道时,由于车辆初始速度较高,超过了匝道的设计车速,且匝道为弯曲线形,大大增加了撞护栏以及翻车的事故发生概率。

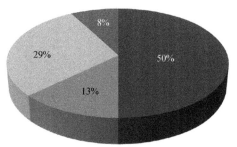

图 5-4

图 5-4 匝道事故类型统计

5.1.3 事故时间分布特征

沪宁高速公路上的交通量在一天的 24 h 中各不相同,因此,交通事故的分布随时段不同也有着明显的区别。分析事故在不同时间段内的数据,统计结果如表 5-4 和图 5-5 所示。

表 5-4 沪宁高速节假日事故分时变化统计

时间段	事故比例(%)	一般类型事故比例(%)
0:00~1:00	0.00	0.00
1:00~2:00	0.30	0.00
2:00~3:00	0.30	0.00
3:00~4:00	0.60	0.00
4:00~5:00	0.00	0.00
5:00~6:00	1.19	0.00
6:00~7:00	0.30	0.00
7:00~8:00	2.69	9.30
8:00~9:00	5.97	13.95
9:00~10:00	15.22	11.63
10:00~11:00	14.63	23.26

(续表)

时间段	事故比例(%)	一般类型事故比例(%)
11:00~12:00	5.67	6.98
12:00~13:00	1.79	4.65
13:00~14:00	6.57	2.33
14:00~15:00	8.96	9.30
15:00~16:00	4.78	2.33
16:00~17:00	6.27	2.33
17:00~18:00	2.99	2.33
18:00~19:00	6.57	0.00
19:00~20:00	4.48	4.65
20:00~21:00	4.78	2.33
21:00~22:00	2.69	0.00
22:00~23:00	2.39	2.33
23:00~24:00	0.90	2.33

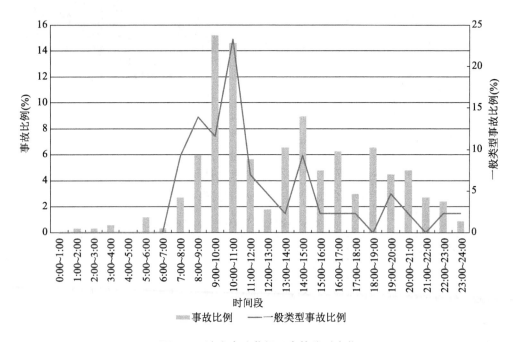

图 5-5　沪宁高速节假日事故分时变化

从表 5-4 和图 5-5 可以看出：

(1) 事故高发时段集中在 9:00~11:00，全天 8% 的时间占据了事故总数的 29.85%，且该时段与流量的高峰小时相对应；深夜和清晨的事故相对较少，21:00 至第二天 8:00 每一小时内事故比例均不超过 3%，其余时段的事故数基本保持在同一水平上，均不超过 10%。

(2) 将交通事故按照对事故所在路段的影响大小分为轻微事故和一般事故，一般类型事故多发生在 8:00~11:00，占总数的 48.84%，即流量高峰时段事故多发且更为严重，这表明随着流量的增加,交通事故更易发生,造成的拥堵更容易蔓延,事故的严重程度也就更高。

(3) 对数据的理解应更多地从时间和流量整体与交通事故关系的角度来理解,单纯地将交通事故与时间联系在一起不具有普遍意义。

5.1.4 车型与事故类型分析

车辆的类型对交通事故有一定的影响,与各种车辆的动力性能、车速、外形尺寸、爬坡能力、负载程度有关。将所有车型归并,分为小型车和大型车(前后对应性),分析不同车型与事故类型之间的关系,具体统计结果见表5-5、图5-6和图5-7。

表5-5 不同车型事故类型统计　　　　　　　　　　　　　　　　　单位:起

	撞护栏	翻车	追尾	其他	合计
小型车	10	1	305	4	320
大型车	2	1	10	2	15
合计	12	2	315	6	335

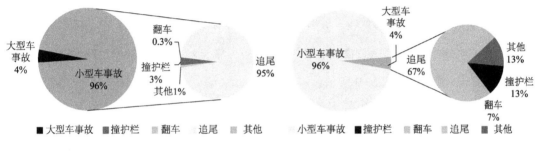

图5-6 小型车事故类型统计　　　　图5-7 大型车事故类型统计

如表5-5、图5-6和图5-7所示:

(1) 所有事故中追尾事故最多有315起,约占事故总数的94%,这是因为在车流密度大的情况下,车辆间距普遍较小,更容易造成车辆追尾。撞护栏事故有12起,约占事故总数的3.6%。更多的车辆寻求超车的机会,在变道过程中可能撞上路侧的护栏;或者在躲避事故的过程中,撞上两侧或中央的护栏。翻车类型的事故较少,不到事故总数的1%,因为车辆速度相对较低时,且主线道路状况较好,不易出现高速行驶下采取紧急操作造成翻车的状况。

(2) 小型车事故类型中,追尾事故最多,撞护栏事故次之,翻车事故最少;大型车事故类型中,也是追尾事故最多,撞护栏事故次之,翻车事故最少。大型车追尾事故占事故总数的67%,少于小型车的95%,大型车的制动性能较差,正常行驶时需要保持更大的间距,故追尾事故的比例相对较少。大型车翻车事故占事故总数的7%,远远高于小型车的0.3%比例,因为大型车车辆重心较高特性,在遇突发情况需要变道、转向时更容易翻车。

5.1.5 车型与事故严重程度分析

车辆的类型对交通事故严重程度也有影响,各种车辆的动力性能、车速、外形尺寸、爬坡能力、负载程度均会使得事故严重程度发生变化。本节将所有车型归并,分为小型车和大型车,分析不同车型与事故严重程度之间的关系,具体统计结果见表5-6、图5-8和图5-9。

表 5-6 不同车型事故严重程度统计   单位:起

	轻微事故	一般事故	重大事故	合计
小型车	279	41	0	320
占比(%)	87.2	12.8	0	100
大型车	13	1	1	15
占比(%)	86.6	6.7	6.7	100
合计	292	42	1	335
占比(%)	87.2	12.5	0.3	100

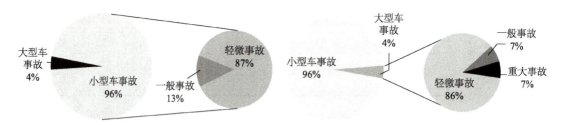

图 5-8 小型车事故严重程度统计　　图 5-9 大型车事故严重程度统计

如表5-6,图5-8和图5-9所示:

所有事故中轻微事故占多数,有292起,占事故总数的87.1%,一般事故有42起,占事故总数的12.5%,重大事故只有1起,表明在流量较高的状态下车辆行驶速度较低,驾驶员更容易进行判断,采取避让措施,发生事故的严重程度降低,且由于行驶速度放缓,发生严重事故的概率降低。

大型车轻微事故占事故总数的86%,基本持平于小型车的87%,但发生了1起重大事故。大型车因为车辆性能的关系,对制动、转向等避让行为的要求更高,驾驶员难以操作,一旦发生事故,其危害程度相对小型车更高,因此安全保障策略体系的建立需要注重对于大型车的管理措施。

5.1.6 多车道高速公路事故总体特征

结合相关研究对江苏与安徽两省三类公路(高速、一级、二级)中双向四车道路段的事故特征分析,多车道高速公路交通事故具有的特征如下:

1. 事故时间分布特征

多车道高速公路事故高发时段集中在9:00~11:00,全天1/12的时间占据了事故总数的29.85%,且该时段与流量的高峰小时相对应;21:00至第二天8:00,每一小时内事故比例均不超过3%,其余时段的事故数基本保持在同一水平上,均不超过10%;双向四车道公路交通事故小时分布较为均匀,全天任一小时内发生的交通事故比率均不超过7%,全天的高峰期主要在8:00~11:00、12:00~14:00以及17:00~20:00。可见,多车道高速公路在一天内发生时段更为集中。

2. 事故严重程度

多车道高速公路所有事故中轻微事故占事故总数的87.1%，一般事故占事故总数的12.5%，重大事故的占比不到1%；而双向四车道公路交通事故中，轻微事故占比约为30%，一般事故约占事故总数的45%，重大事故占事故总数约25%。可见，多车道高速公路发生的交通事故严重程度普遍偏低。

3. 事故类型

所有事故中追尾事故最多，约占事故总数的94%，撞护栏事故约占事故总数的3.6%。翻车类型的事故不到事故总数的1%；双向四车道公路交通事故中，追尾事故比例约占40%，撞护栏比例在5%左右，翻车事故比例约4%，剩余的交通事故类型主要为同向刮擦、侧面和正面相撞等。可见多车道高速公路极易引发追尾事故，追尾事故是多车道高速公路交通事故的主要组成部分。翻车事故比例大幅降低。

通过以上对比分析，可以发现：在事故时间分布特征、事故严重程度和事故类型方面，多车道高速公路有其独有的特征。所以研究交通事故引起的多车道高速公路拥堵是有必要的。

5.2 交通事故对多车道高速公路交通运行影响分析

高速公路上发生交通事故时，交通流受到扰动，密度持续增加，极易导致车速下降，形成排队。事故发生点上游交通流率较大，拥堵不易消散，长时间的拥堵可能会导致路网整体受到影响。本节将重点研究交通事故对多车道高速公路交通运行的影响。

5.2.1 交通事故对多车道高速公路通行能力的影响

多车道高速公路发生交通事故时，事故车辆通常会占用路肩或者某一条或若干条行车道，导致事发路段通行能力下降。研究表明，交通事故阻塞车道或路肩，其所造成的道路通行能力降低比率，远高于其等价的道路有效空间减少的比率。例如：在单向四车道高速公路上，路肩事故会减少约15%的通行能力值，而一条车道关闭会使通行能力下降达42%，两条车道关闭将使通行能力值下降高达75%，而双向四车道高速公路两条同向的车道都关闭则将使通行能力下降为零。HCM2016结合事发路段的车道数和由于事故的发生导致车道关闭数，对事发路段通行能力进行折减，如表5-7所示。

表5-7 事故条件下高速公路剩余可利用的通行能力比例

单向车道数	路肩关闭	路肩事件	关闭1条车道	关闭2条车道	关闭3条车道
2	0.95	0.81	0.35	0.00	—
3	0.99	0.83	0.49	0.17	0.00
4	0.99	0.85	0.58	0.25	0.13
5	0.99	0.87	0.65	0.40	0.20
6	0.99	0.89	0.71	0.50	0.26
7	0.99	0.91	0.75	0.57	0.36
8	0.99	0.93	0.78	0.63	0.41

当事故发生在高速公路基本路段时,事发路段通行能力 C_f (veh/h)可用下式确定,即

$$C_f = K_折 \cdot C_x \tag{5-1}$$

式中　$K_折$——折算系数;

　　　C_x——高速公路单向行车道可能通行能力(veh/h)。

5.2.2　交通事故引起的拥堵和交通延误

1. 拥堵

根据交通拥堵发生的原因,可分为常发性拥堵和偶发性拥堵。常发性拥堵是指在一定的时间内,交通需求超过道路的通行能力而发生交通拥堵的现象。这种拥堵发生的主要原因是交通流量的增大,超过了道路的正常容量,发生地点通常在道路的瓶颈处,发生时间一般为上下班的高峰时间段内。这种拥堵具有一定的规律性,通常在固定的路段、交叉口和固定的时间内反复出现,属于周期性的拥堵,拥堵的持续时间在一定范围内波动,拥堵的发生具有一定的预见性。偶发性拥堵多是由于交通事件的突然发生,导致道路的通行能力急剧下降,从而引起交通拥堵的现象。引发这种交通拥堵的交通事件主要有突发的交通事故、车辆抛锚、道路施工维护以及特殊天气状况等。突发交通事件的发生时间、地点具有较大的随机性,没有规律,通常无法预测,属于非周期性的拥堵。由于诱发交通事件的原因不同,拥堵的持续时间具有不确定性。

多车道路交通量较小时,常发性交通拥堵较为少见,一旦发生拥堵几乎都是交通事故引发的偶发性拥堵;交通事故车辆在事发地占据了若干股车道,对多车道高速公路通行能力产生折减,形成瓶颈路段,交通流量超过瓶颈处通行能力后偶发性拥堵开始形成并向上游蔓延。当多车道高速公路流量趋于饱和时,偶发性拥堵与常发性拥堵都较为普遍,但交通事故引起的偶发性拥堵其影响往往更为严重。由于事故具有随机性、偶然性,较难准确预测偶发性拥堵发生的时间、地点。

2. 交通延误

高速公路发生交通事故时,事发路段通行能力下降,短时交通需求增加,引发交通拥堵,造成车辆延误。此外,驾驶人在驱车通过事故现场时,对事故处置情况的"引颈观望"现象也会引起额外延误。交通事故引发的延误形成过程如图 5-10 所示,在事故开始时刻,累计交通量曲线与正常情况下的曲线发生偏离,此时拥堵排队开始形成,至事故结束时刻,所有排队车辆开始消散,至排队完全消失拥堵结束。两条累计交通量曲线间的纵向差值为当前时刻的排队车辆数,横向差值为当前车辆的延误时间,故两条曲线之间阴影部分的面积为总延误。

由图 5-10 中可以看出,交通需求、通行能力、离去流量、降低的交通需求和事故持续时间都是影响交通延误的主要因素。其中降低的交通需求和事故持续时间是最重要的两个影响因素,可以通过降低事故道路交通需求和减少事故持续时间来减少延误。事故后合理有效的交通组织管理控制措施可以降低交通需求,减少事故持续时间,进而降低事故延误,缓解事发路段的交通拥堵。

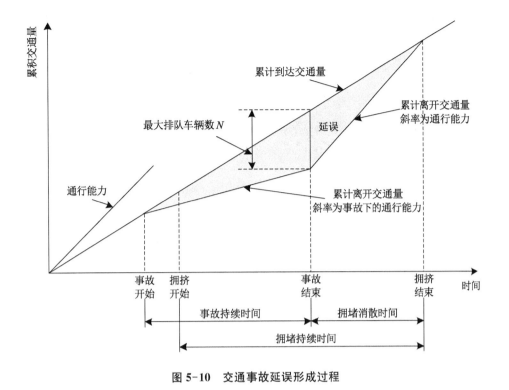

图 5-10 交通事故延误形成过程

5.3 交通事故引起的多车道高速公路拥堵扩散特性分析

5.3.1 多车道高速公路拥堵扩散影响因素

1. 交通事故持续时间

交通事故持续时间对事故造成的拥堵扩散范围有着直接影响。交通事故持续时间越长,事故引起的排队长度越长,交通集结波向上游传播的时间越久,事故造成的交通拥堵在事发路段及周边路网上扩散的范围越大,造成的危害和影响也越严重。

2. 事发路段剩余通行能力

事发路段剩余通行能力与事故的严重程度有直接的关系。若事发路段剩余通行能力过小,事发路段通行能力远不能满足上游交通需求,交通短时间内大量聚集,形成大规模的拥堵排队,进而可能引起拥堵向上游继续扩散传播,在事故点上游相关联路段及周边衔接道路上蔓延的可能性也越大。对于多车道高速公路来说,由于同样规模的交通事故占据了更小比例的路面宽度,故多车道高速公路事发路段的剩余通行能力会更多。

3. 事发前交通运行状态

事发前交通运行状态在一定程度上决定了交通事故空间影响的扩散速度、影响范围等方面。当高速公路交通流量不大时,交通事故空间影响扩散速度较慢,且影响范围较小;当高速公路交通流量处于饱和状态和过饱和状态下,交通事故空间影响扩散速度很快且影响范围较大。此外，事发点交通量大小还直接影响驾驶人的心理紧张程度，影响着衍生交通事故发生概率的高低。随着交通量的不断增大，交通管理控制条件逐渐变得非常复杂，救援处置难度增大，事故导致的拥堵在事发点上游的更大范围内进行扩散。

4. 路网交通疏散能力

高速公路交通事故的发生往往不可避免，其影响的程度与路网的交通疏散能力直接相关。路网交通疏散能力指区域路网对交通负荷的缓解能力，决定了事故发生后道路疏导、处理交通流的能力，因此直接制约了交通事故疏散的难易程度与事故的空间影响范围。

5. 救援队伍应对能力

事发路段救援队伍的应急管理与交通组织水平，对交通事故空间影响扩散的速度和方式起控制和制约作用。完善的应急管理与交通组织体系可以有效降低交通事故空间影响的扩散速度，缩小影响范围，降低交通事故造成的损失。

6. 交通拥堵的性质

高速公路交通拥堵的性质是其扩散的关键因素，不同起因和程度的交通拥堵的扩散能力是不一样的，如灾害性天气引起的交通拥堵具有较强的扩散能力，影响区域往往是大面积的。

7. 高速公路路网性质

高速公路交通拥堵的发生往往是不可避免的，但其危害的程度却与受影响路网的脆弱性直接相关。受影响路网自身的脆弱性包括道路基础设施的脆弱性和通行条件的脆弱性，道路基础设施的脆弱性包括道路安全防护设施、路网结构等，通行条件包括拥堵发生时的路网车辆运行状况等。

5.3.2 多车道高速公路拥堵扩散机理

1. 交通波理论

交通波理论描述同向运动不同状态的两股交通流相遇时状态的转化过程，交通波模型是在交通流量守恒和交通流三参数基本关系的基础上建立起来的。假设道路上有两个相邻的不同交通流密度区域（k_A 和 k_B），如图

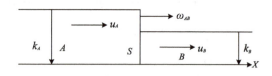

图 5-11 两种密度的车流运行情况

5-11 所示，用垂直线 S 分割这两种密度，面 S 为波阵面，设 S 的速度为 ω_{AB}，并规定交通流按图中 X 轴正方向运行。

由交通流量守恒原理可知，波阵面移动后 A 区车辆数变化量与 B 区车辆数变化量相等。因此，在时间 t 内通过界面 S 的车辆数 N 可以表示为

$$N = (u_A - \omega_{AB})k_A = (u_B - \omega_{AB})k_B \tag{5-2}$$

整理并由 $q = ku$ 可得

$$\omega_{AB} = \frac{q_B - q_A}{k_B - k_A} = \frac{\Delta q}{\Delta k} = \frac{\mathrm{d}q}{\mathrm{d}k} \tag{5-3}$$

式中　u_A——在 A 区车辆的区间平均速度(km/h)；
　　　u_B——在 B 区车辆的区间平均速度(km/h)；
　　　k_A——在 A 区车辆的区间密度(veh/km)；
　　　k_B——在 B 区车辆的区间密度(veh/km)；
　　　q_A——A 区间的断面流量(veh/h)；
　　　q_B——B 区间的断面流量(veh/h)；
　　　$u_A-\omega_{AB}$——在 A 区相对于垂直分界线 S 的车流速度(km/h)；
　　　$u_B-\omega_{AB}$——在 B 区相对于垂直分界线 S 的车流速度(km/h)。

交通波理论是在波阵面前后车流状态稳定并瞬间完成不同状态转化传递的假设前提下形成的，即该理论默认车流运动处于平衡状态。而通常情况下，交通事件突发性较强，短时间内便会造成大量车辆的累积，高密度的车流使得道路空间紧缩，失稳现象产生的可能性较低。因此从宏观角度出发，基于交通波理论展开典型交通事件下拥堵状态演变规律研究，有助于全局管控高速公路交通运行状况。

2. 拥堵车流集散波形成过程分析

在高速公路网中，交通事故引起高速公路供给能力下降，形成的交通瓶颈引起事发路段车辆排队，产生交通拥堵，甚至影响相邻路段。发生交通事故的路段，其道路通行能力大幅降低，队列行驶的车辆在瓶颈路段入口处减缓车速陆续排队而集结成高密度的队列，所体现的车流波成为集结波；路段瓶颈解除后，排队的车辆又陆续启动，进而疏散，形成一列具有适当密度的车队，它所体现的车流波称为疏散波。集结波和疏散波统称为集散波。这种车辆集散过程中两种不同密度部分的分界面经过一辆辆车向车队后部传动的现象，即可定义为车流波动。

当交通事故发生时，事故所处位置通行能力小于其上下游通行能力，形成瓶颈路段。以图 5-12 所示的单向四车道路段情况为例，交通事故占用了两条内侧车道，使得原本各行其道的车辆为避开事故位置而不得不采取换道行为，进而引起了车流的紊乱。类似管道内水流突然受阻时的后涌，车流在即将进入瓶颈时会产生与车流方向相反的波，导致瓶颈之前的路段上车流出现紊流现象。

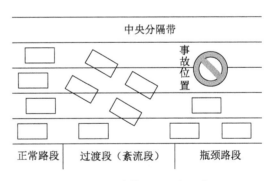

图 5-12　交通事故瓶颈现象示意图

拥堵车流集散波的分析过程可用车辆的时间-空间运行轨迹如图 5-13 所示，图中原点 O 表示事故发生点，纵轴正半轴表示事故点的下游，虚线 OA、AB 表示集结波，CB 表示启动波，其斜率的正负号表示波传播的方向。集结波与启动波两波相遇的时刻为 t_b，当集结波与消散波在 $t_b>0$ 的范围内有交点时，表示车队可以在有限的时间内消散，否则不能消散形成车队拥堵。

3. 拥堵空间影响范围研究

根据交通波的传播特性，可以通过图 5-14 所示的交通事故时空演化图描述事故发生后的车辆排队过程。事故发生在 t_A 时刻,距离为 L 的横断面上,部分车道封堵,产生交通波 W_{21};在 t_B 时刻,其中部分道路清理,产生交通波 W_{32},并在 t_D 时刻与 W_{21} 相遇,产生交通波 W_{31};在 t_C 时刻,车道全部清理完成,产生交通波 W_{43};在 t_E 时刻与 W_{31} 相遇,形成新的交通波 W_{41};在 t_F 时刻,事故影响全部消除,交通恢复正常。

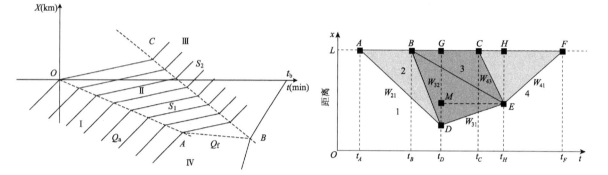

图 5-13　车辆的时间-空间运行轨迹　　　图 5-14　事故影响时段内的拥堵排队过程

如图,已知点 $A(t_A, L)$,$B(t_B, L)$,$C(t_C, L)$ 和交通波速度 W_{21},W_{31},W_{41},W_{43},W_{32},根据几何代数关系,可求出关键节点 D,E,F 处的坐标,从而可确定事故空间交通影响范围和关键时间节点(以下公式中的 W_{ij} 均表示为 W_{ij} 的绝对值)。

$$L_{DG} = \frac{W_{32} \cdot W_{21}}{W_{32} - W_{21}} \times (t_B - t_A) \tag{5-4}$$

$$L_{EH} = L_{DG} - L_{DM} \tag{5-5}$$

$$t_D = t_B + \frac{L_{DG}}{W_{32}} \quad t_E = t_C + \frac{L_{EH}}{W_{43}} \tag{5-6}$$

$$t_F = t_C + \left(\frac{1}{W_{43}} + \frac{1}{W_{41}}\right) \cdot L_{EH} \tag{5-7}$$

由此可得事故空间影响范围为

$$L(t) = \begin{cases} W_{21} \cdot (t_B - t_A) & t_A \leqslant t \leqslant t_D \\ \dfrac{(W_{21} - W_{31}) \cdot W_{32}}{W_{32} - W_{21}} \cdot (t_B - t_A) + W_{31} \cdot (t - t_A) & t_D \leqslant t \leqslant t_E \\ \dfrac{W_{43}}{W_{43} - W_{31}}\left[(t_C - t_B) \cdot W_{31} - \dfrac{W_{32} - W_{21}}{W_{21} - W_{32}} \cdot (t_B - t_A) \cdot W_{21}\right] + W_{41} \cdot t & t_E \leqslant t \leqslant t_F \end{cases} \tag{5-8}$$

通过交通波传播特性分析,可以得出事故导致拥堵排队最长距离为

$$L_{\max} = \frac{W_{32} \cdot W_{21}}{W_{32} - W_{21}} \times (t_B - t_A) \tag{5-9}$$

根据模型计算的事故导致拥堵排队最长距离,可以快速准确确定拥堵空间影响范围,为拥堵疏散提供可靠的执行依据。

5.3.3 多车道高速公路拥堵扩散状态

多车道高速公路交通拥堵不仅反映为以路段为单位所具备的自身独立的属性,而且表现在其相互影响和关联上。交通事故引发交通延误、交通拥堵,最初多是产生在单个路段上,车辆在事发路段上形成排队,当排队长度超过路段的最大排队车辆数时,排队向上游继续延续,影响上游路段该方向的车辆,从而在上游路段形成排队产生交通拥堵。多车道高速公路在区域路网中往往处于核心通道的地位,当其发生交通拥堵后,在分合流区段可能存在排队向匝道延续的情况,进而在匝道形成拥堵向其他道路的扩散,从而形成区域性拥堵。如图 5-15 所示,根据交通事故影响在路网空间分布状态的不同,可以分为以下三种情况:

(1) 交通事故影响点扩散:指交通事故发生的地点,只对事发路段产生影响,并未影响到其相邻的路段;

(2) 交通事故影响线扩撒:指由于交通流量的持续增加或者由于局部堵塞未得到及时疏散,使得交通事故引起的拥堵蔓延到上游相互关联的路段;

(3) 交通事故影响面扩散:指交通事故引起的拥堵分布在与事发路段所在高速公路相关联的其他周边道路,形成区域性拥堵。

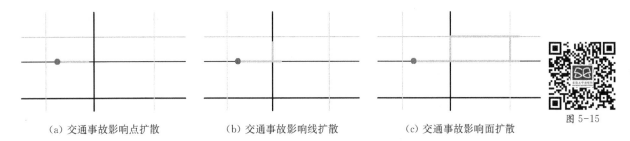

(a) 交通事故影响点扩散　　(b) 交通事故影响线扩散　　(c) 交通事故影响面扩散

图 5-15　交通事故空间影响扩散状态

5.4 高速公路网交通事故持续时间预测

5.4.1 交通事故持续时间的阶段划分

交通事故持续时间的预测有利于帮助道路交通管理人员快速制定最佳的紧急救援方案、交通管控措施和安全隐患排除对策,帮助道路使用者及时调整出行路线,从而有效地减少交通延误、降低交通运行风险、提高交通运行管理水平。在高速公路上发生交通事故时,可能会引起交通拥堵,本节研究对象——交通事故持续时间,包含着对事故引发拥堵的时间。

高速公路交通事故持续时间主要由事故发现时间、事故响应时间、事故处理时间、事故影响消散时间四个阶段构成,如图 5-16 所示。一般前三个时间阶段统称为"交通事故延迟时间"。本节所研究的交通事故持续时间,开始于事故发生时刻,结束于事故影响结束时刻,期间包含了事故可能引起的拥堵时间。

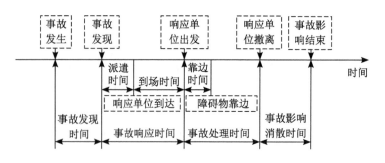

图 5-16 交通事故持续时间阶段划分

(1) 事故发现时间 T_1

这段时间指的是从交通事故发生到事故被交通管理者或应急救援队伍获取,并核实确认事故基本信息的时间间隔。这段时间主要是对交通事故的确认,对保证及时的响应有重要的意义。

(2) 事故响应时间 T_2

这段时间指的是从交通事故被发现与核实后,到做出第一套决策、派遣第一批救援单位到达事故现场所花费的时间。这段时间主要是对交通事故的确认、处置做出响应,明确参与交通事故处置的部门及所需的技术人员、技术装备等,并于第一时间赶赴现场。事故响应时间内,事故现场保持原状,未进行处理。

(3) 事故处理时间 T_3

这段时间指的是从救援队伍达到现场设置警戒区、处理受伤人员。现场勘查,直至交通事故清除后离开现场的时间。这段时间受事故类型、事故严重程度及响应部门的协调程度、救援水平等因素影响较大。

(4) 事故影响消散时间 T_4

这段时间指的是交通事故被清除后,车辆排队开始消散直到交通流回复到正常交通状态所需要的时间。这一阶段是交通恢复阶段,是交通事故持续时间的重要组成部分。

5.4.2 交通事故持续时间影响因素分析

交通事故持续时间的各个组成阶段影响因素不同,相同的影响因素在事故的不同发展阶段其影响重要程度也不同。相对而言,交通事故延迟时间可以通过事故的快速发现和快速处理来减小;但事故影响消散时间由于受事故点上下游的交通供需关系所限,不容易控制。

在现有研究基础上,本书将交通事故延迟时间的影响因素分为事故特征因素、环境因素、交通状况等三大类。

事故特征因素是影响事故清除时间的内因,直接影响到事故救援处置措施和难易程度,很大程度上决定着救援时间的长短。事故特征主要包括交通事故类型、事故严重程度及事故发生地点。高速公路交通事故类型主要有车辆抛锚、爆胎、起火、追尾、撞固定物、刮擦、翻车、货物散落等。事故严重程度主要体现在涉事车辆数、涉事车辆类型、车道关闭数、伤亡人数、是否有抛洒物、是否带有危险品车辆以及是否造成设施破坏。事故发生位置距离救援点位置对救援到达时间影响较大,直接影响事故延迟时间;此外,事故发生在高速公路不同位置,如事故发生在分合流区、交织区、基本路段等不同位置,对交通运行效率的影响不同,事故持续时间也会有所不同。

影响交通事故延迟时间的环境因素主要有时间因素和天气因素。时间因素指事故发生时间,分为白天与夜间、高峰时段与非高峰时段、工作日与非工作日;天气因素指事故发生时天气状况,分为晴天、雨天、雾天、冰雪等天气。事故发生时间与天气状况,对于事故发现时间、响应时间、处理时间及事故影响消散时间均有影响,但对各阶段影响程度有所不同。

事发点交通运行状况对事故响应时间、事故处理时间均有影响。若事发点交通较为拥堵,则救援车辆到达现场的时间也会有所延长;交通拥堵时,救援车辆在救援处置作业时不得不控制车速,以免影响自身与其他车辆安全,救援效率有所降低,事故处理时间延长。

在上述概括分析的基础上,分别分析事故持续时间各阶段——事故发现时间、事故响应时间、事故处理时间和事故影响消散时间的影响因素和作用机理。

1. 事故发现时间影响因素

交通事故发生后,管理部门通常通过以下途径获知事故信息:

(1) 事故车辆人员或过往车辆驾乘人员电话报警;

(2) 通过监控获知或通过其他监测手段监测到事故信息;

(3) 交警部门、路政人员或其他高速公路管理人员巡视时发现交通事故。

事故发现时间 T_1 由报警反应延迟(记作 T_1^1)、接警反应延迟(记作 T_1^2)和事故报告时间(记作 T_1^3)三个部分组成,即 $T_1 = T_1^1 + T_1^2 + T_1^3$。各部分时长与报警方式有关,不同方式报警反应延迟、接警反应延迟和事故报告时间如表 5-8、表 5-9 和表 5-10 所示。

表 5-8 不同方式报警反应延迟表

报警方式	人员电话报警	道路监控发现	巡逻车巡视时发现
报警反应延迟	取决于报告人报警反应延迟	<5 s	取决于巡逻车的巡逻能力

表 5-9 不同方式接警反应延迟表

报警方式	人员电话报警	道路监控发现	巡逻车巡视时发现
接警反应延迟	≤10 s	<1 s	<1 s

表 5-10 不同方式事故报告时间表

报警方式	人员电话报警	道路监控发现	巡逻车巡视时发现
报警反应延迟	取决于报告人报警的报告能力	<3 s	<5 s

对比上表可知,若事故获知方式为人员电话报警,则事故发现时间主要取决于报告人报警反应延迟和报告人报警的报告能力影响,接警反应延迟时间极短,可忽略不计;若事故获知方式为道路监控监测,报警反应延迟、接警反应延迟及事故报告时间都极短,可忽略不计;若事故获知方式为巡逻车巡视发现,则事故发现时间主要取决于巡逻车的巡逻能力。因此,报告人报警反应延迟的影响因素、报告人报警的报告能力以及巡逻车的巡逻能力是事故发

现时间的主要影响因素。

报告人报警反应延迟、巡逻车巡逻能力主要受事发时的环境因素如事故发生时间、事故发生时天气状况、事发时周边车辆数量以及事故检测设备的有效性与先进性的影响,这也直接影响到事故发现时间。

报告人报警的报告能力直接影响事故发现时间,这与报案人员的表达能力、接警人员的业务熟练程度、报案人员与接警人员的沟通状况等都有关系。

2. 事故响应时间影响因素

事故响应时间主要包括派遣时间和救援人员赶赴现场的时间,这段时间内响应部门根据事故的特征及事发位置调集救援人员和物资,并赶赴事发现场。由事故响应时间的组成可知,事故响应时间主要与以下影响因素有关。

(1) 事故类型

事故类型主要有车辆抛锚、爆胎、起火、追尾、撞固定物、刮擦、翻车、货物散落等。事故类型决定了事故所需的救援类型,不同救援机构对响应时间的需求也不同。不同的事故所涉及的救援对象不同,需要的救援物资种类也不同。如追尾、抛锚等一般需要拖车牵引,起火事故需要消防救援。如果事故发生时这些救援物资不能及时调用,则响应时间势必延长。

(2) 事故严重程度

事故严重程度主要体现在涉及车辆数、涉及车辆类型、车道关闭数、伤亡人数、是否有抛洒物、是否带有危险品车辆等多个属性。事故严重程度决定了需要使用的救援物资的规模,而调集更多的救援资源往往意味着需要更多的响应时间。如果事故涉及车辆数越多、涉及车型越大,救援所需要的设备和器材就越多,响应时间就越长。

(3) 事发位置

由于高速公路呈带状分布,所经区域较长,而救援队伍一般仅在公路的端点布置,因此事故发生的位置距离救援点的位置对事故响应时间影响较大。此外,对于发生在特殊地点的事故,可能所需要的可利用的救援措施不同,响应时间也会受到一些影响。

(4) 环境因素

环境因素对于事故响应时间的影响主要是考虑不利环境条件下实施救援所需要额外准备的救援物资难度更大,主要分为以下两方面。

一是事发时间的影响。对于发生在夜晚的事故,需额外准备充分的照明和供电设备,因此准备物资的时间可能要较白天长一些;对于发生在夜间和非工作日的事故,由于值班人员的减少,响应时间也可能会有所增加。

二是事发时天气状况的影响。主要考虑在雨雪雾等不良天气下实施救援需增加应对不良天气所需物资而延长响应时间。

(5) 交通状况

交通状况是影响救援车辆赶赴现场途中行驶速度的重要因素。高峰时间或道路施工等造成的交通拥堵可能会增加赶赴现场的时间,延长事故响应时间。

3. 事故处理时间影响因素

事故处理时间指救援人员到达现场后处理事故至事故清除离开现场的这段时间。事故处理时间的影响因素非常多,主要与事故类型、事故严重程度、事发点段位置、事发时间、天气状况及需要的救援处置措施等因素有关。

结合选取江苏省某单向 4 车道高速公路 2013 年监控中心管理系统的交通事故记录信息数据,分析各因素对事故响应和处理时间的影响。记录信息中主要包含:事故发生时刻、事故类型、占用车道数、涉及车辆数、伤亡人数、报警时间、响应时间、事故处理时间以及救援响应的措施等条目。

结合所获取的事故数据信息,将从事故类型、事故严重程度、响应和救援处置措施、事发时间及事发位置等方面分析其对交通事故处理时间的影响。

(1) 事故类型

交通事故类型从根本上决定了占用行车道的空间范围、事故持续时间以及上游驾驶人对事故的关注程度、驾车谨慎程度和交通管理部门采取的措施及救援的难易程度等。恶性交通事故(如车辆碰撞、危险化学品泄漏事故等)占用车道空间范围大、持续时间较长、交通流受影响较大,上游驾驶人对事故的关注程度和驾驶车辆的谨慎程度较高;而轻微交通事故(如刮擦、抛锚等)的情况刚好相反。

以江苏省高速公路事故数据为例,分析不同类型交通事故处理时间,如图 5-17 所示。

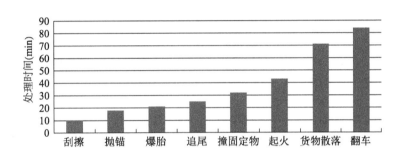

图 5-17 不同类型交通事故处理时间统计

因交通事故类型、严重程度及处置难易程度等因素的差异,各类交通事故的平均处理时间相差较大。其中车辆刮擦平均处理时间明显小于其他交通事故的平均处理时间,约为 10 min。车辆抛锚、爆胎、追尾等三类事故平均处理时间差异较小,车辆抛锚平均处理时间约为 18 min,车辆爆胎平均处理时间约为 21 min,车辆追尾平均处理时间约为 25 min。事故平均处理时间最长的是翻车,约为 84 min;其次为货物散落,约为 60 min;再次为起火事故,约 43 min;最后为撞固定物,约为 29 min。

(2) 事故严重程度

事故严重程度主要体现在涉及车辆数、涉及车辆类型、车道关闭数、伤亡人数、是否有抛洒物、是否带有危险品车辆等多个属性。一般来说,交通事故越严重,对交通运行的干扰程度越大,事故的严重程度与事故处理之间的分析有助于交通事故处理方案的提出和处理效率的提高。以江苏省高速公路交通事故数据为例,分析不同类型的事故处理时间与伤亡人数、涉事车辆的关联性,如表 5-11、表 5-12 所示。

表 5-11　不同类型交通事故处理时间与伤亡人数的关联性　　　单位：min

	无人员伤亡	受伤 1~2 人	受伤 3 人以上	死亡 1 人	死亡 2 人以上
刮擦	8	13	—	—	—
抛锚	18	—	—	—	—
爆胎	19	44	—	—	—
追尾	19	48	73	96	82
撞固定物	26	31	143	98	—
货物散落	60	—	—	—	—
起火	37	54	—	—	—
翻车	89	98	75	—	60

货物散落、车辆抛锚事故发生时，一般不会出现人员伤亡的现象；车辆刮擦、起火、爆胎等可能导致 1~2 人受伤；翻车、追尾、撞固定物等事故通常会造成较大的人员伤亡。

货物散落、抛锚、刮擦、起火、爆胎五类事故处理时间受伤亡人数影响较小，翻车、追尾、撞固定物三类事故处理时间受伤亡人数影响较大。其中追尾事故尤为明显，追尾事故的处理时间随伤亡人数的增加而增大；而翻车、撞固定物这两类事故通常伴有吊装、驳货或驳客等处置设施，处理时间受伤亡人数影响的规律不明显。

表 5-12　不同类型交通事故处理时间与涉事车辆的关联性　　　单位：min

	1 辆小型车或 1 辆中型车	1 辆大型车或 2 辆小型车	1 辆大型车和 1 辆小型车或 2 辆中型车	1 辆大型车和 1 辆中型车	2 辆大型车或 3 辆车以上
刮擦	4	8	11	23	9
抛锚	14	20	—	—	—
爆胎	16	40	—	38	—
追尾	16	27	47	46	42
撞固定物	22	43	—	—	—
起火	30	53	177	62	—
货物散落	43	78	99	—	—
翻车	45	103	155	89	—

爆胎、抛锚、刮擦等常规交通事故处理时间受涉事的车辆类型及数量影响较小，追尾、撞固定物、散落物、起火等事故受涉事的车辆类型及数量影响较大，涉及大中型车的翻车、散落物事件的处理时间明显延长。

总体来说，随着交通事故严重程度的增加，事故的处理时间呈增加的趋势，但事故的处理时间与事故的严重程度并不完全呈单调递增，有时随着事故严重程度等级增大，事故处理时间反而下降。这种反常现象的出现可能是由于事故较严重时，应急管理部门较为重视，会采取更有效的救援措施，更快地处置事故，减少交通延误。

(3) 响应和救援处置措施

交通事故响应和救援处置措施主要有交通巡警救援、路政执法、道路清排障设施(吊车、拖车等工程抢险车辆)、消防队救援及医疗救护等。交通事故发生后,需采取的响应和救援处置措施是决定交通事故持续时间的一个重要因素,根据事故的类型及严重程度可以确定需要调度的救援队伍,从而可以初步确定事故持续时间范围。

以江苏省高速公路事故数据为例,统计分析事故处理时间与救援处置措施的关联性,如表 5-13 所示。

表 5-13　交通事故处理时间与救援处置措施的关联性　　　　　　　单位:min

	只需交警参与	需医疗救护	需消防参与	需拖车	需驳货车	需吊车
刮擦	7	14	—	6	79	—
抛锚	6	—	—	17	36	19
爆胎	15	—	—	51	35	44
追尾	9	27	75	43	122	41
撞固定物	14	29	185	37	124	39
起火	—	72	44	54	56	55
货物散落	66	—	95	51	62	61
翻车	—	78	143	66	112	108

一般来说,只需交警参与处置的交通事故,其处理时间一般较短,通常在 15 min 左右。需要消防参与或需要驳货车的交通事故,其处理时间通常较长,统计中需消防参与的事故最短处理时间 54 min,最长达 205 min;需要驳货车的交通事故,其处理时间一般在 50 min 以上,追尾、撞固定物、翻车类事故需驳货车参与处理,其处理时间都在 100 min 以上。

(4) 事发时间

事故发生时刻可分为工作日和非工作日,工作日又可分为高峰时段和非高峰时段。不同的时间段,路网上的交通流运行状态、流量大小差别较大,高速公路交通运行状况随时间的变化呈现波动趋势;不同时间段救援措施效率也有所差别,对事故持续时间也有一定的影响。

一般说来非高峰时段交通事故处理时间比高峰时段处理时间比要长,非工作日时交通事故处理时间比工作日处理时间要长。究其原因,可能是高峰时段和工作日时相关响应和救援机构采取救援措施的效率相对较高,降低了事故响应和处理的平均时间。

(5) 事发位置

事故发生位置分为纵向位置和横向位置两个方面。根据交通流性质的不同,高速公路纵向位置可分为主线基本路段、入口匝道下游路段、出口匝道上游路段及交织区四类,不同纵向位置处,车流运行状况不同,事故发生后所造成的影响也有所不同。一般来说,事故发生在交织区时,事发点道路通行能力受影响最大;事故发生在入口匝道下游附近路段时,道路通行能力受事故影响也较大;事故发生在出口匝道上游附近和基本路段时,对道路通行能力的影响相对较小。

横向位置主要指事发点的车道位置,即事发点在道路边侧车道还是中间车道。事发点的车道位置与事故所阻塞的行车道数目共同决定了事发点断面剩余通行能力。道路剩余通行能力越小，事故造成的影响程度越严重，事故处理时间也会相应的有所延长。同样规模、同样发生在最内侧车道的交通事故，在多车道高速公路上的事故处理时间会更长。

4. 事故影响消散时间影响因素

事故处理结束后其影响消散时间的长短取决于事故点上游排队长度和事故处理后排队消散速度。上游排队长度与事故延迟时间和上游车辆到达情况有关，排队消散速度与事故点的正常通行能力有关，因此事故影响消散时间的影响因素主要为交通供需状况，与事发点车道数有关。故事故影响消散时间影响因素包括交通需求状况和事发时、事故理后的车道数。

事故发生后，事故点产生向上游传播的集结波，事故清除后，事故点产生向上游传播的启动波，这两种波的相遇情形决定了上游最大排队长度的大小。两者相遇后形成从上游排队队尾向下游事故点传播的消散波，其波速决定排队消散时间的长短。这三种波的波速受上游车辆到达流率、事故条件下事故点剩余通行能力以及事故点正常通行能力影响，前两种波的相遇时刻受事故延迟时间影响。因此，交通供需状况的影响因素包括上游车辆到达流率、事故延迟时间、事故条件下事故点剩余通行能力以及事故点正常通行能力。

5.4.3 交通事故持续时间分阶段预测

交通事故持续时间的影响因素较多，且每一阶段的影响因素有所不同，应根据不同阶段的特点分别预测事故各阶段时间。

1. 事故发现时间预测

事故发现时间 T_1 由报警反应延迟 T_1^1、接警反应延迟 T_1^2 和事故报告时间 T_1^3 三个部分组成，即 $T_1 = T_1^1 + T_1^2 + T_1^3$。不同报警方式下 T_1^1、T_1^2 和 T_1^3 的取值不同，因此需根据不同的报警方式分别预测事故发现时间，如图 5-18 所示。

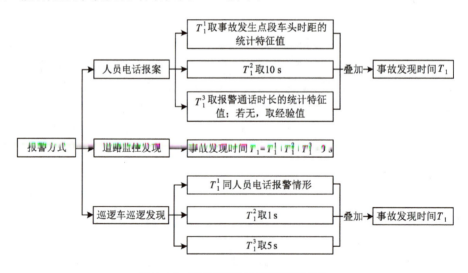

图 5-18 事故发现时间预测模型结构

（1）若为人员电话报案，报警反应延迟 T_1^1 取事故发生点段车头时距的统计特征值，如车头时距的众数或均值等；接警反应延迟 T_1^2 取经验数值，通常取 10 s；事故报告时间 T_1^3 取报警通话时长的统计特征值,如众数或均值等,若无报警通话时长的统计资料,可根据接警业务经验取合适的经验值。叠加 T_1^1、T_1^2 和 T_1^3 即可得到人员电话报案方式下的事故发现时间。

(2) 若为道路监控发现事故,报警反应延迟 T_1^1 取经验值 5 s,接警反应延迟 T_1^2 取经验值 1 s,事故报告时间 T_1^3 取经验值 3 s,三者叠加即可得到道路监控报案方式下的事故发现时间 $T_1 = T_1^1 + T_1^2 + T_1^3 = 9$ s。

(3) 若为巡逻车巡逻发现事故进行报案,这种情况下报警反应延迟 T_1^1 取决于巡逻车的巡逻能力,其延迟时间与人员电话报案情形类似,可取事故发生点段车头时距的统计特征值,即车头时距的众数或均值等;接警反应延迟 T_1^2 取经验数值,通常取 1 s;事故报告时间 T_1^3 取经验值 5 s。叠加 T_1^1、T_1^2 和 T_1^3 即可得到巡逻车发现事故报案方式下的事故发现时间。

2. 事故响应和处理时间预测

交通事故响应和处理时间影响因素非常多,目前已有不少学者对交通事故响应和处理时间的预测进行了研究,常用的预测模型有概率分布模型、线性回归模型、时间序列模型、决策树模型、非参数回归法和模糊逻辑法等。其中决策树模型是当前数据库知识发现中所采用的最有效的一种规则提取方法,该方法不需要假设变量的具体分布形式,过程简单且直观,比较适用于实际的交通事故管理中。

采用决策树模型时通过科学的推理步骤周密地思考选择影响事故持续时间的各有关因素,事故管理人员可以在预测事故持续时间时,有顺序、有步骤地进行决策,以便在进行交通组织和紧急救援时做出更好、更有效、更合理的决策。

现有的基于决策树算法的交通事故持续时间预测方法需要获得事故完整的关键信息,如事故类型、严重程度等。然而在实际交通事故发生过程中,很难立刻获得交通事故的所有信息,如交通事故初期很难确定事故伤亡情况、车辆是否可以移动等,但这些信息对于分类的精度和准确度非常重要。

因此数据预测过程中,数据变量缺失是一个存在且不容忽视的问题。采用贝叶斯概率模型反推得到未知信息,通过树状结构进行预测可在一定程度上解决数据变量值残缺的问题,因此本研究将采用基于贝叶斯概率模型的决策树算法来预测交通事故响应和处理时间。

(1) 贝叶斯方法

朴素的贝叶斯分类方法是贝叶斯方法中实用性很高的一种学习方法,其关键是使用概率表示各种形式的不确定性。在选择某事件面临不确定性时,在某一时刻假定此事件发生的概率,然后根据不断获取的新信息修正此概率。

每个数据样本采用一个 n 维特征向量 $X = \{x_1, x_2, \cdots, x_n\}$ 表示,分别描述对 n 个属性 $A_1, A_2, \cdots, A_n$ 样本的 n 个度量。假设有 m 个类 $C_1, C_2, \cdots, C_m$,给定 1 个未知的数据样本 X(即没有类标号),朴素贝叶斯分类将未知的样本 X 指派到 $C_i(1 \leqslant i \leqslant m)$,当且仅当 $P(C_i | X) > P(C_j | X)$,对任意的 $j = 1, 2, \cdots, m, j \neq i$。这样,最大化为 $P(C_i | X)$,最大的类为最大后验假定。贝叶斯定理公式如下:

$$P(C_i | X) = \frac{P(X | C_i) P(C_i)}{P(X)} \quad (5-10)$$

由于 $P(X)$ 对于所有类为常数,只需要 $P(X|C_i)P(C_i)$ 最大即可。其中,$P(C_i) = s_i/s$,s_i 是类 C_i 中的训练样本数,而 s 是训练样本总数。为简化计算,可做类条件独立的朴素假定,即属性 $A_1,A_2,\cdots,A_n$ 之间相互独立,则

$$P(X|C_i) = \prod_{k=1}^{n} P(x_k|C_i) \tag{5-11}$$

其中,概率 $P(x_1|C_i)$,$P(x_2|C_i)$,$\cdots$,$P(x_n|C_i)$ 可以由训练样本估计。

对未知样本 X 分类,就是对每个类 C_i 进行计算 $P(X|C_i)P(C_i)$ 的值。样本 X 分配至 $C_i(1\leqslant i\leqslant m)$,当且仅当 $P(C_i|X)>P(C_j|X)$,对任意的 $j=1,2,\cdots,m,j\neq i$,即将 X 分配至 $P(X|C_i)P(C_i)$ 最大的类。

（2）决策树算法选择

决策树是数据挖掘中生成分类器的一个特别有效的分类方法,它从一组无次序、无规则的事件中,推理出决策树表示形式的分类规则。决策树分类方法采用自顶向下的递归方式,在决策树的内部节点比较属性值,并根据不同的属性值判断从该节点向下的分支,在决策树的叶节点得到结论。从决策树的根到叶节点的一条路径就对应着一条合取规则,整棵决策树就对应着一组析取表达式规则。

目前 ID3 算法、C4.5 算法、CART 算法是使用较广的三种决策树算法。CART 算法生成的是二叉树,在一定程度上限制了其使用。C4.5 算法是 ID3 算法的改进算法,不仅继承了 ID3 算法的优点,相较于 ID3 算法其效率有很大的提高,用其生成的决策树分支也较少。且 C4.5 算法使用范围较广,国内外对其研究也比较成熟。因此本节选择 C4.5 算法生成决策树。

（3）基于贝叶斯方法的决策树算法

在原有决策树的两个属性测试节点之间,加入新的节点,根据贝叶斯原理进行函数计算,称之为贝叶斯节点,具有贝叶斯节点的决策树称为贝叶斯决策树。采用基于贝叶斯方法的决策树分类算法,构建交通事故响应和处理时间预测模型。图 5-19 为基于贝叶斯方法的决策树模型示意图。

经过条件 θ 后,判断贝叶斯条件的 0 和 f 值。0 表示节点不进行任何计算,直接根

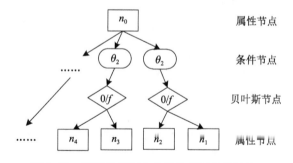

图 5-19 基于贝叶斯方法的决策树模型结构

据条件 θ 转向下一属性测试节点;f 表示需要计算 f 的值。这里的函数 f 是朴素的贝叶斯公式,即如果贝叶斯节点需要 f 值,则下一个属性节点的选择依赖于属性测试条件和函数 f 的值。

基于贝叶斯方法的决策树算法的基本思想是:对于能够用信息增益率确切选择分裂属性的分支,选取贝叶斯节点的 0 值;对于数据对象具有二义性,或属性值丢失的数据,如某一交通事故的伤亡情况未知,则选择 f 值,利用贝叶斯方法确定其后验概率,选取后验概率最大的那一类,此类即为数据对象所属的类别。算法选择信息增益率最大的属性作为当前节

点的测试属性。

（4）决策树模型构建示例

根据决策树法预测交通事故延迟时间的已有研究成果，事故类型往往是信息增益率最高的影响因素，用其对决策树进行初始分裂这种情形下，交通事故响应和处理时间预测决策的顶层结构如图 5-20 所示。在分裂过程中，若属性类型中有不完全的属性值或属性值存在二义性，则按贝叶斯方法计算后再确定其分类。

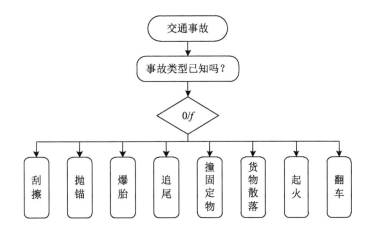

图 5-20 用事故类型进行的初始分裂的决策树顶层结构

以翻车事故为例，给出翻车事故处理时间预测决策树的示例，如图 5-21 所示。事故响应时间预测决策树的构造也与之类似。

示例仅用来显示决策树的结构形式，示例中决策树的分裂方式不能代表一般情形，各层的分裂随数据样本的不同而有所不同。

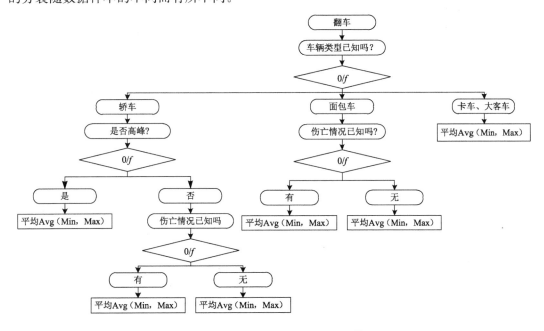

图 5-21 翻车事故处理时间预测决策树

3. 事故影响消散时间预测

事故影响消散时间指事故处理完成后交通恢复到正常交通状态的时间,即事故清除后拥堵消散的时间,是交通事故持续时间的一个重要组成部分。然而目前交通事故数据信息中没有对事故影响消散时间的记录,现有文献也很少研究事故影响消散时间。但事故影响消散时间在很大程度上影响着出行者的行程时间与出行效率,因此有必要进行详细的研究。

高速公路某处发生交通事故后,若该点上游交通需求量大于事故段能够通过的最大交通量,则到达车流在事故点陆续减慢速度甚至停车而集结成密度较高的队列。事故解除后,由于路段通行能力的恢复,排队车辆陆续启动,进而疏散形成一列具有适当密度的车队。事故发展各阶段下交通波的产生与相遇情形见图 5-22 所示。在预测交通事故延迟时间的基础上,采用交通波理论计算事故影响消散时间。

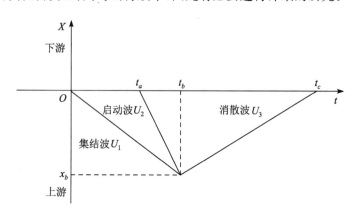

图 5-22 事故持续各阶段事发点上游交通波产生与相遇示意图

考虑高速公路有一定长度的均匀路段,起初交通均匀分布,拥有参数 V_a、K_a、Q_a,假设在位置 $X_0=0$ 处发生事故,起始时间 $t=0$,事故处理完毕时间 $t=t_a$(t_a 即为事故延迟时间)。在事故持续过程中,通过位置 $X_0=0$ 的流量减少到 $Q=Q_f<Q_a$,在时间 $t=t_a$ 后,通过位置 $X_0=0$ 的流量恢复到 Q_a。

当在高速公路上发生交通事故时,事故发生点的到达车流量 Q_a 超过事发时的允许车流量 Q_f,因此在事故点上游路段发生拥堵现象,从而形成集结波 U_1,设此时交通流三参数 V_b、K_b、Q_f,这里 $K_b=K(Q_f)$,$V_b=V(K_b)$,此集结波的初始传播速度

$$U_1=\frac{Q_f-Q_a}{K_b-K_a}<0 \ (0<t<t_b) \tag{5-12}$$

式中,t_b 表示事故结束时,事发点启动波 U_2 赶上集结波 U_1 的时刻。

当事故处理结束后,事故点 $X_0=0$ 处对流量的限制同时被解除,此时产生源于位置 $X_0=0$ 处的启动波 U_2,此启动波的传播速度

$$U_2=\frac{Q_f-Q}{K_b-K}<0 \ (t_a<t<t_b) \tag{5-13}$$

其中 Q 为启动流量,K 为波面下方密度。必须满足 $Q_a<Q\leqslant Q_m$,若 $Q\leqslant Q_a$,排队将无法消散。Q_m 为正常交通时的最大交通量。

由方程 $U_1 t_b=U_2(t_b-t_a)$ 可得

$$t_b=\frac{U_2}{U_2-U_1}t_a \tag{5-14}$$

上游排队末尾位置为

$$X_b = U_1 t_b = \frac{U_1 U_2}{U_2 - U_1} t_a \tag{5-15}$$

当 $Q = Q_m$，$K = K_j$ 时，$|U_2|$ 最小：$U_2 = \frac{Q_f - Q_m}{K_b - K_j}$，从而得到最大上游排队末尾位置为

$$X_{b\max} = \frac{(Q_f - Q_a)(Q_f - Q_m)}{(Q_f - Q_m)(K_b - K_a) - (Q_f - Q_a)(K_b - K_j)} t_a \tag{5-16}$$

该位置所对应的时刻为

$$t_{b\max} = \frac{(Q_f - Q_a)(K_b - K_a)}{(Q_f - Q_m)(K_b - K_a) - (Q_f - Q_a)(K_b - K_j)} t_a \tag{5-17}$$

在 t_b 之后，交通运行状况开始正常恢复，形成从上游排队队尾向下游传播的消散波 U_3，排队逐渐减少。假设 $t = t_c$ 时刻，消散波到达事故点，排队完全消失。消散波 U_3 传播速度为

$$U_3 = \frac{Q - Q_a}{K - K_a} > 0 \; (t > t_b) \tag{5-18}$$

事发点恢复到正常状态对应的时刻

$$t_c = t_b - \frac{X_b}{U_3} \tag{5-19}$$

事故影响消散时间 $T_4 = t_c - t_a$，即

$$T_4 = t_b - \frac{X_b}{U_3} - t_a = \frac{U_1(U_3 - U_2)}{U_3(U_2 - U_1)} t_a = \frac{Q_a - Q_f}{Q - Q_a} t_a \tag{5-20}$$

因为 $Q_a < Q \leqslant Q_m$，所以当 $Q = Q_m$ 时，事故影响消散最短时间为

$$T_{4\min} = \frac{Q_a - Q_f}{Q_m - Q_a} t_a \tag{5-21}$$

因此只需测出各阶段的交通流参数并预测事故延迟时间，即可计算得出交通事故的影响消散时间。

5.5 基于拥堵扩散范围的交通事故分级方法

基于 5.4 节的分析可知，交通事故持续时间、事发路段剩余通行能力、事发前交通运行状态、路网交通疏散能力及事发路段救援队伍的应对能力是决定交通事故影响扩散范围的最直接的因素。本节将对这五个指标量化分级，采用层次分析法确定各指标权重，并给出基于影响扩散范围的交通事故的分级标准。

5.5.1 分级测算指标及量化标准

1. 事故持续时间

根据 5.4 节事故持续时间分阶段预测方法，对交通事故持续时间进行预估。参考交通

事故持续时间历史数据,将其分为表 5-14 中的几个区段等级。

表 5-14 事故持续时间评分

划分标准	<30 min	30～90 min	60～120 min	120～240 min	>240 min
打分	1	2	3	4	5

2. 事发路段剩余通行能力

高速公路发生交通事故时,事故车辆通常会占用路肩或者行车道,导致通行能力下降。表 5-15 事发路段剩余通行能力评分给出高速公路事发路段剩余可利用的通行能力比例,以此为依据,将事发路段剩余通行能力划分为五个等级,如表 5-15 所示。

表 5-15 事发路段剩余通行能力评分

划分标准	[0.9,1)	[0.8,0.9)	[0.5,0.8)	[0.2,0.5)	[0,0.2)
打分	1	2	3	4	5

3. 事发前交通状况

指事发路段在交通事故发生前的交通流量水平,可通过交通事故发生的时间,确定事发时的交通状况。实际应用中,对于某一具体路段,可依据流量—时段的历史数据分布曲线,由事故所处时段确定事发前交通状态处于平峰还是高峰。结合事发路段的车道数以及事发前交通状态,将其划分为五个等级,如表 5-16 所示。

表 5-16 事发前交通状况评分

划分标准	单向两车道平峰流量	单向三车道平峰流量	单向四车道以上平峰流量	单向两车道高峰流量	单向三车道以上高峰流量
打分	1	2	3	4	5

4. 路网交通疏散能力

路网交通疏散能力指区域路网对交通负荷的缓解能力,可采用事发点上游路网的出口数量、出口平均间距、相连道路的分流能力等指标衡量。为便于计算,本研究以事发点同向上游 20 km 范围内包含国道、省道在内的区域路网出入口的数量来表征路网交通疏散能力,如表 5-17 所示。

表 5-17 路网交通疏散能力评分

划分标准	打分
同向上游 20 km 范围内出入口大于 3 个	1
同向上游 20 km 范围内 3 个出入口	2
同向上游 20 km 范围内 2 个出入口	3
同向上游 20 km 范围内 1 个出入口	4
同向上游 20 km 范围内无出入口	5

5. 救援队伍应对能力

救援队伍应对能力指事故发生路段所在的交通管理部门现有的应急救援队伍及救援装备是否满足事故处理及救援需求,见表 5-18。

表 5-18 救援队伍应对能力评分

划分标准	打分
现有的应急救援队伍、救援装备完全有能力应对该事故	1
现有的应急救援队伍、救援装备基本能满足事故处置需求	2
现有的应急救援队伍、救援装备忙于应付,需要临近辖区管理部门的支援、配合	3
现有救援力量不能满足应急处置需求,需要市级管理部门的支援	4
现有救援力量不具备处置该事故的能力,需要省级以上管理部门的支援	5

5.5.2 指标权重的确定

通过层次分析法确定权重因素的主要步骤如下:

1. 建立递阶层次结构

首先要建立决策问题的递阶层次结构,将整个评价方法分作若干个层次。通过调查研究和分析,弄清决策问题的范围和目标,问题包含的因素,各因素之间的相互关系,然后将各因素按照它们的性质分成若干层,构成递阶层次结构。

问题所包含的因素分层可划分为最高层、中间层、最低层、最高层表示解决问题的目的,中间层表示实现总目标而要采取的各种措施、方案等。当某个层次包括因素较多时可以将该层划分为若干子层。

2. 构造判断矩阵

判断矩阵是层次分析法的核心。判断矩阵是通过两两比较得出来的。通过相互比较确定各准则层对于目标的权重,即构造判断矩阵。判断矩阵表示针对上一层次某单元(元素),本层次与它有关单元之间相对重要性的比较,一般取如下形式:

$$C = \begin{pmatrix} c_{11} & \cdots & c_{1n} \\ \vdots & \ddots & \vdots \\ c_{n1} & \cdots & c_{nn} \end{pmatrix} \quad (5\text{-}22)$$

在两两比较的过程中,决策者需要反复回答问题:同一准则层下的两个元素 C_i 和 C_j 哪个更重要,重要多少。需要对重要程度赋予一定的数值,这里使用 1~9 的比例标度,如表 5-19 所示。

表 5-19 两目标重要程度比较分类

标度	定义与说明(若元素 C_i 与元素 C_j 相比较得判断 c_{ij})
1	两个元素对某一属性具有同等重要性
3	两个元素比较,一个元素比另一个元素稍微重要
5	两个元素比较,一个元素比另一个元素明显重要

(续表)

标度	定义与说明(若元素 C_i 与元素 C_j 相比较得判断 c_{ij})
7	两个元素比较,一个元素比另一个元素重要得多
9	两个元素比较,一个元素比另一个元素极度重要
2,4,6,8	表示需要在上述两个标度之间的折中时的定量标度
$1/c_{ij}$	两个元素的反比较

3. 计算判断矩阵

(1) 将判断矩阵每一列作归一化处理,其元素的一般项为

$$c_{ij} = \frac{c_{ij}}{\sum_{k=1}^{n} c_{kj}} \tag{5-23}$$

(2) 将每一列归一化处理后的判断矩阵按行相加为

$$M_i = \sum_{j=1}^{n} c_{ij} \tag{5-24}$$

(3) 将向量 $M = (M_1, M_2, \cdots, M_n)^T$ 归一化,即得到指标权重矩阵

$$W_i = \frac{M_i}{\sum_{j=1}^{n} M_j} \tag{5-25}$$

(4) 计算判断矩阵最大特征根

$$\lambda_{\max} = \sum_{i=1}^{n} \frac{(CW)_i}{n W_i} \tag{5-26}$$

式中 $(CW)_i$ 表示 CW 的第 i 个元素,以上的 $i, j = 1, 2, 3 \cdots, n$。

4. 一致性检验

一致性检验是通过计算一致性指标和检验系数检验的。一致性指标: $CI = \frac{\lambda_{\max} - n}{n-1}$,检验系数: $CR = \frac{CI}{RI}$,其中,是 RI 平均一致性指标,可通过表 5-20 查得。一般,当 $CR \leqslant 0.1$ 时,可认为判断矩阵具有满意的一致性,否则,需要重性调整判断矩阵。

表 5-20 层次分析法 RI 取值

阶数	1,2	3	4	5	6	7	8	9	10	11
RI	0	0.58	0.90	1.12	1.24	1.32	1.41	1.45	1.49	1.51

5.5.3 基于影响扩散范围的交通事故分级标准结果

采用专家集体协商的办法,确定每两个指标间的重要程度,构造判断矩阵,并进行一致

性检验，得到各指标权重值。在获知交通事故持续时间、事发前交通运行状态、事发路段剩余通行能力、路网交通疏散能力及救援队伍应对能力等信息后，按照分级指标量化标准，对所获取的各指标进行赋值。采用已得到的指标权重对各指标加权求和，即可得到交通事故影响扩散范围的综合评价值。

对应交通事故空间影响扩散状态与扩散范围，将交通事故分为三个等级，如表 5-21 所示。

表 5-21 基于影响扩散范围的交通事故分级标准

分级标准	Ⅰ级	Ⅱ级	Ⅲ级
评价分值	[0, 1)	[1, 3)	[3, 5)
等级描述	事发点交通事故	局部性交通事故	区域性交通事故
对应的事故影响扩散状态	事故影响点扩散	事故影响线扩散	事故影响面扩散

根据本节给出的交通事故分级指标、权重确定方法及分级标准，通过实例来进行具体说明。假设某单向四车道高速公路在高峰时期发生了一起交通事故，事故持续时间为 20 min，事故发生后，事发点通行能力折减系数为 0.8，事发点上游 20 km 内有 4 个出入口，且该高速公路现有的应急救援队伍、救援装备完全有能力应对该事故。通过德尔菲法得到的判断矩阵如下：

$$\begin{matrix} 1.00 & 2.00 & 0.50 & 5.00 & 7.00 \\ 0.50 & 1.00 & 0.33 & 3.00 & 5.00 \\ 2.00 & 3.00 & 1.00 & 8.00 & 9.00 \\ 0.70 & 0.33 & 0.13 & 1.00 & 2.00 \\ 0.14 & 0.20 & 0.11 & 0.50 & 1.00 \end{matrix}$$

归一化处理后：

$$\begin{matrix} 0.260 & 0.306 & 0.242 & 0.286 & 0.292 & 1.385 \\ 0.130 & 0.153 & 0.161 & 0.171 & 0.208 & 0.824 \\ 0.520 & 0.459 & 0.483 & 0.457 & 0.375 & 2.295 \\ 0.052 & 0.051 & 0.060 & 0.057 & 0.083 & 0.304 \\ 0.037 & 0.031 & 0.054 & 0.029 & 0.042 & 0.192 \end{matrix}$$

得权重矩阵为：$W = (0.28 \quad 0.16 \quad 0.46 \quad 0.06 \quad 0.04)$。有 $\lambda_{max} = 4.90 < 5$，故 $CR \leqslant 0.1$，可认为判断矩阵具有满意的一致性。事故等级计算为：$1 \times 0.28 + 2 \times 0.16 + 5 \times 0.46 + 1 \times 0.06 + 1 \times 0.04 = 3.00$，判定为Ⅲ级，区域性交通事故，事故影响面扩散。

5.6 多车道高速公路交通事故影响区划分与计算

5.6.1 各级交通事故影响区划分

一旦发生交通事故,需采取紧急措施对事发点上游车辆进行应急交通组织,以避免二次事故的发生,减少由于事故而产生的车辆延误,最大程度上降低事故现场外的损失。在进行应急交通组织时,事发点上游不同区域应采取相适应的交通组织策略与方法,以保证交通组织方法发挥最大效益。不同等级的交通事故,其在路网上的影响范围有所不同,事故影响区的划分也略有不同。

Ⅰ级:事发点交通事故

对应交通事故影响点扩散状态,事故引起的排队拥堵仅对事发路段造成影响,尚未影响到其相邻的路段,或者不可能产生大范围扩散或传播,对整条线路及邻近线路影响较小,只需在事发点上游采取局部管制措施即可的交通事故。对于Ⅰ级事发点交通事故,其影响区主要为事故现场保护区。

Ⅱ级:局部性交通事故

对应交通事故影响线扩散状态,由于交通流量的持续增加或者由于局部堵塞未得到及时疏散,交通事故所造成的排队拥堵蔓延到上游路段,可能产生后已经产生较大范围的传播,所需处置时间较长,影响的车辆较多。需要对事发路段采取局部管制措施,对事发路段主线上游及周边上游衔接路段发布限速信息,在上游影响范围内的出入口匝道、收费站处实施限流或分流等管制措施。对于Ⅱ级局部性交通事故,其影响区可划分为事故现场保护区和控制区。

Ⅲ级:区域性交通事故

对应交通事故影响面扩散状态,交通事故引起的拥堵分布在与事发路段所在高速公路相关联的其他周边道路,已产生较大范围的扩散或传播,影响多条邻近线路的车辆通行,形成区域性范围内的拥堵。需要对全线交通采取管制措施,在本条高速公路和周边相关联的线路发布诱导、限速等信息,在受影响路网范围内的出入口匝道、收费站处实施限流或分流等区域性管制措施。对于Ⅲ级区域性交通事故,其影响区可划分为事故现场保护区、控制区和缓冲区。

5.6.2 交通事故影响区的计算

1. 保护区范围

保护区指交通事故发生现场区域及为保护事故现场而限制车辆驶入的过渡区域。发生交通事故时,为保护事故现场的证据,保护现场人员的安全,防止二次事故的发生,事故现场一定范围内禁止任何人员和车辆的进入,采取封闭措施。此外,由于高速公路设计车速高,车辆运行速度快,驾驶人如果在进入事故现场前不能及时发现前方的事故信息,易造成二次事故,产生更为严重的后果。因此在处理交通事故时应在事故现场前方设置一段过渡区域,给驾驶人调整行车状态的余地,使得车流变化尽量缓和平滑。

本研究参考施工控制区的设置经验,将事故现场保护区细分为警告区、上游过渡区、事故区、下游过渡区和终止区五个部分,具体如图 5-23 所示。

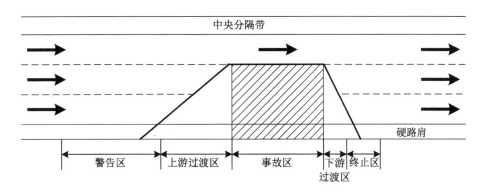

图 5-23 事故现场保护区的划分

(1) 警告区长度

警告区的设置是为了提示车辆驾驶员前方道路发生交通事故,使驾驶员注意道路交通变化情况,及时采取相应的措施,按交通标志调整行车状态,保证事故现场交警、驾驶员以及其他人员的人身安全。警告区长度 S 由车辆减速运动所经过的距离 S_V、车辆与排队尾部的最小附加安全距离 S_S 和事故现场附近形成的车辆拥堵时的排队长度 S_Q 构成,具体如下式所示:

$$S = S_V + S_S + S_Q \tag{5-27}$$

① 车辆减速运动所经过的距离 S_V,根据驾驶员产生的操作的感知、判断决策和动作三阶段,可以按照下式计算:

$$S_V = \frac{v_1}{3.6}t + \frac{v_1^2 - v_2^2}{2g(\varphi \pm i) \cdot 3.6^2} \tag{5-28}$$

式中 v_1——减速前的行驶车速(km/h);
v_2——减速后的行驶车速,即事故现场保护区限速值(km/h);
t——驾驶员发现事故警告标志并开始采取行动至行动生效的时间,通常取 2.5 s;
φ——路面摩擦系数,具体见表 5-22;
i——道路纵坡,上坡取"+",下坡取"-"。

表 5-22 各类路面的摩擦系数

路面类型	路面状况	
	干燥	潮湿
水泥混凝土路面	0.7	0.5
沥青混凝土路面	0.6	0.4

② 车辆与排队尾部的最小附加安全距离 S_S，考虑最不利情况，即事发区域车辆形成的排队造成严重阻塞，后续车辆在排队尾部不得不停车等候，为避免车辆直接撞上排队尾端的车辆，车辆必须再次持续减速至 0，此时最小附加安全距离为车辆再次减速至停止所需行驶的路程

$$S_\mathrm{S} = \frac{v_2}{3.6}t + \frac{v_2^2}{2g(\varphi \pm i) \cdot 3.6^2} \tag{5-29}$$

③ 事故现场附近形成的车辆拥堵时的排队长度 S_Q，可根据下式计算

$$S_\mathrm{Q} = Qh_q \tag{5-30}$$

式中　Q——交通事故影响车辆数(veh)；

　　　h_q——排队等待区的平均车头间距(m/veh)。

需要指出的是，以上计算的警告区长度都是最小值，在实际中设置的警告区长度不得小于上述计算值。计算高速公路事故现场警告区长度时，也可参考规范《公路养护安全作业规程》(JTG H30—2004)给出的高速公路施工区的最小长度推荐值，如表 5-23 所示。

表 5-23　警告区最小长度

设计速度(km/h)	警告区最小长度(m)
120,100	1 600
80,60	1 000

在确定高速公路事故现场警告区长度时，应同时考虑以上计算值与规范规定值，取两者之间的较大者为宜。

(2) 上游过渡区长度

上游过渡区的设置是为了保证车辆平稳地从封闭车道横向过渡到开放车道上，以使车辆能够顺利绕开事故区。车辆进入上游过渡区后如果不在开放车道上通行，必须在此区域内变换车道汇入开放车道行驶。上游过渡区的最小长度可按《道路交通标志和标线》(GB5768—2009)推荐的公式：

$$L_\mathrm{S} = \begin{cases} \dfrac{Wv^2}{155} + (n-1) \times 5 \times \dfrac{Wv^2}{155}, & v \leqslant 60 \text{ km/h} \\ \dfrac{Wv}{1.6} + (n-1) \times 5 \times \dfrac{Wv^2}{155}, & v > 60 \text{ km/h} \end{cases} \tag{5-31}$$

式中　L_S——上游过渡区的最小长度(m)；

　　　W——事故现场所占用的车道宽度(m)；

　　　v——事故路段限速值，或上游过渡区路段的 85% 车位速度(km/h)；

　　　n——事故导致的封闭车道数。

对于路肩封闭的上游过渡区，《公路养护安全作业规程》(JTG H30—2015)规定：根据现场调研及分析研究发现，封闭路检作业时上游过渡区长度取封闭车道上作业时上游过渡

区长度的 $\frac{1}{3}$ 即可满足要求。

(3) 事故区长度

交通事故区的主要作用是保护事故现场、进行事故救援以及停放救援车辆。一般根据交通事故的严重程度来确定事故区占用车道的长度 G。

(4) 下游过渡区长度

下游过渡区的设置是为了保证车辆平稳地从事故区旁边的开放车道横向过渡到正常车道,以使车辆尽快恢复正常行驶状态。下游过渡区的长度一般只要保证车辆有足够的长度调整行车状态即可,最小长度宜取 30 m,一般取值在 30~50 m。

(5) 终止区长度

终止区的设置是为了给通过事故现场的车辆提供一个调整行车状态到正常状况的空间,在终止区末端应有"解除限速"或"解除超车"等内容的标志,这样可以使驾驶员明白自己已经驶过了事故路段,并逐渐恢复正常的行车状态。因此,终止区的长度可根据驾驶员改变行车状态所需要的时间来计算

$$Z = \frac{v_2}{3.6}t \tag{5-32}$$

式中 Z ——终止区的长度(m);

以限制速度 $v_2 = 40$ km/h,t 取 2.5 s,终止区的长度大约是 30 m;以限制速度 $v_2 = 60$ km/h,终止区的长度大约是 40 m。《公路养护安全作业规程》(JTG H30—2015)中规定,终止区最小长度宜取 30 m,与所提方法计算结果较为接近。

2. 控制区范围

在事故现场保护区上游设置控制区,以减轻下游事发路段的交通负荷,从而避免更严重的交通拥堵。交通事故所在的保护区到事故发生后交通集散波反向波及的路网内的所有上游路段,即为事故控制区的范围,如图 5-24 所示。

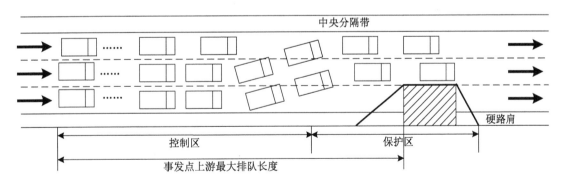

图 5-24 事故控制区示意图

事故发生后,交通集散波反向波及的范围即为事故持续时间内排队达到的最大距离。可得事故持续时间内事发点上游最大排队长度为 $|X_b| = \frac{U_1 U_2}{U_2 - U_1} t_a$。

若最大排队长度不超警告区与上游过渡区之和,即$|X_b| \leqslant S+L_S$,则说明事故对路段交通运行影响不大,只需设置保护区即可。

若最大排队长度大于事故现场保护区中警告区与上游过渡区之和,即$|X_b| > S+L_S$,则控制区范围即为保护区上游边界至事故导致的排队最远距离之间的范围。

3. 缓冲区范围

缓冲区指事故持续时间内到达控制区的车流所在的所有上游路段。缓冲区范围较大,距离事发点相对较远,既包括交通事故的微观范围,也包括交通事故的宏观影响范围。微观影响范围主要指交通事故发生后直接可以波及到的范围,宏观影响范围主要指事故所在道路的并行线路及事发高速公路上游有交通流驶入事发路段的道路或重要节点。

高速公路交通事故持续时间内,事故导致的排队一直存在,当事故上游车辆达到队尾时,排队仍然继续,则该车辆加入排队,受到阻塞,无法在通常时间内到达目的地;t_b时刻集结波与启动波相遇后,事故产生的排队开始消散;t_b时刻之后,上游车辆到达队尾时,排队已开始消散,该车辆不会受到事故影响。缓冲区定义为事故持续时间事发点上游受事故排队影响的车流所在的路段,因此从控制区边界至缓冲区边界路段长度可通过下式计算

$$L = t_b \cdot \bar{V} \tag{5-33}$$

式中 t_b——达到最大排队所对应的时刻(s);

$\bar{V}$——上游道路平均速度(m/s)。

缓冲区的范围即为路网内从控制区边界至上游L范围内的所有路段。

5.7 多车道高速公路交通保护区事故应急交通组织

根据5.1节对高速公路的运行特征分析,确定多车道高速公路交通事故应急交通组织的总体目标主要有3个,即安全、有序和效率。

安全是指公路管理者在进行应急交通组织时,要尽可能为高速公路上的出行者创造通行安全的条件和环境;效率是指在事故条件下,应急交通组织应尽快发布实施,通过科学的管理手段,确保高速公路尽快恢复畅通。有序地进行高速公路交通事故应急交通组织,是实现安全与效率的有利保障,以有序的管理与运行机制来保障安全畅通的目标的实现。在这三者之中,又以安全为最高目标。

对多车道高速公路交通事故应急交通组织主要从两方面进行研究,分析多车道高速公路交通事故下保护区的应急交通组织形式,以及通过仿真进行事故保护区的限速值确定研究。

5.7.1 保护区应急交通组织形式

双向八车道中,各车道限速值有所不同。一般规定车道序号从内侧到外侧依次排序,最内侧车道为第1车道,最外侧为第4车道。高速公路1、2车道主要为小客车车道,高速公路3、4车道为客货车道,最外侧应急车道在非紧急情况下禁止车辆驶入。

一般情况下，双向八车道高速公路各车道限速从内侧到外侧依次为：

第1车道：最低限速110 km/h，最高限速120 km/h；

第2车道：最低限速90 km/h，最高限速120 km/h；

第3车道：最低限速80 km/h，最高限速100 km/h；

第4车道：最低限速60 km/h，最高限速100 km/h；

通常情况下，小型货车及大型客货车只能在外侧两条车道上行驶，禁止占用内侧小客车车道。然而在事故条件下，由于交通事故车辆占用车道数与车道位置的不同，可能会使得事发路段行驶规则有所改变。根据车道封闭的位置与数目的不同，双向八车道高速公路保护区常见的交通组织形式有如下几种。

1. 封闭外侧（内侧）一条车道

封闭外侧（内侧）一条车道的交通组织形式较为常见，这种组织形式下，外侧（内侧）的一条车道封闭，事发路段的通行能力折减值较小，对路段交通运行影响不大，封闭车道的车辆经由旁边紧邻的三个车道行驶通过事故保护区。此种情况下交通组织形式如图5-25、图5-26所示。

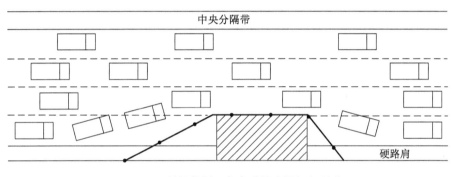

图5-25 封闭外侧一条车道的交通组织形式

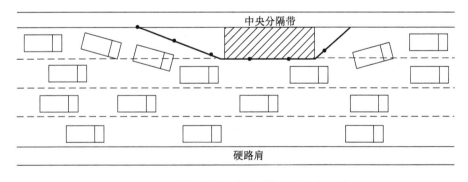

图5-26 封闭内侧一条车道的交通组织形式

2. 封闭中间两车道中的一条车道

事故车辆占据中间两车道中的一条车道时，考虑车辆运行安全性及道路利用效率，推荐采取如下交通组织形式，即利用现场上游过渡区的导向装置，将封闭车道的车辆引导至两条紧邻车道上，具体如图5-27所示。

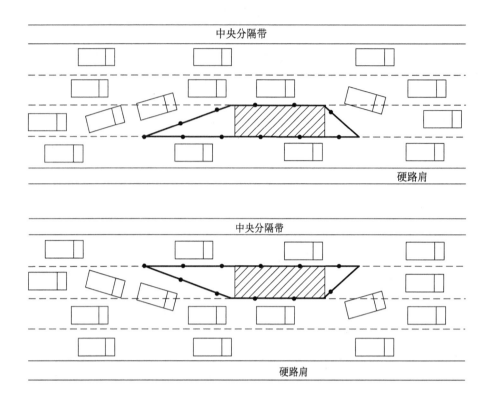

图 5-27 封闭中间两车道中的一条车道交通组织形式

3. 封闭中间两条车道

事故车辆占据中间两条车道时,考虑车辆合流之前在各条车道上分布较为均匀,因此可以将中间车道上的车辆引导至左右两侧车道合流,具体组织形式如图 5-28 所示。

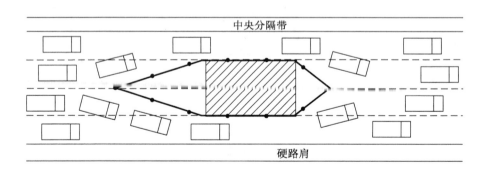

图 5-28 封闭中间两条车道的交通组织形式

4. 封闭外侧(内侧)两条车道

封闭外侧两车道的情况下,高速公路 3、4 车道封闭,低速车辆经由高速车道驶过事故保护区,具体组织形式如图 5-29 所示。

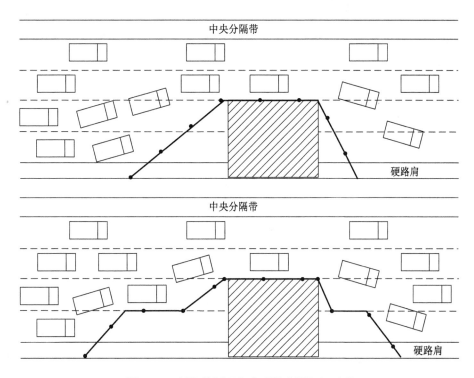

图 5-29　封闭外侧两条车道的交通组织形式

封闭内侧两车道的情况下，高速公路 1、2 车道封闭，高速车辆经由低速车道驶过事故保护区，具体组织形式如图 5-30 所示。

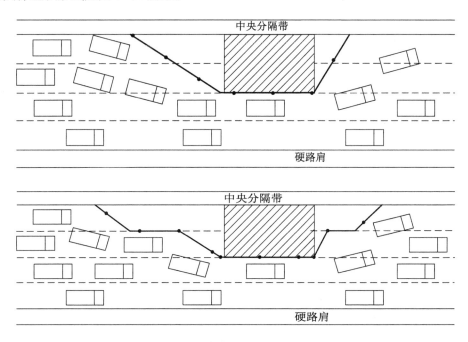

图 5-30　封闭内侧两条条车道的交通组织形式

5. 封闭紧邻的三条车道

封闭紧邻三条车道的交通组织形式一般用于重大交通事故后不能全面封闭高速公路而不得已采取的保护区应急交通组织形式。这种情况下,事发路段仅剩余一条可用车道,道路通行能力值大大折减,对上游交通运行影响较大。通常采用多次合流和分流的形式,逐步引导封闭车道的车辆驶过事故保护区,具体如图 5-31 所示。

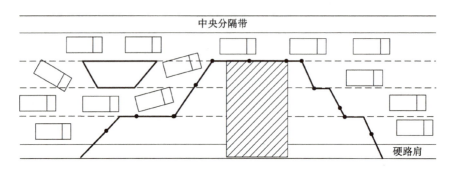

图 5-31 封闭紧邻的三条车道的交通组织形式

在这种情况下,控制区的管控措施以及缓冲区的诱导分流等应作为处理此类重大交通事故的主要手段,保护区的应急交通组织主要任务是平稳交通流;且一旦重大事故发生且占据多条车道时,一般将采取应急措施尽快将事故车辆转移至外侧,尽量减少事故车辆所占据的车道数,降低对交通流运行的影响。

6. 全封闭车道

当高速公路发生严重的交通事故导致半幅交通拥堵时,另外半幅有足够的通行能力剩余或借出部分车道后影响不大时,可采取全封闭利用对向车道通行的形式,如图 5-32 所示。这种情况下,由于道路通行能力、服务水平大大降低,控制区的管控措施以及缓冲区的诱导分流等应作为处理此类重大交通事故的主要手段。

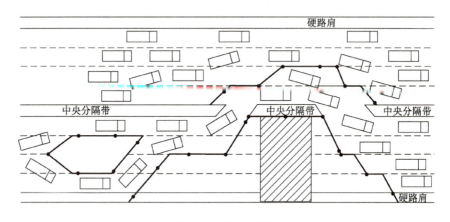

图 5-32 车道全封闭利用对向车道通行的交通组织形式

当高速公路发生严重的交通事故导致半幅交通拥堵时,且另外半幅通行能力无剩余,则保护区车道全封闭,禁止车辆通行,引导车辆在事故上游排队,等待事故处理结束。

5.7.2 基于 Aimsun 仿真的保护区限速值确定

为保证事故条件下交通运行安全和应急救援工作的正常展开,最首要的工作就是控制保护区的行车速度。在高速公路保护区进行限速,其作用主要体现在两个方面:首先是降低保护区车辆平均速度的绝对值,其次是均衡保护区车辆速度分布,对提高事发路段交通运行效率和保证车辆运行安全具有重要意义。

由格林希尔茨速度-流量曲线可知,车辆运行速度随着道路交通流量的增加而降低,直至达到通行能力的流量为止,此时的速度即为临界速度。由曲线图可以看出,车辆速度快,并不能使道路通过尽可能多的交通量,只有当车速维持在一个较为稳定的水平之上时,道路交通运行效率才能保持在较高水平。

事故发生后,保护区作为道路通行能力的"瓶颈",道路交通需求较大,当交通流量接近道路通行能力时,若保护区限速值过高,车辆行驶速度过快,反而会使得路段内车速分布更加离散,加剧车辆之间的干扰,降低车流整体速度,进而形成道路排队和拥堵;若保护区限速值过低,车流整体行驶速度缓慢,路段车辆排队长度向上游不断蔓延,甚至可能会波及衔接道路及周边路网,车辆排队时间延长,造成整个高速公路网运行效率低下。

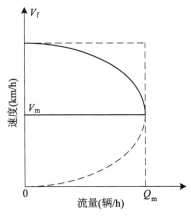

图 5-33 格林希尔茨速度-流量曲线

对保护区内车流进行合理的限速,将车速稳定在合适的范围内,有利于车辆平稳有序通过,提高道路交通运行效率。

车速与交通安全的关系主要体现在两个方面:第一,行车速度越大,驾驶员对危险做出有效反应的时间越短;第二,车辆行驶速度越大,发生碰撞时释放的能量越大。前者表现为不同速度时的交通事故概率,后者表现为不同速度时的交通事故严重程度。

车速越高,发生交通事故的危险性也就越大,但行车速度与交通事故危险性并不呈线性关系。相关研究表明,当行车速度每增大 5 km/h 时,发生交通事故的危险性基本上是原来的两倍,行车速度与相对事故危险性的关系具体如所示。因此,微小的速度变化将会对行车安全性带来显著的影响。如表 5-24 所示。

表 5-24 车速与交通事故危险性的关系

行车速度(km/h)	相对事故危险性
60	1.00(基数)
65	2.00
70	4.16
75	10.60
80	31.82
85	56.55

一般来说,交通事故的严重程度取决于碰撞时车速的瞬时变化 dv,撞击瞬间动能变化量越大,伤亡程度越大,当 dv 超过 20~30 km/h 时,发生严重事故的可能性开始增加;当 dv 超过 80~100 km/h 时,事故中便会有人员死亡。有关研究指出,车速每改变 1 km/h,则伤亡的概率将增加 3%。美国联邦公路局的研究显示,速度变化与死亡概率的关系如图 5-34 所示,伤亡概率与车速的四次方成正比,车速越快,死亡概率也就越大。

在保护区车流进行合理的限速,对提高交通运行安全性、避免二次事故的发生有着重要的作用。

1. Aimsun 仿真模型构建

为确定不同交通量条件下、不同交通组织形式下的保护区合理限速值,本研究拟利用微观交通仿真软件 Aimsun 构建事故条件下高速公路保护区仿真模型,研究不同限速方案对保护区交通运行效率和安全性的影响。

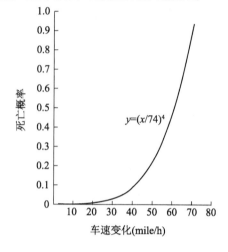

图 5-34 交通事故严重程度与车速变化关系

1) 评价指标选取

(1) 运行效率评价指标

车辆排队长度和延误指标能较好地反映事故条件下交通运行拥堵情况,考虑到车辆延误与排队长度存在相关性,且车辆排队长度相对更加直观,延误指标可以不考虑,本文将选用最大排队长度作为交通运行效率评价指标。

最大排队长度指某一时刻道路上排队车辆最多的车道上处于排队状态的车辆数,单位为 veh。与平均排队长度相比,最大排队长度更能反映交通拥堵的严重程度以及随时间的变化情况。

(2) 交通安全评价指标

有关研究指出,速度一致性较好的路段对应着较好的安全性能表现。Abishai Polus 实地调查多条公路,通过大量数据的分析,构建速度一致性与期望事故率的关系模型,验证了速度一致性与期望事故率的相关性;Gaber 和 Ehrhart 通过研究验证了速度标准差对事故率的影响,证明随着速度标准差的增大,事故率也随之增大。

因此,本文选取速度一致性指标来评价保护区交通运行安全。常用的速度一致性指标主要有基于速度差的指标和基于速度统计的指标。基于速度差的指标是利用速度差值来计算速度一致性,适用于相邻路段安全性的评价;基于速度统计的指标是利用速度统计量如速度标准差、方差、变异系数等来计算速度一致性,适用于单路段的交通运行安全性评价。

考虑本文将对保护区单条路段交通运行安全进行评价,本文拟选用基于速度统计的指标作为速度一致性评价指标,主要选取速度变异系数作为交通运行安全评价指标。

速度变异系数 $CV = \dfrac{\sigma}{\bar{X}}$,即为标准差与样本均值的比值,其中 $\sigma = \sqrt{\dfrac{\sum_{i=1}^{N}(X_i - \bar{X})^2}{N}}$。速

度变异系数主要反映路段上速度分布的离散程度,与速度标准差、方差等指标相比,速度变异系数可消除不同测量尺度和量纲的影响。

2) 参数的选取

选取国内某高速公路进行仿真,该高速公路为双向八车道,设计速度 120 km/h,其中第 1 车道限速 110~120,第 2 车道限速 90~120 km/h,第 3 车道限速 80~100 km/h,第 4 车道限速 60~100 km/h。该高速公路单车道宽度为 3.75 m,硬路肩宽度为 2.5 m。

该高速公路交通流客车与货车比例约为 7∶3,结合实际交通运行情况,选取 2 000 veh/h、3 000 veh/h、4 000 veh/h、5 000 veh/h 四组交通量代表由非拥堵到拥堵的四个阶段。

发生在该高速公路上的交通事故一般为车辆抛锚、刮擦、追尾、货物散落等,事故持续时间一般为 30~60 min,仿真时考虑交通事故的最不利影响,取事故持续时间为 60 min。

3) 模型的构建

对于双向八车道高速公路,事故占用车道情况存在多种可能,本次仿真分别针对事故导致高速公路封闭一条车道(封闭外侧一条车道、封闭内侧一条车道、封闭中间一条车道)和封闭两条车道(封闭外侧两条车道、封闭内侧两条车道以及封闭中间两条车道)这两大类共六种交通组织形式进行讨论。

为方便仿真建模,对道路条件进行简化,同时考虑到事故条件下交通流的拥堵排队情况,选取该高速公路某一长达 5 km 的直线无坡路段作为仿真路段。假设交通事故发生在路段中部,假设在事发点上游 1 000 m 处发布限速措施,限速方案定为 30~90 km/h,以 10 km/h 为间隔。

仿真过程中车型分为大车与小车,小车与大车比例设为 7∶3。经过仿真标定,确定大小车车辆行为参数值如表 5-25 所示。

表 5-25 各车型车辆行为参数值

参数类型	参数值			
	平均值	偏差值	最小值	最大值
小 车				
最大加速度(m/s²)	3.00	0.20	2.60	3.40
减速度(m/s²)	4.00	0.25	3.50	4.50
最小车头间距(m)	1.00	0.30	0.50	1.50
最大期望速度(km/h)	110.00	10.00	80.00	120.00
大 车				
最大加速度(m/s²)	1.00	0.50	0.60	1.80
减速度(m/s²)	3.50	1.00	2.50	4.80
最小车头间距(m)	1.50	0.50	1.00	2.50
最大期望速度(km/h)	90.00	20.00	60.00	100.00

仿真时间定义为 4 500 s,其中前 900 s 作为预热时间,待交通流平稳后,开始记录仿真数据,为减小仿真过程的随机性,分 5 次进行仿真,每次均采用不同的随机种子数,最终结果

为 5 次仿真的平均值。仿真模型构建如图 5-35 所示。

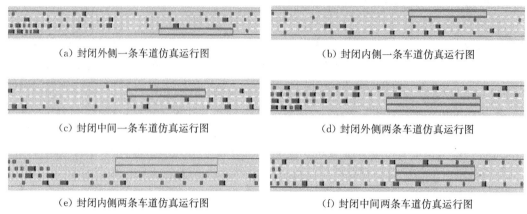

(a) 封闭外侧一条车道仿真运行图　　(b) 封闭内侧一条车道仿真运行图

(c) 封闭中间一条车道仿真运行图　　(d) 封闭外侧两条车道仿真运行图

(e) 封闭内侧两条车道仿真运行图　　(f) 封闭中间两条车道仿真运行图

图 5-35　封闭部分车道条件下交通仿真运行图

2. 仿真实验结果分析

（1）封闭一条车道

由于双向八车道高速公路通行能力较大，对于封闭一条车道的情况，道路通行能力折减值较小。在交通量处于较低水平时，保护区交通运行对限速措施产生的效应不敏感，排队长度与速度变异系数的变化并不明显；当道路交通量逐渐趋于饱和时，随着限速值的变化，事故路段上游车辆排队长度与速度变异系数有着较明显的变化。

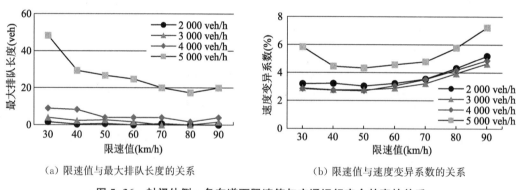

(a) 限速值与最大排队长度的关系　　(b) 限速值与速度变异系数的关系

图 5-36　封闭外侧一条车道下限速值与交通运行安全效率的关系

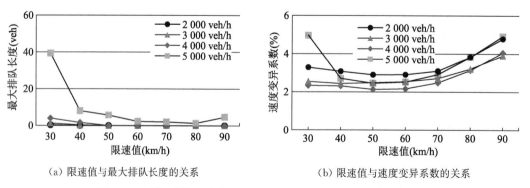

(a) 限速值与最大排队长度的关系　　(b) 限速值与速度变异系数的关系

图 5-37　封闭内侧一条车道下限速值与交通运行安全效率的关系

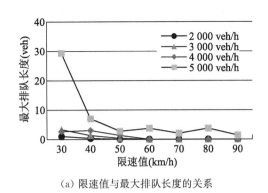 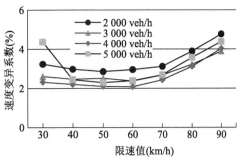

(a) 限速值与最大排队长度的关系　　(b) 限速值与速度变异系数的关系

图 5-38　封闭中间一条车道下限速值与交通运行安全效率的关系

在给定交通量条件下,随着限速值的提高,事故影响区范围内的最大排队长度基本呈现单调递减的趋势,即限速值越高,事发路段排队消散速度越快;在给定交通量条件下,事发路段车辆离散程度随限速值的提高呈现先减小后增大的趋势,即存在一个最佳限速安全值。

根据仿真结果,对于封闭外侧一条车道的情况,在交通量为 2 000 veh/h 和 3 000 veh/h 的条件下,车辆最大排队长度极低,速度变异系数也较小,随限速值的增加,车辆排队长度与速度变异系数的变化值均不明显,可从安全与效率两方面综合考虑,取两者的加权平均值作为最佳限速值;在 4 000 veh/h 的交通量条件下,车辆最大排队长度相对低交通量水平时已经有了较明显的增加,而速度变异系数变化仍不大,因此可主要从效率方面考虑限速取值;在 5 000 veh/h 的交通量条件下,车辆最大排队长度相较低交通量水平时有了非常明显的增加,速度变异系数随着限速值的增加呈先降低后增加的趋势,且变异系数值较高,在较高交通量水平下,交通安全需给予更多重视,因此应主要考虑安全因素,采取车速离散性较小时所对应的限速值。

对于封闭内侧一条车道的情况,在交通量为 2 000 veh/h、3 000 veh/h 和 4 000 veh/h 的条件下,车辆最大排队长度极低,速度变异系数在 2.34%～4.93% 的范围内随限速值增加而呈现先略降后增大的波动趋势,变化值较小,因此可从安全与效率两方面综合考虑选取最佳限速值;在交通量为 5 000 veh/h 的条件下,车辆最大排队长度相较低交通量水平时有着较明显的增加,且随着限速值的提高呈现单调递减的趋势,速度变异系数随限速值的提高呈先减小后增大的趋势,在选取最佳限速值时可选取运行效率较高且车速一致性较好时所对应的限速值作为推荐限速值。

对于封闭中间一条车道的情况,在低、中、高不同交通量水平下,随着限速值的提高,车辆最大排队长度和速度变异系数的变化趋势与封闭内侧一条车道的情况基本相似,因此在选取合理限速值时可参考封闭内侧一条车道的情况,这里不再详述。

对比三种交通组织形式,虽然占用道路资源比例相同,均是占用了 1/4 的道路资源,但是各组织形式下的车辆最大排队长度和速度变异系数不尽相同。以 5 000 veh/h 的交通量水平为例,在同等限速值条件下,封闭外侧一条车道时的车辆排队长度和速度变异系数最大,其次为封闭内侧一条车道的情况,封闭中间一条车道时的车辆排队长度和速度变异系数最小。原因在于,封闭中间一条车道时,高速车流与低速车流分开行驶,车速离散差较小,造成的排队影响很小;封闭内侧一条车道时,内侧以小客车为主要组成的高速车流汇入低速车流中,在汇入路段导致车速离散差增大,但小客车车辆性能相对较好,汇入过程较为快速平稳,造成的排队影响也相对较小;封闭外侧一条车道时,外侧以货车为主要组成的低速车流需汇入高速车流中,在汇入路段车速离散差较大,且货车车辆性能相对较差,汇入过程中造成的排队等待时间较长。

综合考虑事故保护区车辆运行效率与安全性,分别给出不同交通组织形式与交通量条件下事故保护区推荐限速值,具体如表 5-26 所示。

表 5-26 封闭一条车道各交通量条件下保护区推荐限速值

交通组织形式	交通量(veh/h)	推荐限速值(km/h)
封闭外侧一条车道	2 000	80
	3 000	80
	4 000	80
	5 000	70
封闭内侧一条车道	2 000	90
	3 000	90
	4 000	90
	5 000	70
封闭中间一条车道	2 000	80
	3 000	80
	4 000	80
	5 000	70

(2) 封闭两条车道

对于双向八车道高速公路封闭两条车道的情况,在交通量处于较低水平时,保护区交通运行对限速措施产生的效应不敏感,车辆排队长度与速度变异系数的变化均不明显;当交通量处于中等以上水平时,随着限速值的提高,车辆排队长度与速度变异系数变化较为明显。

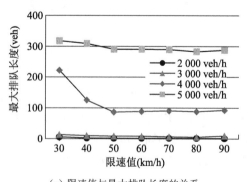
(a) 限速值与最大排队长度的关系

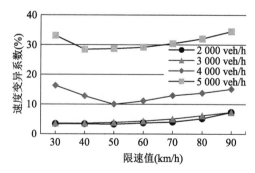
(b) 限速值与速度变异系数的关系

图 5-39 封闭外侧两条车道下限速值与交通运行安全效率的关系

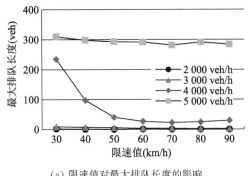 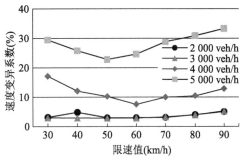

(a) 限速值对最大排队长度的影响　　　　(b) 速度变异系数与限速值的关系

图 5-40　封闭内侧两条车道下限速值与交通运行安全效率的关系

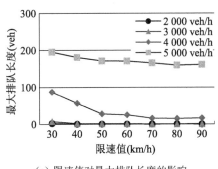 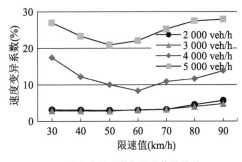

(a) 限速值对最大排队长度的影响　　　　(b) 速度变异系数与限速值的关系

图 5-41　封闭中间两条车道下限速值与交通运行安全效率的关系

根据仿真结果,对于封闭外侧两条车道、封闭内侧两车道以及封闭中间两车道的情况,在给定交通量条件下,随着限速值的提高,事故保护区交通运行效率与安全的变化趋势相似:随着限速值的提高,事故保护区最大排队长度基本呈现单调递减的趋势,即限速值越高,排队消散速度越快;在给定交通量条件下,事故保护区车辆离散程度随限速值的提高呈现先减小后增大的趋势,即存在一个最佳限速安全值。

对于封闭外侧、内侧及中间两车道的三种情况而言,在交通量处于 2 000～3 000 veh/h 较低水平时,事发路段车辆排队长度值较低,速度变异系数值较小,随着限速值的提高,车辆排队长度与速度变异系数均在小范围内波动,变化值不大,选取最佳限速值时可从安全和效率两方面考虑,两者的加权平均值即为最佳限速值。

在 4 000 veh/h 的交通量条件下,车辆排队长度随限速值的提高从较大值逐渐减小,最后稳定至一定值附近;速度变异系数随限速值的提高先减小后增大,且变异系数值一直处于较高水平,车辆速度离散程度明显,因此在选取最佳限速值时应综合考虑安全与效率因素,且应赋予安全因子更大权重。

在 5 000 veh/h 的交通量条件下,车辆排队长度一直处于较高水平,随着限速值的提高,排队长度值略有降低,但降幅不大;速度变异系数值也处于较高水平,且随限速值的提高车辆离散程度先略有降低后迅速增大。在高交通量条件下,提高限速值对于交通运行效率的提高作用有限,反而会带来更大的交通安全隐患,因此在高交通量水平下,交通安全需给予更多重视，选取最佳限速值时应主要考虑安全因素，采取车速离散性较小时所对应的限速值。此外，还有必要对事故路段上游车辆进行合理分流，尽量减少事故路段车流量，有利于提高交通运行效率与安全性。

对比三种交通组织形式，虽然占用道路资源比例相同，均是占用了一半的道路资源，但是各组织形式下的车辆最大排队长度和速度变异系数不尽相同。以 4 000 veh/h 的交通量水平为例，在同等限速值条件下，封闭外侧两条车道时的车辆排队长度和速度变异系数最大，其次为封闭内侧两条车道的情况，封闭中间两条车道时的车辆排队长度和速度变异系数最小。原因在于，封闭中间两条车道时，高速车流与低速车流分开行驶，车速离散差较小，造成的排队影响很小；封闭内侧两条车道时，内侧以小客车为主要组成的高速车流汇入低速车流中，在汇入路段导致车速离散差增大，但小客车车辆性能相对较好，汇入过程较为快速平稳，造成的排队影响也相对较小；封闭外侧两条车道时，外侧以大型客货车为主要组成的低速车流需汇入高速车流中，在汇入路段车速离散差较大，且大型客货车车辆性能相对较差，汇入过程中造成的排队等待时间较长。

综合考虑事故保护区车辆运行效率与安全性，分别给出不同交通组织形式与交通量条件下事故保护区推荐限速值，具体如表 5-27 所示。

表 5-27　封闭两条车道各交通量条件下保护区推荐限速值

交通组织形式	交通量（veh/h）	推荐限速值（km/h）
封闭外侧两条车道	2 000	60
	3 000	60
	4 000	50
	5 000	40
封闭内侧两条车道	2 000	70
	3 000	70
	4 000	60
	5 000	50
封闭中间两条车道	2 000	70
	3 000	70
	4 000	60
	5 000	50

5.8　本章小结

本章通过对现状高速公路事故数据的分析，从事发路段通行能力的下降、偶发性拥堵和交通延误的产生、高速公路网交通流运行特征变化三方面分析了交通事故对高速公路网交通运行的影响；探讨了交通事故影响空间扩散的关联因素和机理状态；界定了交通事故持续时间的四个阶段及各阶段的影响因素,并分别构造交通事故持续时间各阶段的预测模型;针对不同等级的交通事故,分别划分各等级交通事故的影响区;针对各影响区的车辆行驶特征,分别给出各区段范围的计算模型;分析了事故条件下双向八车道高速公路基本路段不同的应急交通组织形式,并基于 Aimsun 软件构建模型,进行保护区限速值确定研究。

多车道高速公路分车道限速值确定方法

6.1 车道功能划分策略

6.1.1 车道功能划分的依据

车道划分是对道路通行权进行分配,属于车道管理的一种方式。车道管理概念包括共乘车道(HOV)、共乘车道收费(HOT)、可逆和反向流车道、拥挤收费、载货汽车专用道、工作区等。多车道高速公路在各向上具有多条车道可供车辆选择行驶,为实施车道管理提供了较好的设施基础。本章暂不讨论 HOV、HOT 等涉及经济手段的车道划分方式。

车道功能划分旨在有针对性地解决客货混行引发的交通事故,事故原因就是构建车道功能策略的根本依据。表 6-1 列出了某条多车道高速公路客货混行引发的典型的重特大交通事故,集中反映了客货混行的弊端。

表 6-1 客货混行引发的典型事故

编号	时间	后果	原因
1	夜间	6死2重伤数轻伤	货车爆胎被大客车追尾
2	夜间	1死4伤	小货车肇事停车被小客车追尾
3	白天	2死16伤	雾中大客车追尾货车引发23车追尾
4	夜间	6死	小客车追尾大货车
5	白天	4死3伤	小客车意外停车被大货车追尾
6	白天	1死7伤	小雪中小客车追尾致后方17辆客货车追尾
7	白天	7死	大货车撞断中央分隔带与对向车道小车相撞
8	白天	9死9伤	大货车刹车抱死致大客车追尾
9	白天	1死1伤	大货车侧翻导致小客车追尾
10	白天	3死2重伤	大货车追尾小客车
11	白天	3死1伤	小客车追尾大货车致化学品泄漏燃烧
12	夜间	6死23伤	大货车抛洒物致后方大客车失控
13	夜间	1死6伤	小货车追尾大客车
14	夜间	6重伤29轻伤	大客车追尾大货车
15	白天	1死	小客车从右侧超大货车被遮挡视线,追尾其他小客车

表 6-1 中的事故证实了客、货车混行容易造成事故且后果严重。事故原因主要有 5 种：①夜间或恶劣天气下不易察觉速度差异，客货混行易追尾；②客、货车减速性能差异较大，前方车辆因故障或肇事突然减速时，后车易追尾；③货车或大型客车在第 1 车道行驶空间受限而撞中央分隔带；④货车抛洒物对高速行驶的客车形成威胁；⑤货车速度较低引发客车频繁变道超车。为克服客货混行带来的安全问题，可有针对性地构建车道划分策略。

在不进行车道划分管理时，各种车型车辆混合行驶，驾驶员可自由选择驾驶条件较好的车道，最终使不同车道上的交通流状态趋向一致，可最大程度地利用道路资源，但多车道高速公路交通流量大，车型结构复杂，不同车型的车辆间干扰性强，运行速度差异性明显，低性能的车辆形成的瓶颈也往往约束了高性能车辆的高速通过，致使这种情形下道路资源的利用往往并不有效，道路通行效率有限。

因此，可通过科学、合理的车道划分对多车道高速公路车流进行有效管理，明确各车道的通行权，以分离驾驶性能差异较大的车辆，减小相互间的干扰，形成更均匀、稳定的交通流，减少由客货混行导致的交通事故，改善多车道高速公路运行的安全性；减少较低性能的车辆对其他车辆的制约与影响，提高多车道高速公路的通过能力，改善运行效率，使道路资源得到最大化、合理化的利用。

6.1.2　车道功能划分影响因素

1. 流量

流量直接影响高速公路的运行状态。流量较低时，车辆行驶自由度高，可以保持高速行驶，换道基本不受限制，车道功能划分的影响较小。流量较高时，大部分车辆以车队行驶，无法自由换道超车，车辆分布受车道功能划分影响大。

2. 货车比例

由于货车与客车性能差异较大，国内外学者对货车影响和货车车道限制开展了大量研究，研究表明当货车比例达到一定水平时就有必要实行货车车道限制。当货车比例较大时，应分配更多条车道供货车行驶，满足货车的通过需求。

3. 车道数

多车道高速公路具备实施车道功能划分的基础设施条件，已有研究中货车限制大多针对单向三车道以上高速公路。车道数越多，车道功能划分的选择就越多，容易根据交通流的构成制定方案。

4. 坡度

大货车爬坡性能较差，在连续上坡路段行驶速度下降明显，容易对后方车辆造成阻挡，因此有时通过设置爬坡车道供大货车行驶。《公路工程技术标准》(JTG B01—2014) 规定高速公路、一级公路以及二级公路的连续上坡路段，当通行能力、运行安全受到影响时，应设置爬坡车道；同时指出六车道及以上的公路一般采用分车道行驶，外侧车道行驶的载重汽车对公路整体的通行能力、服务水平影响较小，可不设置爬坡车道。本章节主要研究平原地区多车道高速公路，因此忽略坡度，不对爬坡车道进行讨论。

6.1.3 车道功能划分原则

1. 与车型组成相适应

高速公路在区域中承担的功能、沿线社会经济发展情况影响其车型比例，进行车道功能划分时应结合该高速公路所服务交通的具体特征，与车型组成相匹配。车型组成主要考虑客车与货车性能差异，理想条件下车道数量恰好可以按照客、货车比例进行分配，而一般情况下客货车道比例无法与车型比例完全匹配，某些车型只能共享车道，此时应使客货车道比例与车型比例尽量接近。

2. 各车道交通量分布均衡

高速公路车型复杂，不同车型所占比例差异较大，车道功能划分时通常将某几种车型进行混合，允许它们使用同一条车道。车道划分方案应尽可能均衡各车道间的交通量，使各车道的交通量和服务水平较为相近，提高道路的利用率。

3. 与驾驶员的行驶习惯相适应

通常状况下，速度较高车辆有向内侧车道集中的趋势，而低速行驶的车辆则倾向于使用外侧车道，车道功能划分方案应符合驾驶员的行驶习惯。通常客车的行驶速度高于货车，因此在车道功能划分时应引导客车使用内侧车道，货车使用外侧车道。如果货车车道位于内侧，货车进出高速公路时的变道行为将对交通流产生较大影响。

4. 分离性能差异较大的车辆

不同车型自由流速度、加减速性能存在差异，如果性能差异较大的车辆混行，一方面速度离散性较大，车辆变道频繁，容易导致交通事故，另一方面低速车辆阻挡高速车辆，影响通行效率，因此车道功能划分应将其分离。

5. 给予所有车辆超车机会

虽然不同车道分离了性能差异较大的车辆，但是同一车道内车辆也存在速度差异，仍然存在变道超车的需求。八车道高速公路车道数较多，车道功能划分应考虑各种车型车辆的变道需求。以往研究中部分学者仅给货车分配一条车道行驶，这种方案只适合货车比例非常小的情况，否则货车很可能占用其他车道超车。因此，在制定车道功能划分方案时，应保障每种车型至少两条相邻车道可以行驶。

6.1.4 车道功能划分类型

我国目前应用的车道功能划分方案主要为按车型大小、客货车、出口顺序、车道限制速度等依据进行划分。

1. 按车型大小进行划分

依据相关指标对车型大小进行划分，根据交通量与车道数量为小型车、中型车、大型车依次分配车道。

此划分方式可减少大型车辆对小型车辆的干扰，为小型车提供更快速、舒适的行车环境。将大、小型车进行分离，也可提高交通的安全水平。缺点为车型的大、小通常与车身长度相关，并不严格决定车辆的性能。如大型客车配置较好，也可达到较高的行驶速度，将其与大型货车分配于同一车道,可能使该车道的速度离散性较大,导致大型客车频繁超车。

该划分方案在国内的应用相对较少,典型代表为沈大高速公路。

2. 按客货车进行划分

依据交通量情况,对客车与货车进行分离。一般内侧车道分配给客车,将外侧车道分配给货车。通常在客货的基本划分下,会结合车型的大小做进一步的通行权划分。小客车为我国目前高速公路交通流中所占比例最高的一种车型,小客车也往往有最好的车辆性能。因此目前车道划分中,一般会考虑设置小客车道。

现有考虑客货车性能差异的车道划分本质上可分为车道限制、货车专用车道两种措施。

(1) 限制货车使用部分车道

货车的车道限制通常指道路的一条或几条车道禁止货车通行,以实现货车与其他交通的分离,多实施于道路的外侧或内侧的车道或车道组上。一般是禁止货车使用左侧车道,通过限制货车使用较高运行速度的车道,减少了货车超速行驶的概率,也避免多辆货车并排使用多条车道,影响后侧的快速车辆超车,达到改善交通运行、减少交通事故发生的目的。当货车比例较多时,限制货车使用左侧车道也会引起货车在外侧车道的集中,货车的屏障效应会对其他车辆在匝道汇入与分流造成一定的困难,同时也可能影响行驶在内侧车道的车辆对设置在路侧的标志的视认。

部分高速公路考虑路面结构因素的影响,为更好地保护道路路面,有时会限制货车使用右侧车道。这种情况货车从匝道进入或从主线离开至匝道时往往要经过多次变道,会对交通流的顺畅行驶产生负面影响。因此,通常是在特殊情况下短期应用的临时措施。应用时应特别注意对互通及其他需要变道处的安全问题。目前货车限右在我国尚未得到应用。

另外,在高速公路施工期等特殊情况,也可对货车行驶的车道进行限制,使其远离施工区域与施工人员,以提高施工作业的安全性。

国内部分多车道高速公路采取了左侧车道限制货车行驶的措施,限制货车行驶的车道可设置为小客车专用车道或客车专用车道。往往这种情况下,未限制货车使用的车道允许客货车共同行驶。

(2) 为货车提供专用车道

目前货车的专用车道并不常见。对整体式路基的高速公路,若将货车专用车道置于右侧,货车车队形成的屏障将对分、合流区其余车型进出高速公路造成影响;若将其置于左侧,对外侧车道的路基可起到一定的保护作用。

局部路段可通过设置爬坡车道将行驶较慢的重型车与其他车型分离,以提高上坡路段的运行效率。

有条件时可采用分离式路基提供货车专用路,本书不对其进行讨论。

3. 按出口顺序划分

结合下游出口的距离远近划分车道,将外侧车道作为前方下一出口的目的车道,而内侧车道作为较远处出口的专用车道。

此划分方法可减少车辆在分流区的变道次数,使车辆驶离出口时的路径更为顺畅。缺点为该划分方案下不同车型的车辆混行于同一车道,受低性能车辆的影响,道路的通行效率往往受到制约;对于沿线城镇化水平较高的高速公路,其出入口的分布较为密集,合理有效地安排各车道的通行目的出口,也存在很大的难度。

4. 按限制速度划分

一般来说,车型的分类是以车辆性能、载运量、尺寸等为依据进行划分。同种车型的性能较为相近,但仍可能存在一定的差异性。如同类型的货车间的运行速度也呈现出一定的离散性。按限制速度进行车道划分,可使驾驶员根据车辆性能及自身驾驶习惯选择车道,能较好地利用道路资源。车辆的加、减速性能对运行安全的影响、各车道的速度限制的合理设置等问题需进一步探讨。

目前国内运行较多的车道功能划分方案是以客货车为依据,后续研究将针对这一类车道功能划分方案展开。

6.1.5 车道功能划分策略构建

车道分配方案是车型与车道之间的对应,取决于各种车型车辆当量数(pcu)、各种车型所占比例和车道数量,根据三个因素的特征,可对车道分配原则进行协调,从而选择不同策略,下面分理想条件和普通条件两种情况对其思路进行说明。

1. 理想条件

如果车道数量恰好可以按照客、货车比例进行分配,或者交通量很小,即使客、货车占用的车道数与其比例不相符仍能满足各自通行需求,则属于理想条件,此时,主要原则是尽量消除车辆性能差异,可以把客、货车安排在不同车道。

2. 普通条件

理想条件较少出现,一般无法按客、货车比例分配车道,某些客、货车只能共享车道,于是主要原则转变为维持各车道交通量均衡。同时,兼顾其他原则,一方面,同一车道上车辆性能差异不能过大,只允许小型货车与客车混行;另一方面,为了重点保护大型客车,一般不安排其使用第 1 车道,除非主要供其行驶的车道只有 1 条,且货车有向左侧转移的趋势。例如,同向 3 车道且允许小型货车使用第 2 条车道,同向 4 车道且允许大型货车使用第 3 车道。

(1) 同向有 3 条车道。分配 2 条供客车行驶,1 条供货车行驶。若货车流量较大,绝对数占总交通量的比例超过 15%,中间车道可允许小型货车行驶。根据《公路工程技术标准》,货车折算系数可取 2~3,当绝对数比例超过 15%,标准车所占比例即超过 30%,其所享有的车道通行权应相应增加。

(2) 同向有 4 条车道。2 条供客车行驶,2 条供货车行驶。若客车数量较多,部分客车必将使用第 3 车道,应规定大型货车只能在第 4 车道(最外侧)行驶,使其远离客车。

(3) 同向有 5 条车道。一般 3 条供客车行驶,2 条供货车行驶。若货车绝对数比例超过 20%,可考虑设置货车专用车道。

根据上述思路,在同向三车道(双向六车道)、四车道(双向八车道)和五车道(双向十车道)时,分别推荐车道分配方案如表 6-2 所示。还有一些方案由于难以符合车道通行权分配的五项原则,所以未予采纳。

表 6-2　车道限制策略推荐方案

车道数量	车道编号	客车		货车	
		小型	大型	小型	大型
同向三车道	1	√	×	×	×
	2	√	√	×	×
	3	○	○	√	√
同向三车道	1	√	√	×	×
	2	√	√	√	×
	3	○	○	√	√
同向四车道	1	√	×	×	×
	2	√	√	×	×
	3	○	○	√	×
	4	○	○	√	√
同向四车道	1	√	√	×	×
	2	√	√	×	×
	3	○	○	√	√
	4	○	○	√	√
同向五车道	1	√	×	×	×
	2	√	√	×	×
	3	√	√	×	×
	4	○	○	√	×
	5	○	○	√	√
同向五车道	1	√	×	×	×
	2	√	√	×	×
	3	√	√	×	×
	4	○	○	√	√
	5	○	○	√	√

注：第1车道为最左侧的车道。符号√表示鼓励使用该车道；符号×表示禁止通行；符号○表示允许通行但不鼓励长时间占用，主要是出入高速公路时或超车时占用。

允许通行但不鼓励长时间占用体现了同一车道上被允许通行的车型之中优先级存在区别，例如，大、小型客车虽然可以使用任何车道，包括以大型货车为主的外侧车道，但应该尽力避免。问题的难点在于，所谓优先级的区别不如允许或禁止那样容易表达。如果不允许客车占用主要供货车行驶的车道，客车行驶的灵活性又会受到很大限制，无法有效利用车道空闲的通行能力，交通运行方式过于僵化。这个问题留待后面交通标志的设置中处理。

6.2 不同车道功能划分方案适应性分析

6.2.1 车道划分方案

对于双向八车道高速公路,按照客货车结合车型大小进行车道功能划分,制定6种有代表性的车道功能划分方案,如表6-3所示。

表6-3 八车道高速公路车道功能划分方案

方案编号	车道通行权分配			
	1车道	2车道	3车道	4车道
一	客车	客车	客货车	客货车
二	小客车	客车	客货车	客货车
三	小客车	客车	客货车	货车
四	小客车	客车	客车+中小货车	货车
五	小客车	小客车	客货车	客货车
六	客货车	客货车	客货车	客货车

方案一考虑客货车性能差异,将内侧两条车道设为客车道,禁止货车使用;外侧两条车道设为客货车道,允许客货车混行。原则上客车可以使用任何一条车道,但是不鼓励长时间使用外侧车道行驶,外侧车道主要供出入高速公路或超车时使用。货车只能选择外侧两条车道行驶,避免多辆货车并排使用多条车道,阻挡后方车辆超车。

方案二考虑客货车性能差异,将内侧两条车道设为客车道,禁止货车使用,并将1车道设为小客车专用道;外侧两条车道设为客货车道,允许客货车混行。原则上客车可以使用任何一条车道,但是不鼓励长时间使用外侧车道行驶,外侧车道主要供出入高速公路或超车时使用。货车只能选择外侧两条车道行驶,避免多辆货车并排使用多条车道,阻挡后方车辆超车。小客车是高速公路占比最大的车型,1车道设为小客车专用道可以避免大中小客车混行,专供小客车高效通行。该方案是八车道高速公路最常见的车道功能划分方案。

方案三考虑客货车性能差异,将内侧两条车道设为客车道,禁止货车使用,并将1车道设为小客车专用道;将3车道设为客货车道,允许客货车混行;将4车道设为货车专用道,专供货车行驶。原则上客车可以使用内侧三条车道,但是3车道主要供出入高速公路或超车时使用,4车道只能在出入高速公路时使用。货车只能选择外侧两条车道行驶,避免多辆货车并排使用多条车道,阻挡后方车辆超车。小客车是高速公路占比最大的车型,1车道设为小客车专用道可以避免大中小客车混行,专供小客车高效通行。货车性能较差,4车道设为货车专用道可以避免客货车混行,然而货车比例较低时可能会降低道路空间利用效率。

方案四考虑客货车性能差异,将内侧两条车道设为客车道,禁止货车使用,并将1车道设为小客车专用道;将3车道设为客车及中小货车道,允许客货车混行;将4车道设为货车专用道,专供货车行驶。原则上客车可以使用内侧三条车道,但是3车道主要供出入高速公路或超车时使用,4车道只能在出入高速公路时使用。货车只能选择外侧两条车道行驶,避免多辆货车并排使用多条车道,阻挡后方车辆超车。小客车是高速公路占比最大的车型,1车道设为小客车专用道可以避免大中小客车混行,专供小客车高效通行。3车道禁止大货车行驶,一定程度上可以降低车辆性能差异。货车性能较差,4车道设为货车专用道可以避免客货车混行,然而货车比例较低时可能会降低道路空间利用效率。

方案五考虑客货车性能差异,将内侧两条车道设为客车道,且均为小客车专用道,禁止其他车型使用;外侧两条车道设为客货车道,允许客货车混行。原则上小客车可以使用任何一条车道,但是不鼓励长时间使用外侧车道行驶,外侧车道主要供出入高速公路或超车时使用。大中客车只能选择外侧两条车道行驶,与货车共用车道。货车只能选择外侧两条车道行驶,避免多辆货车并排使用多条车道,阻挡后方车辆超车。1、2车道设为小客车专用道可以避免大中小客车混行,专供小客车高效通行。

方案六为不采取车道功能划分的方案,各车道允许客货车混行。各种车型可以随意选择车道行驶,车辆行驶非常灵活,道路空间利用率高。由于客货车混行安全隐患较大,该方案在实际中很少采用,该方案主要用于与采取车道功能划分的方案进行对比。

6.2.2 评价指标的选取

高速公路是车辆行驶条件最佳的道路设施,也是区域间客货快速运输的通道,对区域社会经济的发展具有重要的支撑和引导作用。随着社会经济的快速发展,高速公路里程和交通流量持续增加,交通运行的安全与效率问题引起关注。高速公路事故通常为恶性事故,会造成重大的人员伤亡和经济损失。多车道高速公路常发性拥堵日趋严重,节假日期间交通流速度和服务水平下降明显。因此,车道功能划分方案的评价主要从安全和效率两个方面入手,分析各方案对车辆运行的影响。

1. 安全性指标

(1) 速度标准差

速度离散程度与事故率密切相关,同一车道内前后车速度差异大时容易造成追尾事故。已有研究用于衡量速度离散程度的指标包括车速与平均速度的差值、85%位车速与15%位车速的差值、速度标准差等、速度极差与最高速度的比值。既有研究表明速度标准差与事故率存在指数关系,选取分车道的速度标准差作为安全性指标,1车道至4车道的速度标准差分别记为σ_1,σ_2,σ_3,σ_4(km/h)。

(2) 车均换道次数

车辆换道分为自由换道和强制换道,本文主要考虑自由换道。当前车行驶速度小于后车,后车无法按照期望速度行驶,且旁道驾驶条件较好时,驾驶员会产生换道的动机。车辆换道行为可能对旁道车辆造成干扰,导致追尾、碰擦事故。既有研究表明,换道次数与交通事故率存在相关性。选取车均换道次数作为安全性指标,即仿真时段内车辆总换道次数与总流量的比值,记为LC。

2. 效率指标

(1) 平均速度

对于驾驶员而言,速度是感受交通运行状况最直接的指标。高速公路交通流组成和流量大小与车辆平均速度关系密切,大货车存在时后车速度下降明显。选取分车型的平均速度作为效率指标,小客车、大中客车、中小货车、大货车的平均速度分别记为 v_1、v_2、v_3、v_4(km/h)。

(2) 最大流率

车道功能划分规定了不同车型的通行权,因此对不同交通组成的适应性存在差异,而高速公路断面的最大流率一定程度上可以反映通过能力,不同货车比例下各车道功能划分方案的断面最大流率不同。选取断面最大流率作为效率指标,记为 Q_{max}(veh/h)。

6.2.3 指标数据处理

1. 指标无量纲化

各指标的数据可用仿真模型输出得到,构成用于评价的原始数据矩阵。由于各指标的量纲和量级不一致,无法直接计算与比较,因此需要对指标作无量纲化处理。采用线性比例法,处理结果处于(0,1]区间。对于有 n 个评价对象,m 个评价指标的体系中,设 $x_{ij}(i=1,2,\cdots,n;j=1,2,\cdots,m)$ 为第 i 个对象第 j 项指标的观测数据,x'_{ij} 为无量纲化后的观测数据,处理方法为:

$$x'_{ij} = \frac{x_{ij}}{\max x_j} \tag{6-1}$$

式中 $\max x_j$——第 j 项指标的最大值。

2. 权重确定

权重是分项评分综合合成时的重要参数,表明了各指标同评价结果之间的确定关系。因此,权重的确定是综合评价中的核心问题,影响评价结果的科学性。权重的确定途经有很多,根据计算权重时原始数据的来源不同,可以分为主观赋权法、客观赋权法和组合赋权法。主观赋权法主要有专家打分法、层次分析法、相对比较法等,是一种定性分析方法,根据评判者的知识、经验或偏好给出指标权重,但权重的确定与评价指标的数字特征无关,没有考虑指标间的内在联系,无法显示评价指标的重要程度随时间的渐变性[115]。客观赋权法包括均方差法、极差法、熵值法等,是一种定量分析方法,根据各指标所提供的信息量大小确定指标权重,但得出的评价结果可能与决策者的主观愿望不同,且对同一指标体系的两组不同样本确定的权重可能存在差异[116]。综合赋权法将主观赋权法与客观赋权法结合,包括加法集成法、乘法集成法等,在一定程度上反映了决策者的主观信息,同时可以利用原始数据信息。

6.2.2 节中选取的评价指标可以分为安全性指标和效率指标两类,作为方案评价的一级指标,即安全指标 S 和效率指标 E;具体指标作为二级指标,即速度标准差 σ、车均换道次数 LC、平均速度 v、最大流率 Q_{max}。

一级指标的权重采用主观赋权法确定。其中,安全指标越小越好,指标越大则安全性越差;效率指标越大越好,指标越大则通行效率越高。因此,安全指标的符号取负,效率指标的符号取正。本文考虑安全与效率并重,令二者权重的绝对值相等,安全指标 S 与效率指标 E 的权重分别记为 λ_1、λ_2,则 $\lambda_1 = -1$,$\lambda_2 = 1$。

二级指标的权重采用熵值法(Entropy Method)确定。对于给定的 j,x'_{ij} 的差异越大,该指标对被评价方案的比较作用就越大,即该指标包含和传输的信息越多。

第 j 项指标下,第 i 个方案的特征比重为:

$$p_{ij} = \frac{x'_{ij}}{\sum_{k=1}^{n} x'_{kj}} \tag{6-2}$$

第 j 项指标的熵值为:

$$e_j = -\frac{1}{\ln n} \sum_{i=1}^{n} p_{ij} \ln p_{ij} \tag{6-3}$$

第 j 项指标的差异性系数为:

$$g_j = 1 - e_j \tag{6-4}$$

第 j 项指标的权重为:

$$\omega_j = \frac{g_j}{\sum_{k=1}^{m} g_k} \tag{6-5}$$

计算得到的安全指标权重记为 $W_1 = (\omega'_1, \omega'_2, \omega'_3, \omega'_4, \omega'_5)$,效率指标权重记为 $W_2 = (\omega''_1, \omega''_2, \omega''_3, \omega''_4, \omega''_5)$。

3. 评价值计算

依据二级指标的权重系数及无量纲化的指标值,计算一级指标的评价值分别为:

$$S = W_1 \cdot (\sigma'_1, \sigma'_2, \sigma'_3, \sigma'_4, LC')^{\mathrm{T}} \tag{6-6}$$

$$E = W_2 \cdot (v'_1, v'_2, v'_3, v'_4, Q'_{\max})^{\mathrm{T}} \tag{6-7}$$

依据一级指标的权重系数 λ_1、λ_2 及一级指标评价值,计算综合评价值 Z,取综合评价值最大的方案为最优方案。

$$Z = \lambda_1 S + \lambda_2 E \tag{6-8}$$

6.2.4 评价结果分析

1. 实验设计

VISSIM 在仿真结束后可以将仿真结果输出到文件,对仿真结果进行处理获取评价指标。在选取的评价指标中,速度标准差、平均速度、饱和流率通过在路段第 2.5 km 处设置数据采集点(Data Collection)获得,车均换道次数通过自动生成的车道变换记录获得。

对数据采集点进行设置,同时输出统计数据文件(.mes)和原始数据文件(.mer)。选择车辆数(所有车辆类别)、小客车平均速度、大中客车平均速度、中小货车平均速度、大货车平均速度作为统计指标。平均速度和流量直接通过统计数据文件获取,速度标准差通过原始数据文件记录的每辆车通过采集点时的速度进行计算。

对车道变换记录进行设置,输出车道变换记录文件(.spw)。该文件记录了仿真期间内发生的所有车道变换行为,包括时间、车辆编号、原始车道、目标车道等,提取第 400 s 至 1 000 s 期间的换道次数,除以车辆数以计算车均换道次数。

2. 最大流率结果分析

最大流率随货车比例的变化如图 6-1 所示。

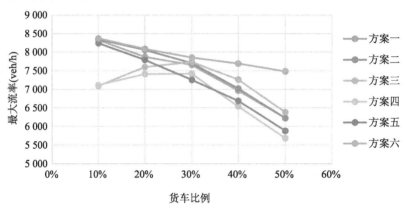

图 6-1　最大流率与货车比例关系

除了方案三与方案四外,其余车道功能划分方案下,最大流率随着货车比例的增加而下降。这是因为货车行驶速度较低,且车身尺寸较大。方案三与方案四为设置货车专用道的情况,随着货车比例的增加最大流率先上升后下降,货车比例小于 30% 时最大流率低于不设置货车专用道的方案,说明货车比例较低时设置货车专用道会降低道路空间利用效率。

在各种货车比例下,方案六的最大流率均最大,说明车辆混行可以最大程度利用道路空间。方案一与方案二的最大流率相当接近,设置小客车专用道可以略微增大最大流率。设置货车专用道适合货车比例大于等于 30% 的交通条件,方案三在货车比例大于等于 30% 时最大流率仅次于车辆混行的情况,而方案四在各种货车比例下最大流率均偏低,与方案三相比没有优势。方案五由于设置了两条小客车专用道,最大流率在货车比例大于等于 30% 时偏低,然而在货车比例小于 30% 时仍然偏低,与其他不设置货车专用道的方案相比没有优势。

3. 车均换道次数

车均换道次数随货车比例的变化如图 6-2 所示。

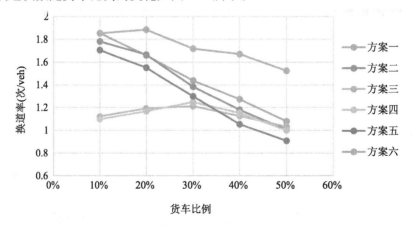

图 6-2　车均换道次数与货车比例关系

除了方案三与方案四外,其余车道功能划分方案下,车均换道次数基本上随着货车比例的增加而下降。这是因为允许货车行驶的车道较少,且货车速度较低,超车需求相对小。方案三与方案四为设置货车专用道的情况,同时也设置了小客车专用道,随着货车比例的增加车均换道次数先上升后下降,变化幅度较小。

在各种货车比例下,方案六的车均换道次数均最大,说明车辆混行会导致车辆频繁换道,安全隐患大。方案一、方案二、方案五的车均换道次数规律相近,车均换道次数依次降低,说明设置小客车专用道可以降低车均换道次数。方案三与方案四的车均换道次数相当接近,在各种货车比例下车均换道次数均偏低,说明同时设置小客车专用道和货车专用道可以将车均换道次数稳定在较低水平。

6.2.5 不同车道划分方案适应性评价

效率指标随货车比例的变化如图 6-3 所示;安全指标随货车比例的变化如图 6-4 所示,安全指标越小越好,因此将纵坐标倒序显示;综合评价值随货车比例的变化如图 6-5 所示。

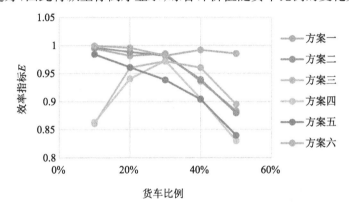

图 6-3 效率指标 E 与货车比例关系

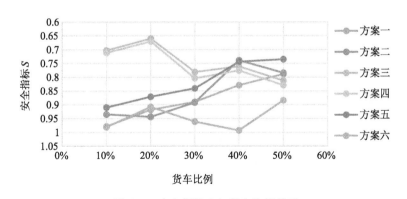

图 6-4 安全指标 S 与货车比例关系

方案一、方案二、方案五的外侧两条车道均为客货车道,允许客货车混行;方案一内侧两条车道均为客车道,方案二将 1 车道设为小客车专用道,方案五内侧两条车道均为小客车道。效率方面,方案一与方案二的通行效率非常接近,货车比例小于 20% 时方案二的通行效率稍高;方案五的通行效率偏低,即使在客车比例最高的情况下通行效率也低于方案一和方案二。安全方面,各种货车比例下方案五的安全性均高于方案一,方案二的安全性大致位于二者之间。总体而言,方案一与方案二的效率接近,方案二安全性更高,货车比例大于等于30%时方案二优于方案一。方案五的构建思路是供小客车高效行驶,但是通行效率并没有优势,优点在于安全性高,货车比例小于30%时综合评价值优于另外两种方案。

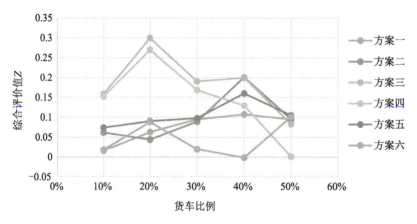

图 6-5 综合评价值 Z 与货车比例关系

方案三、方案四为同时设置小客车专用道和货车专用道的方案,方案四禁止大货车使用3车道。效率方面,方案三的通行效率高于方案四,随着货车比例的增加两种方案的通行效率先升高后下降,货车比例为30%时通行效率最高。安全方面,方案三与方案四的安全性非常接近,方案三的安全性稍高。总体而言,各种货车比例下方案三都优于方案四。货车比例小于30%时方案三通行效率低,但是安全性很高,综合评价值最高。货车比例大于等于30%时方案三的通行效率高于不设置货车专用道的方案(仅次于车辆混行的方案),同时安全性也较高,综合评价值很高。

方案六为不采取车道功能划分的方案,车辆混行。各种货车比例下方案六的通行效率保持稳定,通行效率在所有方案中基本处于最高水平,而安全性基本处于最低水平。总体而言,方案六的综合评价值基本处于最低水平,优点在于货车比例超过30%仍能提供较高的通行效率。

根据综合评价值,货车比例为10%、20%、30%、40%、50%时的最优方案分别为方案三、方案三、方案三、方案二、方案五。货车比例为40%与50%时,方案三虽然不是最优方案,但是综合评价值与最优方案非常接近。考虑对各种货车比例的适应性,推荐方案三作为八车道高速公路的车道功能划分方案。需要注意,一级指标权重的取值可能会影响综合评价的结果(论文考虑安全和效率并重,安全指标 S 的权重取 $\lambda_1=-1$,效率指标 E 的权重取 $\lambda_2=1$)。

6.3 多车道高速公路速度限制方式分析

6.3.1 相关速度概念

车辆速度是交通流理论研究中的一个重要参数。在实际应用中,根据其用途的不同,常

用的速度概念包括设计速度、运行速度、期望速度、限制速度等。依据现有规范标准及相关研究,本章涉及几种速度概念定义如下:

(1) 设计速度:确定公路设计指标并使其相互协调的设计基准速度。设计速度是进行道路设计时的主要技术指标,是在综合考虑地形特性、工程造价等因素采取的最低设计指标。

(2) 运行速度:驾驶员在实际的道路条件和行车环境下,依据自身的驾驶水平、车辆状态及心理预期而采取的安全行驶车速。《公路工程技术标准》中将其定义为在路面平整、潮湿,自由流状态下,行驶速度累计分布曲线上对应于85%分位值的速度。运行速度可用于表征交通流的运行状态。

(3) 85%位车速:速度累计频数分布曲线图中,对应速度累计频数为85%的速度。即在该路段行驶的所有车辆中,有85%的车辆行驶速度在此速度值以下,仅有15%的车辆速度高于该值。

(4) 限制速度:对公路上行驶车辆规定的行驶速度的限值。包括最高行车速度限制值和最低行车速度限制值。限制速度是管理范畴采用的措施,主要由管理部门制定,面向道路的使用者。其实施具有法律效力,是相关执法人员的执法依据。

(5) 期望速度:是驾驶者根据公路沿线的地形环境、道路状况、路侧环境等特征与条件,通过经验判断所采用的最高安全行车速度。期望速度是在车辆行驶基本不受周边车辆约束的情况下,驾驶员希望能够达到的最高"安全"速度。一般而言,期望速度与道路等级、车辆性能、驾驶员个性和运输任务有关。当车辆驾驶员感受到车辆的运行速度低于其期望速度时,会产生提高车速的想法。

6.3.2 不同速度间的相互关系

1. 设计速度与限制速度

设计速度是设计阶段采用的基础技术参数,用于确定道路线型等相关指标,难以被驾驶员直接感知。设计速度规定了相应路段的最低设计标准,是基准的设计速度,而实际的大多数都高于这一最低标准,该指标表示受限制道路(如弯道、纵坡等处)能够提供的最大舒适车速。因此设计速度仅对限制安全行车速度的路段有参考价值,而对平直路段意义不大。而限制速度偏向管理层面的需求,着眼于公路的使用与管理,为避免事故的发生和减轻事故的严重程度,希望通过约束使驾驶员合理地选择行驶车速。二者的定义并不相同。

我国高速公路的速度限制值尚未有统一的制定指标。大多直接沿用设计速度作为全线统一的速度限制值,或者在其基础上以一定幅度进行上、下调整。这种做法没有考虑道路的运行情况,也不能准确反映道路的运行条件,存在不合理性,影响了高速公路的运行效率的发挥,使部分驾驶员持反对态度,也对执法管理造成了负面影响。

2. 运行速度与设计速度

运行速度可用于验证设计速度的合理与否。《公路工程技术标准》提出公路设计应采用运行速度进行检验,旨在保证设计线形运行速度的协调性与一致性,以提高其运行安全及使用质量。要求相邻路段之间的运行速度差值应小于 20 km/h,且同一路段的运行速度与设计速度之差宜小于 20 km/h。

3. 运行速度与限制速度

运行速度可用于评价道路设施条件状况,可被道路驾驶员直观体验。运行速度常采用断面运行速度的85%位车速进行表征,能反映道路运行的实际情况,可较合理地反映驾驶员的行车需求。相关研究表明车辆以85%位车速行驶时道路发生交通事故的概率最低,结合实际观测的运行速度制定的限速标准相对科学,达到了较好的车速管理效果,在实际应用中也应对路侧干扰与环境等因素进行综合论证确定公路限速值。

4. 期望速度与限制速度

期望速度是驾驶员对具体道路行车形成的心理感知,是其对道路条件给出的实际反应,影响着车辆的行车速度。个体间的期望速度存在差异,同一驾驶员对不同路段、不同路况条件感知的期望速度也不同。在行车过程中,驾驶员根据自己的期望速度和交通的实际情况调整车速,倾向于让运行速度最大程度地接近自身的期望速度。让道路的限制速度尽可能与驾驶员的预期匹配,对充分发挥高速公路通行效率、改善驾驶员的行车舒适度有一定的积极意义。而实际情况下,驾驶员的期望速度较难获知,因此较少直接将其作为速度限制值的设定依据。

6.3.3 车速对运行安全的影响

限速值对交通流运行安全的最直观影响之一表现在运行速度的变化情况上。车辆运行速度与速度离散程度对运行安全的影响,是制定交通管理措施的重要参考依据。既有研究对车辆运行速度、车速离散性与交通事故率之间的相关关系进行了探索。

相关研究通过对高速公路进行交通调查,得到了车速与平均速度的差值和事故率的 U 型关系曲线(式(6-9)),将事故成因归于车速的变化,研究成果表明车速与平均速度差值越大,发生事故的概率越高[117]。其中,I 为十万车公里事故率(次/十万车公里);Δv 为车速与平均速度的差值(km/h)。

$$I = 10^{0.0006\Delta v^2 - 0.00667\Delta v + 2.23} \tag{6-9}$$

平均车速、85%位车速和15%位车速的差值与伤亡率的关系如式(6-10)~(6-11),当车速每降低 1 km/h,伤亡率的降低幅度为 7%[118]。CR 为百万车公里伤亡率(次/百万车公里),$\bar{v}$ 为平均车速(km/h),$Diff$ 为5%位车速和15%位车速的差值(km/h)。

$$CR = 190.7\bar{v} - 17\,126.1 \tag{6-10}$$

$$CR = -0.00298\bar{v} + 0.0405\,Diff - 3.366 \tag{6-11}$$

平均速度与车速差异均会影响事故率。当平均速度为 60 km/h 时,车速差异每降低 1 km/h,事故率将随之降低 2.56%[119]。式(6-12)中 N 为年平均事故次数(次/a)。

$$\Delta \ln N = \frac{1.536}{\bar{v}}\Delta v \tag{6-12}$$

根据我国高速公路统计数据,速度标准差与事故率的相关关系如式(6-13),表明二者存在指数关系[120]。该模型适用范围为车速标准差在 0~30 km/h 之间的情形。速度离散性与交通事故的相关性也为车速管理提供了依据,对车辆行驶设置最高车速限制与最低车速限制时,二者的差值较小时有利于降低车速的离散程度,减小事故率。式中 AR 为亿车公里事故率(次/亿车公里); σ 为车速标准差(km/h)。

$$AR = 9.5839e^{0.0553\sigma} \tag{6-13}$$

有研究提出车速离散度的概念,对我国 7 条高速公路的运行与事故数据进行回归分析,认为当车速离散度不大于 0.08 时,车速离散度与事故率成幂数函数关系,当大于 0.08 时,二者符合二次多项关系[121],如式(6-14)~(6-15)其中,SD 为车速离散度,取值为 0~1,v_{max} 为最高运行速度(km/h),v_{min} 为最低运行速度(km/h)。

$$SD = \frac{v_{max} - v_{min}}{v_{max}} \tag{6-14}$$

$$AR = \begin{cases} 61.239SD^{0.5186} & SD \leqslant 0.08 \\ 297.53SD^2 - 49.663SD + 22.401 & SD > 0.08 \end{cases} \tag{6-15}$$

既有研究表明,运行速度的离散程度与事故率有显著的相关关系。因此,在进行高速公路行车速度控制的同时,也要尽可能降低速度的离散性,以提高道路安全性。

6.3.4 不同限速方式的特点

根据是否具有法律依据,限速方式可分为法定限速和建议限速;根据速度限制值固定与否,可分别静态限速与可变限速;按照按限速空间的不同,可划分为全线限速、分段限速和局部限速;按限速对象的不同,可分为单一限速、分车道限速与分车型限速。

1. 法定限速与建议限速

法定限速具有执法效力,是指通过立法程序对道路规定的限速值[122],在一定范围内对特定类型的所有道路均适用。当具体路段采用法定限速不适应特定道路或交通条件时,需进行工程研究和实际调查,在此基础上对该路段实施高于或低于法定限速的限速值。

而建议速度不强制执行,仅为驾驶员提供建议行驶车速的信息,为推荐的安全运行速度,用以提醒驾驶员在特定道路条件(如陡坡、弯道、匝道处)下最大推荐速度,通常和适当的警告标志同时使用。驾驶员通过主观意愿决定是否按照建议速度通过。

2. 静态限速与可变限速

静态限速指通常情况下道路上的速度限制值固定不变。目前国内高速公路的限速方式基本上均为静态限速。

可变限速是根据实时检测到的道路交通流状态、路面状态及天气状况等数据,确定其条件下的最佳限速值,并通过动态信息显示屏、动态限速标志等发布限速信息,提示驾驶员选择合适的速度行驶,以实现对交通流进行实时控制。路段可变限速控制通常是使车辆以最佳车速行驶,让各路段的流量最大化并防止交通状态恶化引起的追尾等事故。

一些高速公路在特殊条件下(如恶劣天气条件)制定特定的速度限制值,如沪宁高速部分路段在路面湿滑的雨天,采用信息动态公示板发布了"雨天路滑,限速 80 km/h"的限速要求。可变限速具有反映道路实时运行状况的特点,可作为静态限速的补充。

3. 全线限速、分段限速与局部限速

国内目前采用较普遍的是全线限速,主要依据设计速度确定速度限制值的大小,对高速公路全线实施统一的限速值,并在出入口等关键位置设置相应的限速标志。该方法实施简单方便,但其限速值不能反映实际道路行驶条件,与车辆的实际运行速度不一致,限速值偏低时驾驶员容易不满,导致限速标志可信度的下降、驾驶员遵守意愿低以及执法压力大。

分段限速是按照地形条件、道路线形、构造物、交通情况、事故统计等方面因素将高速公路划分为多个单元,针对每单元情况相应制定限速标准[123]。可用于分段采用不同设计标准或技术等级的高速公路。

特殊点段局部限速方法往往配合全线限速方法进行应用。主要使用于事故多发点段、长大隧道和线形指标与整条道路相比明显偏低或较多应用低限、极限技术指标值的路段。除了长大隧道外,局部限速路段的长度一般不超过 5 km。通常在局部限速段的起始处设置限速标志,并在结束处设置解除限速标志。局部限速还包括养护施工区限速。养护施工区限速是为保障施工养护作业及车辆的安全行驶,在该路段附近实行的限速管理。

4. 单一限速、分车道限速与分车型限速

单一限速指对道路中所有车辆任意车道上行驶时,其允许采用的车速范围相同,均不可超过或低于该限速范围。

分车道限速指在不同车道上采取不同速度限制值(如图 6-6),通常采用门架式或借助跨线桥悬挂限制标志,由车道上方标志分别说明各车道限速,或通过路面限速标记表示车辆行驶的限制速度。分车道限速通常分为设置最高速度限制值、设置最低速度限制值以及兼顾最高速度与最低速度限制值这三种典型方法[124]。分车道限速条件下,驾驶员可根据车辆性能与自身期望速度选择合适车道行驶,一定程度上可对不同期望速度的车型进行归类,降低同一车道内行驶车辆的速度离散性,减少车辆变道行为的发生,有利于改善道路运行的安全性;其缺点在于对于需设置超高的路段,如其中某车道限速值过高或过低,可能会出现欠超高或过超高的现象,存在一定的安全隐患[121]。

分车型限速是根据不同类型车辆的运行特性及管理需要,分别制定不同车型的速度限制值(如图 6-7)。分车型限速考虑了车型间的性能差异,可从混合交通流中将大型车辆剥离出来,形成道路内侧向外侧车辆速度呈现由快速到慢速的分布,提高道路的秩序性,改善道路的安全状况。同时,车型分类存在的不确定性与多样性也是影响其实施效果的重要因素,如何科学地实施差别化的限速而不会加剧车辆间的速度差,也是制定方案过程中需要论证的问题。

分车道限速与分车型限速在我国高速公路中均有应用,在多车道高速公路的管理工作中也出现了将分车道和分车型相结合的限速方式(图 6-8),在确定不同车道的车辆通行权的同时也为各车道设定了不同的限速区间,能够更好地区分了各车道的通行功能,形成秩序较好、速度相对较高的交通流。目前尚未有在同一车道上对不同车型提出差别化限速的应用。

第 6 章 多车道高速公路分车道限速值确定方法

图 6-6 分车道限速方式示意图

图 6-7 分车型限速方式示意图

图 6-8 分车道和分车型相结合的限速方式示意图

6.3.5 不同运行条件下限速方式建议

1. 正常运行状态

正常运行状态下,结合我国高速公路管理现状,建议多车道高速公路采用静态限速方式。

线形条件一致性较好时,主线可采用全线统一限速;若高速公路线形条件存在差异,部分路段线形条件不足时可采用分段限速;对于在事故频发点或气候条件较差地点,可在全线统一限速基础上配合实施特殊点段局部限速。

多车道高速公路由于车道数较多,分车道限速管理实施效果好。建议可结合实际交通情况对道路的车道功能进行划分,并采用分车道或分车型的速度限制。

2. 特殊事件条件下

在特殊事件条件下,如施工或事故条件,高速公路会在局部点段形成临时的通行能力瓶颈点,可采用逐级的限速或动态限速对车流进行引导,使车辆将速度逐步平顺地减小到瓶颈点的安全行车速度,并将该点处的交通量维持在通行能力以下,避免通行能力下降现象的发生,在保证道路安全的同时可使其处于较高的通行效率水平。

3. 特殊天气条件下

雨、雪、雾天等恶劣天气条件下,可对全线采用动态限速,实行符合安全行驶要求的较低限速值,减少因道路摩擦系数减小或视线条件下降而导致的事故。一般可采用高速公路上的电子信息公布牌发布对全线的动态限速值,并配合广播等方式及时告知道路使用者,提高限制值的知晓度与接受度。

6.4 多车道高速公路速度限制值确定框架

6.4.1 限速值设置目的

驾驶员对运行速度的选择是一个多因素作用的较复杂系统,按照驾驶员车速决策理论,其在选择行驶速度时会有意识或无意识地在安全与效率之间进行抉择,或为了安全而降低速度,或为了运行效率而提高速度[125]。高速公路设定速度限制值主要有以下目的:

1. 为驾驶员的行驶提供参考

驾驶员对道路条件的判断较为主观,设置限速值可以使驾驶更准确地感知道路的线形、路侧环境的变化情况,辅助其作出符合设施条件的速度选择与驾驶行为决策。

2. 提高道路运行安全性

车辆高速行驶时,车辆驾驶员的视野受限,视力随车速的提高而有所下降,且车辆的制动距离增加,驾驶员制动反应时间延长,难以迅速采取准确的操作,使交通事故发生的概率增加。设定安全的行驶速度值,可降低驾驶员超过安全行驶速度而发生事故的可能性。同时,管理者可通过限速值的设定达到调节道路交通流速度差异性,引导形成较为有序的交通流。

3. 提高高速公路的运输效率

结合道路设施条件和交通流情况设定合理的最高速度限制值与最低速度限制值,有利于降低速度离散性并充分发挥道路资源的运输效率。

6.4.2 限速值设定的影响因素

1. 道路条件

道路条件是影响限速值的主要因素,包括了道路的路线、路基、路面以及安全防护设施等。道路的设计标准直接约束了路段所能采用的限制速度最高基准值。在同一高速公路的不同路段上,由于道路条件的不同,车辆的运行速度也往往有所差异,如在平直路段上,车辆通常能以较高的运行速度通过,限速值的确定需考虑具体的道路条件。

线形方面指标主要涉及平面、纵断面与横断面。平面曲线要素包括了圆曲线、缓和曲线以及直线段,纵断面线形方面影响车辆运行速度的主要指标为纵坡坡度、纵坡长度以及竖曲线半径的大小,横断面对车速的影响主要体现在车道宽度、路肩宽度以及特殊路段的减速车道与紧急停车带设置等。

行车视距也是影响限制速度设定的重要因素。视距不良的路段,为保证行车安全应适当降低速度限制值。道路安全防护设施也应与道路速度限制值相匹配,如护栏防撞等级应满足要求。

2. 交通流情况

交通流情况包括交通量与交通组成两方面。交通量的大小影响了道路的服务水平,道路交通量越大时,车辆运行速度越低。

交通组成为各种车型车辆在总交通流中的占比情况,大型车辆在交通流中的混入率会对交通流整体运行速度造成影响,使运行车速降低,而且不同的货车比例的影响也存在差异。在确定限速值时应充分考虑交通组成的实际情况。

3. 环境因素

环境因素对限速值的影响主要表现在天气因素上。在较好的天气状况下,车辆能够以较高的速度平稳行驶。不良天气条件会对道路运行造成威胁,期间高速公路较正常天气情况下更容易发生交通事故,需要降低限速值以保证交通安全。雨雪天气下路面湿滑,摩擦系数较小,车辆的转向稳定性能与制动性能都有所降低,车辆易打滑、制动距离变长,对其平稳安全驾驶带来了一定挑战。雾天条件下能见度低,为了应对出现的突发情况,需车辆降低运行速度以保证安全。高速公路桥梁路段由于横跨水体,容易产生团雾,宜对限速情况进行特殊考量或采取相应警示措施。

4. 事故情况

事故数据是制定限速值的重要参考。当车辆速度离散性上升,道路的事故率也随之提高,对于事故多发段应充分论证限速值的合理性,以减少事故的发生及减轻事故的严重程度。

6.4.3 限速值确定框架

高速公路的限速值可分为高速公路主线限速值与各车道限速值两个层次。多车道高速公路运行特征不同于四车道高速公路,车道差异性更明显,车辆换道复杂度提高。当各车道均与主线采用同样的最高限速值与最低限速值时,不能够有效地对道路断面的交通流分布情况进行调节,不同运行速度的车辆相互干扰,一定程度上制约了道路的运输效率的发挥,同时速度离散程度大也降低了道路的安全性。因此,依次对多车道高速公路的主线限速值和分车道的限速值进行确定(如图 6-9)。

1. 主线速度限制值

对于高速公路主线最高速度限制值的确定,需要考虑道路线形、交通流情况、环境因素、事故情况等因素的影响,以确保该值在满足车辆运行要求的同时能够符合道路运行安全的要求。对于最低限速值,《道路交通安全法实施条例》规定高速公路最低车速不得低于 60 km/h,因此,除特殊情况下,建议以 60 km/h 作为主线的最低限速值。

2. 分车道速度限制值

分车道限速值包括各车道的最高限速值与最低限速值。各车道的速度限制值区间均应在主线最高限速值与最低限速值范围内。由于主线限速值确定过程中已经满足了道路线形等因素的要求,因而在制定分车道限速值时不再重复校核,主要以交通流条件为考虑因素。限制速度是控制车速及提升安全综合措施的组成部分,而非单独存在的措施。速度的制定不应孤立于其他的车道管理,合理的车道划分方案与科学的分车道限速值的配合可以使管理措施形成合力。

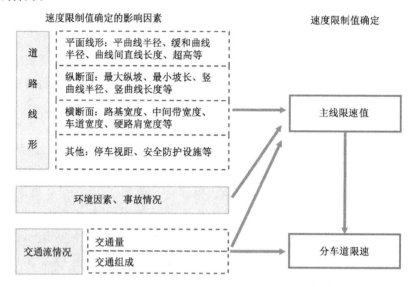

图6-9 多车道高速公路限速值确定框架思路

6.5 基于工程技术的主线最高限速值确定

正常运行状态下,可采用工程技术法确定多车道高速公路的主线速度最高速度限制值,作为静态限速依据。建议以运行车速为主要依据,对道路的设计标准进行核查,并结合历史事故数据、路侧环境因素进行校核。

1. 以法定限速为约束

法定限速是根据法律法规制定道路路段的最高限速值或最低限速值。我国《道路交通安全法实施条例》要求高速公路应当标明车道的行驶速度,最高车速不得超过120 km/h,最低车速不得低于60 km/h;在高速公路上行驶的小型载客汽车最高车速不得超过120 km/h,其他机动车不得超过100 km/h。《道路交通安全法》也规定公路最高时速不得超过120 km/h,并说明该值是通过统计分析研究而得到的安全警戒值。

实际情况中道路状况与交通条件的不同需要道路管理部门结合具体情况制定更精细的管理措施,法定限速值往往不直接沿用为道路的限制速度,但在制定具体限速值应将其作为最高速度限制值的约束条件。

2. 以85%位车速为依据

85%位车速是衡量高速公路运行速度的重要指标,将其作为限速值确定的依据,可以满足多数车辆的运行速度与运行安全的要求,能够较好地利用道路资源,公众接受度好,执法难度较低。

(1) 限速基准值确定

对于已投入运营的高速公路,可通过实际观测得到自由流状态下的 85% 位车速。对于尚未投入运营的高速公路,可通过路线设计参数与特征值进行测算,小型车、大型车的 85% 位车速与单元曲线曲率变化率的关系分别为线性关系与指数关系[120],如式(6-16)、(6-17)。

$$V_{85} = 103.18 - 0.8469 CCRs \quad (6\text{-}16)$$

$$V_{85} = 81.531 e^{-0.0066 CCRs} \quad (6\text{-}17)$$

$$CCRs = \frac{\alpha}{L} = \frac{[L_{s1}/(2R) + L_y/R + L_{s2}/(2R)] \times 180/\pi}{L} \quad (6\text{-}18)$$

其中,V_{85} 为 85% 位车速(km/h);$CCRs$ 表示带缓和曲线的单圆曲线的曲率变化率,(度/km);α 为曲线的转角(度);L_{s1}、L_{s2} 分别表示两缓和曲线的长度(m);L_y 为圆曲线的长度(m);L 为圆曲线及两条缓和曲线的总长度(m);R 为圆曲线的半径长度(m)。

取法定限速中规定的最高限速值与 85% 位车速的最小值作为主线最高限速的基准值 v_0,并考虑限速管理习惯及驾驶员易遵守性将其调整至 10 km/h 的整数倍。V_{law} 为依据相关法律确定的法定限速值。

$$v_0 = \min(V_{\text{law}}, V_{85}) \quad (6\text{-}19)$$

(2) 基于基准值的区段初步划分

设置限速时应尽量保证限速的一致性与连贯性,若速度限制值频繁变化,容易使车辆驾驶员产生不适应与困惑,且不同限速值之间的直接换转不连续可能会导致不同道路的等级和衔接之间缺乏一致性。当道路整体路段的运行速度较为接近时,可采用全线统一限速值,并且与道路环境和交通状况保持一致性;若运行速度存在较大差异时,可进行分段限速的论证,建议取 10 km/h 或者其整倍数作为限速区之间的限速值的增减幅度。

为防止车辆行驶速度的频繁变化引起安全问题,设置限速区进行限速时,同一限速值实施的路段长度不宜过短,澳洲的 MUTCD 对于限速标志的最小设置区间进行了规定[126](如表 6-4)。

表 6-4 澳洲 MUTCD 对最小限速区间的规定情况

限速值(km/h)	40	50	60	70	80	90	100	110
最小限速区间长度(km)	0.2	0.4	0.6	0.7	0.8	0.9	2.0	10

当两个限速区之间的速度差异较大时,会影响道路上车辆运行速度的协调性,也可能使驾驶员难以遵守,且对车辆性能有较高要求。当速度限制值较高限速区与下游速度限制值较低限速区的限速差较大时(超过 20 km/h),为避免车速突变过大,保证驾驶员能够顺适、安全地完成减速,宜在两限速区之间设置一定长度的限速过渡段[127]。

3. 高速公路设计要素核查

主线最高限速值的制定应以实际的交通工程评价为参考。确定高速公路全线或各段的基准限速值 v_0 后,应根据高速公路的道路平面线形、纵断面线形及横断面的设计指标与设计速度对限速值进行核查,确认各指标是否达到要求,以进一步对限速值进行调整。

《公路工程技术标准》(JTG B01—2014)、《公路路线设计规范》(JTG D20—2017)对部分指标的规定值如表 6-5。[14,128] 若整条高速公路中道路技术等级与设计标准不连续,可在区段初步划分的基础上进行调整,并对区段的限速值进行重新界定,以确保限速值与设计要素的一致性。对于线形指标明显偏低或者较多使用低限、极限技术指标值的局部路段,可采取特殊点段局部限速方法。

表 6-5 相关规范标准对高速公路设计指标的规定值[1,71]

指标		设计速度(km/h)		
		80	100	120
平曲线最小半径(m)	一般值	400	700	1 000
	极限值	250	400	650
缓和曲线最小长度(m)		70	85	100
中央分隔带宽度(m)	一般值	2.00	2.00	3.00
	最小值	1.00	1.00	1.00
左侧路缘带宽度(m)	一般值	0.50	0.75	0.75
	最小值	0.50	0.50	0.75
车道宽度(m)		3.75	3.75	3.75
最大纵坡(%)		5	4	3
最小坡长(m)		200	250	300
凸形竖曲线最小半径(m)		3 000	6 500	11 000
凹形竖曲线最小半径(m)		2 000	3 000	4 000
竖曲线长度(m)		70	85	100
停车视距(m)		110	160	210

4. 事故数据、路侧环境因素核查

除了道路线形条件外,还应结合高速公路的历史事故数据及路侧环境对限速值作进一步核查,以确保限速值能够满足各路段的安全行驶要求。

道路条件、交通安全设施、公路沿线环境、交通流和交通控制管理措施均是影响事故黑点的因素,车速控制的合理性也是改善交通安全的一个重要环节。已运营的高速公路应分析道路的历史事故数据,可采用改进的事故频数法、综合影响强度事故率法等技术鉴别道路事故黑点[129],进一步对限速区段的划分和限速值的合理性进行验证。对于事故多发段可采用局部路段限速的方式。对于未运营道路,应在通车运营后对相关安全状况进行监测,并对与运行安全要求不适宜的限速值进行及时调整。

路侧环境也是影响道路安全性的重要因素,需对其进行核查。如对于桥梁与近水域路段等易产生团雾的高速公路路段,及雨、雪天气等灾害性天气影响路段,可适当降低其限速值,或采取的相应安全警示措施,以避免事故的发生。

6.6 安全与效率协同最优的分车道限速值确定

6.6.1 分车道速度限制值的确定

1. 速度限制值的确定思路

保障高速公路运行安全是高速公路管理中的重要目标。多车道高速公路往往作为区域的重要运输通道,保证其处于较高的运输效率水平,有利于充分发挥其对社会经济发展的促进作用。因此,确定多车道高速公路速度限制值时应在保证道路运行安全的同时,尽可能地提高道路的运输效率。

由于通行效率与运行安全一定程度上是矛盾的,当道路的速度趋于一致时,损失了部分车辆的速度优势,使道路整体通行效率有所下降,难以在安全性能最好的同时使高速公路的通行效率也达到最大值[130]。如何兼顾二者进行协同优化,是制定分车道速度限制值应重点考虑的问题。

为反映不同限速方案对效率与安全的影响,本节从这两方面构建评价指标体系,并运用构建的仿真模型获取不同限速方案下的各指标值。考虑用基于熵权系数法的线性加权法进行综合评价,将两个优化目标处理为单目标最优化问题,以实现二者的协同。

2. 指标的选取及计算

选取一级评价指标两个,分别为效率指标 E、安全指标 S。

（1）效率指标

高速公路管理的效率目标,不仅是尽可能地通过较多的车辆数,也应注重以较快的速度完成具体的运输任务,即通行效率涵盖了速度和运输效率这两个概念[131]。高速公路的通行效率可定义为在单位时间内,高速公路设施所完成的车公里运输计量,计算公式如(6-20),可反映其运输效率,着眼于使更多的交通单位以最快的速度完成运输任务。

$$E = q \cdot v \cdot t \tag{6-20}$$

其中,E 为通行效率(veh·km/h);q 为交通量(veh/h);v 为交通流的平均速度(km/h);t 为单位时间(h)。

（2）安全指标

运行安全方面,6.2.4 节中提出了速度标准差、前后车速度差、换道率三个指标。速度标准差与前后车速度差均反映了同一车道内的车速离散情况,换道率可反映车道间的速度差异情况对运行安全的影响。为保证指标间的相对独立性,选用车速标准差 σ、换道率 LCR 作为运行安全的二级指标。对高速公路进行分车道管理时,不同速度水平车辆适当分离至不同车道时,有利于提高道路的安全水平。因此,交通流整体的速度标准差、换道率不能够很好地反映车道管理措施对运行的影响,这里采用分车道的车辆速度标准及换道率衡量道路的安全水平,见图 6-10,其中 N 表示单向车道数。

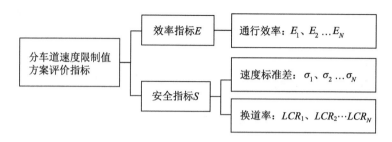

图 6-10　分车道速度限制值方案评价指标结构图

(3) 指标值的无量纲化

由于各指标的量纲不一致，无法直接计算与比较，因此采用直线型阈值法对指标值进行无量纲处理。其中效率指标为效益型指标，值越大越好，安全指标为成本型指标，值越小越好，对二者分别通过式(6-21)、(6-22)将其转化为量纲为1的评价指标值。

$$x'_j = \frac{x_j - \min x}{\max x - \min x} \tag{6-21}$$

$$x'_j = \frac{\max x - x_j}{\max x - \min x} \tag{6-22}$$

3. 指标权重的确定

(1) 一级指标的权重

效率指标与安全指标的权重分别记为 λ_1、λ_2。考虑效率与安全并重，采用主观赋权法取 $\lambda_1 = \lambda_2 = 0.5$。

(2) 二级指标的权重

选用熵权系数对各指标进行赋权[5]。计算过程同 6.2.3 节中式(6-2)~式(6-5)。计算得到的效率指标权重系数记为 $W_1 = (\omega'_1, \omega'_2 \cdots \omega'_N)$，安全指标权重系数记为 $W_2 = (\omega''_1, \omega''_2 \cdots \omega''_N, \omega''_{N+1}, \omega''_{N+2} \cdots \omega''_{2N})$。

4. 综合评价值的计算

依据二级指标的权重系数 ω_j 及标准化值 x'_j，计算一级指标的评价值分别为：

$$E = W_1 \cdot (E'_1, E'_2 \cdots E'_N)^T \tag{6-23}$$

$$S = W_2 \cdot (\sigma'_1, \sigma'_2 \cdots \sigma'_N, LCR'_1, LCR'_2 \cdots LCR'_N)^T \tag{6-24}$$

依据一级指标权重及一级指标评价值，采用线性加权法计算方案的综合评价值，并取各方案最大值为最优解。

$$\max Z = \lambda_1 E + \lambda_2 S \tag{6-25}$$

我国的多车道高速公路以双向六车道与八车道为主，因此后面主要对这两种高速公路的分车道限速值进行分析。

6.6.2　六车道高速公路分车道限速值

以设置小客车专用车道的六车道高速公路为例进行分车道限速值的确定。主线最高限速值定为 120 km,最低限速值为 60 km/h。

设置限速方案共 5 组如表 6-6。方案 1 各车道限速区间相同,均与主线限速区间一致。方案 2 各车道最高限速值成梯级分布,最低限速值一致,均为 60 km/h。方案 3 各车道最高限速值一致,均为 120 km/h,最低限速值成梯级分布。方案 4 各车道限速区间连续成梯级分布,区间宽度均为 20 km/h。方案 5 中,车道 2、3 采用相同的最高限速值 100 km/h,各车道的最低限速值成梯级分布。

表 6-6 六车道高速公路各限速方案的限速区间设置情况

单位:km/h

限速方案	车道 1	车道 2	车道 3
1	120-60	120-60	120-60
2	120-60	100-60	80-60
3	120-100	120-80	120-60
4	120-100	100-80	80-60
5	120-100	100-80	100-60

结合研究区域交通流车型组成情况,取货车比例为 30% 基本能够反映研究区域的货车混入情况。因此,设定交通流各车型比例为小客车:大中型客车:中小型货车:大货车＝0.6:0.1:0.15:0.15。设置低交通量、中交通量与高交通量三种场景,各场景中分别将各车道平均输入流量分别设定为 400 veh/(h·ln)、800 veh/(h·ln)、1 200 veh/(h·ln)。

1. 低交通量

在低交通量场景下对六车道 5 组方案进行仿真,计算不同限速条件下的通行效率及速度标准差与换道率指标如表 6-7。

表 6-7 低交通量场景六车道高速公路各限速方案的指标情况

方案	通行效率(veh·km/h)			速度标准差(km/h)			换道率(次/(veh·h·km))		
	E_1	E_2	E_3	σ_1	σ_2	σ_3	LCR_1	LCR_2	LCR_3
1	51 479	34 725	28 479	9.87	14.40	12.41	0.136 1	0.491 2	0.332 8
2	59 827	30 829	18 864	11.37	10.09	4.84	0.165 1	0.466 2	0.249 9
3	50 831	35 638	27 213	9.78	14.04	11.31	0.126 3	0.443 0	0.293 4
4	44 907	30 225	30 994	9.29	9.79	7.96	0.078 9	0.224 3	0.053 3
5	44 882	34 582	28 678	9.22	10.43	9.62	0.083 3	0.259 5	0.208 6

对各指标进行无量纲处理如表 6-8。通过熵权法计算得到效率指标权重系数分别为 $W_1=(0.489\ 9,\ 0.319\ 7,\ 0.190\ 4)$,安全指标的权重系数为 $W_2=(0.099\ 3,\ 0.175\ 7,\ 0.172\ 8,\ 0.134\ 8,\ 0.228\ 8,\ 0.188\ 6)$。依据分级权重与无量纲化的指标值对方案的综合评价值进行计算,得到安全与效率协同最优的方案为方案 5。

表 6-8　低交通量场景六车道高速公路各限速方案综合评价值

方案	E_1'	E_2'	E_3'	σ_1'	σ_2'	σ_3'	LCR_1'	LCR_2'	LCR_3'	E	S	Z
1	0.441	0.831	0.793	0.699	0.000	0.000	0.336	0.000	0.000	0.633	0.115	0.374
2	1.000	0.112	0.000	0.000	0.934	1.000	0.000	0.094	0.297	0.526	0.414	0.470
3	0.398	1.000	0.688	0.742	0.080	0.145	0.450	0.181	0.141	0.646	0.241	0.444
4	0.002	0.000	1.000	0.967	1.000	0.587	1.000	1.000	1.000	0.191	0.925	0.558
5	0.000	0.805	0.809	1.000	0.861	0.369	0.949	0.868	0.444	0.411	0.725	0.568

为分析各限速方案下车辆的运行情况,绘制速度演化图如图 6-11～图 6-15。由于设置了小客车专用道,能够保证专用道的行驶速度,各方案车道 1 速度差别不大。

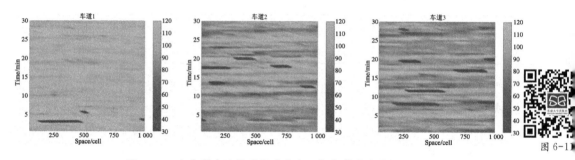

图 6-11　六车道高速公路限速方案 1 各车道速度演化图

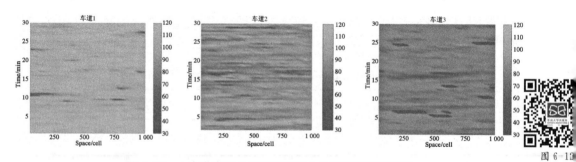

图 6-12　六车道高速公路限速方案 2 各车道速度演化图

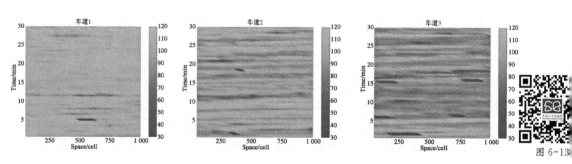

图 6-13　六车道高速公路限速方案 3 各车道速度演化图

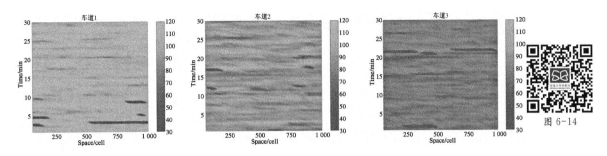

图 6-14　六车道高速公路限速方案 4 各车道速度演化图

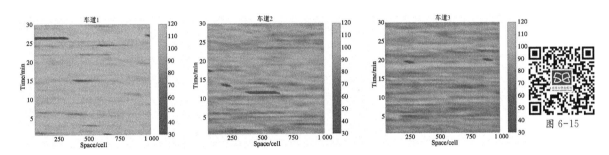

图 6-15　六车道高速公路限速方案 5 各车道速度演化图

对车道实行无差别限速时(方案 1)小客车可任意选择车道行驶及换道,其他车型自由选用车道 2、3,各车道间的平均速度差别较其他方案更小,且车道 3 的运行速度能够保持较高水平,整体通过效率高,但车道内的速度离散性较为严重。

方案 2 和方案 4 对车道 3 实施 80 km/h 的最高限速值,使该车道平均速度较低。方案 2 仅对最高运行速度进行区分设置,小客车为追求更高的行驶速度会向内侧车道聚集,货车仍可在车道 2、3 行驶。方案 4 则采用了相同的区间宽度,各车道限速区间连续成梯级分布,约束了货车的车道选择,因此车道 2 的运行速度相对方案 2 有所提升,由此可见各车道设置较窄的限速区间有利于鼓励各车辆根据自身驾驶性能选择合适的车道,从而将不同运行速度车辆更好地分离到各车道上,减少速度离散程度,同时换道行为也明显较其他方案减少,其安全指标评价值最高。

方案 3 各车道设置了统一的最高限速值,最低限速值成梯级分布,主要针对大型货车倾向于以较低的期望速度行驶的行为特征进行设置,有利于将大型车辆分离至慢速车道,同时也可使快速车辆聚集于内侧车道,其效率指标评价值最高。

方案 5 对车道 2、3 设置了 100 km/h 的最高限制速度,在保证车道 1 的快速行驶条件时,也为外侧车道提供了较好的行驶条件,运行安全、通行效率水平相对均衡,为该场景下推荐的限速方案。

2. 中交通量

在中交通量场景不同限速条件下的指标情况如表 6-9。计算得到效率指标与安全指标的权重系数分别为 $W_1 = (0.397\ 7, 0.262\ 5, 0.339\ 8)$,$W_2 = (0.124\ 7, 0.16, 0.230\ 8,$ $0.105\ 7, 0.163\ 5, 0.215\ 2)$。方案的综合评价值如表 6-10。效率方面,方案 1 指标值最高;安全方面,方案 4 的指标值最高,为 0.850。综合效率与安全评价得到的最优方案为方案 5。

表 6-9 中交通量场景六车道高速公路各限速方案的指标情况

方案	通行效率(veh·km/h)			速度标准差(km/h)			换道率(次/(veh·h·km))		
	E_1	E_2	E_3	σ_1	σ_2	σ_3	LCR_1	LCR_2	LCR_3
1	86 667	51 669	40 164	16.11	20.43	17.95	0.365 5	0.861 7	0.447 1
2	95 028	47 235	34 149	19.27	18.37	11.00	0.459 2	0.963 4	0.454 3
3	85 692	54 621	34 411	16.31	19.83	16.63	0.374 5	0.787 9	0.306 9
4	82 762	48 942	32 876	15.22	16.98	15.85	0.279 7	0.539 7	0.164 3
5	84 028	50 186	36 383	15.82	17.82	16.23	0.306 8	0.642 3	0.274 8

表 6-10 中交通量场景六车道高速公路各限速方案综合评价值

方案	E_1'	E_2'	E_3'	σ_1'	σ_2'	σ_3'	LCR_1'	LCR_2'	LCR_3'	E	S	Z
1	0.318	0.600	1.000	0.780	0.000	0.000	0.522	0.240	0.025	0.624	0.192	0.408
2	1.000	0.000	0.175	0.000	0.596	1.000	0.000	0.000	0.000	0.457	0.313	0.385
3	0.239	1.000	0.211	0.732	0.175	0.189	0.472	0.414	0.508	0.429	0.389	0.409
4	0.000	0.231	0.000	1.000	1.000	0.302	1.000	1.000	1.000	0.061	0.850	0.455
5	0.103	0.400	0.481	0.852	0.756	0.247	0.849	0.758	0.619	0.309	0.637	0.473

3. 高交通量

在高交通量场景不同限速条件下的指标情况如表 6-11。计算得到效率指标与安全指标的权重系数分别为 $W_1 = (0.224\ 2, 0.159\ 9, 0.615\ 9)$,$W_2 = (0.159\ 4, 0.150\ 5, 0.153\ 7, 0.139\ 7, 0.254\ 6, 0.143\ 1)$。方案的评价值如表 6-12。其中,方案 2 的效率指标值最高,为 0.791;方案 4 的安全指标值最高,为 0.977;综合效率与安全评价得到的最优方案为方案 4。

表 6-11 高交通量场景六车道高速公路各限速方案的指标情况

方案	通行效率(veh·km/h)			速度标准差(km/h)			换道率(次/(veh·h·km))		
	E_1	E_2	E_3	σ_1	σ_2	σ_3	LCR_1	LCR_2	LCR_3
1	93 618	50 319	25 690	19.22	22.15	16.19	0.472 6	0.845 3	0.285 4
2	93 064	41 137	35 150	25.30	21.35	14.90	0.590 2	1.178 6	0.452 4
3	93 308	50 807	22 903	19.24	22.37	15.00	0.499 6	0.837 2	0.223 4
4	91 331	45 038	22 975	20.17	20.50	14.56	0.419 8	0.658 2	0.135 2
5	91 078	46 640	22 909	20.05	20.56	14.63	0.418 1	0.684 4	0.184 3

表 6-12　高交通量场景六车道高速公路各限速方案综合评价值

方案	E'_1	E'_2	E'_3	σ'_1	σ'_2	σ'_3	LCR'_1	LCR'_2	LCR'_3	E	S	Z
1	1.000	0.950	0.228	1.000	0.113	0.000	0.684	0.641	0.527	0.516	0.454	0.485
2	0.782	0.000	1.000	0.000	0.542	0.793	0.000	0.000	0.000	0.791	0.251	0.521
3	0.878	1.000	0.000	0.997	0.000	0.727	0.526	0.656	0.722	0.357	0.536	0.447
4	0.100	0.403	0.006	0.844	1.000	1.000	0.990	1.000	1.000	0.091	0.977	0.534
5	0.000	0.569	0.001	0.863	0.963	0.958	1.000	0.950	0.845	0.091	0.934	0.513

4. 推荐方案小结

（1）各方案实施效果总结

对于六车道高速公路各限速方案实施效果总结如下：

① 各车道限速区间相同（方案1）：通行效率方面，对道路空间资源的利用充分，各车道的差异性相对较小，在各交通量水平下均能达到较高的通行效率，其中在高交通量场景下效率指标值最佳。运行安全方面，车辆的速度离散程度高，各场景下其速度标准差均较大；车道间换道行为频繁，随着交通量的增加，各车道间的行驶条件逐渐趋于相同，使换道率略有降低；整体安全性能差。从道路安全角度出发，不建议六车道高速公路采取该限速方案。

② 最高限速值成梯级分布且最低限速值一致（方案2）：当交通量较小时，车道间的通行效率差异较大，该方案车道1的限速范围最大，且快速车道倾向于向内侧车道集中，使该车道的通行效率最大；由于不能将行驶速度较低的小汽车分离到其他车道上，随着交通量的增加，车道1的通行效率优势逐渐减小，各车道差异相对缩小，但总体上能够保证道路处于较高的通行效率。安全水平一般，该限速方案中车道1的速度标准差较大，而车道2、3的速度一致性好；各车道间的换道行为频繁。

③ 最高限速值一致且最低限速值成梯级分布（方案3）：效率方面，与方案2呈现相反趋势，当交通量低时，车道间通行效率差异较小，当交通量较高时，快速车道的通行效率优势逐渐发挥。总体安全性较差。

④ 各车道限速区间连续成梯级分布（方案4）：效率方面，有利于引导不同运行速度的车辆进行分离，低交通量场景下车道3的利用效率高；相较于其他方案，总体通行效率较低。运行安全方面表现突出，车辆的速度一致性好，且有效地减小了换道行为。

⑤ 外侧两车道实施相同的最高限速值（方案5）：与方案4较为接近，由于车道3的最高限速值有所提高，使车流的分布有所变化，低、中交通量场景下道路通行效率略好于方案4；同时安全性能较方案4稍有降低。

（2）推荐方案

在设定的交通组成情况下，推荐不同交通量场景的限速方案如表6-13。在各场景下，设置限速区间连续成梯级分布的方案均表现出很好的安全性，而不同方案的通行效率发挥情况则与交通量的水平有关，并没有方案能够始终保持很高的通行效率。

表 6-13　六车道高速公路各场景下推荐限速方案情况

单位：km/h

交通量	推荐方案编号	车道1	车道2	车道3
低交通量	5	120～100	100～80	100～60
中交通量	5	120～100	100～80	100～60
高交通量	4	120～100	100～80	80～60

(3) 限速差的影响分析

为分析车道内最高限速值与最低限速值的差值对交通运行的影响，针对有小客车专用道的六车道高速公路，对于不同车道设置梯级限速值的方案，将车道内差值分别设定为 20 km/h、30 km/h、40 km/h、50 km/h。车道输入流量为 800 veh/(h·ln)，速度标准差、前后车速度差的变化情况如图 6-16、6-17。

当限速差值为 20 km/h 时，各车道的速度标准差较为接近，当限速差增加时，车道1、2 的速度标准差也随之增加，车道3由于行驶车辆以货车为主，车辆速度标准差的变化相对较小。各车道的前后车速度差值也随着限速差的增加而增加，车道2的前后车速度差最高，车道1次之，车道3最低。当车道内限速差增大时，车道内的速度分布趋向于更离散，且车道1、2对其变化更为敏感。因此，设置限速值时车道1、2的车道内限速差异不应太大，建议车道1、2的限速区间宽度宜不超过 30 km/h。

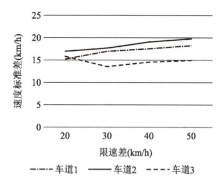

图 6-16　不同限速差条件下速度标准差情况

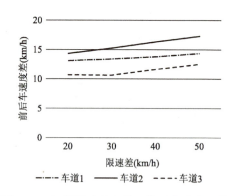

图 6-17　不同限速差条件下前后车速度差情况

6.6.3　八车道高速公路分车道限速值

研究的八车道高速公路的车道划分方案为：车道1为小客车专用车道，车道2为客车道，车道3、4为客货车道。主线的最高限速值定为 120 km，最低限速值为 60 km/h。

设置限速方案如表 6-14。方案1各车道均采用与主线一致的限速区间。方案2各车道最高限速值分别为 120 km/h、100 km/h、100 km/h、80 km/h，最低限速值一致，均为 60 km/h。方案3车道1、2最高限速值一致为 120 km/h，车道3、4最高限速值一致为 100 km/h，各车道最低限速值成梯级分布。方案4中车道1最低限速为 100 km/h，其余设定与方案3一致。车道5限速区间连续成梯级分布。

表 6-14　八车道高速公路各限速方案的限速区间设置情况

单位:km/h

限速方案	车道1	车道2	车道3	车道4
1	120~60	120~60	120~60	120~60
2	120~60	100~60	100~60	80~60
3	120~110	120~90	100~80	100~60
4	120~100	120~90	100~80	100~60
5	120~100	100~80	100~80	80~60

设定交通流各车型比例为小客车:大中型客车:中小型货车:大货车＝0.6:0.1:0.15:0.15,设置低交通量、中交通量与高交通量三种场景,将各车道平均输入流量分别设定为 400 veh/(h·ln)、800 veh/(h·ln)、1 200 veh/(h·ln)。

1. 低交通量

在低交通量场景不同限速条件下的指标情况如表 6-15。计算得到效率指标与安全指标的权重系数分别为 $W_1=(0.271\,4, 0.157\,6, 0.421\,2, 0.149\,8)$,$W_2=(0.094\,8, 0.086, 0.104\,4, 0.117\,8, 0.088\,8, 0.297\,5, 0.085\,9, 0.124\,8)$。

方案的评价值如表 6-16。其中,方案 2 的效率指标值最高,为 0.693;方案 5 的安全指标值最高,为 0.831;综合效率与安全评价得到的最优方案为方案 2。

表 6-15　低交通量场景八车道高速公路各限速方案的指标情况

方案	通行效率(veh·km/h)				速度标准(km/h)				换道率(次/(veh·h·km))			
	E_1	E_2	E_3	E_4	σ_1	σ_2	σ_3	σ_4	LCR_1	LCR_2	LCR_3	LCR_4
1	48 810	49 505	29 840	27 021	9.86	11.12	12.19	10.25	0.116	0.236	0.404	0.266
2	61 962	28 709	32 515	21 199	11.23	7.68	9.83	5.13	0.164	0.473	0.261	0.188
3	48 866	49 429	26 381	27 228	9.79	11.04	8.76	8.61	0.110	0.215	0.314	0.169
4	47 403	50 087	26 002	27 065	9.47	11.05	8.64	8.57	0.116	0.210	0.308	0.168
5	43 560	39 032	25 768	30 578	8.95	8.91	8.59	7.70	0.074	0.113	0.189	0.038

表 6-16　低交通量场景八车道高速公路各限速方案综合评价值

方案	E_1'	E_2'	E_3'	E_4'	σ_1'	σ_2'	σ_3'	σ_4'
1	0.285	0.973	0.604	0.621	0.599	0.000	0.000	0.000
2	1.000	0.000	1.000	0.000	0.000	1.000	0.655	1.000
3	0.288	0.969	0.091	0.643	0.632	0.024	0.953	0.321
4	0.209	1.000	0.035	0.626	0.774	0.021	0.987	0.328
5	0.000	0.483	0.000	1.000	1.000	0.641	1.000	0.498

方案	LCR_1'	LCR_2'	LCR_3'	LCR_4'	E	S	Z
1	0.542	0.660	0.000	0.000	0.578	0.161	0.370
2	0.000	0.000	0.664	0.342	0.693	0.588	0.640
3	0.604	0.718	0.420	0.426	0.366	0.398	0.382
4	0.536	0.732	0.446	0.431	0.323	0.412	0.367
5	1.000	1.000	1.000	1.000	0.226	0.831	0.528

各限速方案的速度演化图如图 6-18～图 6-22,车道运行速度由内侧向外侧减少。车道 1 由于设置了小客车专用道,能够保证专用道的行驶速度,各方案车道 1 的速度差别不大;车道 2 总体速度高于车道 3、4,且方案 1、3、4 的车道 2 运行速度高于方案 2、4。

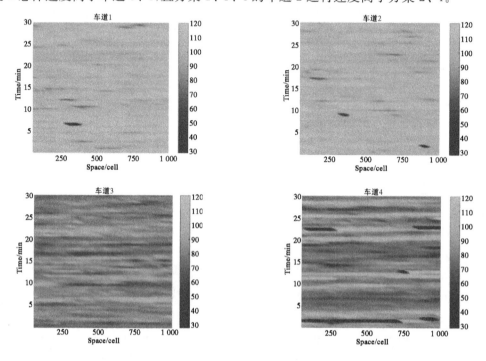

图 6-18　八车道高速公路限速方案 1 各车道速度演化图

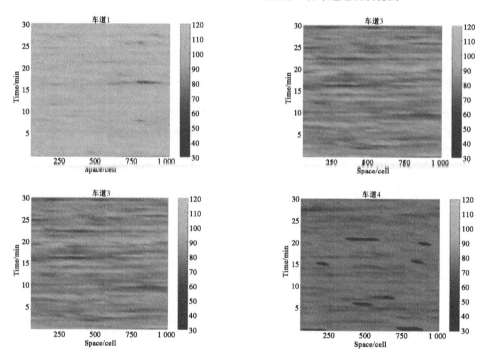

图 6-19　八车道高速公路限速方案 2 各车道速度演化图

第 6 章　多车道高速公路分车道限速值确定方法

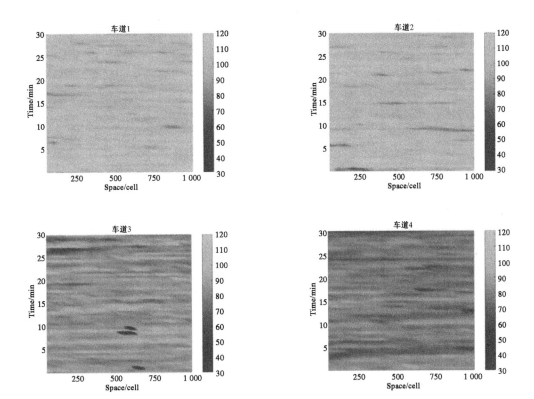

图 6-20　八车道高速公路限速方案 3 各车道速度演化图

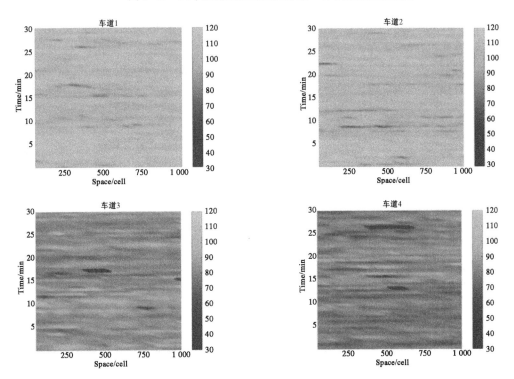

图 6-21　八车道高速公路限速方案 4 各车道速度演化图

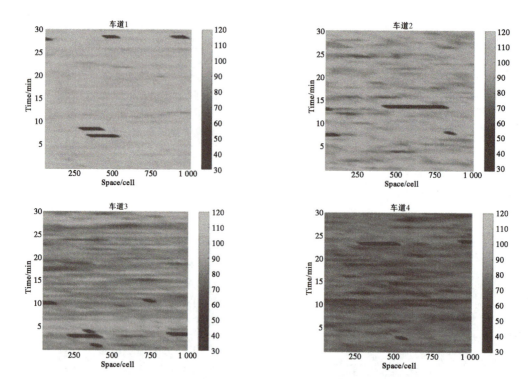

图 6-22 八车道高速公路限速方案 5 各车道速度演化图

方案 1 对车道实行无差别限速,各车道的运行速度差异较其他方案更小,外侧车道的平均速度较高,整体通过能力好;车道内的速度离散性较为严重,整体换道行为频繁,运行安全存在一定隐患。

方案 2 对各车道实行不同的最高车速限速值,限制了外侧车道的运行速度,可使高速车辆向内侧车道聚集,车道 2 的换道率最高也佐证了这一趋势。在各方案中车道 1 的通行效率最高,为 61 962 veh·km/h,也使得其效率评价值最高,同时在低交通量条件下速度离散性处于中等水平,为该环境下的推荐方案。

方案 3、4 对车道 1、2 的最高限速值为 120 km/h,对车道 3、4 的最高限速值为 100 km/h,使内侧两车道的通行效率较接近,外侧两车道的平均速度的差异也较小,安全性能相比于方案 1 均有所改善。同时方案 3 中车道 1 的最低限速值高于方案 4,也使其效率指标评价值更优。

方案 5 设置了限速区间连续成梯级分布(车道 2、3 相同),使不同运行速度的车辆的分离程度最高,各车道的速度离散性小,车辆换道率低,安全性能表现最佳。

2. 中交通量

在中交通量场景不同限速条件下的指标情况如表 6-17。计算得到效率指标与安全指标的权重系数分别为 $W_1=(0.283\ 6,0.172\ 8,0.333\ 6,0.21)$,$W_2=(0.087\ 7,0.083\ 3,0.133\ 2,0.150\ 9,0.079\ 7,0.158,0.092\ 3,0.215)$。方案的评价值如表 6-18。其中,方案 1 的效率指标值最高,为 0.754;方案 5 的安全指标值最高,为 0.807;综合效率与安全评价得到的最优方案为方案 2。

表 6-17　中交通量场景八车道高速公路各限速方案的指标情况

方案	通行效率(veh·km/h)				速度标准(km/h)				换道率(次/(veh·h·km))			
	E_1	E_2	E_3	E_4	σ_1	σ_2	σ_3	σ_4	LCR_1	LCR_2	LCR_3	LCR_4
1	87 361	83 782	47 100	39 943	16.08	16.65	16.94	15.36	0.378	0.653	0.679	0.371
2	101 118	57 387	46 637	34 627	20.10	15.44	15.47	10.65	0.533	1.082	0.514	0.351
3	90 314	86 304	42 833	38 814	16.06	16.24	14.25	14.46	0.371	0.635	0.596	0.219
4	88 145	85 023	42 791	37 965	16.06	16.37	14.18	14.31	0.374	0.642	0.610	0.210
5	84 225	68 191	44 676	33 330	15.57	14.90	13.70	14.86	0.279	0.473	0.401	0.121

表 6-18　中交通量场景八车道高速公路各限速方案综合评价值

方案	E_1'	E_2'	E_3'	E_4'	σ_1'	σ_2'	σ_3'	σ_4'
1	0.186	0.913	1.000	1.000	0.887	0.000	0.000	0.000
2	1.000	0.000	0.893	0.196	0.000	0.695	0.452	1.000
3	0.360	1.000	0.010	0.829	0.892	0.238	0.831	0.191
4	0.232	0.956	0.000	0.701	0.891	0.163	0.853	0.223
5	0.000	0.374	0.438	0.000	1.000	1.000	1.000	0.107
方案	LCR_1'	LCR_2'	LCR_3'	LCR_4'	E	S	Z	
1	0.610	0.704	0.000	0.000	0.754	0.183	0.468	
2	0.000	0.000	0.592	0.080	0.623	0.457	0.540	
3	0.637	0.734	0.297	0.609	0.452	0.475	0.464	
4	0.628	0.723	0.247	0.642	0.378	0.468	0.423	
5	1.000	1.000	1.000	1.000	0.211	0.807	0.509	

3. 高交通量

在高交通量场景不同限速条件下的指标情况如表 6-19。计算得到效率指标与安全指标的权重系数分别为 W_1=(0.126 1, 0.176 3, 0.218 2, 0.484),W_2=(0.089 8, 0.084 4, 0.266 6, 0.082 6, 0.082 6, 0.083 2, 0.185 9, 0.123 6, 0.083 9)。方案的评价值如表 6-20。其中,方案 2 的效率指标值最高,为 0.702;方案 5 的安全指标值最高,为 0.970;综合效率与安全评价得到的最优方案为方案 5。

表 6-19　高交通量场景八车道高速公路各限速方案的指标情况

方案	通行效率(veh·km/h)				速度标准(km/h)				换道率(次/(veh·h·km))			
	E_1	E_2	E_3	E_4	σ_1	σ_2	σ_3	σ_4	LCR_1	LCR_2	LCR_3	LCR_4
1	94 659	91 894	42 710	19 452	22.40	21.73	20.22	12.85	0.593	0.923	0.632	0.124
2	87 047	67 188	43 776	33 710	27.83	20.62	19.80	14.78	0.794	1.365	0.628	0.344
3	94 241	93 158	40 749	19 021	23.04	22.20	18.49	12.68	0.597	0.905	0.602	0.104
4	94 871	93 390	41 075	21 143	22.84	22.07	18.22	13.16	0.599	0.901	0.598	0.115
5	94 512	73 614	43 504	20 448	22.06	20.56	18.50	13.01	0.487	0.785	0.478	0.093

表 6-20　高交通量场景八车道高速公路各限速方案综合评价值

方案	E_1'	E_2'	E_3'	E_4'	σ_1'	σ_2'	σ_3'	σ_4'
1	0.973	0.943	0.648	0.029	0.941	0.287	0.000	0.919
2	0.000	0.000	1.000	1.000	0.000	0.964	0.207	0.000
3	0.920	0.991	0.000	0.000	0.829	0.000	0.865	1.000
4	1.000	1.000	0.108	0.145	0.863	0.083	1.000	0.768
5	0.954	0.245	0.910	0.097	1.000	1.000	0.862	0.844

(续表)

方案	LCR_1'	LCR_2'	LCR_3'	LCR_4'	E	S	Z
1	0.654	0.762	0.000	0.876	0.440	0.404	0.422
2	0.000	0.000	0.027	0.000	0.702	0.212	0.457
3	0.641	0.793	0.192	0.958	0.287	0.515	0.401
4	0.635	0.801	0.222	0.914	0.391	0.534	0.463
5	1.000	1.000	1.000	1.000	0.405	0.970	0.687

4. 推荐方案小结

（1）各方案实施效果总结

对于八车道高速公路各限速方案的实施效果总结如下：

① 各车道限速区间相同（方案 1）：效率方面，对车道的利用较高，且各车道间通行效率总体上较为均衡。运行安全性较差，车辆速度离散性大；低、中交通量场景下外侧两车道的换道次数多，随着交通量的增加，车道 4 的换道次数逐渐降低。

② 最高限速值成梯级分布且最低限速值一致（方案 2）：效率方面，总体通行效率高，且快速车辆向内侧车道集中的趋势明显，低、中交通量条件下，客车使用的车道 1、车道 2 之间，以及客货共用的车道 3、4 之间的通行效率差异较其他方案更为明显；高交通量条件下，由于低速车辆的使用，内侧车道通行效率的提升受到一定制约。安全方面，车道 1 的速度离散程度高；内侧车道换道行为较其他方案更为频繁，在低、中交通量时表现尚可，在高交通量条件下安全状况较差。

③ 内、外侧两车道分别采用相同最高限速值且最低限速值成梯级分布（方案 3、4）：效率方面，最高限速值相同的车道以车道组形式发挥作用，较好地将不同速度的车辆分离到两车道组上；中、低交通量场景下，车道 1、2 之间及车道 3、4 之间的通行效率值差异较小；高交通量场景下车道 4 受低速车辆的影响更大，外侧两车道的通行效率差值有所拉大。运行安全情况一般。车道 1 设置 110 km/h 的最低限速值的方案 3 较之于方案 4，在中、低交通量场景下能够使该车道的运输效率更高，同时该车道的速度离散性也略高于方案 4，但随交通量的继续增加，其不再具有优势。

④ 各车道限速区间连续成梯级分布（方案 5）：通行效率总体一般，有利于引导不同运行速度的车辆进行分离，低交通量场景下各车道的利用效率均衡，车道 4 的通行效率比其他方案高；随着交通量的增加，外侧车道的通行效率失去优势。运行安全水平高，车辆的速度离散程度低，且换道次数少。

（2）推荐方案

在设定的交通组成情况下，推荐不同交通量情况的限速方案如表 6-21 限速区间连续成梯级分布的方案均表现出最佳的安全性，没有方案能够始终保持最优的通行效率。与六车道高速公路相似，设置连续成梯级分布限速区间对于高交通量场景的适应性较好。

表 6-21 八车道高速公路各场景下推荐限速方案情况表

单位：km/h

交通量	推荐方案编号	车道 1	车道 2	车道 3	车道 4
低交通量	2	120~60	100~60	100~60	80~60
中交通量	2	120~60	100~60	100~60	80~60
高交通量	5	120~100	100~80	100~80	80~60

6.6.4 相关管理建议

1. 针对不同限速方式应用的配套措施

多车道高速公路可能同时采用多种限速方式。对于静态限速方式,不同限速方式同时实施时,应合理设置限速标志,特别是针对设置不同限速区的路段,应充分考虑驾驶员的识认距离、稳定行驶距离等要求,使其能够较平顺地过渡。

对于静态限速与动态限速方式间的过渡,为使道路使用者能够更好地适应不同限速方式间的转换,宜将动态限速的启用条件及应用范围明确化、规程化,并做好相应信息公示,使驾驶员能够更好理解并适应。

2. 特殊情况下应急车道用作临时行车道

高速公路的交通量分布在时间上具有不均衡性,当高速公路的交通量尚未达到需要改扩建的水平时,仍可能在高峰时段有部分高速公路路段会达到饱和或过饱和状态。当多车道高速公路出现这种短时饱和情况时,如应急车道条件符合要求,可将其作为临时行车道。对断面的车道功能进行临时的重新划分时,宜顺应车道分布规律,若应急车道宽度足够时,可考虑作为货车的通行车道,对其限速值采用较低的限速区间,并完善相应的标志信息。

3. 采用综合措施进行速度管理

超速行为是造成追尾事故的重要致因之一,因此,应尽量使驾驶员按照规定的安全行车速度行驶。限速标志向驾驶员传递法定的限速信息,在监督不完善时驾驶员可能会违反限速规定行驶,可与其他管理措施综合实施,如应用减速标线、路侧测速装备等措施进行管控。

4. 其他货车管理措施

如高速公路流量较大且货车比例较高,货车对于道路运行的影响显著,约束了道路运输效率的发挥,当高速公路周边路网条件较丰富时,可对货车影响过大的路段实施禁货措施,将高速公路上的货车分流到其他道路上,如苏嘉杭高速相城收费站至吴中收费站路段 2017 年起全天禁止货运车辆通行,利用苏嘉甬高速与绕城高速西线这两条平行高速为其提供了限货分流条件。有条件的情况下,也可考虑设置大型货车专用道路,将货车流与其他交通流分离开。

对于高速公路的改扩建工程,如改建后高速公路的车道数较多,可论证断面以主辅道形式设置的可行性,使货车在辅道内行驶,减少对主道的交通流干扰。

6.7 本章小结

本章研究了多车道高速公路车道划分策略的特点,运行仿真模型,从效率、安全两方面对以客货车为划分依据的车道功能划分方案的适应性进行分析,给出了不同车道划分方案的适用条件;探讨了设计速度、运行速度、限制速度与期望速度之间的相互关系,比较了不同限速方式特点;明确了速度限制值确定的目的与影响因素,基于影响因素的分析,提出了区分主线限速与分车道限速的多车道高速公路限速值确定框架;以 85% 位车速为主要依据,构建了基于工程技术的主线最高速度限制值的确定思路;以安全与效率协同最优为目标,提出了基于熵权法的分车道速度限制值确定方法,并分别分析了车道功能划分基础上六车道、八车道高速公路的分车道限速方案。

高速公路网交通组织策略

多车道高速公路在路网中处于"主心骨"的地位,是联系区域间客货运输的要道,相较于一般公路来说,流量更大、车速更高。多车道高速公路交通运行处于拥堵状态时,为保证其运行效率,需要对其进行交通组织。对多车道高速公路上拥堵的疏散,可从路网的角度来考虑,运用各类交通组织策略,起到最有效的疏散作用。交通诱导分流是路网交通组织中的重要组成部分,通过群体或个体诱导系统发布建议性、非强制性的诱导信息,驾驶员依据一定的标准在经验最短路线和诱导路线之间做出出行选择。在诱导分流之外,合理运用局部性的控制手段如匝道控制、设置集散车道等,也能对多车道高速公路拥堵起到疏散作用。

7.1 交通诱导分流

交通诱导分流策略是一种非常有效的疏散拥堵的手段,路网调度总中心可以根据预测信息,按系统最优的原则进行交通流分配,从而给出最优的控制策略和诱导路径。

7.1.1 交通诱导分流实施条件与原则

1. 交通诱导分流实施条件

(1) 平行通道有冗余通行能力

多车道高速公路的建设有着"一主一备"的建设目标:每一条多车道高速公路,都要在相邻处建一条一级公路,构建层次分明、功能完善、衔接合理的公路交通网络体系。多车道高速公路上拥堵发生时,区域路网中其他平行道路尚有冗余通行能力是考虑进行交通分流组织的首要条件。当区域内某高速公路因为事故或流量过大超过其通行能力而发生拥堵时,超过瓶颈路段通行能力的交通流应该被均衡的分配到区域内与之平行的其他道路上,以缓解拥堵,提高路网运行效率。若此时区域内与之平行的其他道路没有足够的冗余通行能力,则会出现无路可分的情况,或可选道路绕行太远造成行程时间过长而失去了分流的必要。因此在对高速公路进行交通分流组织时,首先应考虑与拥堵路段平行的可选道路是否有足够的冗余通行能力。

(2) 可选道路绕行距离合适

诱导分流属于偏柔性的交通管控措施,驾驶员是否按照管理者设定方案行驶具有不确定性,取决于驾驶员自身属性、对路线的熟悉程度以及诱导信息内容等因素。下游发生拥堵时,上游车辆对行驶路径的选择是驾驶员对拥堵的忍受程度、绕行时间、因绕行而多出的费用等因素几方面的权衡。过远的绕行距离,一方面在时间上所减少的延误并不明显;另一方面随着绕行距离的增加出行费用显著增加,对于出行者个体和路网整体的延误和总费用均不是最优。因此,只有在可选道路绕行距离合适的情况下才考虑对交通流进行诱导分流组织。

(3) 路网密度高,连通性好

进行路网交通分流组织应满足一定的基础设施条件。高密度的互通出入口及枢纽使得车辆可以根据前方路况和提示信息及时调整路径;周边紧邻的高速公路、建设标准较高的干线公路和城市快速路,使得交通组织方案更为灵活。备选路径绕行距离合适,平行道路的建设标准可以满足大型车辆分流需求,为交通诱导的有效实施提供了保障。因此,路网密度高、连通性好的路网才考虑进行交通分流组织。

(4) 信息化建设水平满足需要

高速公路诱导分流方案的制定依靠先进的高速公路交通运行状态信息采集和处理技术;分流方案的实施一方面在指挥调度层依赖于区域路网公共信息的收集和联网监控指挥,另一方面在信息发布层依靠高速公路沿线完善的信息发布设施,如可变情报板(VMS)、车载导航设备、路况短信发布平台等。交通诱导分流从决策制定到对驾驶员路径选择的诱导是一个"上达下通"的过程,其中的任何一个环节都离不开完善的高速公路信息化建设,因此,高速公路交通诱导分流组织需要完善的信息化建设作支撑。

2. 交通诱导分流原则

(1) 远端分流,逐步分流

紧急交通事件如交通拥堵等发生时,如果在紧邻的上游枢纽点分流,可供选择的路径有限,绕行距离过长,分流时间窗口很小,有时由于拥堵的关联扩散效应使得诱导方案完全无法发挥效用。因此应当在拥堵点上游若干个枢纽点处即开始实施交通诱导措施,即远端分流。结合区域路网实际结构具体分析,若路网密度较大,可分流路线较多,可将事发点上游交通量逐步转移到分流道路上,即逐步分流。

(2) 跨区域、跨部门协调决策

目前部分高速公路实现了全省联网,省域范围内的高速公路网可由联网中心平台进行决策和资源调度。但要进行区域范围内的路网诱导,必须考虑到本省高速与外省高速之间、高速公路与城市道路之间的相互影响。目前尚无法完全实现信息系统跨省联网、公路与城市道路联网,因此需要通过管理部门的工作协调来推动建立区域高速公路应急组织体系,规范交通决策流程、指挥调度流程,整合区域内人力、物力和信息资源优势,联合制定紧急交通事件下交通管控、交通分流等应急决策。

(3) 以高速公路分流为主

交通诱导方案应主要向平行高速公路分流,如果强行向城市道路和干线公路分流,一方面驾驶员可能认为城市道路路况复杂,不会依照诱导信息改变路径,大型车辆考虑到地方道路建设标准较低,可能不具备通行条件,会影响分流执行效果;另一方面,城市道路在高峰时段本身交通压力较大,而地方干线公路通常也无法承担大量的高速分流,可能会造成新的拥堵点乃至引发交通事故。因此,在制定诱导预案时尽量选择高速公路作为备用分流通道。

具体的交通诱导分流实施流程如下:路网调度总中心在预判会有交通拥堵发生,或检测到高速公路上某处已经产生拥堵后作出决策,将交通诱导方案传达给高速公路监控分中心,监控分中心利用可变信息板、广播、车载导航等途径向路网内车辆发布诱导信息,引导驾驶员改变行车路线,从而改变路网交通分布;若路网调度总中心判断下一时间段拥堵消除,则建议监控中心解除指令,即停止诱导信息的发布。具体交通诱导流程见图 7-1。

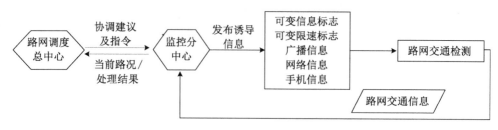

图 7-1　高速公路网交通诱导分流流程

7.1.2　交通诱导分流区域确定方法

1. 诱导分流区域初选

诱导分流范围划分旨在找到拥堵路段交通瓶颈上游以及与其相平行道路上需要进行诱导分流节点的边界。道路上的出行者都希望在最短的时间内顺利到达目的地,如果下游路段发生了拥堵,出行者是否选择绕行的最直观感受是其通过绕行到达目的地的时间是否小于排队等待通过拥堵路段到达目的地的时间。如果绕行的时间显著大于排队等待通过的时间,绝大多数出行者不会选择绕行;道路的服务水平也会影响出行者的路径选择行为决策,如果绕行路线服务水平好驾驶自由度高,即使绕行的时间和排队等待通过的时间相近甚至稍大于排队等待通过的时间,部分出行者也会选择进行绕行而不愿意排队等待。因此,可以通过绕行时间与排队等待时间的对比作为诱导分流区域的确定依据。即诱导分流区域内的节点应满足以下规则:

(1) 若从该节点至瓶颈路段下游迂回节点的行程时间小于等于事故持续时间,则该节点在诱导分流区域内;

(2) 若从该节点至瓶颈路段下游迂回节点的行程时间大于事故持续时间,则该节点不在诱导分流区域内;

(3) 面影响层与线影响层之间至少应包含两个可分流节点;

(4) 备选节点应在拥堵路段交通瓶颈处上游及与其平行且相互连通的道路上。

通过上述规则筛选后的节点所在区域即为诱导分流区域,同时也是拥堵的面影响层。

2. 初选诱导分流区域优化

由于在路网实际诱导分流中,存在某些远离拥堵道路但到迂回点行程时间小于事故持续时间的节点,对这些节点进行分流往往对路网运行效率的提升帮助不大,因此通过诱导分流区域初选确定的诱导分流区域往往是偏大的,需要对诱导分流区域进行优化。

路网车小时(VHT)反映了路网整体的交通运行状态,诱导分流前后路网车小时的变化反映了分流诱导措施实施的有效性,因此可以选用路网车小时作为诱导分流区域的优化标准,通过对比诱导分流后路网车小时与正常状态下路网车小时的差异,来判断该诱导分流区域是否合理。定义路网车小时变化指数 η 为实施诱导分流后诱导分流区域路网车小时(VHT_2)与正常无拥堵状态下同一区域路网车小时(VHT_1)的变化率,即:

$$\eta = \frac{|VHT_2 - VHT_1|}{VHT_1} \times 100\% \tag{7-1}$$

若路网车小时指数 η 过大,说明现有诱导分流区域不能有效缓解拥堵,需进一步扩大诱导分流区域;若 η 足够小,说明现有诱导分流区域能够有效缓解拥堵且对路网整体运行效率影响不大。但如前文所述,根据拥堵持续时间和最短路出行时间确定的初始分流区域通常会偏大,即区域内的节点对缓解拥堵和提升路网运行效率的能力极为有限,考虑到道路管理和路网运行的经济效益,需要进一步缩小诱导分流区域范围,通过比较与之前路网车小时变化指数的差异,判断是否继续缩小诱导分流区域范围或保留原有区域。诱导分流范围变化对路网运行效率的影响可通过路网车小时偏差 ε 判断,其定义为诱导分流区域变化后路网车小时变化指数 η_2 与变化前车小时变化指数 η_1 的差值,即:$\varepsilon = |\eta_2 - \eta_1|$。

根据既有研究对仿真结果的统计分析,结合高速公路网交通运行特征和诱导分流实际,建立基于路网车小时变化指数 η 的诱导分流区域确定标准:当 $\eta \leqslant 20\%$ 时,需缩小诱导分流区域范围,计算路网车小时偏差 ε;当 $\eta > 20\%$ 时,需扩大诱导分流区域,计算路网车小时偏差 ε。具体判别标准如表 7-1 所示。

表 7-1 诱导分流区域确定判别标准

确定标准	诱导分流区域判别
$\eta \leqslant 20\%$	$\varepsilon > 0.15$,接受该诱导分流区域
	$\varepsilon \leqslant 0.15$,缩小诱导分流范围
$20\% < \eta \leqslant 80\%$	$\varepsilon > 0.15$,接受该诱导分流区域
	$\varepsilon \leqslant 0.15$,扩大诱导分流范围
$\eta > 80\%$	无法接受该诱导分流区域,需扩大诱导分流范围

若 $\eta \leqslant 20\%$,路网整体运行状态良好,但可能存在诱导分流区域偏大,部分节点对路网整体运行效率提升极为有限的情况,因此需缩小诱导分流区域范围,通过计算 ε,直至 $\varepsilon > 0.15$ 或 $\eta > 20\%$。若 $20\% < \eta \leqslant 80\%$,诱导分流区域不能有效缓解拥堵,需扩大诱导分流区域,通过计算 ε,若 $\varepsilon \leqslant 0.15$ 说明扩大后的区域对于缩短行程时间的作用不大则停止扩大诱导分流范围。若 $\eta > 80\%$,分流交通流对诱导分流区影响过大,需要进一步扩大诱导分流范围。通过以上诱导分流区域优化方法可以对初始诱导分流区域进行优化,在对路网影响较小的前提下对拥堵进行缓解,确定最优诱导分流区域。

3. 诱导分流区域确定

诱导分流区域初选可根据拥堵持续时间和节点间最短路径的行程时间进行确定,再通过基于路网车小时变化指数 η 的诱导分流区域确定标准对初始诱导分流区进行优化,直至得到最优诱导分流区域。具体流程如图 7-2 所示。

(1) 根据交通瓶颈和路网实际情况,分析路网形态,确定路网范围并对范围内节点进行

统计编号,建立各节点间阻抗矩阵 c_{ij}:

$$c_{ij} = \begin{cases} 0 & i = j \\ c_{ij} & i \text{ 与 } j \text{ 相邻} \\ +\infty & i \text{ 与 } j \text{ 不相邻} \end{cases} \quad (7\text{-}2)$$

(2) 利用 Floyd-Warshall 算法计算节点间最短路径矩阵。

Floyd-Warshall 算法可以一次求出所有 OD 对间的最短有向路径,并且该算法的解是全局最优的。由于需要建立邻接矩阵,对于节点数庞大的复杂网络算法计算费用较大。高速公路网络节点较少且网络较为简单,故选用此算法求解最短路径。其方法为:先将路网中的节点分为 OA 点和 JC 点,OA 点吸引或产生交通量,JC 点不吸引也不产生交通量;之后定义矩阵并初始化 $A_{ij}^0 = c(v_i, v_j)$,表示节点 i、j 间有向路径长度的集合,定义矩阵 $P_{ij} = (v_i, v_j)$,表示 i、j 间最短路

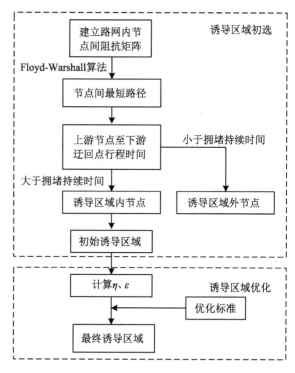

图 7-2　高速公路网诱导分流区域确定流程

径;然后判断是否有 $A_{ik}^{k-1} + A_{kj}^{k-1} < A_{ij}^k$,若成立则 $A_{ij}^k = A_{ik}^{k-1} + A_{kj}^{k-1}$,$P_{ij} = P_{ik} + P_{kj}$,如此迭代计算出最短路径。

(3) 计算拥堵持续时间并与上游节点至下游迁回点最短行程时间对比,找出小于拥堵持续时间的节点即为初选诱导分流区域内节点。

(4) 对初选诱导区域计算其路网车小时指数 η 和路网车小时偏差 ε,通过分流诱导范围优化标准确定最终诱导分流区域。

在实际应用中,随着交通需求的变化和诱导分流措施的实施,路网上的交通状态是不断变化的,诱导分流区域也应随之做一定的调整。应根据短时交通预测和交通状态指数的变化,考虑诱导分流方案实施所需时间,固定时间间隔内对诱导分流区域和方案进行更新,动态调整诱导信息发布位置和分流节点,直至交通瓶颈处恢复正常状态。

7.1.3　诱导分流路径选取

1. 交通诱导需求分析

高速公路发生拥堵采取诱导分流,对于不同出行状况的驾驶员和出行车辆所需的诱导信息也存在差异。对于诱导信息的需求主要与出行目的、出行距离、驾驶员对路线的熟悉程度以及车辆所处的位置有关。

(1) 出行目的与诱导信息需求

高速公路上出行者均希望可以最快地到达目的地,然而不同出行目的的出行者对于时间要求的苛刻程度存在差异。以上班、出差等为目的的公务出行者对于时间的要求往往较

高,对于拥堵情况他们希望尽快找到出口从其他路线快速行驶,以期将延误降到最低。如有多条备选路径可选,这类出行者对诱导信息的需求往往是前方的拥堵状态、事件信息、最近的分流出口及最短行程时间的路线信息。对于旅游、休闲这类出行目的的出行者对于时间的忍受尺度往往较高,对于拥堵情况更在意行驶安全和便捷程度。因此对于这类出行目的的出行者往往需要提供交通事件、道路安全状况、拥堵持续时间、可选路线的道路设施情况和至关键节点的行程时间等信息。

(2) 出行距离与诱导信息需求

高速公路上出行者出行距离主要分为中长距离的过境出行和短距离的区域内出行。对于中长距离的过境出行的出行者来说更希望尽早避开拥堵,快速绕过拥堵路段。因此这类出行距离的出行者通常希望获取可选绕行路线的交通状态、交通事件信息、可选路线的分流位置、可选路线的行程时间、再次驶入主线位置等信息,以选择合适的路线避开拥堵。对于目的地是拥堵路段附近区域的短距离区域内出行者,他们更需要获悉最近的出口匝道位置及其交通状态信息、前方拥堵路段交通状态和事件信息以及驶离高速公路之后的路线甚至出匝道之后地方道路的交通状态信息。以便尽快驶离主线,由地方道路到达目的地。

(3) 驾驶员对路线熟悉程度与诱导信息需求

高速公路上对路线熟悉程度不同的驾驶员的驾驶状态和驾驶行为决策是不同的,对路线比较熟悉的驾驶员,更需要前方拥堵路段交通状态、排队长度、交通事件信息等信息,以便根据自己的行驶经验快速做出决策。对于对路线不熟悉的驾驶员,则更需要可选路线信息、可选路线路况及其交通状态信息、前方匝道位置、可选路线再次驶入主线位置及行程时间等信息,以便帮助驾驶员做出合理的路线选择。

(4) 车辆所处的位置与诱导信息需求

高速公路车辆所处位置主要包括尚未驶入高速公路和已经行驶在高速公路上两种。对于尚未驶入高速公路的车辆,更需要高速公路区域路网交通运行状态、交通管控措施、匝道或车道关闭位置以及建议的行驶路线和合适的入口匝道位置等信息。对于已经行驶在高速公路上的驾驶员则希望获悉前方拥堵路段交通状态、事件信息和拥堵排队情况等信息。同时还需向其提供可选出口匝道位置、可选绕行路线信息以及再次驶入主线位置等信息。

(5) 诱导信息发布周期与诱导信息需求

在路网上实际进行诱导信息发布的时候,不仅要考虑驾驶员对诱导信息的需求,还要考虑诱导信息发布周期对诱导实施效果的影响。过短的信息发布周期,会扰乱驾驶员驾驶行为让其难以做出决策,对诱导信息的可信度产生怀疑;过长的信息发布周期则会使驾驶员获取的交通信息滞后于当前道路的实时交通状态,甚至做出错误的决策对路网产生更大的负面影响。因此,在考虑驾驶员诱导信息需求的同时要综合考虑选择合适的诱导信息发布周期,才能使诱导信息及时有效的被驾驶员获取提高诱导分流措施的实施效果。

2. 分流路径选取

在路网中发生拥堵后进行诱导分流,总是希望既能有效缓解拥堵又不对周边道路产生过多负面影响,如果为了缓解最初的拥堵而将过多的交通流引入其他道路致使其服务水平严重降低,甚至造成"拥堵转移",反而本末倒置了。因此分流路径合适是诱导分流措施行之有效的基础,在诱导分流区域确定之后,应对分流区域内节点间路径进行筛选,以确保诱导分流措施的有效实施。综合考虑高速公路交通特征,其分流路径的选取应当考虑以下因素:

(1) 分流路径符合出行者期望

考虑出行者出行行为和心理特性,不论出于何种出行目的,出行者总是希望能够快速安全地到达目的地。通常情况下出行者总会选择行驶时间较短的路径,另外部分出行者从安全和驾驶体验的角度,也会选择行驶时间虽然不是最短,但是服务水平更好驾驶自由度更高的路径。因此,通过分流路径进行绕行的时间不应显著大于排队等待通过交通瓶颈路段的时间且分流路径应有较好的交通服务水平。

(2) 分流路径有效性

分流路径是否有效的基础条件是所有分流路径剩余通行能力的总和应大于主线需分流的交通量,即:

$$Q_0 \leqslant \sum_{i=1}^{m}(C_i - Q_i) \tag{7-3}$$

式中　Q_0——需分流的交通量;

　　　C_i——分流路径 i 的通行能力;

　　　Q_i——分流路径 i 的既有交通量;

　　　m——可分流路径的数目。

(3) 分流路径的交通运行状态

在进行诱导分流时,分流路径的剩余通行在满足分流需要的同时还要满足在接受分流流量后分流路径的交通运行状况不会严重恶化,以确保分流措施不会对周边道路产生过多负面影响甚至造成"拥堵转移"。

7.1.4　诱导分流节点优选方法

1. 分流节点选取原则

根据驾驶员交通诱导需求分析,不同的驾驶员对于诱导信息内容和诱导信息发布位置的需求均有不同。高速公路网拥堵影响区域内路网复杂,包含的节点较多,应对影响区内的节点进行合理的筛选,以适应诱导信息发布和设置的要求,满足驾驶员交通诱导需求。

对于拥堵线影响区内的车辆而言,其诱导分流点主要集中在上游高速公路主线上;对于面影响区内已经驶入高速公路的车辆而言,其诱导分流点主要为沿线绕行路径的关键节点;对于尚未驶入高速公路的车辆而言,其诱导分流点则主要集中在通过地方公路绕行路径关键节点以及绕过拥堵路段后驶入主线的入口匝道。对于中长距离的出行者而言,其诱导分流点主要集中在驶离主线的绕行关键节点和再次驶入主线的迂回点;对于短距离出行者,其出行目的地在拥堵点影响范围内,其诱导分流点主要为下游的出口匝道以及驶入地方公路前往目的地的关键节点。同时,在对诱导点进行布设时结合整个区域路网中整体交通运行状态进行选取,考虑路网中交通方向不均衡性对诱导分流点进行布设。

综上分析,高速公路网诱导分流节点的设置应按照以下原则:

(1) 路网诱导分流点应按路网整体的交通流量以及主要交通流向的需求进行布设;

（2）应根据交通瓶颈路段从就近的相邻平行道路，"先平行、后上游、由近及远"的逐级布设；

（3）应考虑路网整体交通状况根据诱导分流点的位置、功能和发布信息内容分级分类的优选布设。

诱导分流点设置位置可在以下位置处根据设置原则进行选取：①交通瓶颈处上游高速公路主线出口匝道、互通枢纽匝道的上游位置；②与拥堵路段平行的匝道、路口等道路连接处的上游位置；③绕行路径的沿线互通或匝道的上游位置；④交通瓶颈上游收费站、入口匝道及其上游与地方公路连接处位置。

2. 诱导分流点分级

在高速公路管控措施中，对驾驶员驾驶行为的诱导主要指信息诱导分流，通过发布诱导信息以期驾驶员改变其路线选择，属于柔性措施。由于其非强制性的特点，单独的诱导措施往往达不到道路管理者的预期要求，诱导措施实施效果的好坏除了与诱导信息发布方案有关之外，主要与驾驶员的个人出行属性有关，难以控制。因此，一个完善的诱导分流方案，应该在单独的柔性诱导的基础上，辅以半刚性或刚性措施，以使诱导分流效果更可控，达到缓解拥堵，提高路网整体运行效率的目标。故根据控制措施的强制级别，将诱导分流区域内的节点分为三级，分别是：诱导分流点、管制分流点和强制分流点，其控制措施的强制级别由低到高。

诱导分流点：指实施非强制性诱导措施，驾驶员可自行选择行驶路线的分流点。在该点主要通过可变信息情报板等方式以诱导信息发布为主，为驾驶员提供必要的交通状态、交通事件、绕行路径等信息，供驾驶对行驶路线进行决策。

管制分流点：指实施半强制性诱导措施，通过交通导流措施辅助驾驶员进行路线选择的分流点。在该点除提供和诱导分流点相同的诱导信息外，还辅以渠化交通、设置减速限速标志等辅助性交通导流措施主动引导驾驶员驶入分流路线。

强制分流点：指通过交通标志标线甚至交通管制对车辆进行强制分流的分流点。在该点利用车流疏导标志标线通过交通管制强制驾驶员驶离主线进入分流路线。

在路网诱导分流区域范围内，除交通瓶颈处上游的分流点之外，其下游小范围内还应设置迂回点，指进行绕行的车辆再次驶入高速公路主线的节点。迂回点一般设置在交通瓶颈出下游并应满足以下条件：

（1）迂回点可设置在交通瓶颈路段下游最近的节点，若诱导分流点与该点没有路径连接，则迂回点沿主线下游移动直至与诱导起点有相连路径存在，则该点即为迂回点。

（2）若通过对路网结构的分析，发现有可以直接跨越由（1）确定的迂回点的路径存在，则将这些路径最下游的节点设置为迂回点。

通过对诱导点的分级和迂回点的确定，把诱导分流区域分成两个部分：分别是交通瓶颈上游的面影响层称为分流Ⅰ区和下游包含迂回点的小型迂回区称为分流Ⅱ区，两个区域分别是驶离主线的诱导分流的起点和主要绕行路径的区域以及再次驶入主线的分流终点区域。为便于分流点的分级布设，根据三级分流点的设置原则将分流Ⅰ区分为A区和B区。其中A区指线影响层及其周边与之平行的分流路径所在区域；B区指线影响层上游边界以外的区域。考虑三级分流点的实际布设要求，A 区内的在拥堵线影响层及其延长线上的节点为强制分流节点，其他节点为诱导分流节点或管制分流节点的候选节点；B 区内的节点为诱导分流节点候选节点。具体区域划分如图 7-3 所示。

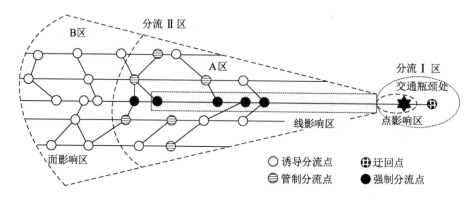

图 7-3　高速公路网三级分流点分布示意

3. 分流节点优选方法

1）分流节点评价指标选取

分流节点在路网上对于诱导分流措施实施的有效性和重要度，与路网整体空间结构、绕行路径的绕行程度、节点承担的流量以及分流路径对拥堵所在主线的影响程度有关。因此选取节点空间重要度、绕行度、节点功能重要度和共线度作为诱导分流节点的评价指标。

（1）节点空间重要度

节点在空间上的重要性主要与诱导分流区域的路网结构有关，由于诱导分流区域只是高速公路整体路网中的局部，在实际应用中无法获悉整个路网的全局拓扑结构，即使能获取其巨大的计算量也缺乏可操作性。因此应根据节点所在诱导分流区域的局部特征对节点在空间中的重要性进行度量，空间重要度越高，分流的优先级相应越高。

首先通过建立诱导区域路网的网络拓扑结构构建局部路网的邻接矩阵 A：

$$A = \begin{pmatrix} a_{11} & a_{12} & \cdots & a_{1n} \\ a_{21} & a_{22} & \cdots & a_{2n} \\ \vdots & \vdots & \vdots & \vdots \\ a_{n1} & a_{n2} & \cdots & a_{nn} \end{pmatrix} \tag{7-4}$$

式中，$a_{ij} \in \{0, 1\}$，$i, j = 1, 2, \cdots, n$ 表示节点 i 与 j 之间是否存在连边，若 $a_{ij} = 1$ 则存在连边，否则不存在连边。

网络中节点的重要性与节点连边的重要性有关，连边重要性越高，则节点越重要，连边的权重可由下式得到：

$$w_{ij} = k_i \cdot k_j \tag{7-5}$$

式中　w_{ij}——边 ij 的权重；

k_i——节点 i 的度，可用其连边数目表征。

则对于节点 i 而言,其节点重要度可由下式得到:

$$w_i = \sum_{j \in Z} w_{ij} \tag{7-6}$$

式中 w_i——节点 i 所有连边权重之和;

Z——节点 i 邻居节点的集合。

由上式可以看出,网络中节点的重要度取决于其连边的权重,而连边的权重受该节点的度和其邻居节点的度的影响。因此,若节点自身的度其邻居节点的度越大,其在网络中空间位置的重要性越高。

(2) 绕行度

绕行度即绕行程度,主要反映绕行路径对车辆行程时间的影响。绕行度的表示主要分为三种:单个 OD 对之间单条路径的绕行度;路网上所有 OD 对构成的绕行度矩阵;OD 对间所有路径的平均绕行度。考虑诱导分流的实际应用,OD 对间的绕行路径可能并不唯一,因此选取平均绕行度来衡量节点的绕行程度,其表示的意义为 OD 对间拥堵情况下有效最短路径行程时间与正常状态下经过拥堵路段的实际最短路径行程时间的比值。平均绕行度可由下式得到:绕行度越小,该节点越应优先进行诱导分流。

$$R_i = \frac{\sum_{k=1}^{m} Q_{ik} t_{ik} \bigg/ \sum_{k=1}^{m} Q_{ik}}{\sum_{k=1}^{m} t'_{ik}/m} \tag{7-7}$$

式中 R_i——节点 i 的绕行度;

Q_{ik}——以 i 为 O 点的有效最短路径 k 的 OD 量;

t_{ik}——节点 i 有效最短路径 k 的行程时间;

t'_{ik}——节点 i 实际最短路径 k 的行程时间;

m——节点 i 的有效最短路径数目。

(3) 节点功能重要度

在诱导分流实施过程中,节点在路网中承担着各方向交通流量汇集并通过的作用,通过节点的流量越大,则节点在路网中承担的分流功能越重要,因此通过节点在路网中承担的总流量来表征节点功能的重要性,节点功能重要度 F 越大,越应优先进行诱导分流,其可由下式得到:

$$F_i = \frac{q_i}{\max_{j \in N} q_j} \tag{7-8}$$

式中 F_i——节点 i 的功能重要度;

q_i——通过节点 i 的交通量;

N——诱导分流区域内节点的数量。

(4) 共线度

交通分流的目的是通过提前将交通流从主线分离而减少交通流对发生拥堵的主线的影响,因此当路网中从拥堵上游节点到下游迂回点的最短有效路径中车辆在主线上行驶的时间越短,则其对主线交通的影响越小。因此定义共线度为在某一 OD 对间,车辆在有效最短路径中拥堵路段所在道路上的行程时间与整个有效最短路径行程时间的比值,其值越小,越应优先进行诱导分流。共线度可由下式得到：

$$S_i = \frac{\sum_{k=1}^{n} t_{sik}/t_{ik}}{n} \tag{7-9}$$

式中 S_i——节点 i 的共线度；
t_{sik}——车辆在以节点 i 为 O 点的 OD 对间最短路径 k 中拥堵所在道路上的行程时间；
t_{ik}——车辆在以节点 i 为 O 点的 OD 对间最短路径 k 上的总行程时间；
n——以节点 i 为 O 点的 OD 对数量。

若最短路径不经过拥堵所在道路,则 $S_i = 0$。

上述指标在计算时,拥堵面影响层内的节点均可作为 OD 对中的 O 点,D 点为拥堵路段下游的迂回点。

2) 指标归一化处理

在进行综合评判前,上述 4 个评价指标应进行归一化处理以便对诱导分流节点的优先度进行综合评价。其中节点空间重要度指标和功能重要度指标,其值越大节点越优先分流,为效益型指标；节点绕行度指标和共线度指标,其值越小节点越优先分流,为成本型指标。因此,在进行归一化处理时,将节点效益型指标除以所有待评级节点中该指标的最大值,用所有待评价节点中成本型指标的最大值(不包括 $+\infty$)除以节点该指标,另外 F_i 在计算时已完成归一化处理,因此使用原有指标进行综合评价。具体可由下式表示：

$$w'_i = \frac{w_i}{\max_{j \in N} w_j} \tag{7-10}$$

$$R'_i = \frac{\max_{j \in N} R_j}{R_i} \tag{7-11}$$

$$S'_i = \frac{\max_{j \in N} S_j}{S_i} \tag{7-12}$$

式中 w'_i、R'_i、S'_i——分别为节点 i 的空间重要度、绕行度和共线度指标的归一化指标。

3) 分流节点优先级确定方法

在进行分流节点优先级综合评价时,应根据各指标对诱导分流影响的重要程度确定各指标权重进行综合计算,采用层次分析法确定各指标权重。首先通过专家打分法构建比较矩阵：

$$\mathbf{A} = (a_{ij}) = \begin{matrix} & \begin{matrix} A & w & F & R & S \end{matrix} \\ \begin{matrix} w \\ F \\ R \\ S \end{matrix} & \begin{pmatrix} 1 & 0 & 2 & 4 \\ 2 & 1 & 2 & 2 \\ 1 & 0 & 1 & 2 \\ 0 & 0 & 0 & 1 \end{pmatrix} \end{matrix} \tag{7-13}$$

其中 $a_{ij} = \begin{cases} 2 & c_i \text{ 比 } c_j \text{ 重要} \\ 1 & c_i \text{ 和 } c_j \text{ 同等重要} \\ 0 & c_j \text{ 比 } c_i \text{ 重要} \end{cases}$ $(i, j = 1, 2, 3, 4)$

构造判断矩阵：

$$\boldsymbol{C} = (c_{ij}) = \begin{pmatrix} C & w & F & R & S \\ w & 0.25 & 0 & 0.25 & 0.2857 \\ F & 0.5 & 1 & 0.5 & 0.2857 \\ R & 0.25 & 0 & 0.25 & 0.2857 \\ S & 0 & 0 & 0 & 0.1429 \end{pmatrix} \tag{7-14}$$

进而得到四个指标的权重如表 7-2 所示。

表 7-2 分流节点优选指标权重

评价指标	空间重要度 w	功能重要度 F	绕行度 R	共线度 S
权重(%)	19.64	57.14	19.64	3.58

诱导节点优先级综合指标即为：

$$A_i = 0.1964 w_i' + 0.5714 F_i + 0.1964 R_i' + 0.00358 S_i' \tag{7-15}$$

通过计算诱导分流区域内各节点的综合评价指标 A_i，考虑诱导分流措施实施的可实施性和经济效益，分别对区域内的候选诱导分流节点、候选管制分流节点和候选强制分流节点进行优先级排序，按照综合评价指标值从大到小根据三级分流点布设原则与要求"逐点逐级逐步"进行布设。

7.2 交通信息发布

7.2.1 高速公路信息需求分析

高速公路信息发布旨在满足人们的出行需要，以快捷、方便的方式为公众提供需要的信息，当高速公路出现拥堵时，道路使用者对交通信息的需求更加迫切。信息发布系统主要服务对象是驾驶员、乘客及运输业务的组织管理者。本节把和高速公路有关系的人员分为驾驶员、乘客和想了解交通情况的其他人员三类，分析其期望使用交通信息可以达到的目标。

驾驶员是车辆行驶的主导者，是高速公路应用的主体人群，不同车辆类型对驾驶员的要求是不同的，不同的驾驶员，由于驾驶环境和驾驶目的的不同，对诱导系统的服务要求也是不同的。按照驾驶员单次出行的时间顺序，把其目标分为出行前和出行中两个阶段的目标。

出行前需要了解路径信息，包括高速公路走向、通行费用、可选路径、路径长度、车道数、行程时间，了解超限信息限高、限重、限宽、限速，了解气象信息，了解交通管制信息特大政治事件、特殊事件,了解当前正在发生的对交通有影响的事件信息事件类型、位置、时间、原因、处理状况、预计消除时间,了解危险路段、交通流信息平均车速、行驶时间及其历史信息、预测信息,了解重要交通设施的分布情况桥梁、隧道等。

出行中需要了解救援服务信息、当前正在发生的对交通有影响的事件信息事件类型、位置、时间、原因、处理状况、预计消除时间、应急路径选择信息、重要交通设施的实时状态信息、估计后续行程时间等。

乘客的目标也可分为出行前和出行中两个阶段的目标。

出行前需要了解路径信息,包括高速公路走向、费用、可选路径、路径长度、车道数、转乘信息,了解气象信息,了解交通管制信息特大政治事件、特殊事件,了解正在发生的对交通有影响的事件信息事件类型、位置、时间、原因、处理状况、预计消除时间,了解交通流信息平均车速、行驶时间及其历史信息、预测信息,了解辅助服务设施等。

出行中需要了解救援服务信息、了解正在发生的对交通有影响的事件信息事件类型、位置、时间、原因、处理窗口、预计消除时间,了解备用路径选择信息,了解重要交通设施的实时状态信息、估计后续行程时间,了解最近服务区的位置和距离等。

根据以上分析,交通信息首先需要满足交通运输活动及其相关者的要求。这些信息是从需求的角度来分析归类的,但在实际中,这些信息都有一个采集和处理的过程,根据信息的来源和信息的变化频率等方面进一步对交通信息进行分类和描述,见表7-3。

表7-3 交通信息分类

信息变化频率	描述对象	具体内容
静态信息	道路基本信息	道路车道数、地形、线形、里程、通行能力(设计车速和交通量)
	特殊构造物	位置、长度、使用年限、通行能力、限宽、限高、限重、运输物品限制
	通行限制	限宽、限高、限重、限车型
	辅助服务	能源补充、车辆维修、购物、餐饮
	历史交通流	交通量、平均车速、交通密度
	历史交通事件	类型、规模、位置、原因、处理时间
	历史气象	气温、风速、气象类型和等级
动态信息	救援信息	救援类别、救援电话
	路况	结冰、积水、积雪、养护
	交通流	交通量、平均车速、交通密度
	气象	能见度、持续时间
	事件	位置、类型、规模、原因、状态、预期结束时间
	应对措施	延误时间、诱导绕行路线

7.2.2 发布交通信息的主要技术

在高速公路交通信息发布方面,运营管理单位积极探索新技术,不断创新,目前使用和探索使用的主要技术有:互联网、车载导航、道路情报板、交通广播、客服电话和电视报道等。当高速公路上出现拥堵状态时,应选用互联网(传播范围广、速度快)、道路情报板(信息直接传输给路上车辆)等针对性手段。

1. 互联网

互联网已经成为信息传播的主要手段之一,具有很高的普及度。互联网资源丰富,信息传播的条件好,已经成为交通行业提供出行服务的有效平台,通过互联网发布详细的交通信息。通过互联网发布相关交通信息,如历史路况信息、实时路况信息等,通过网页表现形式多样,表达信息丰富,如电子地图、图像、视频、音频等,都可综合应用到网页上,用户查找及其方便。

2. 车载导航仪

车载导航仪安装在车辆内,以地图、文字及语音提示的方式为车辆出行提供专门的导航服务。随着无线网络通信技术的发展,导航仪必将能够通过网络服务的模式,提供更专业、更高效的实时交通服务。车载终端提供导航功能,通讯功能等,能给驾驶者在驾驶途中提供实时路况信息以及交通诱导信息等。

3. 可变情报板

可变情报板一直是高速公路发布交通信息的一个重要手段,在高速公路的运营管理中发挥着积极的作用。可变情报板的信息传输一般采用高速公路专用通信网,其信息直接来源于高速公路管理部门,因此具有实时高效的特点。在实际使用中,情报板一般分为三类:门架式情报板,F 型情报板,立柱式小型情报板。由于情报板的成本较高,在现有的高速公路监控系统中,情报板的数量往往难以满足实际使用的要求。

电子情报板分为固定式和车载移动式。电子情报板是目前最常用的信息发布方式,可在道路分叉、入口、出口处提供交通诱导信息、危险路段提示信息、离重要地点如车站、机场的距离及其行车时间信息。车载移动式可变情报板是交通信息发布系统的有机补充,当高速公路上出现局部恶劣天气,施工或者导致固定电子情报板无法使用的情况时,可以用车载移动式可变情报板解决这个问题。

4. 交通广播

交通广播是以语音提供交通信息服务的方式,其特点是作用范围大,信息丰富。在发交通广播的展过程中,各省市纷纷推出本地交通广播频道,以交通信息作为支撑点,强调"伴侣"功能,对于调解驾驶员心理状态和提高行车安全都有帮助。车载收音机是一般车辆的标准配置,驾驶员不用为接收交通信息而增加新的投资。因此,交通广播具有良好的信息接收条件。同时,交通广播为了提高收听率,通过增强节目的趣味性吸引驾驶员,这也无形中拓宽了交通信息的发布渠道。交通广播在发送交通信息方面有着自己特殊的优势,是面向大众提供的信息服务,出行者一般在出行前或出行中随时收听相关交通信息。路侧广播台,通过路侧广播向正在途中的驾驶者提供交通信息。日本 VICS 系统、美国 RWIS 系统等都有相关的广播服务。

5. 客服电话

客服电话是政府为提高高速公路信息服务水平而提供的一项服务。社会公众可以通过电话网询问路况、气象状况、通行费费率等信息。在客服电话应用的早期,由于开通客服电话业务的省市较少,各省市分别指定本省内的客服电话号码,发挥了一定的作用。

随着该业务的不断普及,全国各省、市、区的高速公路救援电话五花八门,甚至同一省内高速公路各路段救援报警电话各有不同,给广大高速公路通行者带了诸多不便,在一定程度上影响了各省高速公路的报警救援工作。对此,国家信息产业部规划了高速公路全国统一客服电话的号码,进一步规范了高速公路交通信息服务。

6. 电视报道

电视报道也是发布交通信息的手段之一。直播高峰路况、插播即时路况、点对点信息服务将做得更加人性化、贴身化,这些方式无疑将提高交通信息发布的能力和水平。电视浏览分为交通视频浏览、交通视频点播等。用户通过电视收看交通信息的节目,也可通过视频点播来观看历史交通信息。

7. 短信服务

手机是人们出行的必备工具之一,利用这一特点,通过建立一个统一的信息服务平台,整合交通信息,为出行者随时随地提供信息服务。结合手机软件,还可以提供电子地图服务。随着智能手机的普及,可通过手机客户端提供电子地图服务以及导航服务,从而更加直观的提供实时交通信息。

7.2.3 高速公路网交通信息发布策略

1. 信息发布原则

当高速公路上出现拥堵后,由于可采用多种技术发布高速公路网的交通信息,每一种技术又具有自身特点,在发布路网诱导信息时,应该注重满足以下原则性要求。

(1) 准确性

所发布的诱导信息与实际情况是一致的,描述的内容客观有效,能够作为司乘人员出行决策的依据。

(2) 及时性

过时的信息,没有及时更新的信息不但不能服务于交通运输,占用通信资源,而且还会误导出行,甚至造成严重后果。因此,对交通有影响的信息应该及时发布。

(3) 实用性

所发布的信息,应该策略性地将信息内容与发布技术相结合。如通过道路情报板发布信息时,就应该简短扼要,避免过细的描述。如果通过多屏切换的内容显示时间超过车辆的有效观测时间,车辆就不能看到完整的交通信息。但是如果在出行前通过电脑在互联网上浏览交通信息,就可以详细展示各种信息。

(4) 规范性

在通过不同的媒质和技术手段发布信息时,用词和描述方法应该简洁,用词正确规范,避免冗余信息。

(5) 对应性

针对多车道高速公路不同车道功能划分情况,应对每一车道进行区别化的信息发布策略,如对不同车道(不同车种)进行不同的车速限制等。

第7章 高速公路网交通组织策略

2. 诱导信息需求场景和设施

信息发布技术手段的选用，与用户所处的场景有关，在不同场景下，能接触的信息发布终端是不同的，根据出行过程，用户一般处于表7-4所示的集中场景。

表7-4 出行场景及可用诱导信息接收设施

场景	所处位置	可使用终端	备注
出行前	野外，住所，工作地，商业区，休闲场所	PDA，手机，互联网，电视等	主动通知：手机软件，电视新闻 查询：PDA，手机，互联网
正常出行	道路上	情报板	
发生交通事件	事件所在路段	PDA，手机，收音机，情报板	短信，情报板，交通新闻
下游交通事件	事件所在路段上游	PDA，手机，收音机，情报板	交通新闻，情报板，互联网

3. 信息发布策略

信息发布的技术是多样的，出行者所处的位置和环境也是变化的，要让出行者最方便地了解到高速公路上的拥堵信息，就要根据其所在的场景，及时提供所需要的信息。按照出行时间，出行者的行为可分为出行前的计划和出行中两个阶段。在出行中，又分为：正常交通情况、路段下游出现交通事件和当前路段出现交通事件。

针对这些情况，出行者需要的信息及提供信息的技术分配如表7-5所示。

表7-5 出行者的信息需求及技术支持

描述对象	具体内容	需求场景	发布技术	接收终端
道路基本信息	车道数、线形、里程，设计车速	出行前	互联网	电脑、手机、PDA
通行限制	限高、限重、限宽、限车型	出行前		
特殊构造物	桥梁、隧道等的位置、长度、通行限制	出行前		
历史信息	历史交通流量、历史气象、历史交通事件	出行前		
救援信息	救援类别，救援电话	出行前，出行中		
路况	积水、积雪、结冰、养护	出行中	监控专网	情报板
交通流	交通量、平均车速、交通密度	出行前	互联网	电脑、手机、PDA
		出行中	监控专网	情报板

273

(续表)

描述对象	具体内容	需求场景	发布技术	接收终端
气象	能见度、持续时间	出行前	互联网	电脑、手机、PDA
		出行中	监控专网	情报板
事件	位置、类型、规模、原因、状态、预期结束时间	出行前	互联网、电视、广播	电脑、手机、PDA、电视、收音机
		出行中	互联网、手机短信、广播、监控专网、客服电话	手机、PDA、车载收音机、情报板、导航仪
诱导信息	诱导路线、延误时间	出行前	互联网、电视、广播	电脑、手机、PDA、电视、收音机
		出行中	互联网、手机短信、广播、监控专网、客服电话	手机、PDA、车载收音机、情报板、导航仪

目前大部分高速公路交通信息采集以及互联网上的交通信息处理技术已趋于成熟,通信技术发展速度提升,智能手机大量普及,交通信息的发布手段正变得越来越丰富,但当前监控系统的使用水平也有待于进一步提高。存在多种因素可能导致出现交通信息不能及时发布,影响交通的事件发生时不能及时诱导分流的局面。随着通信技术的进一步发展和成熟,社会公众必然能够及时获得交通信息,舒服顺畅的完成每一次交通出行。

7.3 匝道控制

多车道高速公路分合流区车辆运行较为复杂,最内侧的车辆需要经过多次变道方可进入出口匝道,而从入口匝道驶入的车辆亦需要经过多次变道才能进入相应的车道行驶。拥堵状态下,多车道高速公路分合流区车流运行受到较小的扰动就会引起交通运行的紊乱,甚至有可能造成交通拥堵,此时有必要对多车道高速公路进行匝道控制。匝道控制是路网交通组织的重要组成部分,是一种强制性管制手段。当多车道高速公路主线某区段交通接近或达到拥堵状态时,其上游各枢纽节点需采取相适应的匝道控制限制进入主线的交通量,同时通过在上游各关键分流点处发布路网交通流信息,通过渠化和主动引导的方式诱导驾驶员分流至周边路网,实现对交通流的控制。在路网交通组织策略中,匝道控制与交通诱导协调统一,在交通诱导的基础上对微观交通实施匝道控制,微观调控道路交通。通过准确把握控制系统与诱导系统之间的动态关系及交互决策过程的动态特性,进一步提高交通管理的水平和交通组织的实际效果。

7.3.1 匝道控制实施方法

入口匝道控制是应用最广泛的一种车辆需求管理方法,即在拥堵状态下限制使用入口匝道进入多车道高速公路的车辆数量,使入口匝道下游路段交通需求不超过其通行能力,能在最有效的交通密度范围运行,即以最佳的交通密度取得最大的交通流量。入口匝道控制结果是通过把高速公路上部分交通延误因素转移到入口匝道,在高速公路上维持一个既不间断也不拥堵的交通流,也就是把超量车辆转移到其他可替换道路上或者转移到需求较低的时间段。

1. 实施条件

由于入口匝道的控制所获得的高速公路的运行效益是以通道内其它替换道路上交通负荷增加为代价取得的,前者必须比后者代程度高,入口匝道控制才是值得的。因此,实施入口匝道控制成功与否取决于下列条件是否得到满足:

(1) 应当有其它具有剩余通行能力的路线可供选择来为高速干道起到分流作用,否则车辆将被迫阻塞在匝道上,这样就需要在高速干道上行向很远的一些匝道寻找入口。另外也可利用与高速干道连续的沿街道路或平行的干线道路的通行能力。

(2) 在入口匝道上应有足够的停车空间(每辆小客车需用的存贮空间约为 7 m,依次可计算出匝道排队容量)。在实施匝道控制时,使匝道上的排队车辆不至延伸到堵塞引道或平交街道的程度,保证等待的排队车辆不会严重影响非高速公路的交通。

(3) 为节约行程时间,在高速公路下游出口处必须有可供利用的通行能力存在。

2. 控制形式

高速公路入口匝道控制方式可以分为匝道关闭、定时控制和感应控制。

1) 入口匝道关闭

当高速公路交通流量在高峰期间大于路段最大可能的通行能力,而其余时间段则在其通行能力之内时,可考虑在高峰期间关闭部分入口匝道,待高峰期过后,重新恢复正常通行。匝道关闭控制灵活性小,限制性大,若使用不当,不仅不能充分发挥高速公路的通行能力,反而加重替代路线的交通负荷。

(1) 短时间关闭入口匝道

当高速公路交通流量在高峰小时期间大于路段最大可能的通行能力,而其余时间段则在其通行能力之内时,可考虑在高峰小时期间关闭部分入口匝道,待高峰期过后,重新恢复正常通行。

(2) 长时间关闭入口匝道

当高速公路交通流量全天或绝大部分时间段的交通流量都大于道路最大可能的通行能力时,可以考虑长期关闭部分入口匝道。

(3) 部分车型入口匝道限制

车型限制是高速公路常用的交通控制策略,主要是指在主线收费站和匝道入口处限制某些类型的车辆驶入高速公路。高速公路交通限制主要针对大型货车。2004 年沪宁高速公路扩建期间,限制货车驶入高速公路,一方面提高了高速公路的车速和通行能力,同时也降低了交通事故的发生数量。

2) 定时控制

定时控制是一种简单的匝道控制方式,是根据实际需求和历史需求的容量关系来选择调节率的一种机械调节方式。定时控制首先观测高速公路主线交通流、入口匝道汇入量,确定定时信号周期,调节匝道的汇入交通量,维持高速公路上所期望的供需平衡。定时调节的入口匝道调节率预先给定,在某一段时间的运行是固定不变的。这种控制方式的特点是根据历史交通流数据的统计情况,把一天划分为若干时段。假定每个时段内,交通流状况近似不变,以此作为依据来确定每个时段内一组不变的入口调节率,使某项性能指标最优。

3) 感应控制

感应调节就是根据速度、密度、流量这三者之间的关系实时测量高速公路交通运行状态,通过调节入口匝道流量,使反映高速公路运行状态的基本交通变量值保持在交通流曲线上的不拥堵交通流区域的规定点上,防止或消除高速公路上的拥堵。其特点就是调解率的变化不再依赖过去观测到的交通状况,而是依赖现场检测的实际交通数据。它以交通量实时检测数据为依据来确定匝道调节率,因而能响应交通流的随机变化。

感应调节的核心在于实时变化匝道调节率,以适应变化的交通需求。入口匝道调节率主要依据匝道上游需求、下游容量、匝道需求以及调节率的上下区间的约束条件、道路条件等因素来确定。

7.3.2 匝道控制实施效果验证

1. 实施方案分析

本节以沪宁高速江苏段(双向八车道)为研究对象,分析匝道控制实施效果。通过对沪宁高速各断面流量数据分析发现,沪蓉高速与京沪高速汇入点即无锡枢纽处路段在节假日期间较经常发生阻塞现象,因此将拟选取无锡枢纽南幅匝道作仿真分析。在 Aimsun 仿真软件中构建主线单向四车道、入口匝道双车道的模型,进行模拟仿真,研究不同匝道控制方案对主线交通运行效率的影响。根据数据采集可知:拥堵状态下主线流量一般分布在 6 000~8 400 veh/h 范围内,匝道汇入流量一般分布在 1 000~1 600 veh/h 范围内,在仿真实验中研究表 7-6 中不同流量组合下的最优匝道控制方案。

表 7-6 仿真实验方案流量组合

方案名称	方案 1			方案 2			方案 3		
主线流量(veh/h)	6 000			7 000			8 000		
匝道流量(veh/h)	1 000	1 200	1 400	1 000	1 200	1 400	1 000	1 200	1 400

2. 实施效果评价

(1) 评价指标

分别选择密度、速度作为反映匝道控制方案对主线交通改善的评价指标,选择匝道最大排队长度作为反应匝道控制方案对匝道交通运行影响的评价指标,并对比每种流量组合下最优匝道控制方案相对于匝道无控策略下主线下游道路通行能力改善状况。

其中,最大排队长度是指某一时刻道路上排队车辆最多的车道上处于排队状态的车辆数,单位为辆(veh)。与平均排队长度相比,最大排队长度更能够反映交通拥堵的严重程度以及随时间变化的情况。

(2) 仿真过程

采用 Aimsun 仿真软件分别对无锡枢纽处入口匝道车辆汇入做无控控制、定时信号控制以及车辆延迟汇入的仿真实验。图 7-4 分别为入口匝道处采取无控控制、定时信号控制和车辆延迟汇入控制时的仿真运行图。其中车辆延迟汇入再仿真实验中通过设置实线隔离来实现。

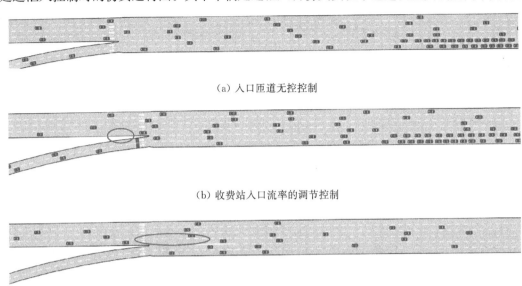

(a) 入口匝道无控控制

(b) 收费站入口流率的调节控制

(c) 入口匝道车辆延迟汇入

图 7-4 仿真运行图

(3) 结果分析

将仿真结果通过整理分析得到如表 7-7，即不同流量组合情况下最优控制方案，并给出相应的主线下游速度、密度、最大排队长度以及匝道最大排队长度，最后给出与无控方案下主线速度改善提高的百分比，更为直观的反应相应最优控制方案的优劣。

表 7-7 饱和交通需求水平下最优匝道控制方案的性能指标

主线流量 (veh/h)	匝道汇入率 (veh/h)	最优方案	方案参数值	主线平均速度 (km/h)	主线平均密度 (veh/(km·ln))
6 000	1 000	a	—	102.14	15.02
	1 200	a	—	101.67	15.53
	1 400	c	100 m	100.16	16.41
7 000	1 000	d	150 m	100.06	17.48
	1 200	e	200 m	99.17	18.08
	1 400	e	200 m	97.46	19.02
8 000	1 000	f	250 m	97.17	20.08
	1 200	f	250 m	94.76	21.21
	1 400	b	C=6 s	90.27	23.42

注：各控制方案分别用序号代替：a—匝道无控控制；b—收费站入口流率的调节控制；c—匝道车辆延迟汇入控制(100 m)；d—匝道车辆延迟汇入控制(150 m)；e—匝道车辆延迟汇入控制(200 m)；f—匝道车辆延迟汇入控制(250 m)。

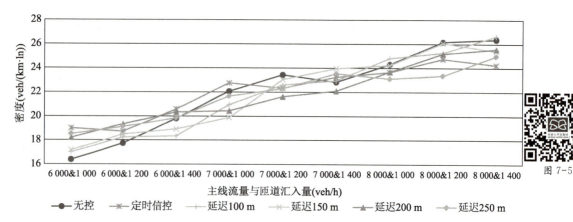

图 7-5 饱和交通需求水平下不同匝道控制策略下主线密度分布

如图 7-5 所示,当主线流量和匝道汇入量都处于相对较低水平时,入口匝道无控制时主线运行效率最好;当主线流量和匝道汇入量增加,车辆延迟汇入极大地改善了主线运行效率,且随着主线流量和匝道汇入量的变化,最佳延迟汇入距离也在 100 m～250 m 之间变化;当主线流量和匝道汇入量接近饱和时,收费站入口流率调节控制使得主线运行效率最优。

在拥堵条件下,收费站入口流率调节控制和车辆延迟汇入控制均对主线交通有一定的改善作用,匝道微观控制在保障匝道交通正常运行的前提下,同时也改善了主线交通运行效率。匝道控制方法在微观调控上具有一定的可行性,在实际应用前需在后台仿真模拟多种匝道控制方案,比选出最佳方案并发布应用,实时反馈和调节从而实现效果最佳。

7.4 集散车道

集散车道是多车道高速公路及其互通式立交的重要组成部分,是一段单向的辅助道路,与多车道高速公路的直行车道横向分开,中间设置分隔带,在两端与高速公路相连。集散车道一般与高速公路平行,也有采用与主线分离的形式,中间不设分隔带。设置集散车道的目的是:当多车道高速公路上出现拥堵时,设置集散车道能够有效消除高速公路互通式立交段的交织,并减少驶入和驶出道口的个数,把大多数的交通紊乱转移到集散车道上,从而使高速公路主线运行更加安全,提高通行能力和车速。

7.4.1 集散车道设置要求

对集散车道设置要求如下:
(1) 高速公路和集散车道之间采用硬性隔离设施。
(2) 设置集散车道的高速公路同一方向车道数最少为 3 条,集散车道同一方向车道数一般为 2～4 条,在互通立交加减速车道汇入或驶出路段应设置 1 条以上的集散车道。
(3) 高速公路主线和集散车道均应设置左、右侧硬路肩。
(4) 集散车道的设计速度应与主线相同或不应低于主线设计速度 20 km/h。

7.4.2 集散车道设置影响因素

1. 交织区长度

在高速公路互通式立交的设计中,有时因立交型式的关系,出入交通流之间会产生交织。如果设计的交织长度不能满足要求,则应设置集散车道,将交通阻隘引到集散车道上,从而保证直通运行的安全、快速。

2. 主线交通量

在直通交通量很大的路段上,即使交织长度满足要求,但由于交织的存在,势必使直通车道的交通容量降低,影响直通运行安全性,且车速也随之降低。因此,在主线交通量接近或超过一个车道的设计交通容量的情况下,应考虑设置集散车道将直通交通流与交织交通流分离开。若在直通交通量很大的情况下没有设置集散车道,将会导致路段交通容量和安全性大大降低,留下安全隐患。

3. 交通标志

在高速公路上尤其是互通式立交范围内,设置交通标志是必不可少的,但有时交通标志的设置会遇到困难,难以正确引导交通。在以下 2 种情况下,应考虑设置集散车道。

(1) 出口分岔楔形端在邻近有 2 个以上

由于在出口处需设置指示方向、距离、地点及限速等的标志,如果出口分岔楔形端在邻近有 2 个以上(邻近的含义指两者之间的距离不满足交织或设置交通标志的要求),则各个出口处的标志因距离过近而难以设置,或因车辆高速行使而不易识别,从而导致车辆运行混乱。因此,需设置集散车道将各出口的流出交通量提前全部引入集散车道,再分别引导至各流出匝道。这样既可减少交通标志的数量,又能准确、有序地引导交通,使各方向交通流安全、快速运行。

(2) 出入口分合流楔形端在邻近有 3 个以上

这种情况是因互通式立交的型式或相邻两互通式立交距离很近而造成的,且常常存在出入交通量的交织,如苜蓿叶型互通式立交。即使交织段长度满足要求,但因出入口个数多,标志聚集在一起,难以准确引导交通,因此也应设置集散车道将所有出入交通引导至其上,以减少高速公路的出入口个数,相应减少标志数量,从而使标志清楚、明确。一些工程实例显示出,由于交通标志较多且未设置集散车道,驾驶员在驶近互通式立交时不得不放慢车速认真识别各种标志以免驶错车道,即使这样仍有不少误行的车辆。类似的情况给行车带来极大的不便。因此,集散车道的设置应与交通标志的设置结合起来考虑。

7.4.3 集散车道设计

根据以上 3 个方面考虑,确定需要设置集散车道后,就要对集散车道的长度(起终点)、宽度(横断面布置)、分隔带等进行具体设计。

1. 集散车道长度

集散车道的长度由 3 部分组成:驶出车道长度、出入口之间的距离、驶入车道长度。第一个和最后一个出入口之间的距离是由匝道线位所决定,其间的交织段长度应满足要求。驶出车道由集散车道渐变段 $L_{减}$ 和渐变段至第一个分合流点之间的集散车道 $L_{集}$ 组成,驶入车道由集散车道渐变段$L_{加}$和最后一个分合流点至渐变段之间的集散车道$L_{集}$组成。驶出车道在分流点之前、驶入车道在合流点之后还包含匝道变速车道。

集散车道渐变段长度的确定有 2 种方法，一是参照互通式立交中直接式变速车道的流出角和流入角来确定，对于单车道和双车道，其流出角均应不大于 1/25，流入角不大于 1/40，根据流出角、流入角以及集散车道宽度、分隔带宽度，即可计算出集散车道渐变段的长度。二是根据设计车速来确定，分为加速和减速两种情况。驶入车道的渐变段上，车辆行驶状态为加速，其长度$L_{加}$可按下式计算

$$L_{加} = \frac{v_1^2 - v_2^2}{2a} \tag{7-16}$$

式中　v_1——与主线合流必须达到的速度(m/s)，一般为主线设计车速的 70%；
　　　v_2——初速度(m/s)，采用集散车道设计车速；
　　　a——平均加速度，取 0.36~0.73 m/s²。

驶出车道的渐变段上，车辆行驶状态为减速。确定减速渐变段的长度，以小汽车为对象，按以下假定进行计算。

(1) 要分流的车辆，以该公路平均速度通过驶出车道的前端。
(2) 一进入减速渐变段，就立即用发动机制动减速，持续 3 s，这段距离为L_1。
(3) 以不引起驾驶员不快感的减速度，用制动器减速，到渐变段终点，车辆达到集散车道设计车速，这段距离为L_2。

$$L_1 = v_0 t - 0.5 a_1 t^2, \quad L_2 = \frac{v_3^2 - v_4^2}{2 a_2} \tag{7-17}$$

式中　v_0——减速时初始速度(m/s)，采用主线平均行驶速度；
　　　t——发动机制动的行驶时间(s)，取 3 s；
　　　a_1——发动机制动的减速度(m/s²)；
　　　v_3——发动机制动减速后的行驶速度(m/s)；
　　　v_4——集散车道的设计车速(m/s)；
　　　a_2——制动器制动的减速度(m/s²)。

渐变段至分合流点之间的集散车道长度$L_{集}$是集散车道的一部分，它是指从集散车道分隔带端部至最近的分合流点之间的距离。多数情况下，其中还包含互通式立交匝道的变速车道。由于在集散车道、其前后主线及分合流处均需设置相应的禁令标志、指示标志和指路标志等，因此$L_{集}$的长度首先应满足各种交通标志设置的最小间距。如果其中不含有变速车道，则其长度宜大于 200 m，特殊情况下，也不得小于 150 m。

如果$L_{集}$中包含匝道的变速车道，则还要考虑变速车道的长度。变速车道分减速车道和加速车道 2 种情况。匝道减速车道一般包含在集散车道驶出车道中，集散车道分隔带端部至减速车道起点的距离应满足交通标志设置的要求。虽然集散车道设计车速较低，但考虑到有些车辆在交通量较小时会以较高的车速行驶，因此为确保行车安全，减速车道(包括渐变段)不宜过短。匝道加速车道一般包含在集散车道驶入车道中，同样，加速车道终点至集散车道分隔带端部的距离也应满足交通标志设置的要求。加速车道长度主要考虑能够满足

匝道上的驶入交通可以安全、顺畅地以集散车道设计车速汇入集散车道交通流中,因此其长度可以比驶入主线的加速车道长度(含渐变段)要短,具体应根据实际情况确定。

2. 集散车道宽度

通过分析道路横断面各组成部分的功能,结合实际情况来确定集散车道宽度。

集散车道宽度即指其横断面组成,通常包括行车道、路缘带、硬路肩、土路肩等几部分。行车道分为单车道和双车道2种情况,由于集散车道设计车速一般为30～50 km/h,因此行车道宽度按照规范取3.50 m(单车道)或7.00 m(双车道)比较合适。路缘带宽度一般为0.50 m。硬路肩宽度的取值是考虑当大型车在最小半径平曲线的路肩上停车时,半挂车利用剩余宽度可以慢慢地通过,单车道左侧可以取1.00 m,右侧取2.50 m,双车道两侧均取1.00 m。土路肩的取值是考虑能够在其宽度范围内设置护栏、标志牌等设施,一般情况下与主线的土路肩宽度一致,为0.50 m或0.75 m。

当集散车道与主线是由分隔带隔开时,在分隔带一侧(左侧)不设硬路肩,仅在行车道与分隔带之间设置路缘带,外侧设置硬路肩和土路肩。如果集散车道与主线分离且具有一定距离,则主线和集散车道的两侧均设置硬路肩和土路肩,中间不设分隔带。因此,集散车道的宽度有以下4种情况:(1)有分隔带单车道。(2)有分隔带双车道。(3)无分隔带单车道。(4)无分隔带双车道。各种情况的路基宽度,可根据上述横断面各部分宽度来确定。

3. 分隔带宽度

针对我国公路用地十分紧张的实际情况,分隔带的宽度不宜过宽,根据主线交通量及驶入集散车道的交通量的大小,结合《公路建设项目用地指标》的规定,在高速公路上的集散车道分隔带宽度取2.0～5.0 m较为适宜。分隔带有时根据地形也设置成变宽形式,最宽处会远远超过5 m,中间可专门进行绿化设计,既美化公路,也大大增加了行车的安全性。分隔带端部应进行特殊处理,以便给误行车辆提供返回余地,端部的偏置值可按照《公路路线设计规范JTG D20—2017》中互通式立交的有关规定,端部半径根据分隔带宽度确定。

7.5 路网交通组织案例

7.5.1 路网交通组织流程

对拥堵状态下多车道高速公路网进行交通组织涉及到路网状态获取、交通组织方案生成(评价与比选)以及信息发布等步骤,具体的路网交通组织流程如下:

1. 路网状态检测与短时交通预测

利用高速公路现有监控和检测设备对高速公路交通流及OD分布数据等信息进行采集,后台信息处理中心对这一系列历史数据进行分析研究,通过数据融合方法进行短时段交通量预测,及时提供高峰或恶劣气候条件下的路段拥堵预警,同时预测结果也作为制定交通组织方案的基本数量依据。

2. 生成路网交通组织方案

将信息系统采集的运行数据和短时交通预测结果作为输入变量,以信息发布手段、设备和相关组织管理资源为约束,以路网交通均衡分布、系统服务效能最大化为目标,借助人工智能模型和算法,生成路网交通组织方案。在有条件的情况下,可为最终决策者提供多个可选方案,增加调度决策的灵活性。

3. 交通组织方案的评价、比选与决策

生成多个预案后,采用宏观仿真等技术手段模拟方案实施后未来路网的运行状态,建立方案评价指标体系并给出标定的评价模型,对路网主要指标进行测算,辅助最优方案的决策。

4. 组织方案的实施与信息发布

决策过程完成后,需要借助平台的信息系统实施组织方案、发布相关信息。路网调度总中心向高速公路监控分中心发布协调建议和指令,各分中心通过 VMS 信息板、广播、车载导航仪等将信息以文字或图形的方式发布给驾驶员,引导驾驶员绕行,以均衡利用路网资源。

路网交通组织流程见图 7-6。

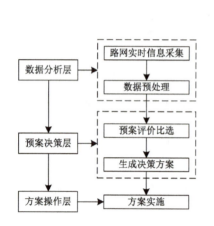

图 7-6　路网交通组织决策框架

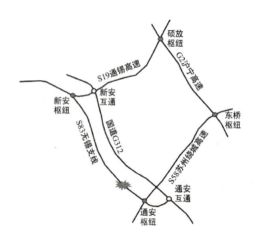

图 7-7　多车道高速公路网位置示意图

7.5.2　案例情景与交通组织方案设计

本节以 S83 无锡支线通安到新安枢纽,与国道 G312、G2 沪宁高速、S19 通锡高速以及 S58 苏州绕城高速西南线组成的简单的多车道高速公路网作为仿真研究对象,如图 7-7 所示。表 7-8 给出路网内各组成道路车道数及设计车速等基本资料。

表 7-8　道路基本资料

道路名称	道路编号	车道数	设计车速(km/h)
无锡支线高速	S83	双向六车道	100
沪宁高速	G2、G42	双向八车道	120
锡张高速	S19	双向六车道	120
通锡高速	S58	双向六车道	100
国道 312	G312	双向六车道	80

假设当前时刻 10:00AM,在 S83 无锡支线的通安枢纽以北的由南向北路段出现拥堵,距离通安枢纽 0.98 km,最终在 12:00AM 处理完毕,拥堵开始消散。

在不采取交通管控措施的情况下,上游拥堵排队将经由通安枢纽蔓延至周边衔接道路,影响路网交通运行效率。从路网运行效率的角度出发,确定交通组织方案为:对其进行交通诱导分流,在拥堵路段进行必要的交通分流外,还需要在路网范围内进行交通诱导,减少进入拥堵路段交通量,缓解其交通压力。为确定交通诱导分流的范围,借助 Aimsun 交通仿真软件,选取最合适的交通诱导方案。

结合图 7-7 中所示的拥堵路段位置及路网结构,初选诱导区域作为诱导方案一:选择 312 国道做分流路径,在通安枢纽、通安互通处,设置分流点。由 S83 无锡支线、国道 312、新安枢纽、新安互通、通安枢纽、通安互通组成的区域作为初选方案的诱导区域,该方案诱导区域范围较小。

备选诱导区域作为诱导方案二:选择 312 国道、G2 沪宁高速作分流路径,在通安枢纽与东桥枢纽设置分流点。由 S83 无锡支线、国道 312、G2 沪宁高速、新安枢纽、新安互通、通安枢纽、通安互通、硕放枢纽及东桥枢纽组成的区域为第二次搜索的诱导范围,该方案诱导区域范围较大。

以常态的路网运行作为参照,使用 Aimsun 交通仿真模拟方案一诱导区域内的交通状况,判断该诱导区域内路网交通运行效率是否可以满足诱导区域选择标准,如果满足,说明该区域可以有效缓解拥堵路段的交通压力,且对区域路网交通运行影响较小,即采取方案一。

如果方案一不能满足诱导区域选择标准时,需要扩大诱导区域。同样以常态的路网运行作为参照,借助 Aimsun 交通仿真软件,对方案二诱导区域的范围合理性进行判断。如此不断修正诱导区域,直至得到符合要求的诱导区域。

7.5.3 仿真模型构建

选用 Aimsun 软件对上述路网交通组织进行仿真研究。根据表 7-8 所列道路建立基本的路网模型,路网中包含详细的道路、与之互通的匝道立交、主要地市的出入口等。其中,对于高速公路有车道行驶速度限制的,按照限制车速设置道路的速度属性;对于无限制的,按照《道路交通安全法》的规定设置。

利用 Aimsun 建立的路网模型中道路走向如图 7-8 和图 7-9 所示。

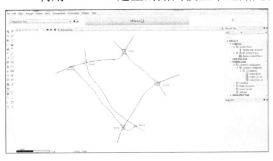
图 7-8 路网模型

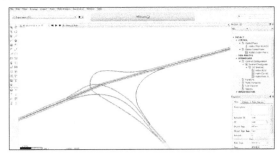
图 7-9 匝道互通设置

仿真时间设置为 9:30AM 开始,12:30PM 结束,持续时间共计 3 h。根据情景设计,在 10:00AM 时刻启动触发器,S83 无锡支线高速由南向北方向距通安枢纽 0.98 km 处出现拥堵,10 min 后采取交通诱导措施。

考虑情景中假设拥堵 2 h 之内得到处理并消失,为简化起见,对高峰时段的 OD 需求进行仿真，并且假设需求在仿真时段内保持不变，在已建好的路网模型中输入 OD 矩阵。自定义交通主控制方案与交通需求方案，建立动态交通仿真模型，使用 Logit 随机路径选择模型对各仿真方案中交通流进行分配。

7.5.4 仿真结果分析

1. 交通诱导区域的确定

首先仿真模拟诱导方案一的交通运行情况。根据 Aimsun 输出指标，得到常态下诱导区域路网总行程时间为 15 724 h，方案一交通流重新分配后诱导区域路网总行程时间为 22 931 h，计算诱导区域路网总出行时间变化指数 $\lambda_1 = 45.83\% > 20\%$，不能满足诱导区域选择标准，需扩大诱导区域，再进行搜索。

扩大诱导区域至方案二，模拟仿真诱导方案二的交通运行情况。根据 Aimsun 输出指标，得到常态下诱导区域路网总行程时间为 29 766 h，方案二交通流重新分配后诱导区域路网总行程时间为 32 582 h，计算方案二诱导区域路网总出行时间变化指数 $\lambda_2 = 9.46\% < 20\%$，计算诱导区域总出行时间偏差 $\Delta = 36.37\% > 15\%$，说明扩大后的诱导区域可以有效缓解拥堵路段交通拥堵，且对区域路网整体运行效率影响不大。

因此针对该情景下，选取方案二作为诱导区域。

2. 交通诱导措施效果评价

利用 Aimsun 交通仿真软件分别对常态、出现拥堵后无诱导以及出现拥堵后采取方案二诱导的路网进行模拟仿真，比较各不同情景下拥堵路段与区域路网交通运行特征变化，结果如图 7-10 所示。图途中方形折线代表常态，三角形折线代表出现拥堵后无诱导，圆形代表出现拥堵后采用诱导方案二。

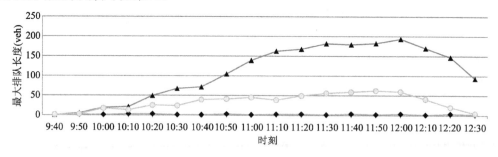

(a) 不同情景下拥堵路段车辆排队长度对比

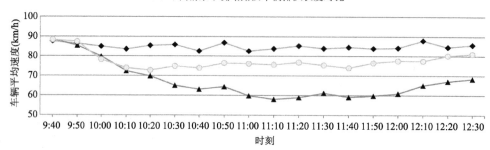

(b) 不同情景下拥堵路段平均速度对比

图 7-10　不同情景下拥堵路段交通运行效率对比

(1) 拥堵路段交通运行状态分析

相较于出现拥堵后无交通诱导的情况，交通诱导措施下随着诱导分流措施的实施，到达拥堵路段的车辆数有所减少，拥堵路段虽仍会产生车辆排队，但排队长度增加缓慢，最大排队长度到达 62 辆后便有下降趋势，并且在外侧封闭车道重新开放后 30 分钟内，排队长度变完全消散；随着诱导措施下拥堵路段到达车辆数的相对减少，车流密度降低，路段平均车速有着明显的提高，且维持在较为稳定的水平。

总体来说，相较于不采取诱导措施的情况，采取诱导措施后拥堵路段交通运行效率有了明显的提高，并随着时间的推移，道路交通运行效率可保持在较高水平。

(2) 诱导区域路网交通运行状态分析

从路网的角度出发，根据 Aimsun 输出指标分析路网总体运行特征，从平均车速、平均车辆延误、路网总行驶里程、路网总行程时间等方面比较常态、出现拥堵后无诱导以及出现拥堵后采取诱导方案二的路网交通状况的差异，如表 7-9 所示。

表 7-9 拥堵状态下交通诱导措施实施效果比较

指标	常态	无诱导路网	诱导方案二路网
平均车速(km/h)	81.64	77.95	80.73
平均车辆延误(s/km)	231	357	268
总行驶里程(km)	650 946	600 715	639 482
总行程时间(h)	29 766	34 689	32 582

在高峰时段的交通需求下，相较于常态的情况，拥堵状态下路网内车辆平均车速由 81.64 km/h 降低至 77.95 km/h，车均延误由 231 s 增加至 357 s，路网总行程时间增加了 16.54%，路网整体运行效率降低。在采取交通诱导措施后，路网内车辆平均运行速度有很大的提高，车均延误也大幅下降，路网运行效率优于出现拥堵后无诱导的情况，说明在发生拥堵时及时地向驾驶员提供实时、准确的交通信息，并给出合理有效的诱导方案十分重要。

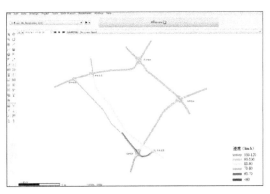

(a) 出现拥堵后无诱导路网交通运行状态　　(b) 出现拥堵后诱导方案二路网交通运行状态

图 7-11 出现拥堵后有/无交通诱导路网交通运行状态比较

图 7-11

通过以上各不同情境下拥堵路段与区域路网交通运行效率的对比,发现方案二诱导分流措施的实施不仅可以有效缓解拥堵路段的交通拥堵,同时还保证了影响范围最小,提高了路网的运行效率,证明提出的最小诱导区域确定方法有效。

7.6 本章小结

本章提出了高速公路网诱导分流实施条件与原则,以及诱导分流区域、路径和节点的选择方法;结合当前发布诱导信息的主要技术,对道路使用者在不同场景下接收诱导信息策略进行了分析,确定高速公路网交通信息发布策略;提出了匝道控制实施方法并进行效果验证;考虑了集散车道设置影响因素,并进行集散车道设计分析;确定路网交通组织流程并通过 AIMSUN 仿真软件,给出一个高速公路交通组织案例。

第 8 章

多车道高速公路施工区交通组织

8.1 多车道高速公路施工区交通特性分析及安全隐患排查

8.1.1 多车道高速公路施工区交通控制区的划分

施工区是多车道高速公路施工、养护、改造的活动场所。施工区一般设置标志、渠化设施、障碍物、路面标线，并配备施工作业车辆。它是从第一个施工警告标志到施工结束标志之间所包含的区域。

典型的多车道高速公路养护施工控制区一般划分为：警告区、渐变区、作业区和终止区，如图8-1所示[134-135]。其中，警告区包括交通标志警告区与路肩锥形区两部分，渐变区指汇合锥形区，作业区包括上游缓冲区和施工作业区两部分，终止区则包括下游缓冲区和分流锥形区两个部分。

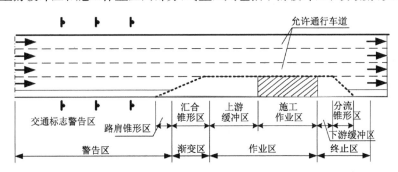

图 8-1 多车道高速公路施工区交通控制区划分

1. 警告区

警告区提示前方道路施工，便于驾驶员观察交通变化情况，及时采取相应措施。警告区内应设置限速标志、前方施工标志、前方车道变窄标志、禁止通行标志等。交通流逐渐由自由流转变为限制流。

2. 渐变区

渐变区提供行驶车辆改变行驶方向（变换车道）的空间。车辆进入此区域后如不在开放通行车道上，必须换道行驶。

3. 作业区

作业区是施工作业进行的区域，一般通过渠化设施或障碍物将施工作业活动与道路使用者隔离。上游缓冲区禁止施工作业以及存放施工设备、原材料、车辆等。当施工区由于处于凸曲线顶点或平曲线转角附近不能被前方车辆发现时,上游缓冲区应延长到可被发现的地方,一般在上游缓冲区开始点设视线诱导标和闪光信号灯。缓冲区内应设置路障,以保护施工作业人员的安全。驶入该区段的车辆不能超车,只能跟驰行驶。

4. 终止区

终止区表示施工区的结束和施工限速的解除,位于施工区的末端。交通流逐渐恢复正常运行状态。

8.1.2　多车道高速公路施工区空间分布特征

1. 施工区空间分布情况

多车道高速公路施工区在道路空间中的分布与施工区所处的位置有关,即在空间上对高速公路车道数的减少。根据多车道高速公路基础设施建设状况施工区空间分布可以分为以下几种情况:

(1) 占用路肩施工

在道路养护维修中只占用路肩施工,如果不考虑施工围栏等对驾驶员心理的影响,客观上,对其他车道的空间资源并不影响,通行能力并无减少。但在实际情况下,施工围栏会使外侧车道上车辆的驾驶员产生心理压力,需通过减速行驶或变换车道来减缓影响,这种改变车辆行驶状态对该区段以及后续的车辆已经产生了影响,由于这种驾驶员心理状态变化的量化指标具有一定的复杂性和不确定性,交通组织分析和安全设施设置并没有将该情况列入其中。

(2) 占用一条车道施工

多车道高速公路施工区根据实际发生的地点实施,各条车道都可能存在施工养护被占用的情况,但是占用两侧车道与占用中间车道给车道上车辆的运行和交通组织带来的影响不同,因此在交通流特性分析和交通组织分析中需区分两种情况进行分析。

(3) 占用两条车道施工

多车道高速公路占用其中两条车道施工作业的情况有多种,主要可分为车道施工区相邻的情况与车道施工区不相邻的情况。在实际情况下,施工区封闭相邻两车道施工最为常见,可以弱化封闭不相邻车道施工带给驾驶员的车道选择行为影响。

(4) 占用三条车道施工

此种施工封闭形式通常存在于八车道高速公路大修或区段整修期间,其车道封闭形式主要分为两种,一种是封闭紧邻三条车道,另一种是封闭一侧两条车道和另一侧一条车道。虽然都达到了仅保留一条车道的条件,但是两种封闭形式的交通流状态却不同,需对不同状况区分进行研究。

(5) 占用半幅路施工

在高速公路大整修期间或是扩建期间会出现一定距离的半幅路封闭施工情况,在此情况下可以利用中央分隔带上的开口将车辆引向对向车道,并根据实际情况下不同方向交通量以及道路通行能力决定需要占用的对向车道数。

2. 八车道高速公路施工区空间分布特征

八车道高速公路施工区的空间分布情况与双向四车道和六车道不同,其差异性主要体现在横向分布特征不同。由于八车道高速公路车道数较多,施工区在路面上横向分布形式较多,而对于相同的道路封闭状况,如封闭相同的车道数量,其对道路上交通运行状况具有不同的影响,所适宜的交通组织形式不同。

8.1.3 多车道高速公路施工区驾驶行为特征

1. 驾驶员信息需求

对于驾驶员来说,存在一个最适宜的观察目标密度,该密度下,驾驶员情绪稳定,能够平稳操控车辆,驶入施工路段能及时做出反应。多车道高速公路施工路段标志、标线、情报板以及交通设施过少,驾驶员获取的施工路段交通信息量就会不足,会导致驾驶员做出错误判断,造成交通事故。但当施工路段目标密度过大,即"信息过载"时,驾驶员处理获取的信息需要较长时间,易造成驾驶员疲劳或由于标志设置太频繁而厌倦,忽视重要交通信息,不利于驾驶员做出正确判断并采取相应措施。在设置多车道高速公路施工路段交通标志、标线、可变信息标志,以及布设交通安全设施时应考虑驾驶员信息需求,合理而有效地向驾驶员提供交通信息。

2. 驾驶行为的阶段性

驾驶员驾车通过施工区的整个过程中,驾驶行为可分为调整阶段、稳定阶段和恢复阶段。调整阶段,在施工警告段和上游过渡段,驾驶员获取交通标志信息,如多车道高速公路车道封闭信息、限速信息等,并对其进行分析处理,进而调整驾驶行为。稳定阶段,在多车道高速公路施工缓冲区和施工作业区,驾驶员行为动作比较平稳,该阶段驾驶员应保持精神集中状态,时刻提防意外情况出现,譬如施工工作人员、施工车辆的出入以及障碍物等。恢复阶段,在多车道高速公路施工下游过渡段和施工终止区,驾驶员通过对断面宽度恢复以及限速解除等交通信息的感知和处理,做出恢复正常的交通驾驶行为。

3. 驾驶行为特征

多车道高速公路施工路段的驾驶行为,具有以下四个特征:高强度性,相对于正常的多车道高速公路路段,施工区的道路交通条件更加复杂,要求驾驶行为调整更加频繁,驾驶员的感知、判断决策及动作的强度较大;高灵敏性,由于多车道高速公路施工区道路交通环境的特殊性,要求驾驶员能根据实际路况和交通信息提示灵活地调整自身驾驶行为,需要驾驶员注意力高度集中;高影响性,由于多车道高速公路施工区需要进行车辆限速,交通密度大于正常路段,车辆之间相互影响更加显著,特别是对于车流的汇合行为,开放车道上车辆需要注意汇入车道上车辆的换道行为,而汇入车道上车辆需要观察开放车道上是否有足够插入间隙,驾驶员驾驶行为彼此影响较大;高安全性,由于多车道高速公路施工区道路交通条件不足,是交通事故易发地段,因此,要求驾驶行为必须按照交通信息的指引进行,需要高度的安全性,杜绝侵略性强的危险驾驶行为。

8.1.4 多车道高速公路施工区车辆运行特性

施工导致封闭车道上的合流车辆要进入未封闭车道,必须在未封闭车道上寻找可接受间隙,在必要情况下,需要调整速度,实施合流换道操作,从而使合流车辆与未封闭车道上车辆共同行驶于同一车道以通过施工区。多车道高速公路施工区合流特性复杂,其主要特性可从以下几个方面分析：

1. 汇入车辆造成施工区交通流重分布

封闭车道上车辆汇入未封闭车道，对车流产生较大影响，其影响宏观表现为车辆在车道上分布的变化。对多车道高速公路基本路段而言，车辆在多车道高速公路上不同车道上的分布相对均衡、稳定。当驾驶员观察到施工区第一个提示标志时，为保持车辆能顺利通过施工区，部分封闭车道上车辆开始向未封闭车道转移，交通量较大情况下此现象更加明显。从而引起交通量在不同车道上重新分布，结果使封闭行车道越接近作业区，行驶车辆越少。与此同时，由于封闭车道车辆的汇入，未封闭车道上交通量明显增多，车速降低，车流出现紊乱现象。当多车道高速公路通行车辆数小于施工作业区通行能力时，在路肩锥形区上游会形成一段车流真空；反之，则可能从路肩锥形区上游开始形成排队。

2. 未封闭车道上车辆优先通行

封闭车道合流车辆在汇入未封闭车道过程中，与原未封闭车道上行驶的车辆争夺行驶空间，未封闭车道车辆将享受优先权。因此，只有未封闭车道出现足够大的空隙时，封闭车道上的车辆才能进行汇入；否则，封闭车道上车辆只有等待下一个空隙，重复同样的判断，直到出现可接受间隙，完成汇入行为。若合流车辆在封闭车道上行驶时无法找到合适的间隙，则合流车辆将在路肩锥形区顶端停止，等待下一个间隙的出现。

3. 封闭车道汇流的强制性

与匝道车辆必须在加速车道长度范围内完成汇流过程类似。当前方进行施工作业时，在封闭车道上行驶的车辆必须在施工区第一个提示标志与路肩锥形区顶端之间的这段长度内完成汇流行为，否则车辆就会出现排队。因此，封闭车道汇流具有强制性。交通量较大情况下，汇流车辆可能强制驶入未封闭车道，其对未封闭车道车辆行驶将有较大影响，为确保行车安全，紧随其后未封闭车道上车辆需要减速并跟车行驶，导致车流运行紊乱。

8.1.5 多车道高速公路施工区交通流特性

1. 车辆换道特性

多车道高速公路由于车道多，道路断面宽，车辆运行自由度高，车辆换道行为频繁。有关调查研究表明，多车道高速公路多发的事故类型主要为追尾和碰撞固定物，主要由车辆随意变更车道和车速过快等引发。多车道高速公路车辆的换道行为应引起重视，且施工警告区的换道行为分析对施工区安全设施设置极其重要。

多车道高速公路车辆换道具有较强随意性、无规律性、高发性。多车道高速公路上行车速度较快，交通密度相对较低、服务水平较高、驾驶员行驶自由度较大、换道行为较多，驾驶员长时间在多车道高速公路上以高速自由状态行驶，容易形成驾驶疲劳，面对突发情况如事故或施工时，对信息的获取与处理时间较长，若没有设置一些必要的安全设施，会诱发事故。因此，在设置多车道高速公路施工路段交通标志和布设交通安全设施时应考虑车辆的频繁换道行为，从驾驶员能够准确获取信息的角度出发，合理设置安全设施。

2. 车速分布特性

多车道高速公路施工作业区对路段车流速度影响严重，并且会呈现一定的规律性。通过调查发现,施工路段地点车速频率分布表明车速分布服从正态分布,地点车速频率分布如图 8-2 所示。

正常行驶的车辆驾驶员在观察到第一个标志后,具有减速行驶的驾驶意识,此时驾驶员并不急于立刻减速或减速幅度较小,驾驶员采取制动到制动生效需要一定的时间,因此,在车辆经过施工预告段始端时,减速并不明显。随着车辆距离施工作业区越来越

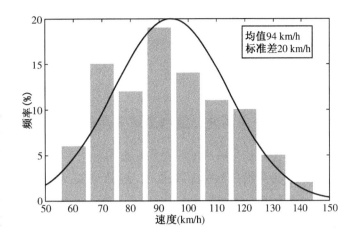

图 8-2　八车道施工区地点车速分布图

近,以及警告标志、限速标志的频繁出现,车辆的减速幅度越来越大。当车辆到达施工警告区末端时,由于前方道路施工作业,车辆必须在此完成换道过程,车辆寻求换道间隙的过程对原车道和汇入车道的速度影响较大。当车辆驶入上游缓冲区时,由原来多车道车流汇合成受约束车流,并没有形成紊流,车辆之间的车头间距以及车速仍处于不断变动状态,车辆总体速度仍处于下降的态势。故在上游缓冲区末端附近,车流速度在整个施工路段内达到最小值。车辆由上游缓冲区进入施工作业区之后,逐步由不稳定流状态演变为稳定流,车流的速度有所上升,但仍受到周围道路、交通条件的限制,车辆行驶速度最终将趋于匀速跟驰行驶。最后,当车辆驶离作业路段,进入终止路段后,道路交通条件重新恢复正常状态,车流的速度逐渐提升,直至正常行驶速度。该过程可以用图 8-3 表示。

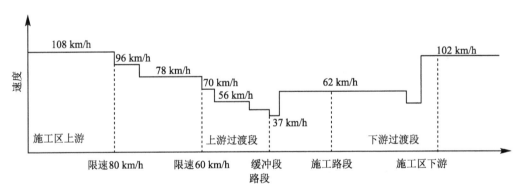

图 8-3　施工作业路段地点车速空间变化折线图

3. 流量分布特性

流量分布特性是施工交通组织形式研究和安全设施设置的重要考虑因素。多车道高速公路由于车道较多,行驶自由度高,各车道车流分布不均匀。以八车道高速公路为例,八车道高速公路施工控制区前的车道流量比例基本处于 2.6∶4∶3.1∶0.3 的状态。2 车道使用率最高(最内侧为 1 车道),其次是 1、3 车道,第 4 车道内行驶的车辆数量最少,仅占总流量的 3%,道路使用率极低。

车道中大车的分布对施工路段安全性影响较大,实际观测中发现,驾驶员常忽略八车道高速公路车道管理策略。虽然针对八车道路段增设了许多辅助性标牌和路面引导文字,但驾驶员的随意性仍然比较严重,货车侵占1、2车道行驶现象仍然较为普遍,换道行为仍然频发。

8.1.6 多车道高速公路施工区安全隐患分析

多车道高速公路施工区隐患排查是对施工区存在的安全问题进行分析和检查的过程。通过对隐患进行分析排查,能够发现多车道高速公路施工区的主要安全问题,便于后期针对性的、准确进行安全性评价。对多车道高速公路施工区隐患进行排查,能够初步发现其存在的问题。多车道高速公路施工最直接、根本的问题是施工区的存在影响正常的交通运行环境。

1. 多车道高速公路施工区车道供需不足对交通安全存在隐患

交通量与交通安全存在一定的相互关系,交通量决定驾驶员的驾驶状况、车辆的速度以及交通流的规律等,当其他条件相同时,事故数取决于交通量。由于多车道高速公路施工往往会封闭部分车道,道路通行能力降低,原来多车道的交通量集中于减少后的车道上,每车道交通量增加,对施工区产生安全隐患。

2. 大型车影响对交通安全存在隐患

交通组成对交通安全存在一定影响,车辆比例不同时,引发交通事故的概率将发生变化。一般情况下,大型车比例与交通安全关系较为密切。相关研究表明,当大型车比例达到25%时,交通事故迅速增加。在多车道高速公路施工区,大小车混行在一起,由于大小车辆性能差异,导致速度离散性增加,且小型车由于要超车,需要频繁变换车道和调整行驶速度。同时由于大型车会阻挡小型车辆的视距,影响小型车驾驶员信息的获取,使得交通事故时有发生。

3. 车辆超速行驶对交通安全存在隐患

车辆超速行驶是引起交通事故的主要原因之一。封闭车道宽度的折减、路侧净空的减小使得原有道路运行环境恶化,驾驶员对于多车道高速公路施工区的交通环境需要适应,往往速度不能及时调整。部分具有冒险心理的驾驶员有时为快速通过,会超速行驶,极易造成多车道高速公路施工区交通事故的发生。

4. 多车道高速公路施工区不合理设置对交通安全存在隐患

多车道高速公路施工区的存在占用一定道路空间,车道变窄或车道数减少,致使道路侧向净宽减少、车辆行驶环境发生改变,成为道路空间内的障碍物,增加车辆撞固定物的风险。一旦发生意外,驾驶员躲避危险的空间不足,发生事故的可能性增加。多车道高速公路施工区的存在迫使车辆进行分合流行为以保证通过施工区,其交通特性复杂,增大车辆之间相互影响。多车道高速公路施工期间需合理进行施工区的设置,尽量减少施工区对车辆运行的影响,符合车辆的运行行为特征。

5. 交通标志标线不合理设置对交通安全存在隐患

多车道高速公路施工保留原有一部分交通标志标线,将一部分交通标志标线进行拆除重设,同时在一些关键节点增设交通标志标线。标志标线设置不合理、视认性较差、信息提供过多或不足均会影响交通安全。标志标线设置不合理主要体现为应设置标志标线处未进行设置,临时标志标线与原有标志标线内容矛盾。标志标线视认性较差体现为驾驶员接收信息后没有足够时间完成相应的操作,标志标线不易察觉或不易看清,标志标线附近存在干扰因素。信息提供过多或不足体现为标志标线重复多次出现引起驾驶员视觉疲劳,重要节点标志标线设置不足未引起驾驶员重视。

6. 安全设施设置不足对交通安全存在隐患

多车道高速公路施工期间存在施工区与车辆,双向车流半幅通行相互影响等情况。施工区与车辆之间的干扰,易发生刮擦事件,存在安全隐患。因此需要合理进行隔离设施的设置。多车道高速公路施工经常夜间进行,夜间由于视觉环境受限,不利于驾驶员获取信息,增加事故率,提高施工难度,因此需要进行合理的照明设施设置。在多车道高速公路施工区必须对车辆的行驶速度进行适当限制,但仅靠交通标志和标线来引导驾驶员减速可能在某些情况下效果不佳,特别是对于某些富有冒险欲的驾驶员来说,因此在必要的区段除了需要设置进行限速的交通标志标线之外,还必须设置减速设施强制驾驶员减速。

7. 施工人员及施工机械干扰交通对交通安全存在隐患

多车道高速公路正常路段属于完全封闭形式,驾驶员在行驶时不会顾及行人的干扰。多车道高速公路施工期间,施工工作人员和车辆会经常出现在多车道高速公路上,干扰正常交通。因此需对施工人员及施工器械进行严格的管理控制。

8.2 多车道高速公路施工区通行能力研究

8.2.1 多车道高速公路施工区通行能力影响因素

1. 多车道高速公路施工区车道封闭状况

施工区车道封闭状况主要包括两个方面:(1)正常情况下服务车道数与施工条件下服务车道数;(2)封闭车道的具体横向位置,即封闭的哪几条车道或路肩,或其他组合[136]。

2. 行车道宽度

与多车道高速公路基本路段通行能力修正一样,施工区开放车道宽度对其通行能力有一定的影响。当车道宽度达到某一数值时其通过量能达到理论上的最大值;当车道宽度小于该值时,通行能力降低。

3. 侧向净空

多车道高速公路侧向净空的影响包括左侧路缘带和右侧路肩宽度的影响。根据实际调查表明左侧路缘带宽度和右侧路肩宽度小于某一数值时(理想条件规定的数值)会使驾驶员感到不安全,从而降速、偏离车道线,使旁侧车道使用率降低。

4. 大型车辆

多车道高速公路交通运行呈现车型构成复杂,混合车流平均车速较低的特征。因为混合车流中特大型车、大中型车速度较慢,在交通流中所占比例越大,对小型车运行速度的影响就相应增加。特别是在中、高密度时,如果车队头车为慢车,此时超车机会有限,动力性能较好小车无法以期望车速行驶,只能以接近于慢车车速的速度行驶,导致整个交通流速度偏慢,通行能力降低,如图8-4所示。

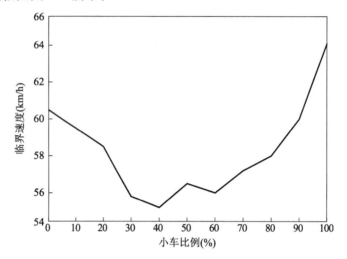

图8-4　多车道高速公路车型构成中的小车比例与临界速度之间的关系

5. 出行时间

相关研究结果表明,多车道高速公路施工区在工作日出行高峰小时的交通通行能力达到最大值,此时通勤出行占较大部分。与高峰小时相比,非高峰小时期间施工区通行能力有7%左右的折减,周末期间交通通行能力折减系数将高达16%。

6. 天气条件

恶劣天气如大雨、冰雪以及狂风对多车道高速公路施工区通行能力能够产生严重的影响。在HCM中大雨一般能导致高速公路基本路段通行能力10%～20%的折减。一些研究表明,由于下雨导致多车道高速公路短期养护施工作业区10%左右的通行能力折减。恶劣天气如冰雪、大雾对施工区的通行能力的影响更大。

7. 施工作业活动

施工区作业活动以及作业强度也是多车道高速公路施工区通行能力的影响因素。施工作业区强度主要包括施工作业内容、施工现场作业人数、施工设备的大小和数量,施工设备、作业人员与开放通行车道的接近程度等。鉴于施工作业区涉及因素的复杂性,既有研究多从主观、定性角度分析施工作业区活动的影响。相关研究通过观测统计得出施工作业区有无施工作业对施工区通行能力的影响,发现作业活动对施工作业区通行能力的影响程度不同,最大值达到12.5%,最小值仅有1.85%。

8. 照明条件

车辆通行和道路施工同时进行期间,由于夜间交通量较小,施工对交通干扰相对较小,不易产生交通拥堵,施工设备和材料容易运输,减少环境污染,因此,许多项目选择在夜间进行施工。但是夜间由于光照强度不足,物体能见度和辨识度较低,驾驶人感知信息的难度较大,获得相关信息不足,加之受到车道宽度变窄等施工环境以及大型车比例较高等交通环境的影响,驾驶人容易产生疲劳,极易造成严重的交通事故。

9. 其他影响因素

除上述因素外,其他因素对多车道高速公路施工区通行能力也有一定影响。多车道高速公路匝道尤其是入口匝道在施工区渐变段或延伸至作业区对施工区通行能力有较大影响。当入口匝道在施工作业区渐变段或在施工区下游 150 m 范围内,短期养护施工区通行能力受匝道平均汇入交通量的影响较大,开放车道的通行能力往往不及车道在正常情况下的一半。

8.2.2 多车道高速公路施工区通行能力模型

1. 基于交通流统计分析的多车道高速公路施工区通行能力模型

基于交通流统计的分析方法是指交通观测人员在多车道高速公路施工现场,采用人工统计或视频数据采集仪来统计施工区在特定车型结构组成、特定交通量情形下,施工区通过的车辆数。该方法需要大量人力、物力予以支撑。当施工区上游出现排队时,施工区通过的最大车辆数观测值作为多车道高速公路施工区通行能力。该方法简便、易行,但精确度不高,只能用于各种施工情形下施工区通行能力的估算。施工多车道高速公路需达到一定的交通量,观测试验需反复多次进行,且应检验多个独立样本。检验包括两种情况:一是在施工区道路交通条件基本相似的情况下,但施工封闭状况不同的施工区通行能力是否相同;二是在施工区道路交通条件基本相似的情况下,不同多车道高速公路施工区通行能力是否趋于一致[132]。

由于方差分析过程要求因变量属于正态分布,如果因变量的分布明显为非正态,则不能使用该分析方法,而应使用非参数检验。此处采用 Kruskal-Wallis H 检验来分别对上述两种情况进行检验。具体流程如下:

设 $\mu_i(i=1,2,\cdots,k)$ 代表 k 个样本组中的第 i 个样本组的样本均值,则检验假设:

$H_0: \mu_1 = \mu_2 = \cdots = \mu_k$

H_1:至少存在一对 i,j,满足 $\mu_i \neq \mu_j$

设 $n_i(i=1,2,\cdots,k)$ 代表 k 个样本组中的第 i 个样本组的样本量,且 $n_i \geqslant 5$(必须满足)。首先对所有的样本进行排列归类,然后计算样本组 i 的秩的总和 R_i。则检验统计量为:

$$H = \frac{12}{n(n+1)} \sum_{i=1}^{k} \frac{R_i^2}{n_i} - 3(n+1) \qquad (8-1)$$

当接受原假设 H_0 时,该统计量与 $k-1$ 个自由度的 χ^2 分布较为相似。当检验统计量 H 大于自由度为 $k-1$ 的 χ^2 分布的 α 分位点值时,就拒绝原假设。

对于第一种情况,样本组分组的标准为不同的多车道高速公路施工封闭状况;第二种情况,样本组分组的标准为不同的多车道高速公路。

用符号(A,B)来区分要评价的多车道高速公路各个车道的关闭情况。"A"表示正常情况下一个方向的车道数,而"B"表示养护工作期间开放的车道数。被调查的每一种关闭情况的平均通行能力如表 8-1 所示。对于(4,2)、(3,2)和(4,3)的关闭情况,开放车道的平均通行能力大约是 1 500 辆/(h·ln)。对于(5,2),通行能力减少更严重,通行能力大约为 1 350 辆/(h·ln),(3,1)关闭情况的通行能力损失最大,平均仅为 1 170 辆/(h·ln)。

表 8-1 观测的多车道高速公路施工区平均通行能力

车道数		调查次数	单向路段通行能力(辆/h)	平均通行能力(辆/(h·ln))
A 正常	B 开放			
3	1	7	1 170	1 170
5	2	8	2 740	1 370
4	2	4	2 960	1 480
3	2	9	2 980	1 490
4	3	4	4 560	1 520

多车道高速公路施工区通行能力与施工作业内容、类型有密切的关系，表 8-2 为不同作业类型与不同车道封闭组合条件下多车道高速公路施工区的通行能力观测值，不同开放车道条件下观测的施工作业区通行能力的范围如图 8-5 所示。总体而言，中央分隔带、护栏等交通安全设施的安装、维修由于其不占用或占用较少的行车空间，对车流影响较小，从而对多车道高速公路通行能力折减最小，施工区的通行能力能达到 1 500～1 600 pcu/(h·ln)。而路面标钉、路纽、路标的安装与维修由于其属于短时移动式施工，施工作业的动态性将增加过往驾驶员对交通情形判断的难度，驾驶员行车警惕性提高，因此该施工情形对多车道高速公路的车流影响较大，其通行能力仅为 1 100～1 200 pcu/(h·ln)。

表 8-2 某些典型多车道高速公路作业区观测通行能力汇总

	在一个方向上的车道数			
正常运行	3	5	4	4
作业期间	1	2	2	3
作业类型	通行能力(pcu/h)			
中央分隔带、护栏的安装与修复	—	—	3 100	4 700
路面维修	1 050	—	2 950	4 500
重铺路面，铲除沥青混合料	1 050	2 750	2 750	4 500
在路面上划标线剥除滑动面	—	—	2 600	4 000
路面标钉、路纽、路标	—	—	2 400	3 600
桥梁维修	1 350	—	2 200	3 400

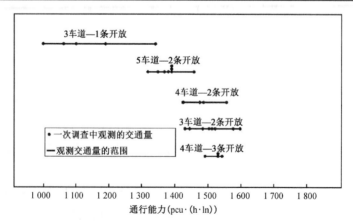

图 8-5 观测的施工作业区通行能力的范围

对于长期施工现场,多车道高速公路施工作业区一般需要用可移动混凝土路栏或其他隔离设施将作业区与交通流隔离。调查结果表明,该情况下的通行能力比交通短暂中断的情况大,主要是由于使用较永久性的路栏和其它控制措施,与移动性的短时施工相比,驾驶人员容易对施工作业区情形做出准确的判断,并且会逐渐熟悉作业现场,如表8-3所示。

表8-3 具有可移动式混凝土栅栏的长期施工现场的通行能力

车道数		调查次数	通行能力范围(辆/(h·ln))	单向路段通行能力(辆/h)	平均通行能力(辆/(h·ln))
A 正常	B 开放				
3	2	7	1 780~2 060	3 720	1 860

2. 基于多车道高速公路施工区基本通行能力的修正模型

参考基本路段通行能力的计算方法,多车道高速公路施工区通行能力也可以采用影响因素修正模型来进行计算。该方法首先将分别研究单个因素对目标变量的影响,在此基础上研究受各种因素影响的多车道高速公路施工区通行能力的数学模型。该方法能够提供一个系统的程序来计算施工区通行能力;可分析多个因素对施工区通行能力的影响。既有相关研究指出两个因素对施工区的共同影响并不等于两个单个因素的影响之和。影响因素修正模型有两种形式:乘法修正模型和加法修正模型。

(1) 乘法修正模型

多车道高速公路施工区实际通行能力为理想的基本通行能力经过各种影响因素修正后的修正值。具体形式如式(8-2)所示:

$$C = C_b \cdot f_1 \cdot f_2 \cdot f_3 \cdots f_n \tag{8-2}$$

式中 C——多车道高速公路施工区每车道的通行能力(veh/(h·ln));

C_b——理想条件下多车道高速公路基本路段每车道的通行能力 pcu/(h·ln);

$f_1, f_2, \cdots, f_n$——影响因素修正系数;

式(8-2)在 HCM 中常用来估算高速公路基本路段最大服务流率,在研究多车道高速公路短期养护施工区通行能力时可采用该计算方法。

(2) 加法修正模型

具体计算公式如式(8-3)所示:

$$C = C_b + I_1 + I_2 + I_3 + \cdots + I_n \tag{8-3}$$

式中 C, C_b——同式(8-2);

$I_1, I_2, \cdots, I_n$——各影响因素对多车道高速公路基本通行能力的修正。

与乘法修正模型一样,加法修正模型也考虑驾驶员构成、重车比例、施工区有无作业活动、封闭车道的位置以及是否下雨等影响因素。采用相同的实测数据,运用多元线形回归的方法来标定模型的各参数。因此,在标定之前需要对参数间的相关性进行检验。

8.3 多车道高速公路施工区交通组织形式

8.3.1 施工区交通组织方案建立流程

多车道高速公路施工交通组织应考虑效率优先、兼顾公平,保证多车道高速公路"快速、安全、经济、舒适"功能的充分发挥。作业区交通控制要考虑养护维修作业的特点、时间和周期、交通量、经济效益等因素,区域内交通标志的设置必须合理、前后统一,起到引导车流平稳变化的作用。当施工交通组织方案确定后,尽量避免经常性和大幅度的几何性调整,如车道变窄、弃用车道、主要道路渐变等;当工程结束后,应及时拆除所有交通控制设施,当施工作业出现短期停止作业时,必须及时拆除和更新不合适的交通控制设施。施工警告区必须在下游施工作业区所有设施撤离后才能撤除,以确保交通安全。施工区道路改变方向时,必须在原来路径与新辟路径之间进行渠化,必须考虑到工程车辆进出作业区的安全,要设置专门的进口和出口。尽可能避免工程车辆在进口或出口处与其他车辆发生冲突。如果冲突无法避免,必须采取相应的交通控制措施。多车道高速公路同一方向不同车道作业区布设间距应不小于 1 500 m,否则应分期施工。

在多车道高速公路施工养护之前,必须制定详细的施工交通组织方案,并经所有对施工区负责的部门(如路政、交管)同意,任何改变需经交通管理机构所认同。建立施工区交通组织方案可以按照一定的步骤进行[133]。首先确定多车道高速公路施工作业时间(起止时间)、地点(起讫点)、类型及施工周期(短时、短期、中期、长期);根据施工周期及施工多车道高速公路交通量的时间分布特征,选择施工作业时间段;根据施工周期、施工道路交通量大小、车速、施工位置等因素,选择合适的施工区交通组织方案;根据施工现场实际道路、交通条件,检查施工交通组织方案中视距条件及交通环境,修改图册中典型的交通组织方案。确认交通组织方案中各类交通设施齐全,否则需要修改交通组织方案;根据交通组织方案安装施工区各类交通控制设施,注意必须从驾驶员能观察到的第一个交通标志开始;让一名驾驶员驾驶车辆穿过施工区,检查交通组织方案中存在的问题,并分别在文本和施工现场予以修正;施工作业时,必须保持施工交通组织方案得到完全落实;当施工进展或施工条件发生变化时,必须及时调整多车道高速公路施工区交通组织方案;施工完成后,必须撤除施工区所有的临时施工标志和其它交通控制设施。施工标志的拆除必须从最后一个标志开始。

8.3.2 多车道高速公路施工组织形式

以双向八车道高速公路施工形式为例进行分析,由于车道数较多,施工封闭形式复杂,导致八车道高速公路施工区的交通组织形式多样化,下面主要按封闭车道的形式来分析各种封闭情形下的交通组织形式[82]。

1. 封闭一条车道交通组织形式

双向八车道高速公路封闭其中一条车道可以考虑最常见的两种情况,封闭边上一条车道和封闭中间的一条车道。

(1) 封闭边上一条车道

八车道高速公路封闭边上一条车道施工时,单向道路由四车道变窄为三车道,交通流组织较为简单,如图 8-6 所示。其中图中箭头所指的方向即为施工控制区交通流的组织方向,在不考虑其他车道随意换道超车的情况下,理论上仅封闭车道上的车辆向中间未封闭车道换道行驶,无论是封闭大车车道还是小客车车道,理论是相同的。

图 8-6　八车道高速公路封闭外侧一条车道施工形式

(2) 封闭中间一条车道

封闭中间的其中一条车道交通流组织形式有三种,如图 8-7 所示。形式 1 是将封闭车道上的车流引导向车道数较多的一侧,形式 2 将封闭车道上的车流引导向车道数较少的一侧,形式 3 将封闭车道上的车流分别引导向两侧。

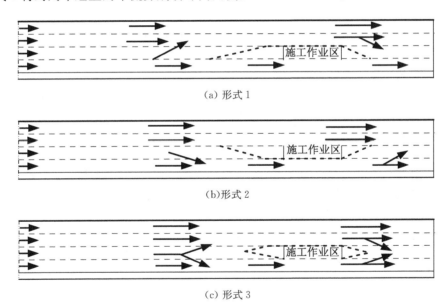

图 8-7　封闭中间一条车道的交通组织方式

2. 封闭两条车道交通组织形式

封闭两条车道仅考虑两条相邻车道的情况,另外还要考虑其发生在横断面上的分布情况。所以此处考虑最常见的两种形式,一种是封闭边上两条车道的情况,另一种是封闭中间两条车道的情况。

(1) 封闭边上两条车道

在不考虑使用路肩行车的情况下,封闭外侧两条车道与封闭内侧两条车道可以同等考虑。其交通组织形式可以有下面几种形式。

形式 1 采用的是将封闭车道的车流分连续两次合流换道的形式。该形式使上游过渡区长度拉长，先最外侧车道合流到邻近车道，调整后又将封闭的另一条车道上车流完全合流到未封闭车道。下游过渡区的车辆分流类似，同样采用逐级分流的方式，先将部分车流分流至邻近的封闭车道，而后再一次将车流分流至外侧封闭车道上，如图 8-8 所示。

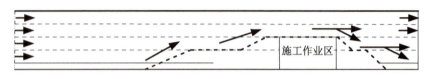

图 8-8　封闭两车道组织形式 1

形式 2 是将封闭车道上的车流直接合流到未封闭的两条车道上，未将外侧封闭车道的车流过渡。下游分流采用直接分流式，之后让车辆在道路上自由调整，如图 8-9 所示。

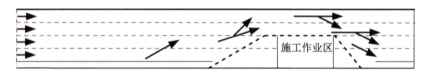

图 8-9　封闭两车道组织形式 2

形式 3 在交通组织形式 2 的基础上在施工控制区域内中间两条车道设置隔离设施封闭中间两条车道，将四条车道上的车流先经过引导分别合流到另外两条车道，如图 8-10 所示，然后再将外侧封闭车道上的车流经过再一次过渡合流到邻近未封闭的一条车道上，是一种提前分合流的交通组织形式。下游过渡区让车辆自由换道调整。

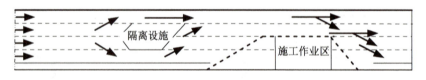

图 8-10　封闭两车道组织形式 3

(2) 封闭中间两条车道

中间两车道施工作业在交通组织方面类似于封闭中间一条车道的情形，但相似交通组织形式所产生的效果却大相径庭。交通组织形式有以下三种。

交通组织形式 1 上游过渡区呈"＜"形，将封闭车道上的车流分别向两边未封闭车道引导合流。下游过渡区同样将合流过的车流分别分流到封闭的邻近两条车道，如图 8-11 所示。

组织形式 2 是将封闭的两条车道上的车流直接经上游过渡区引导向其中的一条未封闭车道。另一条未封闭车道上的车流不进行合流。下游过渡区将合流的一条车道上的车流引导向封闭的两条车道，如图 8-12 所示。

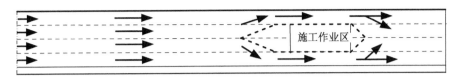

图 8-11 封闭中间两车道组织形式 1

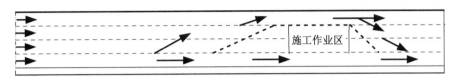

图 8-12 封闭中间两车道组织形式 2

形式 3 是在组织形式 2 的基础上将上游过渡区分两次合流过渡。如图 8-13 所示。

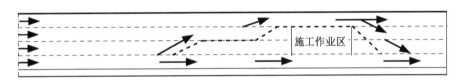

图 8-13 封闭中间两车道组织形式 3

3. 封闭三条车道交通组织形式

此种情形也仅考虑相邻的三条车道封闭,其交通组织形式存在两种,一是不考虑使用对向车道,二是考虑使用对向车道组织交通。

(1) 不考虑使用对向车道

在此种情况下,封闭内侧与外侧三条车道是相同的组织形式,所以不再考虑内外侧的关系,具体组织形式包括下面几种。

交通组织形式 1 是直接将三条封闭车道上的车流过渡合流到未封闭车道,是一种最为简单方便的方法,如图 8-14 所示。

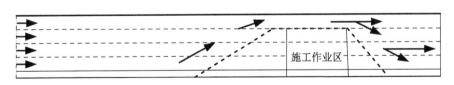

图 8-14 封闭三条车道交通组织形式 1

组织形式 2 是将封闭车道上的车流分三次逐渐过渡,最后完全合流到未封闭车道。相比第一种组织形式来说,车辆可以有一个过渡、缓和调整的过程,如图 8-15 所示。

形式 3 将封闭的中间车道的车流引入内侧邻近车道,外侧车道是单条路合流,而后再与另两条车道上的车流合流进入未封闭车道,如图 8-16 所示。

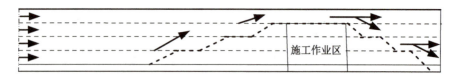

图 8-15　封闭三条车道交通组织形式 2

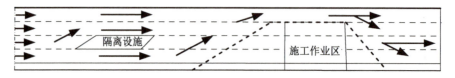

图 8-16　封闭三条车道交通组织形式 3

形式 4 考虑先将四条车道上的车流合到两条车道,即内外两条车道,而后再合并这两条车道上的交通流,如图 8-17 所示。

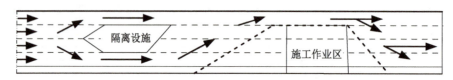

图 8-17　封闭三条车道交通组织形式 4

这几种形式的下游过渡阶段都是采用自由调整的形式,简单、方便。

(2) 考虑使用对向车道

此种情况的出现需要一定的条件,道路中央分隔带要有合适的开口可以使用,对向车道交通量允许使用其中一条车道,施工作业时间不应过长。其交通组织形式有以下几种形式。

形式 1 是最直接简单的交通组织,使车辆直接合流后封闭车道上的车流进入未封闭车道,未封闭车道的车流自由分配进入对向车道或继续直行,如图 8-18 所示。

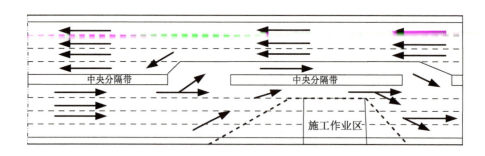

图 8-18　封闭三车道且借用对向车道组织形式 1

形式 2 将内侧两条车道车辆合流后过渡进入对向车道,外侧两车道车辆合流经上游过渡区引导进入未封闭车道,如图 8-19 所示。

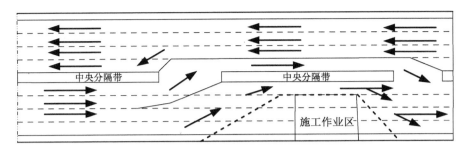

图 8-19　封闭三车道且借用对向车道组织形式 2

形式 3 类似形式 2,不同的地方是将上游过渡区改造成阶梯式逐级合流过渡的形式,如图 8-20 所示。

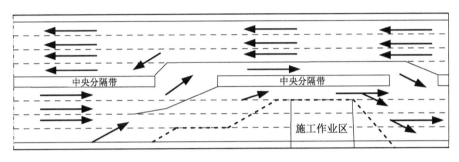

图 8-20　封闭三车道且借用对向车道组织形式 3

形式 4 在将四车道车流合成两股车流方面更为明显,提前分别合流到两侧车道,而后分别过渡到对向车道和未封闭车道,如图 8-21 所示。

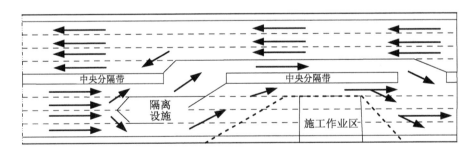

图 8-21　封闭三车道且借用对向车道组织形式 4

4. 封闭半幅路情形下的交通组织形式

封闭半幅路的交通组织仅适用于短时间内的施工交通组织,另外需要其他的管控策略配合使用。若封闭区域前方的中央分隔带没有开口,则只能管理人员指挥控制使车辆安全排队;若封闭区域前方有可以使用的开口,则可以暂时使用对向车道缓解交通拥堵。当施工解除后立即恢复道路行驶。一般情况下,中央分隔带没有开口的情况出现的较少,这里仅考虑使用对向一条车道的情况。下面列出最为常用的交通组织的形式,如图 8-22、图 8-23 所示。

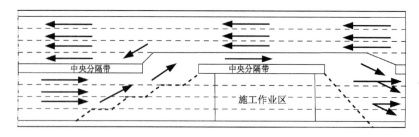

图 8-22 封闭半幅路使用对向一条车道组织形式 1

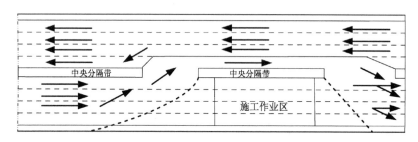

图 8-23 封闭半幅路使用对向一条车道组织形式 2

8.3.3 多车道高速公路施工区限速

车辆在多车道高速公路施工区通行时，为保证安全，在以下情况下必须设置限速标志：(1)施工作业区长度超过 500 m，且路上交通量较大时；(2)由于施工灰尘和烟雾的影响，降低道路的可见度时；(3)在靠近施工区，道路的净宽度减小一半或以上时；(4)施工人员的安全和精神状态受到高速车辆的严重影响时[134-135]。

多车道高速公路施工区限速标准及设置要注意以下几点：(1)施工区的速度限制仅当在条件需要的时候采用，并且应当避免频繁的限速值变化；(2)避免纯粹从保障交通安全角度出发，不考虑路上通行的绝大多数车辆的速度，大幅限制施工区车速；(3)尽量避免大幅降低施工区的行车速度，例如降幅达 50 km/h，将会扩大车辆速度的离散性，增加车辆发生交通事故的可能性，车速减小幅度低于 16 km/h 时，会导致车辆较小的速度离散性，与正常行驶速度相比，车辆限速的车速减小幅度低于 16 km/h 更加有效。(4)当施工区的车速限制与正常行驶车速相比，减小幅度大于 16 km/h 时，必须在最低的限速标志前增设提示标志，以使驾驶员提前逐步降低车辆速度；(5)速度限制应在条件改善后马上撤消，应有专门施工记录，记录限速标志起用时间、次数等数据，包括所有改变及设立、移走限速标志的人员。多车道高速公路施工区具体限速值如表 8-4 所示。

表 8-4 高速公路施工区限速分级标准

限速(km/h)	选择标准
40～60	(1) 高速行驶时，正施工的桥梁结构有危险时； (2) 货车所占的比重较大； (3) 施工作业人员可能需要较频繁的穿越通行车道

(续表)

限速(km/h)	选择标准
60~80	(1) 交通流量较大,在施工区的服务水平为三级; (2) 道路面层平整度已降低; (3) 摊铺一层沥青
80~100	(1) 交通流量相对较小,在多车道高速公路施工区的服务水平可达到二级; (2) 因施工对路面状况有干扰,车辆以不受限制的速度行驶不能保证安全
100~120	(1) 多车道高速公路交通流量很小,在施工区的服务水平可达到一级; (2) 多车道高速公路仅有一个车道施工封闭,且流量不是很大

8.3.4 多车道高速公路施工区交通标志和交通安全设施设置

1. 交通标志设置

多车道高速公路施工区交通标志是施工区交通控制设施(由交通标志、信号灯、路面标线以及其它交通控制设施组成)的一个重要的组成部分[136]。施工区交通标志的设置能有效告知前方道路施工,引导驾驶者安全、顺畅地通过或绕行施工区,并保证施工作业人员和设备的安全。在现有《道路交通标志和标线》(GB 5768—2017)提供的交通标志的基础上,结合多车道高速公路建设标准以及施工作业区存在的问题,确立了多车道高速公路施工区的交通标志系统,该系统由施工区警告标志、禁令标志以及施工安全标志构成,分别如表 8-5、表 8-6、表 8-7 所示[137]。

表 8-5 多车道高速公路施工区警告标志

序号	标志名称	设置条件及位置	功能简介
1	施工	当进行短时或移动性施工时可在施工区前方适当位置设置施工标志	警告驾驶员前方施工
2	右侧变窄	右(左)侧变窄,因交通流汇合而发生瓶颈。应在车道数减少前设置右(左)侧变窄标志	警告驾驶员由于道路施工导致路面宽度变化或车道数减少,造成通行条件恶化,小心驾驶
3	左侧变窄		
4	双向交通	多车道高速公路半幅施工借道行驶,应在施工路段前适当位置设置双向交通标志	警告驾驶员前方注意会车
5	右侧绕行	当多车道高速公路全幅封闭施工,通过在施工路段两侧修建临时道路来通行车辆时,应在施工路段前适当位置设置右(左、左右)绕行标志	警告驾驶员前方全封闭施工,车辆应按指示方向减速绕行
6	左侧绕行		
7	左右绕行		
8	车道移位	进行多车道高速公路施工时,当需要改变行车路线,而车道总数不变时(一般是通过将紧急停靠带作为临时行车道来补偿施工造成的车道数量的减少),必须设置车道移位标志。一般情况下,车道移位标志成对设置	警告驾驶员行车路线将改变,并指示行车方向

表 8-6　多车道高速公路施工区禁令标志

序号	标志名称	设置条件及位置	功能简介
1	禁止驶入	设置在施工路段的起始处	禁止车辆驶入施工作业区
2	禁止超车	设置在施工路段的前方,禁止超车路段的起点	表示车辆在该标志至前方解除禁止超车标志路段内,禁止车辆超车
3	解除禁止超车	设置在施工路段末端后,禁止超车路段的终点,与禁止超车标志成对使用	表示禁止超车路段结束
4	限制速度	设置在施工路段的前方,限制速度路段的起点	表示该标志至前方解除限制速度标志的路段内,车辆行驶速度(单位 km/h)不准超过标志所示的数值
5	解除限制速度	设置在施工路段的后方,限制速度路段的终点,与限制速度标志成对使用	表示限制速度路段结束
6	禁止车辆临时或长时停放	在渐变区、缓冲区和作业区内的适当位置	禁止车辆临时或长时停放在该区域

表 8-7　多车道高速公路施工区安全交通标志

序号	标志名称	设置条件及位置	功能简介
1	路栏	设在施工路段的两端或周围	阻挡车辆前进或指示改道
2	锥形交通标	设在需要临时分隔车流,引导交通,保护施工现场设施和人员等场所周围或以前适当地点	与路栏配合,用以阻挡或分隔交通流,指引车辆绕过危险路段
3	前方施工××km	设在施工路段前适当位置	通告多车道高速公路施工及位置信息
4	前方施工××m		
5	道路施工		
6	道路封闭××km	多车道高速公路半幅或全幅封闭情况下设置,设在施工路段前适当位置	通告多车道高速公路施工及位置信息
7	道路封闭××m		
8	道路封闭		
9	右道封闭××km	设在施工路段前适当位置	通告多车道高速公路单向右侧车道封闭施工及位置信息
10	右道封闭××m		
11	右道封闭		
12	左道封闭××km	设在施工路段前适当位置	通告多车道高速公路单向左侧车道封闭施工及位置信息
13	左道封闭××m		
14	左道封闭		

(续表)

序号	标志名称	设置条件及位置	功能简介
15	中间封闭××km	设在施工路段前适当位置	通告多车道高速公路单向中间车道封闭施工及位置信息
16	中间封闭××m		
17	中间封闭		
18	车辆慢行	当车辆通过新建临时道路时可以采用,设置在临时道路的起点处	通告车辆慢速行驶
19	向左行驶	车辆需改变行驶路线时设置,设置在路线改变的起点	指示车辆按指示的方向行驶
20	向右行驶		
21	向左改道	设在施工路段前适当位置	指示车辆从其它道路行走
22	向右改道		
23	路肩封闭××m	设在施工路段前适当位置	通告多车道高速公路右侧路肩封闭施工及位置信息
24	路肩封闭		
25	前方限速××km/h	当施工区限速与正常路段相差较大时,必须设置该标志,设在限速标志前、施工标志后适当位置	提示驾驶员提前逐步减速,从而减小在施工区车辆速度的离散性,减少交通事故的发生
26	施工结束	设置在施工路段的末端,有时可忽略	提示施工路段到标志处已结束
27	移动性施工标志	设在施工路段前适当位置	适应移动性施工快速、安全的要求,提高施工效率

2. 交通安全设施设置

为保障多车道高速公路施工区交通安全,需要在施工区设置相应的交通安全设施。为加强对施工作业人员的安全保护,必须尽量减少作业人员直接面对行驶中的车辆,即必须考虑采用保护性的隔离设施将交通流与作业人员分开。对于长期施工作业,建议迎车流面采用固定防撞垫;顺车流面采用混凝土的护栏;对于经常要移动位置的施工作业,如路面补坑、或路面划线等作业,建议迎车流面采用可移动的防撞装置,该装置最好装备有照明灯以及警告标志,并且在后部装有撞击衰减器。

在条件许可的情况下,可以设置车辆闯入报警设施,以警告施工作业人员离开危险区域。在多车道高速公路上设置可移动的振动带,警告驾驶员已进入多车道高速公路施工区。振动带的设置可以采用两种形式:下凹式和上凸式。对于多车道高速公路施工,为减少路面的损坏,推荐采用上凸式的振动带。

可移动的可变信息板在公路施工中具有广泛的应用,它可以显示道路、车道,或匝道的封闭情况;车辆碰撞以及紧急情况的事件管理信息;车道宽度信息;速度控制;经过施工区的建议;出现不利情况以及特殊事件的警告信息等。可移动的可变信息板由信息显示屏、控制系统、电源以及运输装置构成。对于施工现场复杂,或者施工现场发生交通事故或其它突发事件的情形下,建议采用该交通安全设施。

如果多车道高速公路部分车道被封闭,为引导车辆行进就必须设锥形区。锥形区开始部分应设向左行驶或向右行驶标志,在白天可以采用相应的标志和标线。夜间最好采用电子显示板形式,从而与护栏或独立活动支架上安装的反光或施工警告信号灯形成有效的交通安全保护警告和诱导系统。

3. 交通安全设施设置方法

高速公路施工控制区交通安全设施设置一般是按照自上(游)而下(游)的方法沿着顺车流的方向依次布设在公路右侧或车行道的上方,沿着警告区起点首先摆放施工安全标志,上游过渡区、缓冲区应加强锥形反光装置及警示标志牌的放置,必要时需要旗手进行提示和指挥协助,其余安全设施按照顺车流方向依次布设。具体设置方法如下:

(1)施工工作区发生在内侧车道时,可将标志设置在左侧中央分隔带或左右两侧对称布置。

(2)施工工作区发生在外侧车道时,应将标志设于右侧路肩上和施工作业区边界的左侧,亦可在超车道左侧中央分隔带上布设专门超车提醒标志。

(3)施工工作区发生在中间车道时,应将标志设在车流方向公路的右侧,工作区起点处应设置两侧分流标志。

(4)为保证驾驶员的视认性,同一地点需设置2个或以上的标志时,可安装在一个支撑结构上,但最多不应该超过4个;分开设置的标志应先满足禁令、指示、警告标志的设置空间。

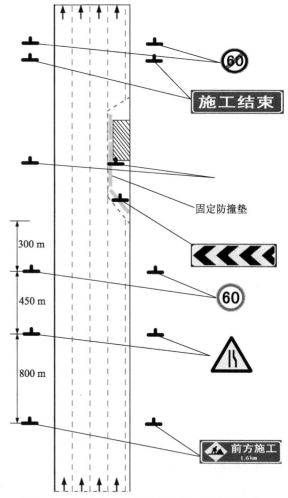

图 8-24 典型八车道高速公路施工区交通标志和交通安全设施设置示例

(5)原则上应避免不同种类的标志并设。标志在同一结构上并设时,应按照禁令、指示、警告的顺序自上而下,自左从右设置;警告标志不宜多设,同一地点要设置多个警告标志时,应选择最重要的一个布设。

典型八车道高速公路施工区交通标志和交通安全设施设置示例如图 8-24 所示。

8.4 多车道高速公路施工区交通组织安全性评价

由于施工能够破坏多车道高速公路道路环境,车辆行驶在一个相对危险的环境中,因此需要通过一系列的安全措施尽量提高施工期间的安全性。多车道高速公路施工区交通组织安全性评价的目标就是对多车道高速公路施工区的安全性进行监测,保证其安全措施设置合理,满足驾驶员驾驶需求,充分发挥应有的效用,从而保证施工期间交通运行的安全。多车道高速公路施工区交通组织安全性评价将以分析得出的多车道高速公路施工安全问题为基础,总结提炼形成合理的安全性评价指标体系和评价方法。

8.4.1 多车道高速公路施工区交通组织安全性评价的层次及关键问题

根据多车道高速公路施工的特点以及全过程中应注意的主要安全问题,多车道高速公路施工区交通组织安全性评价共分为四个层次:(1)多车道高速公路施工安全准备;(2)区域路网层次的安全保障措施;(3)路线层次的安全保障措施;(4)节点层次的安全保障措施。通过合理设置安全保障设施引导车辆安全行驶的实现,提高多车道高速公路施工区的安全性。从多车道高速公路施工安全准备的角度,关注是否有良好的安全准备工作。区域路网层次的安全保障措施,主要考虑车辆分流与交通信息预告。路线层次的安全保障措施,包括多车道高速公路沿线交通工程及应急设施的规范设置。节点层次的安全保障措施包括施工区标志标线的设置、特殊节点的安全保障和事故黑点监测。

多车道高速公路施工区交通组织安全性评价的关键问题包括:(1)评价指标的建立,评价指标应能够全面准确的反映出多车道高速公路施工应注意的安全问题;(2)评价标准的确定,能够满足车辆安全行驶的特性;(3)评价方法的选择,应满足多车道高速公路施工区的安全性评价特点,既准确合理又简单实用。

8.4.2 多车道高速公路施工区交通组织安全性评价指标体系

多车道高速公路施工区交通组织安全性评价指标的设置应当正确、全面、科学、合理,满足代表性、系统性、相对独立性、可操作性等原则[138]。根据评价主体和目标构造树状层次的方法确定评价指标。即以"安全评价"为最高层,评价的主体为第二层,各个主体对应的评价目的为第三层,最后一层为根据具体的评价主体和评价目标确定的评价指标,如图 8-25 和图 8-26 所示。

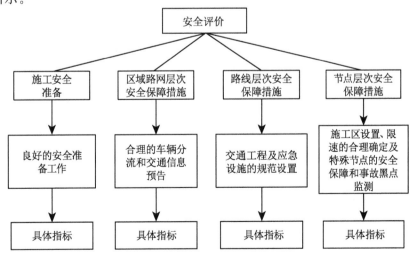

图 8-25 评价指标体系的构造方法

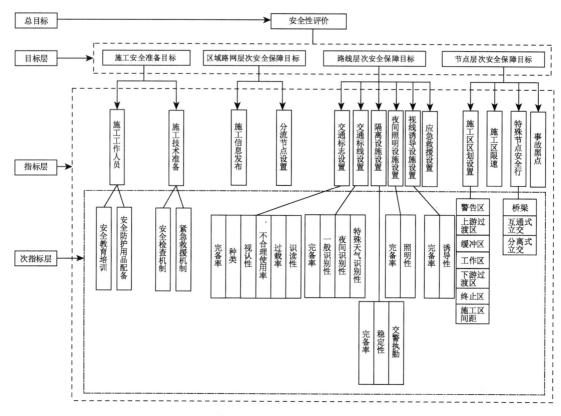

图 8-26 多车道高速公路施工安全性评价指标体系结构

根据多车道高速公路施工的自身特点、交通特性和事故特性,结合对其的安全性诊断,确定多车道高速公路施工安全性评价的指标体系,如下:施工工作人员,指考察施工工作人员的安全意识和安全防护准备;施工技术准备,检查相关单位是否制定有相关的安全监测机制和应急救援机制;施工信息发布,包括施工时间、对象、分流方案等内容的正确发布;分流节点设置,根据不同对象,不同需要设置分流节点的位置,保证车辆分流的合理性;交通标志设置,包括完备率、种类、视认性、不合理使用率、过载率、识读率;交通标线设置,包括完备率、一般识别性、夜间识别性、特殊天气识别性;隔离设施设置,包括完备率、稳定性、连续性;夜间照明设施设置,包括完备率、照明性;视线诱导设施设置,包括完备率、诱导性;应急救援设置,包括是否设有应急车道、紧急停车带和保通点;施工区区划设置,包括警告区、上游过渡区、缓冲区、工作区、下游过渡区、终止区、施工区间距的长度设置;施工区限速,考察施工区限速是否满足施工区实际情况需求;特殊节点安全性,包括桥梁、互通式立交、分离式立交的安全性检查;事故黑点,包括事故黑点的鉴别与改善。

1. 施工安全准备工作

施工安全准备工作主要考察施工工作人员和施工技术准备,以定性安全评价为主。

(1) 施工工作人员

多车道高速公路施工的安全隐患之一便是施工工作人员,其主要表现在安全防护设施的不齐全造成对施工工作人员的保护不足,以及施工工作人员缺乏安全意识随意穿行道路造成交通事故。其安全性评价指标为：施工工作人员安全教育培训；安全防护用品配备。

对于施工工作人员安全教育培训，评价标准为：应询问各施工工作人员或施工单位管理部门，施工工作人员是否接受过多车道高速公路施工的相关安全培训，是否了解应注意的安全问题。各施工工作人员应均受过相关安全培训。对于安全防护用品配备，评价标准为：应检查各施工人员安全防护用品的佩戴情况，安全防护用品包括安全背心、安全带、安全帽、手套、安全防护镜。

（2）施工技术准备

施工技术准备考察施工单位在施工前是否考虑施工过程中可能存在的安全问题并制定系统的安全防范措施。其安全性评价指标为：安全监测机制；应急救援机制。

对于安全监测机制，评价标准为：相关单位应预先制定有安全监测机制包括流量监测、设施监测、事故黑点监测等。对于应急救援机制，评价标准为：相关单位应预先制定应急救援机制，建立应急系统。

2. 区域路网层次的安全保障措施

区域路网层次的安全保障措施主要体现为交通信息的发布、预告与诱导，以定性的安全评价为主。其安全性评价指标为：信息发布；分流节点设置。

对于信息发布，评价标准为：首先应通过电视、广播、报纸等传媒途径向大众预先通告多车道高速公路施工的相应信息，包括：施工路段、施工时间、施工情况等。其次在施工道路周边各重要节点，如道路出入口处、互通式立交处等使用信息牌向出行车辆发布施工信息、车辆诱导信息。对于分流节点设置，评价标准为：采用三级设置，交通诱导点设置在多车道高速公路施工项目影响区域外围道路网的重要节点和施工项目自身的出入口处；交通分流点沿多车道高速公路施工项目及其区域内道路网的主要交叉口布设；交通管制点设置在多车道高速公路施工项目沿线交通分流区域内所有互通式立交出入口。

3. 路线层次的安全保障措施

路线层次的安全保障措施主要体现在交通标志标线的布设、施工区与车道以及单幅双向通行车道间隔离设施的完善、以及夜间照明和线形诱导等设施的设置。对其进行梳理，形成对交通标志、标线、隔离设施、夜间照明和视线诱导设施的评价，定性与定量相结合。其安全性评价指标如表 8-8 所示。

表 8-8 路线层次安全保障措施评价指标

评价清单	评价指标	确定方法
交通标志	标志完备率	核查与调查
	交通标志种类	核查与调查
	标志视认性	核查与调查
	不合理标志使用率	专家评估
	信息过载率	专家评估
	信息识读性	随机调查

(续表)

评价清单	评价指标	确定方法
交通标线	标线完备率	核查与调查
	一般识别性	随机调查
	夜间识别性	随机调查
	雨天识别性	随机调查
隔离设施	隔离设施完备率	核查与调查
	稳定性	专家评估
	连续性	专家评估
夜间照明设施	夜间照明设施完备率	核查与调查
	设施照明性	随机调查
视线诱导设施	视线诱导设施完备率	核查与调查
	视线诱导性	随机调查
应急救援设施	合理性	核查与调查

1) 交通标志

(1) 标志完备率反映交通标志完备水平，其确定方法参照《公路养护工程质量检验评定标准》(DGT/J 08—2144—2014)中沿线设施的检查方法，具体标准见表 8-9[139]。

(2) 交通标志种类反映交通标志使用是否完善，确定方法为：

交通标志种类完善率＝实际使用交通标志种类(类)/按标准应使用交通标志种类(类)×100%

(3) 标志视认性反映交通标志设置是否满足驾驶员视认性。其确定方法参照《公路养护质量检查评定标准》中沿线设施的检查方法，具体标准见表 8-9。

(4) 不合理标志使用率反映不合理标志的使用情况，不合理标志包括标志尺寸、标志形状、标志颜色、标志设置位置等某一项不符合《道路交通标志和标线》规定的标志，不合理标志使用率的确定方法参照《公路养护质量检查评定标准》中沿线设施的检查方法，具体标准见表 8-9。

(5) 信息过载率反映同一块标志板上信息数量情况，同一块标志板上显示的信息越精简越好，可定义同一块标志板上信息超过 3 条(含 3 条)即为信息过载，信息过载的确定方法参照《公路养护质量检查评定标准》中沿线设施的检查方法，具体标准见表 8-9。

(6) 信息识读性反映标志信息的可识读性，采用对驾乘人员随机调查的方式，根据驾乘人员的实际感受来确定等级，分为好、一般、差三个等级，具体标准见表 8-9。

2) 交通标线

(1) 交通标线的完备率反映其施工质量水平，通过现场调查来确定，其确定方法参照《公路养护质量检查评定标准》中沿线设施的检查方法，具体标准见表 8-9。

(2) 交通标线的一般识别性、夜间识别性、特殊天气识别性等特性通过对驾乘人员随机调查的方式来确定，根据驾乘人员的实际感受来确定等级，分为好、一般、差三个等级，具体标准见表 8-9。

3) 隔离设施

(1) 隔离设施的完备率反映其施工质量水平，通过现场调查来确定，其确定方法参照

《公路养护质量检查评定标准》中沿线设施的检查方法,具体标准见表 8-9。

(2) 稳定性、连续性反映其排除外界干扰的能力,通过专家评估来确定,具体标准见表 8-9。

4) 夜间照明设施

(1) 夜间照明设施的完备率反映其施工质量水平,通过现场调查来确定,其确定方法参照《公路养护质量检查评定标准》中沿线设施的检查方法,具体标准见表 8-9。

(2) 设施照明性反映设施夜间照明的效果,采用对驾乘人员随机调查的方式,根据驾乘人员的实际感受来确定等级,分为好、一般、差三等级,具体标准见表 8-9。

5) 视线诱导设施

(1) 视线诱导设施的完备率反映其施工质量水平,通过现场调查来确定,其确定方法参照《公路养护质量检查评定标准》中沿线设施的检查方法,具体标准见表 8-9。

(2) 视线诱导设施的视线诱导性反映其诱导交通,提示警告等作用的发挥,通过对驾乘人员随机调查的方式,根据驾乘人员的实际感受来确定等级,分为好、一般、差三个等级,具体标准见表 8-9。

6) 应急救援设施

合理性综合反映应急车道、紧急停车道、保通点及相关救援资源布置情况,通过现场实际核查确定,分为好、一般、差三个等级,具体标准见表 8-9。

表 8-9 路线层次安全保障措施指标评价标准

评价清单	评价指标	Ⅰ级	Ⅱ级	Ⅲ级
交通标志	标志完备率	<3 处	3~4 处	>4 处
	交通标志种类	100~80	80~60	60~0
	标志视认性	<3 处	3~4 处	>4 处
	不合理标志使用率	<3 处	3~4 处	>4 处
	信息过载率	<3 处	3~4 处	>4 处
	信息识读性	好	一般	差
交通标线	标线完备率	<3 处	3~4 处	>4 处
	一般识别性	好	一般	差
	夜间识别性	好	一般	差
	特殊天气识别性	好	一般	差
隔离设施	隔离设施完备率	0 处	1~2 处	>2 处
	稳定性	好	一般	差
	连续性	好	一般	差
夜间照明设施	夜间照明设施完备率	0 处	1~2 处	>2 处
	设施照明性	好	一般	差
视线诱导设施	视线诱导设施完备率	0 处	1~2 处	>2 处
	视线诱导性	好	一般	差
应急救援设施	合理性	好	一般	差

4. 节点层次的安全保障措施

节点层次的安全保障措施主要体现在施工区的设置,不同施工点限速值的确定,以及特殊结构物处保障措施的设置。对其进行梳理,形成对施工区区划、限速标准、特殊结构物安全防护的评价,定性与定量相结合。其安全性评价指标如表 8-10 所示。

表 8-10　节点层次安全保障措施评价指标

评价清单	评价指标	确定方法
施工区区划	警告区长度	核查与调查
	上游过渡区长度	核查与调查
	缓冲区长度	核查与调查
	工作区长度	核查与调查
	下游过渡区长度	核查与调查
	终止区长度	核查与调查
	施工区间距	核查与调查
施工区限速	限速标准	核查与调查
桥梁	中央分隔带开口	核查与调查
互通式立交	临时匝道质量	核查与调查
	临时指引信息	核查与调查
分离式立交	防落设施设置	核查与调查
事故黑点	改善性	核查与调查

1)施工区区划

多车道高速公路施工警告区的设置应保证驾驶员能注意道路交通变化情况,及时采取相应措施,按交通标志调整行车状态。上游过渡区的设置应保证车辆在此区域内变换车道汇入开放车道行驶。缓冲区的设置应保证车辆能够在进入工作区之前及时减速停车。工作区长度应视施工内容与强度合理确定。下游过渡区的设置应保证车辆平稳地从施工区旁边的开放车道横向过渡到正常车道,其长度应在 30~50 m 之间。终止区的设置应保证驾驶员恢复正常的行车状态,其长度应大于 30 m。施工区间距的设置应保证驾驶员不会感到道路施工严重影响行车的基本要求,能够实现小车对大车的超车以及紧急停靠等动作。

2)施工区限速

多车道高速公路施工区限速标准的确定要根据实际的道路行驶条件、交通条件来控制,可参考表 8-4。

3)桥梁

当桥梁处采取半幅施工半幅通车的方案,桥梁前后中央分隔带开口设置位置及大小应保证车辆行驶安全性,不会发生刮擦等现象。

4)互通式立交

(1)互通式立交施工一般采用修建局部临时便道、先移位新建需改建的匝道再废弃旧匝道等措施来维持施工阶段不封闭互通匝道的正常交通通行。临时匝道路面标准、坡度标准、半径标准应满足《公路工程技术标准》的相关要求。

（2）由于存在新、老匝道使用的转换，易造成驾驶员的错误行驶，应在新、老匝道转换处前设置完备的信息提示版、交通标志标线等引导设施。必要时应配置专门的工作人员现场指挥车辆运行。

5）分离式立交

分离式立交改造时，其杂物易影响主线交通，应设置完备的防落网进行防护。

6）事故黑点

对于检查出的事故黑点，是否及时根据成因分析进行安全改善。

8.4.3　多车道高速公路施工区交通组织安全性评价方法

1. 评价方法选择

多车道高速公路施工一般规模较大、范围较广，对其安全性的影响因素包括人、车、路、环境四大类，每一类又可细分为很多种，每一种因素对施工区的安全性产生不同程度和不同范围的影响，所以其为一个较复杂的系统。

对多车道高速公路施工区进行安全性评价，一方面涉及内容较多，且具有反复性、时变性的特点，所以采用粗糙的安全性评价方法无法得到满意的评价结果，而采用复杂的安全性评价方法工作量较大，可操作性不强。故不适宜采用较为粗糙、复杂的安全性评价方法。另一方面由于影响安全性的各因素的安全性水平难以定量化，并且各因素反映的内涵相差大，各因素也难以定量统筹起来考虑，且在多车道高速公路施工区间相关数据不足，使得定量分析为主的安全评价方法也不适用。

考虑安全性评价方法的可操作性，多车道高速公路施工区交通组织安全性评价的目的应为找出可能存在安全隐患的安全管理措施，并详细提供改进措施供相关管理部门进行改进，从而规范施工流程和实施办法，增强施工方案的可操作性和安全性，保证施工期间的安全性，而不是去计算一条路的安全性水平。

故采用交通安全核查表分析法进行安全性评价。安全核查表分析法就是编制安全核查表，并依据此表实施安全核查和诊断的系统安全分析方法。交通安全核查表分析法方法成熟，定性与定量相结合，可操作性强，且能通过各个指标与评价标准相比较，若不满足评价标准则给出改进建议，从而达到安全评价的目的。

2. 安全核查表分析法内容

安全核查表分析法的核心是安全核查表的编制和实施。安全核查表必须包括系统或子系统的全部主要检查点，不能忽略主要的、潜在的危险因素。总之，安全核查表应列出可能导致事故发生的不安全因素。其主要内容包括分类、序号、核查内容、结果、改进意见等。

通常，核查结果用"是（表示符合要求）"或"否（表示存在问题，有待进一步改进）"来回答核查点的提问。有改进措施栏的应填上整改措施。

安全核查表分析法优点在于：(1)能够事先编制，并且可以不断完善，不至于遗漏可能导致危险的关键因素，做到有针对性的、全面的消除安全隐患；(2)可以根据现有的规章制度、法律、法规和标准等执行检查，做出准确、客观的评价；(3)表内可注明改进的措施及要求，便于管理部门发现问题后及时采取行动，并应隔一段时间重新检查改进情况；(4)简明易懂，容易掌握；(5)技术成熟，使用广泛，效果得到认可。其缺点包括如下：(1)主要以定性分析为主；(2)针对不同的需求，需要事先编制大量的核查表，工作量大，且安全核查表的质量受到编制人员的知识水平和经验影响较大；(3)识别的危害种类完全依赖于核查表的设计。

3. 交通安全核查的流程

交通安全核查的实施，一般是由拟建项目（或现有项目）的主管部门（或业主）将项目的成果委托给一支核查小组进行核查。委托方和项目的设计方将核查项目的相关资料提交给核查人员，核查人员通过对图纸资料核查和现场考察，使用安全核查表逐项鉴别设计中存在的不安全因素，提出修改建议，写成核查报告。通过和委托方交换意见、讨论修改意见后，将核查报告提交给委托方。委托方对核查提出的修改意见做出裁决，将裁决意见反馈给核查人员和设计者，设计者按裁决意见对设计进行修改。

表 8-11 为交通安全核查工作八个步骤的工作内容以及相应的参与者，每个步骤中的细节内容必须与具体核查项目的性质和规模相适应。核查组提交的书面报告应当尽可能简洁，对于规模较小、交通安全问题较清楚的项目，有的步骤可以简化，但不能省略。在核查过程中，总的流程次序不能改变，整个安全核查实施流程见表 8-11。

表 8-11 交通安全核查实施流程

步　骤	责任人
1. 选择核查人员（单位） 选择核查人员或核查单位，其应具备合格的资质，对核查能达到公正、公平、可靠、客观要求	委托方
2. 提供背景材料 为核查人员提供相关的报告、说明书、图纸和有关部门勘测资料，不同的核查阶段，要求的背景资料不同	委托方
3. 召开核查开始会议 责任人会见，商议核查事项和交接资料	委托方、核查人员
4. 核查设计文件、图纸、资料 使用安全核查表核查是否存在不安全因素	核查人员 （此两步骤同时交叉进行）
5. 现场考察调查 考虑各种类型的道路使用者和各种可能发生的情况，辨别不安全因素	
6. 编写核查报告 逐项阐明鉴定的不安全因素，提出修改建议	核查人员
7. 召开核查完工会议 交换核查意见，提交核查报告，讨论修改建议	委托方、核查人员
8. 裁决与实施安全核查建议 委托人考虑每一项核查建议和意见，对采纳和不采纳的建议提出确认理由，将报告副本反馈给核查人员和设计者进行进行修改	委托方

8.5 本章小结

本章分析了多车道高速公路施工区交通特性,包括施工区交通控制区的划分情况、驾驶行为特征、车辆运行特征、交通流特性并分析了施工区安全隐患。分析了影响施工区通行能力的主要影响因素,建立了多车道高速公路施工区的通行能力计算模型:基于交通流统计分析的通行能力模型、基于施工区基本通行能力的修正模型。提出了多车道高速公路施工区交通组织原则,建立了交通组织方案实施流程,分析了多车道高速公路施工组织形式,并对多车道高速公路施工区限速、交通标志、交通安全设施设置进行了说明。明确了多车道高速公路施工区交通组织安全性评价目标,构建了安全性评价指标体系,确定了多车道施工区交通组织安全核查表评价方法,能够有效指导多车道高速公路施工具体的组织方案,并能提升施工区交通安全水平。

第 9 章

高速公路成网条件下应急救援关键技术

9.1 高速公路成网条件下应急救援需求分析

9.1.1 高速公路交通集聚效应易形成出入口匝道交通瓶颈

多车道高速公路是区域高速公路网络中的发展主轴线,带动沿线城镇经济社会发展,呈现明显的交通集聚效应。高速公路网络密度提升增强了区域路网整体的连通度,多车道高速公路的枢纽及互通数量也随之增加,立交间距不断减小,出入交通愈加频繁。多车道高速公路相较其他高速公路一般具有更大的交通流量,在出入口匝道的衔接转换集散点,由于流量的不匹配易形成网络瓶颈,拥堵频率和交通事故数量高于全线平均水平。多车道高速公路的应急救援应充分考虑网络条件下交通拥堵与事故的特性。

9.1.2 区域高速公路网络应急救援联动机制

高速公路成网条件下需要构建可靠的区域道路网络应急救援联动机制,通过高速公路调度中心、路政、交警、急救以及消防等多部门的共同配合,实现高速公路应急救援的统一领导、分工协作和高效实施。由于这些部门职能与权限的不同,应急救援的基本要素是妥善处理各个救援部门之间的协调关系。建议构建由省政府统一领导,依据紧急救援法律和法规建立的紧急救援职能部门,实现多部门协调统一的区域高速公路网络应急救援联动机制。

9.1.3 区域高速公路网络应急救援中心信息平台

救援部门间信息的阻隔、信息传递手段的单一、数据的不共享等引发的救援信息孤岛容易延误和浪费最佳的救援时机,造成交通紧急救援工作效率低下的被动局面,需构建区域高速公路网络应急救援中心信息平台,实现信息共享。该平台的构建基于通信服务和应用服务功能。通信服务以高速公路"三大系统"的信息系统为基本,设立基于计算机的 IP 地址,形成有线、无线的信息传输频道,为应急救援平台的搭建奠定基础。应用服务是高速公路应急救援信息平台中各项业务和功能的运行环境,用于高速公路交通紧急事件信息的录入、读取和处理。通过此平台形成基于 WEB 和 GIS-T 技术的可视化界面,访问符合高速公路交通应急救援管理请求,统一表达和具有可拓展性的高速公路交通应急救援数据集。

9.1.4 区域高速公路网络应急救援资源配置与调度

高速公路一般按沿线的行政区域划分应急救援资源设施,原则上每个应急救援设施负责该区域内的应急救援资源维护。此种配置方法在日常交通应急救援事件中能较好满足需求,但在节假日超大流量、特殊恶劣天气、重大交通事故等情况下,救援资源就显得紧张和不足。在高速公路成网条件下,考虑经济成本等因素,应在区域路网范围内重新配备合适的应急救援资源,尤其是大型救援设备。在应急救援资源的调度过程中,需要加强跨区联动,加强点与点、处与处、路公司与路公司之间的协作,整合区域路网资源,借助社会力量,实现资源共享、统一派遣。

9.2 高速公路成网条件下应急救援设施选址方法

9.2.1 单目标选址模型适应性分析

高速公路交通应急设施选址问题的模型主要有 3 类:覆盖模型(包括集合覆盖、最大覆盖、备份覆盖)、p-中值模型、p-中心模型。这三类模型的主要区别在于模型优化目标的不同,覆盖模型的目标是用最少的救援设施覆盖所有事故需求点或寻求设施的覆盖最大范围;p-中值模型则以优化事故点和应急救援设施之间的成本为目标,它体现了公平性的思想;p-中心模型是以优化交通事故点和救援设施之间最大距离为模型目标。

1. 集合覆盖模型

作为覆盖模型中的一种经典模型,集合覆盖模型的决策目标是为满足覆盖水平要求下,设法达到设施选址的成本最小化,主要应用在可移动类(即应急类)选址优化问题。作为从救援需求确定救援设施供给的应急设施选址模型,集合覆盖模型的目标是希望在满足覆盖所有交通事故需求点的条件下,提出建立应急救援设施点建设成本最小或个数最少的可行方案。其数学模型如下:

$$\min V = \sum_{j \in J} x_j \quad (9\text{-}1)$$

s.t.

$$\sum_{j \in N_i} x_j \geqslant 1 \forall i \in I \quad (9\text{-}2)$$

$$x_j \in \{0, 1\} \forall j \in J \quad (9\text{-}3)$$

式中 x_j——如果选择救援候选点 j 建立应急救援设施则 $x_j=1$,否则 $x_j=0$;

N_i——救援时间小于模型规定期限的候选点的集合。

式(9-1)是为了确保模型所表示建立的救援点数量达到最少,式(9-2)表示设施选址完成后,任何一个需求点 i 能够在模型规定的救援时间期限内得到救援有效的救援服务。

理论上,所构建的集合覆盖模型可以在指定的救援时限内满足高速公路网络救援最大需求。但在实际问题中,确定可靠的救援时限较为困难,救援方在考虑进行实际救援节点的选址决策时,需要进行一定的权衡,如果要求模型中的救援时限过小,可能导致计算结果需要建立大量的应急救援设施点,投入较多的资金用于救援节点的建设从而使整个项目的建设费用激增;而如果模型假设救援时间过长,选址方案将很容易求解出超过救援黄金时间的方案,导致因救援不及时造成不可估量的生命与财产损失。

2. 最大覆盖模型

作为集合覆盖模型的重要变形,最大覆盖模型希望在建设成本受到制约的情况下(即所选取的应急救援设施点数量有限)计算出既能够满足救援时限需求、又尽可能增加救援供给的一种权衡方法。它是一种能够使应急救援资源利用效率最大化的模型,可以不需要覆盖高速公路网络中的所有救援需求点。其数学模型如下:

$$\max V = \sum_{i \in I} a_i y_i \tag{9-4}$$

s.t.

$$\sum_{j \in J} x_j \leqslant p \tag{9-5}$$

$$\sum_{j \in N_i} x_j - y_i \geqslant 0 \quad \forall i \in I \tag{9-6}$$

$$x_j, y_i \in \{0, 1\} \quad \forall i \in I, \forall j \in J \tag{9-7}$$

式中 y_i——如果需求点 i 在救援时限内能够被救援设施覆盖则 $y_i=1$,否则 $y_i=0$;

x_j——如果选择救援候选点 j 建立应急救援设施则 $x_j=1$,否则 $x_j=0$;

N_i——救援时间小于模型规定期限的候选点的集合。

式(9-4)表示布设救援设施点后的最大化覆盖需求量,a_i 表示各个需求点事件数量;式(9-5)表示救援设施数量不能超过约定值 p;式(9-6)确保了模型在选取救援候选点 j 时,应考虑各个需求点 i 均能够被覆盖。

3. 备份覆盖模型

备份覆盖模型与集合覆盖模型、最大覆盖模型不同的是具备处理拥挤救援系统下应急设施点选址的问题。在实际工程应用中,当高速公路网络出现应急交通救援需求时,往往也伴随着一定时间段的交通拥堵,并且在该时间段内相邻区域的路网中还可能发生其他多起交通事故,这就要求交通应急救援设施点与需求点之间是一种一对多的映射关系,如果仅仅使用集合覆盖模型或最大覆盖模型则很难保证实际救援中的时效性问题。

在确定应急救援设施点个数相同的情况下,重复覆盖的次数也是模型决策时需要关注的点。应急救援设施点的确定使得模型更倾向于选择重复覆盖次数较多的方案,但往往重复覆盖次数较多的方案也是投资成本较高的一种方案,因此在使用备份覆盖模型来解决高速公路拥挤环境下应急救援设施选址问题应谨慎考虑备份覆盖。其数学模型如下:

$$\max V = \sum_{i \in I} a_i u_i \tag{9-8}$$

s.t.

$$\sum_{j \in N_i} x_j - y_i - u_i \geqslant 0 \quad \forall i \in I \tag{9-9}$$

$$u_i \leqslant y_i \quad \forall i \in I \tag{9-10}$$

$$x_j, y_i, u_i \in \{0,1\} \quad \forall i \in I, j \in J \tag{9-11}$$

式中 u_i——如果需求点 y_i 在救援时限内能够被救援设施备份覆盖则 $u_i=1$，否则 $u_i=0$；

x_j——如果选择救援候选点 j 建立应急救援设施则 $x_j=1$，否则 $x_j=0$；

y_i——如果需求点 i 在救援时限内能够被救援设施覆盖则 $y_i=1$，否则 $y_i=0$；

N_i——救援时间小于模型规定期限的候选点的集合。

式(9-8)表示使得备份覆盖需求量最大化，a_i 表示各个需求点事件数量；式(9-9)确保模型在选择救援候选点 j 时，考虑到需求点 i 均需经一次覆盖得到救援，或者备份覆盖得到救援；式(9-10)则确保了模型所有需求点 i 均被一次覆盖后才能被备份覆盖。

4. p-中值模型

p-中值模型对应的是固定应急救援设施点情况，目的是使应急救援设施点到救援需求点的平均权重距离最短，其主要过程是设定 p 个救援设施位置使应急救援设施点到救援需求点的乘积之和最小，包括总运输距离最小、总运输时间最小或总运输费用最小等，因此 p-中值模型又称为"最小和问题"模型。值得一提的是，p-中值模型还可以细分为两类：绝对 p-中值模型（即所选取的高速公路应急救援设施点可位于路网的任意处）和顶点 p-中值模型（即所选取的高速公路应急救援设施点只能位于路网的顶点处），通常情况下我们并不对绝对 p-中值模型和顶点 p-中值模型进行细分。具体高速公路应急救援设施选址 p-中值模型如下：

$$\min V = \sum_{i \in I} \sum_{j \in J} a_i t_{ij} z_{ij} \tag{9-12}$$

s. t.

$$\sum_{j \in J} z_{ij} = 1 \quad \forall i \in I \tag{9-13}$$

$$\sum_{j \in J} x_j = p \tag{9-14}$$

$$z_{ij} \leqslant x_j \quad \forall i \in I, j \in J \tag{9-15}$$

$$x_j, z_{ij} \in \{0,1\} \quad \forall i \in I, j \in J \tag{9-16}$$

式中 t_{ij}——从救援设施点 j 到需求点 i 最短路径时间权值；

z_{ij}——当需求点 i 由位于救援设施点 j 提供救援服务时，$z_{ij}=1$，否则，$z_{ij}=0$；

x_j——如果选择救援候选点 j 建立应急救援设施则 $x_j=1$，否则 $x_j=0$。

式(9-12)表示模型建立后系统救援时间的总加权值能够达到最小，a_i 表示各个需求点事件数量；式(9-13)确保了应急救援需求点 i 能且仅能得到一个救援点 j 的服务；式(9-14)确保了高速路网中救援设施节点的总量为 p；式(9-15)确保只有在 j 建立救援设施才能向需求点 i 提供服务。

5. p-中心模型

与 p-中值模型不同，p-中心模型更侧重从公平性的角度考虑应急救援设施点的选择。

为避免高速公路路网中交通事故低频触发区域在模型计算中被忽略的情况，p-中心模型在选址决策阶段先选出 p 个应急救援设施点，使得最坏情况最优化（即交通事故点到最近的应急救援设施点最大救援时间最短、最大响应时间最小或最大设施建设费用最低等），因此 p-中心模型也被称作"极小化最大值"模型。从投资成本角度而言，p-中心模型是一种相对保守的救援设施选址策略。具体高速公路应急救援设施选址 p-中心模型如下：

$$\min V = L \tag{9-17}$$

s.t.

$$\sum_{j \in J} t_{ij} z_{ij} \leqslant L \quad \forall i \in I \tag{9-18}$$

$$\sum_{j \in J} z_{ij} = 1 \quad \forall i \in I \tag{9-19}$$

$$\sum_{j \in J} x_j = p \tag{9-20}$$

$$z_{ij} \leqslant x_j \quad \forall i \in I, j \in J \tag{9-21}$$

$$x_j, z_{ij} \in \{0, 1\} \quad \forall i \in I, j \in J \tag{9-22}$$

式中　t_{ij}——从救援设施点 j 到需求点 i 最短路径时间权值；

z_{ij}——当需求点 i 由位于救援设施点 j 提供救援服务时，$z_{ij}=1$，否则，$z_{ij}=0$；

x_j——如果选择救援候选点 j 建立应急救援设施则 $x_j=1$，否则 $x_j=0$。

式(9-17)表示所选择的救援设施点使系统的最大救援时间最小；式(9-18)确保高速路网中救援点到需求点的最大时间小于某个阈值；式(9-19)确保需求点 i 能且仅能得到一个救援设施点 j 的服务；式(9-20)表示救援设施数量为 p；式(9-21)表示只有在 j 建立救援设施点才能向需求点 i 提供服务。

上述五个单目标选址模型在不同优化目标、不同约束条件下具有各自的适应性。覆盖模型（不论是集合覆盖模型、最大覆盖模型还是备份覆盖模型）均能够满足高速路网救援时限的要求，其中最大覆盖模型和备份覆盖模型还能够满足救援方所提出的救援设施点数目的要求，而 p-中值模型和 p-中心模型主要用于求解具有救援设施点数目要求的选址问题，能够达到优化整个系统救援效率性与公平性的要求。表 9-1 为上述各类选址模型的适应性一览表。

表 9-1　单目标选址模型适应性分析一览

模型	优化目标	约束条件	适应性
集合覆盖模型	救援时间期限	最小化救援点数量	确保不同的救援时间期限下所对应的最少救援服务设施数量
最大覆盖模型	救援点数目、救援时间期限	最大化覆盖量	确保在有限救援点数量和严格救援时间期限下的救援覆盖效率

(续表)

模型	优化目标	约束条件	适应性
备份覆盖模型	救援点数目、救援时间期限	最大化备份覆盖量	确保在有限救援点数量和严格救援时间期限下的多次覆盖效率
p-中值	救援点数目	最小化总加权救援时间(或距离)	优化整个系统的救援"效率性"指标
p-中心模型	救援点数目	最小化最大救援时间(或距离)	优化整个系统的救援"公平性"指标

9.2.2 多目标选址模型适应性分析

多车道高速公路交通应急救援设施选址问题的决策受到很多因素的影响,包括建设费用、覆盖范围、救援时限等。这几个影响因素有时候是互相制约的,例如覆盖范围扩大必然会引起建设成本的增加,救援时限的减少又会影响建设费用的增加。为了确保在交通应急救援中既确保救援时限,又能够尽量采取地点成本较低的方案,高速公路路网交通应急救援设施选址应采用涉及多个目标的模型求解方法。

为构建更客观全面地的多目标选址模型,救援方往往需要很好地权衡各个选址子目标的利弊,通过强调应急救援设施选址整体的高效性与系统性,在求解过程中寻找到一个尽可能满足救援方决策需求的较优解,而不是传统意义上的最优解。因此,多目标选址模型在求解过程中可以获取多个非劣解供救援方选择,这优化了单目标选址模型只能提供一个最优解的局限,从而增强了模型的实用性并降低了构建难度。对高速公路交通应急救援设施选址时所需考虑的多个目标问题进行逻辑剖析,使最终所构建的模型能够在覆盖较大需求区域的同时兼顾救援供给的公平性与投资-产出比。模型目标包括:交通事故点到应急救援设施点的最大救援时间、救援时间期限内的最大一次需求覆盖、交通事故点到应急救援设施点的最小总加权时间、救援时间期限内的最大需求覆盖,建模如下:

$$\min V_1 = L \tag{9-23}$$

$$\max V_2 = \sum_{i \in I} a_i y_i \tag{9-24}$$

$$\max V_3 = \sum_{i \in I} a_i u_i \tag{9-25}$$

$$\min V_4 = \sum_{i \in I} a_i t_{ij} z_{ij} \tag{9-26}$$

s.t.

$$\sum_{j \in N_i} x_j - y_i - u_i \geqslant 0 \quad \forall\, i \in I \tag{9-27}$$

$$u_i \leqslant y_i \quad \forall\, i \in I \tag{9-28}$$

$$\sum_{j \in J} z_{ij} = 1 \quad \forall\, i \in I \tag{9-29}$$

$$z_{ij} \leqslant x_j \quad \forall i \in I, j \in J \tag{9-30}$$

$$\sum_{j \in J} t_{ij} z_{ij} \leqslant L \quad \forall i \in I \tag{9-31}$$

$$x_j, y_i, u_i, z_{ij} \in \{0,1\} \quad \forall i \in I, j \in J \tag{9-32}$$

式中 y_i——如果需求点 i 在救援时限内能够被救援设施覆盖则 $y_i=1$，否则 $y_i=0$；

u_i——如果需求点 y_i 在救援时限内能够被救援设施备份覆盖则 $u_i=1$，否则 $u_i=0$；

t_{ij}——从救援设施点 j 到需求点 i 最短路径时间权值；

z_{ij}——当需求点 i 由位于救援设施点 j 提供救援服务时，$z_{ij}=1$，否则 $z_{ij}=0$；

x_j——如果选择救援候选点 j 建立应急救援设施则 $x_j=1$，否则 $x_j=0$；

N_i——救援时间小于模型规定期限的候选点的集合。

式(9-23)表示所构建的模型要求系统最大救援时间能达到最小；式(9-24)表示模型在布设救援设施点后能够最大化覆盖需求点；式(9-25)表示最终选址结果具备最大化备份覆盖需求量；式(9-26)为了确保所构建的模型能够使系统救援时间总加权达到最小。

上述的多目标选址综合了单一目标模型中的最大覆盖模型、p-中值模型、备份覆盖模型和p-中心模型的目标函数，在数学理论上是可行的，并且其求解结果是一组帕累托集合解。但是工程应用中欠缺实用性，主要体现在：

(1) 在实现过程中救援方无法在多个救援需求产生时就提供有效的衡量比对方法。例如，当选址计算结果存在一次覆盖率不足或不满足一次覆盖的情况时，模型会判断是否通过增加经济投入来提高高速路网中应急救援设施点的覆盖率。若允许增加经济投入，则应该预判所投入的数额为多少。这是因为如果模型过分追求覆盖率，在救援需求平峰时段就会形成重复建设和资源浪费的情形；

(2) 所构建的多目标选址模型假设多个目标函数并不是相互独立的，其所对应的帕累托集合解不能够直接作为选址最优化方案，还需要经过深层次的实际调研与探究；

(3) 模型仅采用应急救援设施点个数来表示成本，而实际工程应用中不同高速公路路网区位、不同建设耗材都可能引起应急救援设施点建设或迁移成本的差异性。而救援方希望尽可能保留现有设施点，减少新建或迁移经济投入的诉求，则无法体现在所构建的优化模型中。

传统的单一目标选址模型或多目标优化模型在进行方案求解时均会涉及多个相互制约的因素，更适用于高速公路建设规划阶段或基础设施建设未完成阶段。对于高速公路网络已投入运营，相关的交通应急救援设施点已经基本成型稳定，则不仅需要考虑已建设施点的时空分布情况，还要考虑交通应急救援需求的时空演化特性，应采用更符合工程实践应用的条件选址模型进行选址。

9.2.3 考虑地点成本差异与需求不确定性的多目标优化选址模型

当突发的交通应急事件发生时，救援方需要在成本与服务水平之间做出合理的决策，使得在现有救援资源条件下尽可能提供优质的救援服务。考虑到实际工程中救援方选择不同区域地点进行具体的迁移或新建工作可能会产生不同的投资成本，而且由于整个高速公路网络覆盖面积较为广泛,网络中不同节点在不同时间阶段发生交通应急事故的情况具有显著的不确定性。对前述多目标选址模型进行优化,将地点成本差异与需求不确定性融入到已有模型中。

1. 问题描述与模型假设

高速公路交通应急事件发生后,快速有效地对事故发生点进行救援成了首要的任务。不同于以往的物流配送中心选址,应急救援设施选址通常以救援时限以及需求覆盖率作为最高目标,同时还需要考虑救援成本投入所能产生的服务效益水平。设施建设迁移成本在整个救援系统中的成本比重较大,选址时还需要考虑实时路况与运营费用等不确定因素,所以对多目标选址模型进行深入细化,构建考虑不同时段各个节点需求变化以及地点建设迁移成本的应急救援设施选址模型。具体模型假设包括:

(1) 问题为包含多节点多阶段时变需求的选址问题;

(2) 由于各个节点存在多阶段时变需求,而救援设施容量则会出现满足或不满足覆盖节点需求的情况(即救援设施点库存问题);

(3) 不同时间段救援设施点派遣到事故发生点的救援资源不能超过该救援设施点所能储备的救援资源;

(4) 费用包括建设、迁移救援设施点产生的经济成本;

(5) 一般救援设施点只会对已覆盖的需求节点展开应急救援;

(6) 救援方希望在所投入的建设、迁移、运营经济成本尽量低,并且能产生较好的高速公路救援服务质量。

2. 模型改进

考虑到高速公路网络中交通应急事件发生的不确定性和不可预知性,就需要引入新的参数以解决所述的不确定性和不可知性对选址的影响,具体新参数包括:

$\tilde{a}_{it}$ 表示在时间段 t 中节点 i 的不确定需求权重,其权重值分布在一个均值为中心的对称区间内;

$\bar{a}_{it}$ 表示 $\tilde{a}_{it}$ 的均值,即该对称区间的中心值;

ξ_t 为时间段 t 的不确定度,且 $0 < \xi_t < 1$,则 $\bar{a}_{it}(1-\xi_t) < \tilde{a}_{it} < \bar{a}_{it}(1+\xi_t)$。

令 $U_{it}^B = [\bar{a}_{it}(1-\xi_t), \bar{a}_{it}(1+\xi_t)]$ 为时间段 t 内节点 i 需求的不确定性范围;$U_t^B = U_{1t}^B \times U_{2t}^B \times \cdots \times U_{Nt}^B$ 为时间段 t 内所有节点的救援需求不确定性范围;$U^B = \bar{U}_1^B \times \bar{U}_2^B \times \cdots \times \bar{U}_T^B$ 为所有时间段内所有节点的救援需求不确定性范围。

在新构建的模型中考虑了各个节点救援需求的不确定性,原确定型问题转换为不确定型问题,其中 $\bar{a}_{it} \in U^B$。此外,考虑地点成本因素来确定应急救援设施点的建设方案,仅单纯用救援设施点数目来表示各个节点的建设费用是不科学的。因此在新构建的模型中,将高速公路网络中的潜在选址地点成本用向量 $C = (c_1, c_2, \cdots, c_n)$ 来表示,而目标函数依然是要求选址方案中地点成本最小的方案。新的模型目标函数可以写为:

$$\min z = K\left[\sum_{j \in F} x_j + (1+\varepsilon)\sum_{j \in J-F} x_j\right] + Mp + \sum_{i \in I}\sum_{j \in J} a_i t_{ij} z_{ij} \qquad (9\text{-}33)$$

因为该函数是目标最小化函数，显然当 $\tilde{a}_{it}$ 在区间 $[\bar{a}_{it}(1-\xi_t), \bar{a}_{it}(1+\xi_t)]$ 内波动时，若目标可以满足 $\bar{a}_{it}(1+\xi_t)$ 条件下的救援需求就一定能够满足 $\bar{a}_{it}(1-\xi_t)$ 条件下的救援需求，故模型目标函数可以进一步改写为：

$$\min z = K\left[\sum_{j \in F} x_j + (1+\varepsilon)\sum_{j \in J-F} x_j\right] + M\sum_{j \in N} c_j x_j + \sum_{i \in I}\sum_{j \in J} \bar{a}_{it}(1+\xi_t)t_{ij}z_{ij} \tag{9-34}$$

与此同时，为确保模型能够符合真实情景，不同时间段各节点的需求权重和不能超过被覆盖的救援设施点所能提供的救援能力范畴，因此在模型约束中还需要加入两个条件约束，其最终约束方程为：

$$\sum_{j \in J} z_{ij} = 1 \quad \forall i \in I \tag{9-35}$$

$$\sum_{j \in J} z_{ij} = z_j \quad \forall j \in J \tag{9-36}$$

$$z_{ij} \leqslant x_{ij} \quad \forall i \in I, j \in J \tag{9-37}$$

$$\sum_{j \in J} t_{ij} z_{ij} \leqslant T \quad \forall i \in I \tag{9-38}$$

$$\sum_{j \in J} t_{ij} z_{ij} \leqslant T \quad \forall i \in I \tag{9-39}$$

$$x_j, z_{ij} \in \{0, 1\} \quad \forall i \in I, j \in J \tag{9-40}$$

式(9-35)表示各节点在不同时间段 t 产生的救援需求不能超过选址后救援设施在该时间段所能够提供的救援供给能力；式(9-36)表示救援设施各个时间段所能提供的救援能力之和是固定的，即等于该救援设施点的总体救援供给能力。可以看出，该选址问题已经转化为一个混合整数规划模型，由于其约束条件中各个参数变量的可行域是有界凸集，因此该模型存在最优解。

3. 模型求解与算例分析

高速公路网络应急救援设施选址优化计算过程中涉及的节点数量较多（一般为几十个），求解难度与耗时非常大，所以需对启发式算法进行改进，使其更适应于求解该类问题。由于选址决策问题涉及选址数量的确定、节点需求的波动以及地点成本的计算，因此采用改进的遗传算法进行求解。以 5 个候选救援设施点、3 个需求等级为例，对遗传算子进行改进编译。

用 3×5 的二进制码进行选址编码，1 表示该节点被选为救援设施，0 表示没有被选中。应用赌徒轮盘策略和精英决策策略对杂交算子进行单点 0-1 变异杂交；根据节点救援需求等级分别进行选择、杂交和变异等算子操作，得到初始高速公路救援设施选址方案；根据各个节点地点成本情况调整算子编码，直至所有设施节点都被遍历一次为止。图 9-1 为需求不确定条件下高速公路交通应急救援选址求解思路。

根据上述所提出的遗传算子改进方法，将种群数量、遗传代数和代沟分别设置为 50、100 和 0.7，应用一致随机和基于适应度的重插入方法构建 Matlab 数值计算仿真程序，并将

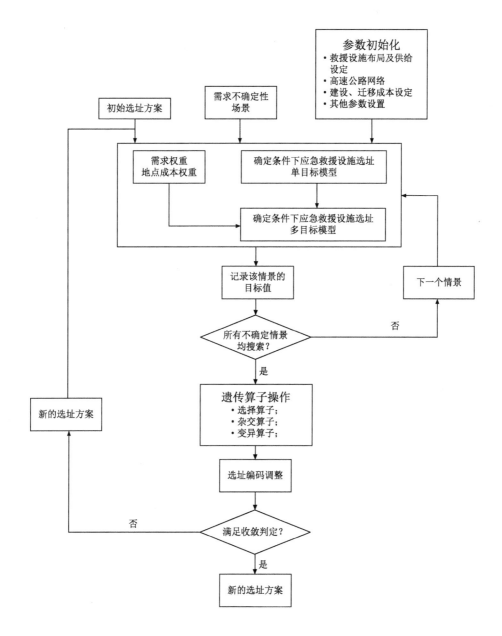

图 9-1　启发式遗传算法流程图

该程序在主频 2.33 GHz、内存 2G 的计算机上运行,得到传统遗传算法和改进遗传算法在求解有效性上的比对结果,如图 9-2 和图 9-3 所示。其中,在计算过程中本模型的救援时间期限设置为 20 分钟。

经过大约 20 次的迭代后,传统的遗传算法种群的适应度函数就接近于 10 以内,其最优解趋近于零。这表明该算法计算得到选址建议不建设任何救援点即为最优方案,这与所研究的目标不一致,故剔除。造成这种结果是由于遗传算法的传统染色体变换机制能够通过抛弃部分有效基因来达到减少适应度的目的。而如此简单的处理方法可能会为遗传算子的计算操作带来不可靠的结果。

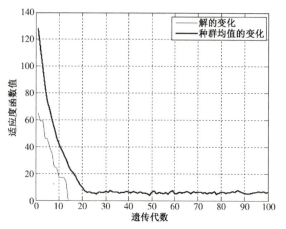

图 9-2 传统的遗传算法计算结果

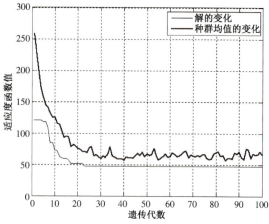

图 9-3 改进的遗传算法计算结果

为弥补上述传统遗传算法的不足,引入了染色体的智能改进机制,通过优先具有最优性价比的基因,使得模型在应急救援设施选址时可以充分考虑覆盖率与经济性指标。从图 9-3 可以看出,改进算法中的种群均值很快趋于稳定,而最优解也迅速趋近于某个数值。这说明我们将救援设施点选在 6、11、12、13、15、20 和 29 处是最优方案,其建设成本最低仅为 47。最优选址方案如图 9-4 所示。

另外,种群数和遗传代沟是判定遗传算法有效性的两个关键参数,其数值将影响最终计算结

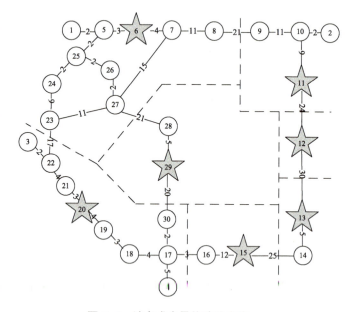

图 9-4 地点成本最优选址方案

果的收敛性、可靠性和最终耗时,因此本章节拟在相同的遗传代数下,计算并比对不同种群大小和遗传代沟对计算结果的作用情况。表 9-2 是传统遗传算法和改进遗传算法中种群数量的影响作用表。当遗传代数 gen 取值 100,取代沟 gap=0.7,种群数量 pop 分别取值 10、30、50、100。当模型以投入成本最小化作为适应度函数时,其收敛速度与种群数量有关。种群数量越大,收敛速度就越快,因此获得全局最优解的可能性就越高,并且当遗传代数相同时,模型也需要投入更多的计算时间。

表 9-2　种群数量影响作用

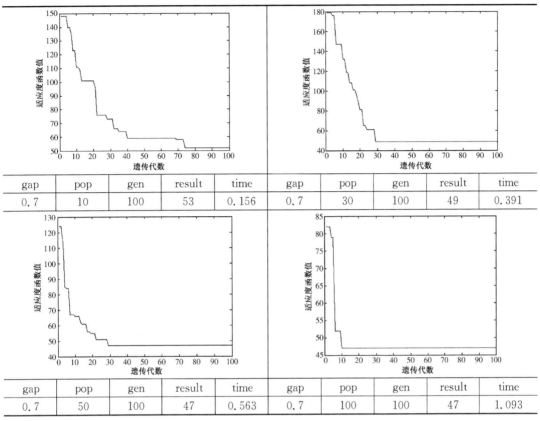

gap	pop	gen	result	time	gap	pop	gen	result	time
0.7	10	100	53	0.156	0.7	30	100	49	0.391
gap	pop	gen	result	time	gap	pop	gen	result	time
0.7	50	100	47	0.563	0.7	100	100	47	1.093

表 9-3 为传统遗传算法与改进遗传算法最优值与遗传代数的关系表。当两个算法的遗传代数 gen 取值为 100，种群 pop 取值为 30，而代沟参数 gap 分别取为 0.5、0.7、0.9、1.0，当使用成本最小化作为适应度函数时，可以看出该算法对于收敛速度在代差上的影响很小，这是由于在求解过程中受启发式算子的影响。尽管当遗传代数迭代到 100 时模型可能还不能求出全局最优解，当总体的经济投入却能够在某个较短的时间趋近于一个数，这也侧面说明了本研究将遗传算法应用于大规模高速路网的应急救援设施选址具有较高的可靠性。

表 9-3　代沟对计算性能的影响分析

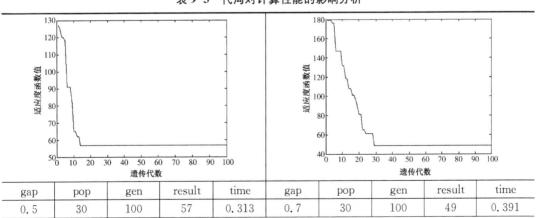

gap	pop	gen	result	time	gap	pop	gen	result	time
0.5	30	100	57	0.313	0.7	30	100	49	0.391

(续表)

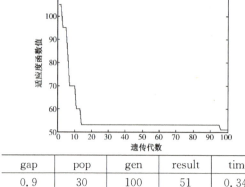

gap	pop	gen	result	time	gap	pop	gen	result	time
0.9	30	100	51	0.346	1.0	30	100	53	0.375

可以看出,模型在产生初始种群时具有一定的随机性。若种群数量不足够大、遗传代数不足够多时,模型计算结果可能需要消耗较多的时间才能收敛到全局最优。虽然如此设置种群数量和遗传代数能够使计算机的 CPU 消耗减少,并满足模型集合覆盖需求,当这仅是一种较为粗略地计算方法。因此,我们可以通过增加种群数量和遗传代数来使算法在求解模型全局最优解时快速地使计算结果收敛并逼近于 1。当然,若所研究的高速公路网络很大时,这种方法就会消耗很高的 CPU 运算时间。为了进一步压缩模型计算时间复杂性,后续将通过比对四个方案进一步优化模型,具体方案如下:

假设网络被划分为多个区段,而各个区段的质心可以被看作事故高概率区域或事故黑点区域(即救援需求点);各个救援设施点的地点仅能够选择在匝道出入口附近即路网的节点位置。因此,可以得到如(9-5(a))所示的路网空间拓扑结构抽象图,其中将救援需求点与救援设施点等均抽象成复杂路网中的节点,而节点之间的链接则被视为一条弧段。

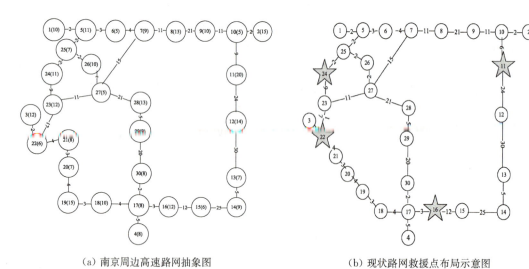

(a) 南京周边高速路网抽象图　　(b) 现状路网救援点布局示意图

图 9-5　地点成本最优选址方案

图 9-5(a)中的圆圈表示高速公路网络中的救援设施点与救援设施候选点,圆圈中的数字表示不同节点的编号,而括号中的数值是指救援设施需求点的需求强度与设施候选点的

救援需求的除数,两个节点之间的链接数值表示实测路网的长度(以 km 为单位),同时救援车辆从设施点以每小时 50 km 的速度驶向救援需求点。可以看出,以南京高速公路网络为示例,当假设救援设施点部署在 11、16、22 和 24 处(如图 9-5(b)所示),并设置最大救援时间为 20 min 且救援覆盖率为 79%,现救援方希望通过改变救援点的布局,从而使所有需求点均能够在 20 min 内被救援。

由于公式(9-33)的存在使得目标在求解过程中存在先后关系,本研究采用目标加权法求解全局最优解。通过现场调研与成本分析可知:地点成本向量 C 中各个元素 c_j 所取数据为:

C=(10,15,12,8,11,5,9,13,10,20,5,14,7,9,6,12,8,18,15,7,8,6,12,11,7,10,5,13,9,8)

通过取 K=10 000,M=1 000,ε=0,c=1 时,获得如下四个选址方案:

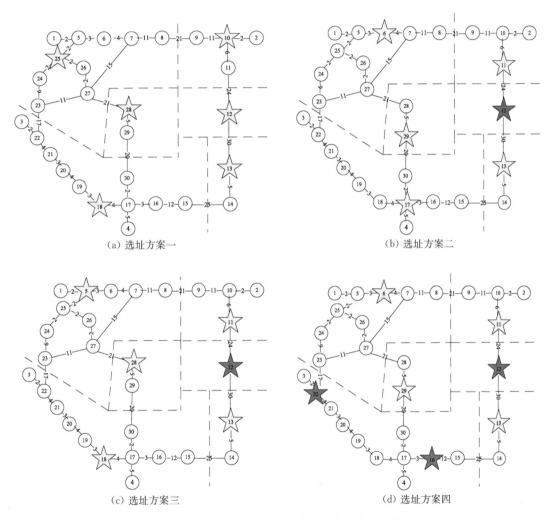

图 9-6 考虑地点成本最优的救援设施点选址方案图

若在实际救援设施选址中不考虑对新建救援点的惩罚而只是简单地设置地点成本,方案二的总建设成本最小。而如果模型对新建救援设施点增加一个 1.5 倍的惩罚参数,方案三为最优方案(见图 9-6(c))。但考虑到该方案受覆盖率指标的约束,且总建设成本在四个方案中也处于较高的水平,因此投资效益比较难以控制。

取罚参数 $\varepsilon=1.5$,可以得选址方案四(即在候选点 6、11、12、13、16、22、29 建立救援点),如图 9-6(d)所示。可以看出在四个方案中,方案四不仅能够保留三个现有设施点,并且总体的建设成本能够达到最低。由此可知,采取方案四作为救援设施点的选址方案能够在效率和经济两个方面进行有效权衡,是最优的选址方案。对比数据见表 9-4。

表 9-4 考虑条件覆盖惩罚与地点成本的方案对比

方案	惩罚参数 ε	地点成本	选址点	新建救援点/保留救援点	总建设成本(万元)	总加权救援时间(min)
一	○	○	No. 10, 12, 13, 18, 25, 28	6/0	79	1 889
二	○	√	No. 6, 11, 12, 13, 17, 29	5/1	48	2 456
三	√	○	No. 5, 11, 12, 13, 18, 28	5/1	68	1 889
四	√	√	No. 6, 11, 12, 13, 16, 22, 29	4/3	58	1 911

注:√表示考虑某因素,□反之。惩罚参数 ε 均取 1.5。

参考前述各个传统模型模型表现结果,并比对所提出的考虑不确定需求的多目标选址模型,可以得出以下结论:

(1) 传统的条件集合覆盖多目标选址模型在新建救援点的惩罚系数取值较大时,能够实现保留较多的旧有救援点,并且具有较高的救援服务覆盖率,但由于这种方法没有考虑土地价格等建设成本的差异性,因此欠缺一定的实用性,不能够满足救援主体对保留现有救援设施点、节省经济投入的实际需求。

(2) 在满足覆盖效率的限制下,通过选取建设成本最低为优化目标来构建的基于地点成本的救援设施选址方法,由于没有考虑现有救援设施点的保留策略,模型结果只能够在全新的、没有任何已有救援设施点的高速公路网络上进行选址,与研究的初衷不符,缺乏可操作性。

(3) 为解决现状救援设施布局条件下的救援点多目标优化选址问题,本章节所提出的考虑地点成本差异和需求不确定性的多目标选址模型不仅能够有选择地保留与新建救援设施点,还能够实现在有限救援时间限制内最大化考虑救援设施的覆盖率。

(4) 相比较传统方法,考虑地点成本可以使模型在选址时兼顾建设成本与总加权救援时长,使最终的帕累托解能够实现多目标加权最小。

9.3 高速公路成网条件下应急救援资源配置方法

9.3.1 基于随机约束的应急救援资源配置

1. 建模思路

一般来说,高速公路常用救援资源的需求存在相对的独立性,因此,在建立配置模型时仅以单方式救援资源作为配置对象。根据目标函数的个数,将常见交通应急救援资源配置模型划分为单目标和多目标。根据约束条件的随机变量存在与否,可分为确定型和随机型两种。在建立常用救援资源的相应配置模型时,需要首要确定模型的目标函数与约束条件。

(1) 目标函数

资源数量最少一般都会作为资源配置问题的一个总体目标函数,而在应急救援过程中,出于人道主义的考虑,需要事故区域等待救援的时间尽可能短。因此,在考虑事故等级的前提下,应综合考虑资源供给量和救援阻抗,构建以救援资源综合成本最少为目标的单目标函数如下:

$$\min \sum_{i \in S} \sum_{j \in F} w_j \lambda_{ij} x_{ij} \tag{9-41}$$

式中 w_j——事故节点 $j(j \in F)$ 的相应权重;

λ_{ij}——从救援资源配置点 i 到发生交通事故节点 $j(i \in S, j \in F)$ 的交通阻抗,是行程时间、行程费用、舒适、便利和安全等的综合度量;

x_{ij}——从救援点 $j(i \in S, j \in F)$ 预配置的救援资源数量。

(2) 约束条件

约束条件主要从四个方面进行考虑:①配置的救援资源能否满足事故发生后的救援需求;②已经建立的救援点的容量满足拟配置的救援点资源需求;③救援资源所用成本不能超过预算成本;④救援资源为非负整数的约束。其中,依照救援资源的需求的随机性,将约束条件(1)中所提内容划分为确定型约束和随机型约束。因此,以下对确定型约束和随机型约束进行比选。

① 确定型约束

确定型约束假定依据历史数据,事故节点发生事故的等级概率是一定的,即发生的事故所需要的救援资源是一定的。

定义事故节点 j 相对于整个高速公路节点所出现交通事故的概率为 p_j,所有节点中,按照事故出现概率最高的节点进行归一化处理,那么救援需求的约束条件如下:

$$\sum_{i \in S} x_{ij} \geqslant p_j r_j, \ \forall j \in F \tag{9-42}$$

式(9-42)为确定型约束,即预先配送至某突发事故节点的资源总数以某个特定的概率满足该突发事故节点的救援资源需求。式中,r_j 为事故所在的节点 j 提供救援的资源量。

② 随机型约束

随机型约束假设在现实情况中,未知的时间段内发生事故情况是随机且不可预知的,救援所需要的人力物力是不确定的,因此交通事故节点 j 的救援资源需求数 r_j 定义为随机型变量。

Q 定义为服务水平。当 $Q=0$ 时,应急救援服务水平达到最小值,不论救援事故需求大小,均不能满足;当 $Q=1$ 时,援救应急服务水平达到最大值,同一个时间段发生的所有交通事故救援需求均能够满足。

救援需求量约束可表示为:

$$Pr\left(\sum_{i \in S} x_{ij} \geqslant r_j, j \in F\right) \geqslant Q \tag{9-43}$$

式(9-43)指救援资源需求量的随机约束,即预先配置于路网随机事故节点所需的救援资源,以一定的概率满足救援的服务水平。Q 为援救应急服务水平的参数。

③ 条件比选

在高速公路网内,如果救援资源按照同时满足所有事故节点的需求来配置,会不可避免地造成大量资源的闲置浪费,提高救援成本。由于事故发生的等级、对应的需求量、事故发生的位置等具有不确定性,确定型约束无法体现交通事故和当前资源需求的配置状态。因此,在研究过程中推荐采用随机型约束。

除此之外,在随机型资源配置的模型内,救援的服务水平 Q 可以与决策方的需求相结合,依据路网中各决策者的财力情况、事故产生情况等确定合理的服务水平,以便能更加实际地反映出各个路网救援的真实需求。

2. 模型构建

根据上述分析,本章节建立了单目标随机型的规划模型,具体内容如下:

$$\min \sum_{i \in S} \sum_{j \in F} w_j \lambda_{ij} x_{ij} \tag{9-44}$$

s. t.

$$Pr\left(\sum_{i \in S} x_{ij} \geqslant r_j, j \in F\right) \geqslant Q, Q \in [0,1] \tag{9-45}$$

$$\sum_{j \in F} x_{ij} \geqslant a_i, \forall i \in S \tag{9-46}$$

$$c \sum_{i \in S} x_i \leqslant B \tag{9-47}$$

$$\sum_{j \in F} x_{ij} = x_j \tag{9-48}$$

$$x_i \in \mathbf{N}(自然数集) \tag{9-49}$$

式(9-45)含义在前述部分已做解释;式(9-46)的含义是指每个救援点所配置的资源数量不超过其容量;式(9-47)表示预算约束,其中 B 为预算的限制值;c 为救援资源的单价;式(9-48)为待求变量与中间变量的互相变换;式(9-49)表示待求变量的非负整数约束。

3. 参数配置

高速公路网交通应急事件具有差异性,如交通情况、事故发生点以及所需救援资源等不尽相同,因此对配置模型的参数的设置是必要的。

(1) 救援需求点的权重

救援需求点权重 w_j 的选择需要考虑事故发生的严重程度及发生概率。为了反映事故需求点的概率差异,通过引入交通事故发生的相对概率 p 将事故地点发生频次归一化,以事故频次最多的节点作为参照点,将其相对事故率设为1,其它事故节点(j)的事故概率值 p_j 为该节点事故发生频次与最大事故频次的比值。

综合考虑高速公路发生事故等级及对应的相对事故率,将相对事故率 p_i 分为四个级别。具体权重值如表 9-5 所示。

表 9-5 事故节点的权重参考值汇总

事故等级相对事故率	一级(特大)	二级(重大)	三级(较大)	四级(一般)
1	1	2	4	6
0.75	2	4	6	9
0.5	4	6	9	16
0.25	6	9	16	25

(2) 救援服务水平

当 $Q=0$ 时,救援的服务水平达到最小值,不论救援事故需求大小如何,均不能满足;当 $Q=1$ 时,救援的服务水平达到最大值,可以容纳同时段内发生的事故救援要求。因此,救援服务水平高的,对同一时间段发生的救援事故的救援服务水平就高,但会造成资源的闲置浪费;救援服务水平低的,可能会导致无法满足救援需求。故救援服务水平大小应结合决策者的具体需求,一般可取 $0.6 \sim 0.8$。

(3) 救援资源需求量

由于事故发生属于随机事件,无法根据道路情况确定救援资源数量,因此,可依照历史数据来确定交通事故产生的概率和对应的严重程度,从而判断交通事故所需的救援资源的总量。

依照历史数据推算各个事故点所需的救援资源。参考历史数据资料确定各个事故点的救援资源种类与数量,救援资源种类取决与事故点常发事故类型;救援资源的数量取决于事故严重程度。依照记录的若干交通事故形式与所需的救援资源,高速公路交通事故可分为翻车和坠落、碰撞、火灾、人员伤亡、货物散落这五种,各起交通事故可包含 $n(1 \leqslant n \leqslant 5)$ 种情况。

根据交通事故管理的仿真中交通事故的发生概率、等级和所需资源的研究结果,常用救援资源的需求情况如表 9-6。

表 9-6 事故所需的救援资源

事故分类	相应损害量	所需救援资源
车辆碰撞	1~2 车辆	1 辆拖车
翻车或坠落		1 辆吊车
车辆火灾	1	1 辆消防车
	2	2 辆消防车
货物溅落		1 辆清障车
人员伤亡	1 人	1 辆救护车
	2~3 人	2 辆救护车
	4 人	3 辆救护车

而救援次数需求可以近似于依照交通事故产生的可能性,交通事故产生的可能性越大,救援次数的需求越多,根据统计近似成泊松分布。

同理,由表 9-6 可得,所需的救援资源基本上在 1~3 之间,因此泊松分布的方差与期望值可以设置在一到三之内。所需的救援资源是从泊松分布中随机生成的,其期望值和方差为 1~3。

9.3.2 考虑二次事故的应急救援资源配置

1. 建模思路

在应急资源配置模型的建立过程中,需要同时考虑一次交通事故救援投入和二次事故的服务成本。因此,引入机会成本来描述服务期间未来可能发生的二次事故所需的救援投入,并在机会成本的基础上构建紧急资源分配模型。介于高速公路网内存在可能发生的交通事故,因此指派距离最近救援处的资源来救援已发生的交通事故是不合适的。而机会成本法考虑了救援二次交通事故问题的投入额,旨在最大限度地降低交通事故的总救援成本同时解决路网中二次事故的救援问题。针对一次事故救援资源模型的不足,进一步分析,能够得出在特殊地段内出现交通事故的可能性符合以下表述:

(1) 在足够长的时间跨度中,交通事故彼此独立地产生;
(2) 对于极短的 Δt,在时段 $[t, t+\Delta t]$ 中产生的一次交通事故可能性和 t 没有关联,和时间跨度 Δt 正相关;
(3) 对极短的 Δt,时段跨度 $[t, t+\Delta t]$ 中发生两次或更多次事故的概率非常小。

对于上述特征,泊松分布可用于指示事故的概率。

$$P_t(n) = \frac{\lambda^n}{n!} e^{-\lambda}, \quad n > 0 \tag{9-50}$$

式中　n——事故数;
　　　λ——在采样时间 t 内的发生事故的次数;
　　　t——采样时间。

2. 模型构建

以当前事故救援成本和机会成本的总和作为目标,增加路网中救援点之间的救援资源,进而改进配置模型。

$\lambda_k(i_1, i_2)$ 被定义为第 k 个时段中资源点 i_2 处的资源点 i_1 对应权重,$x_k(i_1, i_2)$ 是在周期 $k+1$ 中从资源点 i_1 到资源点 i_2 的资源量,r_k 是周期变化时要添加资源的数量,周期为 $D, k \in D$。

模型如下:

$$C = \min \left(\sum_{i \in S} \sum_{j \in F} w_j \lambda_{ij} x_{ij} + \beta \sum_{k \in D} \sum_{i_1 \in S} \sum_{i_2 \in S} w_j \lambda_k(i_1, i_2) x_k(i_1, i_2) \right) \tag{9-51}$$

s.t

$$Pr \left(\sum_{i \in S} (x_{ij} + x_k(i_1, i_2)) \geqslant r_j + r_k, j \in F, k \in D \right) \geqslant Q \tag{9-52}$$

$$\sum_{j \in F}(x_{ij} + x_k(i_1, i_2)) \leqslant a_i, \forall i \in S, \forall k \in D \qquad (9\text{-}53)$$

$$x_k(i) + \sum_{i_1 \in S} x_k(i_1, i) - \sum_{i_2 \in S} x_k(i, i_2) = x_{k+1}(i), \forall i \in S, \forall k \in D \qquad (9\text{-}54)$$

$$x_k(i_1, i) * x_k(i, i_2) = 0, \forall i \in S, \forall i_1 \in S, \forall i_2 \in S, \forall k \in D \qquad (9\text{-}55)$$

$$\beta \in \{0, 1\} \qquad (9\text{-}56)$$

$$c \sum_{i \in S} x_i \leqslant B \qquad (9\text{-}57)$$

$$\sum_{j \in F}(x_{ij} + \beta x_k(i_1, i_2)) = x_i \qquad (9\text{-}58)$$

式(9-51)表示通过考虑二次事故对救援的影响将机会成本引入的非周期性变化的潜在成本,通过对路网进行周期性救援成本的调整,使得整体救援成本达到最小;

式(9-52)表示突发事故资源的约束,指预先指派给事故点和潜在事故预留的资源数量之和,以达到公路网对突发的救援资源的要求;

式(9-53)表示救援点中配置的资源数量在该点容量限制的范围内;

式(9-54)表明根据调整每个救援设施含有的资源数量可以最好地满足需求点需求;

式(9-55)表示当在每个时间段完成资源分配时,每个服务设施的地址点被传送、调用或不传送的可能只能属于其中一种,这种约束对于将资源转移给自己的情况也有限制作用;

式(9-56)表示路网被确定为不规则潜在的意外多路径网络或周期性变化的道路网络0-1可变参数;

式(9-57)表示预算约束;

式(9-58)表示决策变量与中间变量的变换,变换每个配置点所需的资源总数之和,$x_k(i_1, i_2)$,x_i 为非负整数。

9.3.3 模型求解算法

1. 算法比选

(1) 常用算法

针对一般应急救援资源配置,常见求解模型有以下三种:

① 将随机模型转化成确定模型求解

该模型也被称为间接算法。针对非确定型规划类的模型,常用求解方式是依据所给置信水平,把随机模型转化成确定型模型。但通常可转化成确定模型的较少,且转化后可能会使模型更为复杂,给计算和求解过程增加一定难度。

② 基于蒙特卡洛模拟的传统算法

蒙特卡洛模拟也被称为随机算法,是在系统建模过程中进行随机抽样试验,抽取样本时根据概率分布对随机变量来完成模拟。蒙特卡洛模拟尽管作为一种统计方式,而非精确的结果,采用该结果进行问题探究需耗费较长时间,但是在研究复杂问题无法得到求解结果时,随机模拟为唯一有效的方式。

在蒙特卡洛模拟基础上的传统算法是将已有的算法(包括线性规划里的单纯形法,非线性规划里的梯度法和牛顿法)应用于随机模拟中,同时将传统算法中简单的抽样摒弃,使用在每一步求解过程嵌入随机模拟过程的方式求解。而已有的算法常用来处理确定型规划类问题,且在这方面相关研究较少,实际应用时,传统算法直接使用在随机规划问题上存在一定困难。

③ 基于随机模拟的智能算法

智能优化算法比较常见的方法主要有人工神经网络算法、粒子群算法(PSO)、禁忌搜索算法、GA。与传统算法主要区别是需使用随机模拟计算约束条件和目标函数值,其他步骤与传统算法基本一致。此法无需让随机型约束进一步变为确定约束,优化了求解过程,并且较大地缩短了得到全局最优解的时间。

(2) 传统算法求解

求解随型机约束模型时,以一次事故救援资源配置的模型为例,该研究的随机规划模型只有一个随机变量 r_j,因此只导出随机模型并将其转换为公式来确定模型。

① 考虑约束条件

在公式(9-45)中,由于 $i = 1, 2, \cdots, n; j = i = 1, 2, \cdots, m$;可将其中的 $Pr(\sum_{i=1}^{n} x_{ij} \geqslant r_j) \geqslant Q$ 转 $Pr(\sum_{i \in S} x_{ij} \geqslant r_j, j \in F) \geqslant Q$ 化为如下确定性约束条件。

$$Pr(\sum_{i=1}^{n} x_{ij} \geqslant r_j) \geqslant Q \rightarrow Pr(\sum_{i \in S} r_j \leqslant x_{ij}) \geqslant Q \tag{9-59}$$

随机变量服从的随机分布不同,则其推导结果不同。根据资源需求服从正态分布或泊松分布,可分别推导公式如下。

② r_j 服从正态分布

设 r_j 的期望值为 $E[r_j]$,方差为 $Var[r_j]$,则式(9-45)可表示为:

$$Pr\left[\frac{r_j - E[r_j]}{\sqrt{Var[r_j]}} \leqslant \frac{\sum_{i=1}^{n} x_{ij} - E[r_j]}{\sqrt{Var[r_j]}}\right] \geqslant Q \tag{9-60}$$

由于 $r_j - E[r_j]$ 近似服从标准正态分布,其期望值等于0,方差等于1,则有:

$Pr(\sum_{i=1}^{n} x_{ij} \geqslant r_j) = \Phi\left(\frac{\sum_{i=1}^{n} x_{ij} - E[r_j]}{\sqrt{Var[r_j]}}\right) \geqslant Q$,其中 Φ 为标准正态分布函数。

则

$$\frac{\sum_{i=1}^{n} x_{ij} - E[r_j]}{\sqrt{Var[r_j]}} \geqslant \Phi^{-1}(Q) \tag{9-61}$$

式(9-61)为推导后的确定型约束公式。

③ r_j 服从泊松分布 $r=k$ 带入 $P(\lambda)$，则 $P(r=k)=\dfrac{\lambda^k}{k!}\mathrm{e}^{-\lambda},(k=0,1,2,\cdots)$，因此 $P(r\leqslant Y)=P(r=0)+P(r=1)+\cdots+P(r=Y)$，即

$$P(r\leqslant Y)=\dfrac{\lambda^0}{0!}\mathrm{e}^{-\lambda}+\dfrac{\lambda^1}{1!}\mathrm{e}^{-\lambda}+\cdots+\dfrac{\lambda^Y}{Y!}\mathrm{e}^{-\lambda}，最后，约束条件(9-45)的等价形式为：$$

$$\dfrac{\lambda^0}{0!}\mathrm{e}^{-\lambda}+\dfrac{\lambda^1}{1!}\mathrm{e}^{-\lambda}+\cdots+\dfrac{\lambda^Y}{Y_j!}\mathrm{e}^{-\lambda}\geqslant Q,\text{其中} Y_j=\Big[\sum_{i\in S}x_{ij}\Big]+1, j\in F \qquad (9\text{-}62)$$

由此可见，式(9-62)作为约束，模型非常复杂，求解过程十分困难。因此，当 r_j 为服从泊松分布的随机变量时，不宜进行约束条件的转换。因此，接下来介绍随机模拟的方法求解问题。

(3) 随机模拟求解

随机模拟是指通过重复统计实验来解决问题，又称为随机抽样。使用随机模拟方法建立资源配置模型涉及概率的随机模拟，使得具有发生概率 p 的随机事件 A 用于说明随机模拟。

指定一个随机变量 ξ，若 ξ 为 1，则事件 A 出现；若则 ξ 为 0，则事件 A 不出现。令 $q=1-p$，则在一次试验中事件 A 出现的概率，也即其期望值。同时 ξ 的方差 $E(\xi-E(\xi))^2=pq$。假设执行 N 次测试并且事件 A 发生 m 次，则 m 是随机变量，其其有数学期望 $E(m)=W_p$，并且方差 $\delta^2(m)=Npq$。设观察频率 $\overline{p}=\dfrac{m}{N}$，根据大数定律，当测试次数 N 足够大时 $\overline{p}=\dfrac{m}{N}\approx E(\xi)=p$。此时频率 $\overline{p}=\dfrac{m}{N}$ 近似等于事件 A 发生概率的预期值，即频率收敛于概率。

随机型规划模型求解救援资源配置问题，与确定型规划求解的主要区别是前者的约束条件中设有随机向量，后者则没有。

在式(9-45)中，记 $Y_j=\sum_{i\in S}x_{ij}$，转化约束条件为 $p(Y_j\geqslant r_j, j=1,2,\cdots,m)$，$m$ 为概率约束条件个数。讨论 $p(Y\geqslant r)$ 随机模拟技术。

在 $p(Y\geqslant r)\geqslant Q$ 中，r 是随机向量，其累积概率分布是 $\Phi(r)$。对任何决策变量 Y，检查公式(9-45)是否有效。其过程为：

先从概率分布生成 N 个独立随机变量 $r_1,r_2,\cdots,r_N$，令 N' 是 N 次实验($k=1,2,\cdots,N$) 的次建立次数，即随机变量的数量必须满足约束的数量。大数定律表明，当 N 足够大时，可以通过使用频率 N'/N 来估计概率。因此，当 $N'/N\geqslant Q$ 时，保留约束条件。

详细过程：

步骤 1：置 $N'=0$；

步骤 2：由概率分布 $\Phi(r)$ 生成 N 个独立的随机变量；

步骤 3：如果 $p(Y\geqslant r)\geqslant Q$，则 $N'++$；

步骤 4：重复 N 次步骤 2 和步骤 3；

步骤 5：$p=N'/N$，若 $p\geqslant Q$，符合约束条件；否则不符合约束条件。

2. 改进的粒子群算法

(1) 初始 PSO 的基本原理

粒子群优化是一种基于迭代的优化工具，系统初始化为一组称为粒子的随机解决方案，

并且通过搜索空间中的飞行搜索粒子以寻找最佳粒子。

在 PSO 中,粒子大小与问题空间的维度相同。每个粒子有三个向量:位置向量 x_i、速度向量 v_i 和粒子当前最佳位置 p_i。数学描述如下:

在 n 维搜索空间中定义,由 m 个粒子组成的粒子组 $X=\{x_1,x_2,\cdots,x_m\}$,其中第 i 个粒子的位置表示为 n 维向量 $x_i=\{x_{i1},x_{i2},\cdots,x_{im}\}$,速度表示为 n 维向量 $v_i=\{v_{i1},v_{i2},\cdots,v_{im}\}$,它确定粒子在搜索空间的单次迭代中的位移。目前有的粒子群中的个体最优粒子表示为 $p_i=\{p_{i1},p_{i2},\cdots,p_{im}\}$,全局最优粒子表示为 $g=\{g_1,g_2,\cdots,g_m\}$,粒子群中的所有粒子根据公式(9-63)和(9-64)来更新位置和速度。

$$v_{id}^{t+1}=v_{id}^t+c_1\,r_1(p_{id}^{(t)}-x_{id}^{(t)})+c_2\,r_2(g_d^{(t)}-x_{id}^{(t)}) \tag{9-63}$$

$$x_{id}^{(t+1)}=x_{id}^{(t)}+v_{id}^{t+1} \tag{9-64}$$

按照经验,原始的 PSO 为由式(9-63)、(9-64)组成的 PSO 算法。

式(9-63)的第一项是粒子的原始速度;第二项是粒子本身的思维;第三项是粒子之间的传递交流信息和协同合作。

(2) PSO 的改进

初始 PSO 有一些不够完善的地方。首先,PSO 有较大概率限于局部极值,从而使得解并非全局最优解。其次,PSO 的回归幅度很小。从公式(9-63)可知,第一部分是颗粒之前的速度,后两项是粒子速率的调节。若缺失后两项,粒子很难寻求到好的解决方案,没有第一部分,粒子的速度本身就不会被记忆。此时,该算法类似于是局部最优算法。依照实际情况,局部最优与全局最优之间的相比是不同的。考虑到上述问题,在速率优化方式中加入惯性权重,即

$$v_{id}^{(t+1)}=wv_{id}^t+c_1\,r_1(p_{id}^{(t)}-x_{id}^{(t)})+c_2\,r_2(g_d^{(t)}-x_{id}^{(t)}) \tag{9-65}$$

惯性权重形式通常为:

$$w=w_{\max}-\frac{w_{\max}-w_{\min}}{iter_{\min}}\times t \tag{9-66}$$

式中　$w_{\max}$——初始权重;

$w_{\min}$——最终权重;

$iter_{\min}$——最大迭代次数;

t——当前迭代次数。

该函数将 PSO 在初级阶段偏向挖掘,接着向优化局部最优解进行调整。根据上述模型,使用随机模拟的 PSO 进行无规律约束,将随机模拟仿真加入 PSO 中。在 PSO 基础上,规定原始粒子群优化方式后,需要随机模拟测试解。其中,判断是否满足随机约束,主要参照如下步骤:

步骤 1:输入配置模型有关的参数;

步骤 2:格式化粒子群的空间坐标及速率,全局范围内产生随机解;

步骤 3:采取随机模拟仿真验证原始粒子群的可行性,即是否满足约束条件;如果满足,

进入步骤 4;否则,转步骤 2;

步骤 4:代入粒子配置的总量,计算发生交通事故要求的配置资源的成本,导出单体适应度;

步骤 5:针对单体本身,把其适应度和单体极值对比分析,若适应度比单体极值更优化,对单体极值进行更新;

步骤 6:根据公式(9-65)、(9-66)更新粒子的速率和空间坐标;

步骤 7:使用非规则仿真检查更新的粒子置信水平约束的符合程度。若符合,进入步骤 8;否则再次产生粒子速率,然后更新粒子空间坐标,直到满足约束。不然则将粒子替换为原始可行粒子;

步骤 8:判断是否达到终止条件,如果达到,则终止计算,得到最优解;否则,返回步骤 4 继续迭代。

随机模拟仿真 PSO 基础上的优化资源配置过程如图 9-7 所示。

值得注意的是,当使用 PSO 时,如何找到合适的粒子表示方法与救援资源建立正确的映射关系是 PSO 的主要问题。

根据资源配置的特征本文提出基于粒子所处位置取整的过程(PPS)。以救援资源的配置为例,设置救援起点有 n 处,交通事故发生点有 m 处,待解的 n 个救援点需要的配置的救援资源 $X_1, X_2, \cdots X_n$,m 处交通事故发生点要求的救援资源为 $r, r_2, \cdots r_m$,其中,救援点 i 到交通事故发生处 j 的预先救援资源总数是 x_{ij}。采取粒子来表达待解的救援点的资源配置总量,表示的粒子采用二维粒子,第一维用 $1, 2, \cdots, n$ 表示 n 个救援点,第二维表明粒子的空间坐标向量,粒子的长度为 n。二维粒子 X_k 的表示如表 9-7 所示。

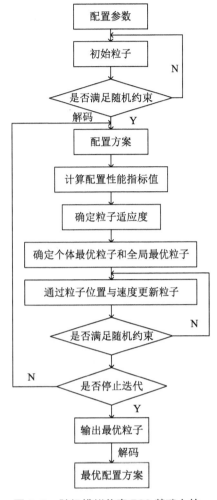

图 9-7 随机模拟仿真 PSO 基础上的优化资源配置过程

表 9-7 基于粒子位置取整的粒子表示方法

序号	1	2	$\cdots$	i	$\cdots$	r_i
粒子位置 X_k	X_{k1}	X_{k2}	$\cdots$	X_{ki}	$\cdots$	X_{kn}

设采用 p 个粒子,则 $k=1, 2, \cdots, p$。

第 k 个粒子 X_{ki} 可表示为:$X_{ki} = \sum_{j=1}^{m} x(k, ij)$。

上述提到的二维粒子当中,空间坐标向量 $X_{ki} \in \left[1, \sum_{j \in m} r_j\right]$,即交通事故发生点要求的资源救援总量,对该粒子空间坐标向量 X_{ki} 整型化,即不大于 X_{ki} 的最大整数 $INT(X_{ki})$,可获

得 n 个资源存放点要求配置的救援资源。可以看出,通过调整粒子的位置,设立资源分配过程的优化结果和与粒子空间坐标间的投影情况。如图 9-8 所示。

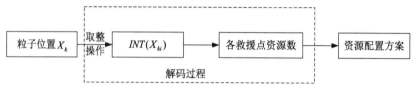

图 9-8　粒子空间坐标与资源配置的映射关系

值得注意的是,基于粒子位置取整操作的方法可能存在实际中无法配置的解,因此有必要通过一定的修正对这个问题进行解决。通过在 PPS 初级阶段,判断由初始化产生的粒子映射的配置方法,对不符合条件的粒子重新初始化。

9.3.4　算例分析

交通事故产生后,救援工作部门包括交通警察,道路管理,故障排除,维护,消防和救护等。交通事故产生之后,关键的救援部门是故障排除,必要时还有消防和救护部门。在案例研究中,配置主要用于排障资源、消防资源和救援资源。本算例流程框架图如图 9-9 所示。

河南省高速路网发展已经较为成熟,以该省内部分高速路网为案例,配置各类救援资源。把互通、枢纽和收费站当作网络内部的节点,串联各个节点的路段当作路网的弧,该省局部高速路网的抽象示意图如图 9-10 所示。

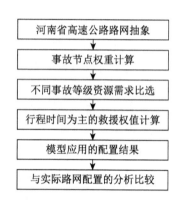

图 9-9　算例应用操作框架

图 9-10 中,弧的长度通过测量路段长度获得,节点旁边的数字是路段上事故的数量,这些事故归因于节点在一定时间内的事故数量。交通事故的发生位于各个节点,即交通事故发生点较多。当前路网中,交通事故点和资源配置点如图 9-11 所示,配置点主要配备的救援资源为交通警察巡逻设施、公路巡逻设施、各类清障资源和消防救护设施等。

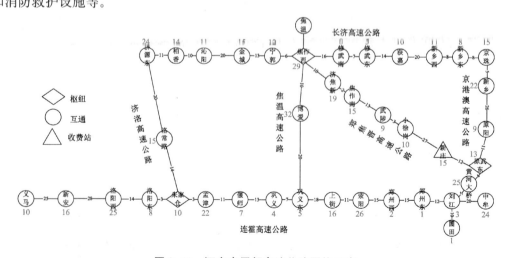

图 9-10　河南省局部高速公路网络示意

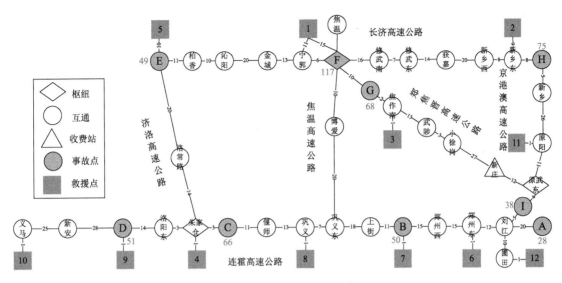

图 9-11 清障资源配置点及事故高概率区

在图 9-11 中,救援资源有 21 处待配置点。事故中有 9 个高概率区域。根据历史数据,1 级,2 级,3 级和 4 级事故分别为 3%,7%,65% 和 25%,即九起交通事故发生概率较大区域的数量大概是 1。记录数字 A 到 I 并随机分配四个级别的事故到事故高概率区域。相对概率可以记录为事故数量与最大事故数量的比率,以选择相对接近的相对概率,表 9-8 获得事故节点的权重。

表 9-8 交通事故发生位置的权重

节点编号	A	B	C	D	E	F	G	H	I
等级	四级	三级	四级	二级	四级	一级	四级	三级	四级
概率	0.24	0.42	0.56	0.44	0.42	1	0.58	0.64	0.32
处理概率	0.25	0.5	0.5	0.5	0.5	1	0.5	0.75	0.25
权重	1/25	1/9	1/16	1/6	1/16	1	1/16	1/6	1/25

表 9-9 不同事故等级所需的救援资源参考值

事故等级	清障车			牵引车	吊车	消防车	救护车
	小型	中型	大型				
一级	2	1	1	1	1	1	2
二级	2	1	0	1	1	1	1
三级	1	1	0	0	0	0	1
四级	1	0	0	0	0	0	0

根据实际中的调查,高速路网中清障车的设计速度为 60 km/h,消防车和救护车的设计速度为 100 km/h。斜坡至公路的行驶耗时和斜坡内的行驶耗时是 4 min。同时,根据研究

343

数据,可以确定高速公路的哪一侧和事故节点处于救援点。在高速公路的哪一侧,综合交通事故发生处的对应重量,获得每个救援点到交通事故发生点的行驶耗时。救援服务水平 $Q \in [0,1]$,救援服务水平太高,不切实际,很容易造成闲置的资源浪费。相反,水平过低,造成公路网的救援服务水平较低,通常取 0.7 或 0.8。在本例中,按照高速公网的真实数据与交通事故发生的有关记录,Q 计算为 0.7。

根据上述分析,交通事故发生要求的各类救援资源通常不大于 4,不同交通事故发生处要求的救援资源参考平均值,通过表 9-9 获得。

1. 考虑当前事故的救援资源配置算例分析

只考虑一次交通事故的需要,事故中有 9 个高概率区域,建立的配置模型如下:

$$C = \min \sum_{i=1}^{12} \sum_{j=1}^{9} w_j \lambda_{ij} x_{ij} \tag{9-67}$$

s.t.

$$Pr\left(\sum_{i=1}^{12} x_{ij} \geqslant r_j, j \in [1, 9]\right) \geqslant Q \tag{9-68}$$

$$\sum_{j=1}^{9} x_{ij} \leqslant a_i, i \in [1, 12] \tag{9-69}$$

$$\sum_{j=1}^{9} x_{ij} = X_i, i \in [1, 12] \tag{9-70}$$

$$\sum_{i=1}^{12} X_i \leqslant B \tag{9-71}$$

采用随机模拟的 PSO 进行计算,基于上述确定的参数,随机选择 1 000 个样本。由于解的维数较多,并且约束条件中存在随机变量,每次生成的约束变量不一定相同。因此,迭代次数由多次实验确定,使得目标值趋于稳定。本文设定当救援服务水平为 0.7 执行资源分配,资源分配结果见表 9-10。

以小型清障车为例,其目标函数值 $C = 186.29$,PSO 的迭代为 3 000 次。

表 9-10 只考虑当前事故的各救援车辆配置结果($Q=0.7$)

救援点	清障车			牵引车	吊车	消防车	救护车
	小型	中型	大型				
救援点 1	1	1	1	1	1	1	1
救援点 2	1	0	1	1	1	1	1
救援点 3	2	1	1	1	1	1	1
救援点 4	2	0	0	1	1	1	1
救援点 5	2	2	0	2	2	3	2

(续表)

救援点	清障车			牵引车	吊车	消防车	救护车
	小型	中型	大型				
救援点 6	2	1	0	0	0	1	2
救援点 7	2	1	1	1	1	1	1
救援点 8	1	1	0	2	2	1	1
救援点 9	1	1	1	1	1	1	2
救援点 10	1	1	1	0	0	1	0
救援点 11	1	1	0	0	0	1	2
救援点 12	2	1	1	1	1	1	1
合计	18	11	7	11	11	14	15

2. 考虑二次事故的救援资源配置算例分析

在现场调查中,据了解,连霍高速和京港澳高速的交通事故发生频率很高。由于季节性原因,春季引发沙尘暴和冻结,交通事故发生数量高于其他季节,而洛济高速春季交通事故发生数量较少,符合路网资源配置;其他季节的事故发生率变化不大。在这种情况下,路网中的二次事故具有一定的规律性。保证成本较低与救援速度足够的基础上,尽可能降低资源配置成本是研究的目标。建立的资源配置模型如下:

$$C = \min\left(\sum_{i=1}^{12}\sum_{j=1}^{9} w_j \lambda_{ij} x_{ij} + \sum_{k \in D}\sum_{i_1=1}^{12}\sum_{i_2=1}^{9} w_j \lambda_k(i_1, i_2) x_k(i_1, i_2)\right) \quad (9-72)$$

s. t.

$$Pr\left(\sum_{i=1}^{12}(x_{ij} + x_k(i_1, i_2)) \geqslant r_j + r_k, j \in [1, 9], k \in D\right) \geqslant Q \quad (9-73)$$

$$\sum_{j=1}^{9}(x_{ij} + x_k(i_1, i_2)) \leqslant a_i, i, i_1, i_2 = [1, 12], k \in D \quad (9-74)$$

$$x_k(i) + \sum_{i_1=1}^{12} x_k(i_1, i) - \sum_{i_2=1}^{12} x_k(i, i_2) = x_{k+1}(i), i = [1, 12], k \in D \quad (9-75)$$

$$x_k(i_1, i) * x_k(i, i_2) = 0, i, i_1, i_2 = [1, 12], k \in D \quad (9-76)$$

$$\sum_{j=1}^{9}(x_{ij} + x_k(i_1, i_2)) = X_i \quad (9-77)$$

$$c\sum_{i=1}^{12} X_i \leqslant B \quad (9-78)$$

$x_k(i_1, i_2)$ 为非负整数,$i_1, i_2 = [1, 12], k \in D$ (9-79)

通过 PSO 进行计算,春季时将救援点 4,5 的配置资源调配至救援点 6,11,12;在夏季时再将资源转移至救援点 1,3;其他季节路网中二次事故发生的概率很小,资源的配置恢复到原始的配置。资源的配置结果如表 9-11、表 9-12、表 9-13。

表 9-11　春季时各救援车辆配置结果($Q=0.7$)

救援点	清障车			牵引车	吊车	消防车	救护车
	小型	中型	大型				
救援点 1	1	1	1	1	1	1	1
救援点 2	1	0	1	1	1	1	1
救援点 3	2	1	1	1	1	1	1
救援点 4	1	0	0	1	1	1	1
救援点 5	1	1	0	1	1	2	2
救援点 6	3	1	0	0	0	1	1
救援点 7	2	1	1	1	1	1	1
救援点 8	1	1	0	2	2	1	1
救援点 9	1	1	1	1	1	1	2
救援点 10	1	1	1	0	0	1	0
救援点 11	2	1	0	1	1	2	2
救援点 12	2	2	1	1	1	1	1
合计	18	11	7	11	11	14	15

以小型清障车为例,将资源存放处 4 的清障车调派 1 辆至资源存放处 6,同时将资源存放处 5 的清障车调派 1 辆至资源存放处 11。

表 9-12　夏季时各救援车辆配置结果($Q=0.7$)

救援点	清障车			牵引车	吊车	消防车	救护车
	小型	中型	大型				
救援点 1	2	1	1	1	1	1	1
救援点 2	1	0	1	1	1	1	1
救援点 3	3	2	1	1	1	2	2
救援点 4	1	0	0	1	1	1	1
救援点 5	1	1	0	1	1	2	2
救援点 6	2	1	0	0	0	1	2
救援点 7	2	1	1	1	1	1	1
救援点 8	1	1	0	2	2	1	1
救援点 9	1	1	1	1	1	1	2
救援点 10	1	1	1	0	0	1	0
救援点 11	1	1	0	1	1	1	1
救援点 12	2	1	1	1	1	1	1
合计	18	11	7	11	11	14	15

将小型清障车作为例子,将资源存放处 6 的清障车调派 1 辆至资源存放处 3,同时将资源存放处 11 的清障车调派 1 辆至资源存放处 1。

表 9-13 秋冬季节各救援车辆配置结果($Q=0.7$)

救援点	清障车			牵引车	吊车	消防车	救护车
	小型	中型	大型				
救援点 1	1	1	1	1	1	1	1
救援点 2	1	0	1	1	1	1	1
救援点 3	2	1	1	1	1	1	1
救援点 4	2	0	0	1	1	1	1
救援点 5	2	2	0	2	2	3	2
救援点 6	2	1	0	0	0	1	2
救援点 7	2	1	1	1	1	1	1
救援点 8	1	1	0	2	2	1	1
救援点 9	1	1	1	1	1	1	2
救援点 10	1	1	1	1	0	1	0
救援点 11	1	1	0	0	0	1	2
救援点 12	2	1	1	1	1	1	1
合计	18	11	7	11	11	14	15

在秋冬季节时恢复为原始配置,以一年为周期的资源调配中,目标函数值为 $C=224.33$。

在使用 PSO 的前提下,忽略二次事故,仅把当次事故作为研究对象时,其目标函数值为 $C=186.29$;当路网中二次事故具有周期性,在各资源存放点间相互调配救援资源,以路网中的内部资源来解决路网交通事故发生的周期性变化的需求,其目标函数值为 $C=224.33$。

仅对当前事故进行资源配置时成本相对较小,但这种配置在很大程度上难以应对公路网中突发情况;相对而言,尽管考虑路网内二次事故将提高路网救援资源的配置成本,但可以更好地应对交通事故的发生。特别是对于周期性的路网,采用了利用路网内部资源协调救援点的方式。根据分析,一般而言,内部互通救援资源的成本小于额外资源分配的成本。然而,新的救援设备可以更好地满足可能发生交通事故时道路网资源的内部部署。因此,如果相互调用的费用大于新建救援设备的 5%,在具体问题中,更侧重于增加新的救援设备。

9.4 高速公路成网条件下应急救援资源调度方法

9.4.1 应急救援资源调度方法适应性分析

1. 只考虑直接成本的调度方法

只考虑直接成本的资源调度是应用广泛的一种调度思路,这种思路的调度决策基于一个前提——调配事件发生地点附近最近的可用资源参与救援是最优的调度方法,这个前提作为一个常识性的经验被人们广泛接受。目前,对于只考虑直接成本的调度方法的研究在于使得救援响应时间(或者说救援响应总时间)最短。以下是基于救援响应时间最短的调度方法。

基于救援响应时间最短的调度问题描述如下:设 $A_1, A_2, \cdots A_n$ 为高速公路上 n 出救点,A 为需要救援的事件发生点,x 为救援资源需求量,Ai 的资源可供应量为 $x_i(x_i>0)$,$i=1, 2, \cdots, n$,$\sum_{i=1}^{n} x_i \geqslant x$,从 A_i 到 A 需要的时间为 $t_i(t_i>0)$,要求在保证应急救援资源需求的条件下,确定参与应急救援的出救点及各自提供的应急救援资源数量,使得救援响应时间最短。

假设:φ 为任一救援调度方案,$\varphi = \{(A_i, x'_i), (A_i, x'_i), \cdots (A_i, x'_i)\}$。其中,$0 < x'_i \leqslant x_i$,$\sum_{i=1}^{m} x'_i = x$。$T(\varphi)$ 为方案 φ 对应的救援响应时间,$T(\varphi) = \max t_i$。χ 为方案 φ 的集合。建立模型如式(9-80)所示:

$$\text{Minimize } T(\varphi)$$

$$\text{s.t.} \begin{cases} \sum_{i=1}^{m} x'_i = x \\ x'_i \leqslant x_i \\ t_i \geqslant 0 \\ x_i \geqslant 0 \end{cases} \tag{9-80}$$

该模型是一个极大值极小化问题的非线性规划模型。首先按照 t_i 从小到大排序,然后再找出满足需求量的临界下标,最后得出最优方案。

不失一般性,不妨假设 $t_1 \leqslant t_2 \leqslant \cdots t_n$,可以证明此问题的最优解为 φ^*。

$$\varphi^* = \{(A_1, x_1), (A_2, x_2), \cdots (A_p, x - \sum_{k=1}^{p-1} x_k)\}$$

$$\sum_{k=1}^{p-1} x_k < x \leqslant \sum_{k=1}^{p} x_k \tag{9-81}$$

该方案的特点是:选取离事故地点 A 最近的出救点 A_1 参与应急,如果 A_1 的全部物资 x_1 小于需求量 x,则让第二近的出救点 A_2 参与应急,如果 A_1 和 A_2 的全部物资量之和 $x_1 + x_2$ 还小于需求量 x,则让第三近的出救点 A_3 参与应急。依次类推,直到满足应急物资的需求。

引入 0~1 整数规划把此非线性规划问题转化为一个线性规划问题求解,求解过程比较简单,而且便于操作计算,引入 y_i 这个 0~1 整数变量,$y_i = 1$ 表示 A_i 出救点被选中,$y_i = 0$ 表示 A_i 出救点没有被选中。(上述模型)可以等价于(下面模型)的线性规划问题。

$$\text{Minimize } T(\varphi)$$

$$\text{s. t.} \begin{cases} T - y_i t_i \geqslant 0 \\ \sum_{i=1}^{m} x'_i = x \\ x'_i \leqslant x_i \\ x_i - M y_i \leqslant 0 \\ M x_i - y_i \geqslant 0 \\ t_i \geqslant 0 \\ x_i \geqslant 0 \\ y_i \in \{0, 1\} \end{cases} \quad (9\text{-}82)$$

如果以资源救援响应总时间作为目标函数,对任何一次事故救援,如果我们仅仅考虑派遣车辆的费用,那么调度模型如式(9-83)所示：

$$\text{Minimize} \sum_{i \in L} \sum_{f \in F} \lambda_{if} x_{if}$$

$$\text{s. t.} \begin{cases} \sum_{i \in L} x_{if} = n_f \, \forall f \in F \\ \sum_{f \in F} x_{if} \leqslant r_i \, \forall i \in L \\ \lambda_{if} \geqslant 0 \\ x_{if} \geqslant 0 \end{cases} \quad (9\text{-}83)$$

式中　L——应急出救点,点 $i \in L$ 可提供 r_i 辆救援车辆；

F——事件发生点,点 $f \in F$ 需要 n_f 辆救援车辆；

λ_{if}——从 $i \in L$ 派遣到 $f \in F$ 的最短路径权值；

x_{if}——从 $i \in L$ 派遣到 $f \in F$ 的救援车辆数。

约束条件一表示派出到事件发生点的救援车辆的数目应该与事件发生地点需要的救援车辆数相等。约束条件二表示应急出救点派出到事件发生地点的救援车辆数不应该超过应急出救点的救援车辆数。

2. 考虑潜在成本的调度方法

和只考虑直接成本的资源调度方法相比,考虑潜在成本的调度方法基于这样一个前提——如果考虑到潜在的事件发生,调配当前事件发生地点附近最近的可用资源参与救援并不一定是最优的调度方法。这是一种基于整体性和不确定性的救援资源调度思路。

(1) 基于广义响应成本的调度方法

高速公路救援广义响应成本可以认为是事件响应延迟造成的整体损失。所谓响应延迟整体损失是指,在发生多起突发事件时,所有事件从接警到响应这段时间内所造成的损失。这个损失是一种广义损失,例如人员因不及时施救造成的损失,或者是因拥堵处理不及时造成的交通延误损失,还可以是为不同损失赋予相应权重形成的综合损失。事件造成的损失与事件得到响应的及时程度紧密联系,则可以认为该广义损失是整体响应时间的函数,问题进而转化为以整体响应时间为决策目标。以广义响应延迟整体损失为决策目标,该问题的数学模型目标函数描述如式(9-84)所示：

$$\begin{aligned}\text{Minimize } \Omega &= \sum_i \sum_j X_{ji}(t) \cdot L_{ji}(t) \\ &= \sum_i \sum_j X_{ji}(t) \cdot (f_{ji}(T_{ji}(t), EP_i) + P_i \cdot g(T_i, T_{ji}(t)) \\ &\quad + h(l_i, t) + \tau \cdot Y_j)\end{aligned} \quad (9\text{-}84)$$

目标函数包括 f、g、h 和 τ 四部分内容，这四部分含义分别代表：

f：响应延迟造成的直接损失应包括所有事件的损失之和，定义该损失为 f。不同类型的事件造成的损失不同，比如失火或车辆碰撞时造成直接的财产损失，人员伤亡时造成生命损失，因此 f 是以行程时间和事件类型作为变量的函数。

g：事件等待时间过长会造成呼救者的不满，对交通管理系统的效率产生怀疑，造成间接损失，因此需要建立惩罚函数，定义为 g。高速公路对于突发事件的响应时间有一定规定，一般要求在 30 分钟内到达事故现场，这个时间标准相对比较泛泛，未考虑事件类型，对于较严重的事件应在较短时间内作出反应，否则其响应是没有意义的。可见，g 是行程时间和不同类型事件响应时间标准的函数。

τ：事件同时发生的概率一般很小，两起事件之间会存在一定的时间间隔。当再次发生事件时，或许需要对已经执行调度命令的车辆重新分配任务，考虑到应急车辆位置、事件位置存在计算误差，并且频繁的任务再分配会令车辆驾驶人员造成混淆，进而产生抵触情绪，因此是否重新为车辆安排任务应慎重考虑。将再分配标准定义为 τ，即车辆重新调度所产生的效益相比原有调度方式产生的效益超过某一规定的标准时才执行修正后的调度策略。τ 是一个经验值，可以依据大量的历史数据得出具体值，也可以指定一个范围，例如规定在效益改善达到 5% 时即可重新为车辆分配任务。

h：应急车辆被分配响应任务后，造成其所属辖区出现覆盖空白，形成潜在事件的损失，定义为 h。突发事件在高速公路各路段和各个时间段发生的概率不同，因此潜在事件损失 h 也不尽相同。对于事件多发路段和拥堵高峰期应赋予较高的 h 值。

其中 $f_{ji}(T_{ji}(t), EP_i)$ 理论上可以利用响应时间和事件权重计算求得，$g(T_i, T_{ji}(t))$ 有赖于具体突发事件的响应时间要求以及因超时造成间接损失的计算，$h(l_i, t)$ 则需要通过历史数据进行分析总结。

考虑到构建精确函数表达式所需要的大量相关历史事件数据难以获取，将决策目标退一步定位在与其变化趋势相一致的广义整体响应时间上。建立以广义整体响应时间为决策目标的优化模型，如式(9-85)所示。

$$\begin{aligned}\text{Minimize } \Omega &= \sum_i \sum_j X_{ji}(t) \cdot T'_{ji}(t) \\ &= \sum_i \sum_j X_{ji}(t) \cdot EP_i \cdot (aT_{ji}(t) + bw_j(t) \cdot Q_j \\ &\quad + cg(T_{ji}(t)) \cdot P_i + d\tau \cdot Y_j)\end{aligned} \quad (9\text{-}85)$$

(2) 基于机会成本的调度方法

基于广义响应成本的调度方法考虑了构成事件响应延迟造成的整体损失的四个方面内

容。从重要程度来说,相对与惩罚损失(g)和再分配损失(τ),潜在事件损失(h)更具有迫切的现实意义。

对任何一次事故救援,如果我们仅仅考虑派遣救援车辆的费用,建立事故救援模型的一般规划如式(9-86),在模型中事故救援的成本只与救援车的数量以及路径的权值有关。

$$\text{Minimize} \sum_{i \in L} \sum_{f \in F} \lambda_{if} x_{if} \tag{9-86}$$

实际交通路网中,交通事故的发生往往可能伴随着新的事故的发生,而新事故的发生无论从空间上和时间上都存在很大的随机性。我们建立救援模型时,除了考虑当前事故的救援服务成本问题外,还应该把未来事故的服务成本考虑进来。为此引入机会成本(opportunity cost)概念,以描述在服务时间段内可能发生的新的事故。为了解决实际的交通路网中更为复杂的情况(多个事故点,更多响应的救援车辆),针对模型(9-84)的不足,引入机会成本表达式,建立新的事故救援模型。模型描述如式(9-87)所示:

$$\text{Minimize} \sum_{i \in L} \sum_{f \in F} \lambda_{if} x_{if} + \sum_{i \in L} \sum_{v \in N} P_v (\lambda_{iv} - \lambda_v) y_{iv} \tag{9-87}$$

式(9-87)包含了当前事故救援响应的服务成本以及与未来事故救援服务相关的机会成本。

3. 应急救援资源调度方法比选

只考虑直接成本的调度方法和考虑潜在成本的调度方法反映了资源调度问题的两种思路。只考虑直接成本的调度方法关注的是当前的事件应急,这种思路被广泛认可是基于两个基本前提:一是调配事件发生地点附近最近的可用资源参与救援是最优的调度方法,这个前提作为一个常识性的经验被人们广泛接受;二是救援资源的调配不影响系统的稳定性,决策者关注的只是当前的事件,而且认为如果再次发生事故实施资源调度不会受到本次调度结果的影响,即系统是稳定的。

和只考虑直接成本的资源调度方法相比,考虑潜在成本的调度思路则是一种基于整体性和不确定性的救援资源调度思路,这种思路认为:如果考虑到潜在的事件发生,调配当前事件发生地点附近最近的可用资源参与救援并不一定是最优的调度方法。

通过对两种思路的比较可以知道,这两种思路的根本区别在于是否考虑系统的不确定性。系统的不确定性在于:①事件发生的不确定性。作为决策者在做出调度决策时是不是考虑到了潜在的事件发生,或者说如何将这种不确定性应用到决策中。②救援资源使用的不确定性。尤其对于救援来说,救援资源通常是稀缺的。如果不考虑救援资源使用的不确定性,那么每次决策前都认为下一次决策时救援资源仍然是可用的,而且是充足的。而实际情况往往是,被调度的救援资源往往对于下一次决策是不可用的。

高速公路成网条件下的应急救援资源调度若只考虑直接成本,则当潜在事故发生时,可能会无法及时调用周边救援点的救援资源。节假日大流量、恶劣天气、重大交通事故等特殊事件时多车道高速公路的救援资源需求量大,且通常是稀缺的救援资源(这些救援资源只是在路网的某些路段配备),需要调配整个路网的或者是局部路网的救援资源才能满足要求。

由此高速公路成网条件下的应急救援资源调度宜采用考虑潜在成本的调度方法。

9.4.2 考虑救援路径拥挤状态的应急救援资源调度模型

高速公路成网条件下，应急事件的发生通常会对上游救援路径的交通流产生影响，致使救援路径上车辆排队长度增加，并引起交通拥挤。救援车辆通过救援路径时的行程时间会随着拥挤状态和事件处置进度而发生变化。忽略救援路径拥挤状态对救援成本的影响会使模型在计算救援路径行程时间时产生误差。为更符合高速公路成网条件下的应急救援实际情况，引入救援路径拥挤状态影响因素，对潜在成本调度模型进行优化。

以垂直排队思想作为基础，将救援路径行程时间分为自由流行程时间和排队延误，推导新的救援路径行程时间估计表达式。

设救援路径为 m，路径总长度为 L_m，救援路径行程时间为 T_m，车辆的自由流速度为 v_m^{free}。根据路段的拥挤状态 T_m，可将的求解分为以下两种情况：

(1) 若救援路径无拥挤，T_m 仅由救援车自由流行程时间 T_m^{free} 组成，即

$$T_m = T_m^{\text{free}} = \frac{L_m}{v_m^{\text{free}}} \tag{9-88}$$

(2) 若救援路径发生拥挤，该路段可看作由非拥挤路段和拥挤路段组成，非拥挤路段定义为：救援车辆以设计车速行驶的路段，拥挤路段定义为：救援车辆遇到排队车辆形成延误的路段。则对应的 T_m 由自由流行程时间 T_m^{free} 和排队延误 T_m^{delay} 组成。T_m^{delay} 为救援车辆从救援点到事故点因拥挤造成的延误，反映了拥挤路段上车辆的消散时间。定义救援路径行程时间为：

$$T_m = T_m^{\text{free}} + T_m^{\text{delay}} = \frac{L_m}{v_m^{\text{free}}} + T_m^{\text{delay}} \tag{9-89}$$

若救援路径无交通拥挤，则 T_m 由式(9-88)求解即可，若路径发生交通拥挤，则根据式(9-89)求解 T_m^{delay}。由于救援路径上可能会存在若干段不连续的拥挤路段，导致车辆的多次停止和行驶，难以估计式(9-89)中 T_m^{delay}。为此假设：若路径出现排队现象，形成拥挤路段，将拥挤部分平移至路径下游尾部，使得非排队路段和排队路段被看成两段连续的路径，救援车辆先在非拥挤路段上行驶，后在拥挤路段上行驶。令 t_m 表示从事故发生到救援车辆到达拥挤路段的时间，即在不同排队的情况下救援车辆的行驶时间，求解 T_m^{delay} 的关键步骤即是对 t_m 的推导。

以 $N_m(t_m)$ 表示 t_m 时刻拥挤路段上的车辆数，则

$$T_m^{\text{delay}} = \frac{N_m(t_m)}{C_m} \tag{9-90}$$

式中 C_m——为路径 m 的通行能力。

$N_m(t_m)$ 的值与路径 m 的交通需求量 Q_m^{in}、通行能力 C_m 及 t_m 有关。当 $Q_m^{\text{in}} \leqslant C_m$ 时，事故路段没有排队；当 $Q_m^{\text{in}} > C_m$ 时，事故路段发生排队，且排队以 $Q_m^{\text{in}} - C_m$ 的速率增长，在事故发生后的 t_m 时刻排队车辆数为 $(Q_m^{\text{in}} - C_m) t_m$。故 $N_m(t_m)$ 为：

$$N_m(t_m) = \begin{cases} (Q_m^{\text{in}} - C_m) t_m & Q_m^{\text{in}} > C_m \\ 0 & Q_m^{\text{in}} \leqslant C_m \end{cases} \qquad (9-91)$$

则

$$T_m^{\text{delay}} = \frac{N_m(t_m)}{C_m} = \frac{\max(Q_m^{\text{in}} - C_m) t_m}{C_m} \qquad (9-92)$$

通过 L_m 和 t_m 的相对关系以求解 t_m。设 L_m^{free} 为非拥挤路段的总长度,L_m^{queue} 为拥挤路段的总长度,则

$$L_m = L_m^{\text{free}} + L_m^{\text{queue}} \qquad (9-93)$$

在 L_m 已经确定的情况下,L_m^{free} 和 L_m^{queue} 的值取决于 t_m 时刻拥挤路段的车辆数,从而可以用变量 t_m 和 $N_m(t_m)$ 来表示 L_m^{free} 和 L_m^{queue},即:$L_m^{\text{free}} = v_m^{\text{free}} t_m$,$L_m^{\text{queue}} = N_m(t_m)\xi$,则有:

$$L_m = v_m^{\text{free}} t_m + \max(0, (Q_m^{\text{in}} - C_m)) t_m \xi \qquad (9-94)$$

式中　v_m^{free}——救援车辆设计车速;
　　　ξ——平均车辆排队长度因子,一般取 5 m/pcu。

由式(9-94)反求出 t_m 得:

$$t_m = \frac{L_m}{v_m^{\text{free}} + \max(0, (Q_m^{\text{in}} - C_m))\xi} \qquad (9-95)$$

将式(9-95)代入式(9-92)得:

$$T_m^{\text{delay}} = \frac{\max(0, (Q_m^{\text{in}} - C_m))}{C_m} \times \frac{L_m}{v_m^{\text{free}} + \max(0, (Q_m^{\text{in}} - C_m))\xi} \qquad (9-96)$$

将式(9-96)代入式(9-89)得:

$$T_m = \frac{L_m}{v_m^{\text{free}}} + \frac{\max(0, (Q_m^{\text{in}} - C_m))}{C_m} \times \frac{L_m}{v_m^{\text{free}} + \max(0, (Q_m^{\text{in}} - C_m))\xi} \qquad (9-97)$$

基于多事故点和多救援点的资源派遣,从救援点 i 到达事故点 f 的多路径选择情况下,救援路径为行程时间最短的路径,故得如下约束:

$$T_{if} = \min\{T_{ifm}\}, m = 1, 2, 3, 4, \cdots \qquad (9-98)$$

式中　T_{if}——表示救援点 i 到达事故点 f 的最短行程时间;
　　　T_{ifm}——表示救援车由路径 m 从救援点 i 到达事故点 f 的行程时间。

针对潜在事故点 h 有:

$$T_{ih} = \min\{T_{ihm}\}, m = 1, 2, 3, 4, \cdots \qquad (9-99)$$

式中　T_{ih}——表示救援点 i 到达潜在事故点 h 的最短行程时间;
　　　T_{ihm}——表示救援车由路径 m 从救援点 i 到潜在事故点 h 的行程时间。

将救援车辆行程时间估计表达式代入,可得改进的资源派遣模型为:

$$\text{Min } Z = \sum_{i \in L}\sum_{f \in F} T_{if} x_{if} + \sum_{i \in L}\sum_{h \in H} P_h T_{ih} x_{ih} \tag{9-100}$$

s. t.

$$\sum_{f \in F} x_{if} + \sum_{h \in H} x_{ih} \leqslant r_i \quad \forall i \in L \tag{9-101}$$

$$\sum_{i \in L} x_{if} \geqslant n_f \quad \forall f \in F \tag{9-102}$$

$$\sum_{i \in L} x_{ih} \geqslant n_h \quad \forall h \in H \tag{9-103}$$

$$x \geqslant 0, \text{且 } x \text{ 为整数} \tag{9-104}$$

式中　$T_{if} = \min\{T_{ifm}\}, m = 1, 2, 3, 4, \cdots, T_{ih} = \min\{T_{ihm}\}, h = 1, 2, 3, 4, \cdots$;
$T_{ifm} = T_{ifm}^{\text{free}} + T_{ifm}^{\text{delay}}, T_{ihm} = T_{ihm}^{\text{free}} + T_{ihm}^{\text{delay}}$;
$T_{ifm}^{\text{free}} = \dfrac{L_{ifm}}{v_{ifm}^{\text{free}}}, T_{ihm}^{\text{free}} = \dfrac{L_{ihm}}{v_{ihm}^{\text{free}}}$;
$T_{ifm}^{\text{delay}} == \dfrac{N_{ifm}(t_m)}{C_{ifm}} = \dfrac{\max(0, (Q_{ifm}^{\text{in}} - C_{ifm}))}{C_{ifm}} \times \dfrac{L_m}{v_m^{\text{free}} + \max(0, (Q_{ifm}^{\text{in}} - C_{ifm}))\xi}$;
$T_{ihm}^{\text{delay}} == \dfrac{N_{ihm}(t_m)}{C_{ihm}} = \dfrac{\max(0, (Q_{ihm}^{\text{in}} - C_{ihm}))}{C_{ihm}} \times \dfrac{L_m}{v_m^{\text{free}} + \max(0, (Q_{ihm}^{\text{in}} - C_{ihm}))\xi}$。

高速公路区域路网交通应急资源派遣是一个多救援点多事故点的优化派遣问题，采用遗传算法求解，详细步骤如下：

Step1：设定遗传算法基本参数。种群个数M、最大迭代数$t_{\max}$、交叉率P_c和变异率P_M。

Step 2：编码。编码长度为变量x_{if}和x_{ih}的总数，编码采用实数编码，编码值为变量x_{if}和x_{ih}的对应值。

Step 3：生成初始种群。随机情况下产生N个满足约束条件的数据初值，各个数据都是一个个体，这样，由上述的N个个体便形成了一个种群。

Step 4：计算个体适应度。由于目标函数求解的是在资源有限条件下的最短救援行程时间，因此可以通过惩罚函数法来构造适应度函数，所构造的适应度函数为：

$$f_n = \dfrac{1}{\sum\limits_{i \in L}\sum\limits_{f \in F} \lambda_{if} x_{if} + \sum\limits_{i \in L}\sum\limits_{h \in H} P_h \lambda_{ih} x_{ih}} \tag{9-105}$$

式中　n——为变量参数，取值为$1, 2, \cdots, N$，N为种群大小。

Step 5：选择操作。根据上述计算的适应度值，选用轮盘赌选择法，根据每个个体适应度值所占的比例来决定其保留的可能性。如f_n为第n个个体的适应度，$\sum\limits_{n \in N} f_n$为种群总的适应度，则$\dfrac{f_n}{\sum\limits_{n \in N} f_n}$作为第$n$个个体的选择概率。

Step 6：交叉操作。采用实数交叉法，第l个染色体a_l和第k个染色体a_k在j位的交叉操作方法为：

$$a_{kj} = a_{kj}(1-\alpha) + a_{kj}\alpha \tag{9-106}$$

$$a_{kj} = a_{kj}(1-\alpha) + a_{lj}\alpha \tag{9-107}$$

式中 α——为[0,1]区间的随机数。

个体可行性可按照目标函数约束条件来判断,若为无效个体,则继续交叉直至生成有效个体。

Step 7:变异操作。采用非均匀变异,第 i 个个体的第 j 个基因 a_{ij} 进行变异的操作方法为:

$$a_{ij} = \begin{cases} a_{ij} + (a_{ij} - a_{\max})f(t), & \beta \geqslant 0.5 \\ a_{ij} + (a_{\min} - a_{ij})f(t), & \beta < 0.5 \end{cases} \tag{9-108}$$

式中 $a_{\max}$——基因 a_{ij} 的上界;

$a_{\min}$——基因的下界;

$f(t)$——函数,$f(t) = \gamma(1-t/t_{\max})^2 a_{ij}$,$\gamma$ 是随机数,t 是当前迭代次数,$t_{\max}$ 最大进化次数;

β——为[0,1]区间的随机数。

个体可行性可按照目标函数约束条件来判断,若为无效个体,则继续变异直至生成有效个体。

Step 8:是否满足最大迭代次数,若满足,执行步骤 9;否则迭代次数 $t \leftarrow t+1$,转到步骤 4。

Step 9:输出种群中适应度值最高的个体作为问题的最优解。

9.4.3 算例分析

将河南省高速公路区域路网作为应用路网,应用遗传算法分别对传统和改进派遣模型进行优化求解,揭示救援路径拥挤延误对其行程时间及应急资源派遣方案的影响机理。

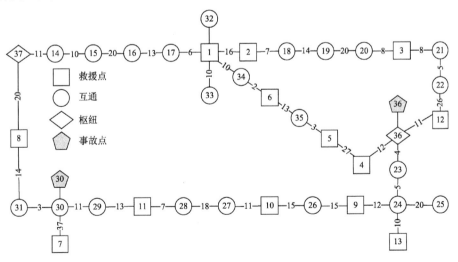

图 9-12 示例路网拓扑结构(图中单位:km)

示例路网包括京珠、长济、济洛、郑焦、焦温、连霍高速公路,其 37 个节点共包含 13 个救援点、35 个互通点、2 个枢纽,如图 9-12 所示,其中节点之间的数字表示两者之间的距离。路网中各节点编号所对应的站点名称如表 9-14 所示。

表 9-14 路网中各站点编号相对应的站点名称一览

节点编号	1	2	3	4	5	6	7	8	9	10	11	12	13
对应名称	焦作西站	修武南	新乡东	新庄站	小徐岗站	焦作南站	济源东	洛常路	郑州东	荥阳	巩义	原阳	圃田
节点编号	14	15	16	17	18	19	20	21	22	23	24	25	26
对应名称	柏香	沁阳	金城	宁郭	修武东	获嘉	新乡西	京珠	新乡	黄河大桥	刘江	中牟	郑州西
节点编号	28	29	30	31	32	33	34	35	36	37			
对应名称	巩义东	偃师	孟津	焦温	博爱	博爱南	济焦新	武陟	原武东	朱家仓			

路网中当前有 2 个事故点,事故点 1 位于原武东,等级为一般事故,需要 3 辆救援车;事故点 2 位于孟津站,等级为特大事故,需要 4 辆救援车。路网中当前存在 7 个潜在事故点,各潜在事故点发生时对救援车的需求均为 1 辆。每个救援点配置的救援车如表 9-15 所示。

表 9-15 救援车辆配置数量

序号	1	2	3	4	5	6	7	8	9	10	11	12	13
救援点	焦作西	修武南	新乡东	新庄	小徐岗	焦作南	济源东	洛常路	郑州东	荥阳	巩义	原阳	圃田
救援车数	1	1	1	1	2	1	1	2	2	1	2	2	1

采集路网潜在事故信息,如表 9-16 所示,表中 P_h 代表潜在事故点发生事故的概率。

表 9-16 路网潜在事故信息

潜在事故点名称	潜在事故发生的概率 P_h
柏香	0.10
获嘉	0.13
京珠	0.07
刘江	0.32
偃师	0.15
博爱	0.03

将各个救援路径的总长度、通行能力代入公式(9-90)得到基于传统模型的 13 个救援点的行程时间估计值;将各个救援路径长度、通行能力、交通量、自由流速度等代入公式(9-96),得到基于改进模型(9-100)的 13 个救援点行程时间估计值,如表 9-17 所示。

根据表 9-17,针对不同模型,各救援点到达事故点的行程时间发生了变化,将其由小到大排列,可以得到不同模型下各个救援车辆行程时间的对比关系,如表 9-18 所示。

表 9-17　两种模型下各救援点救援车辆的行程时间估计值一览　　　单位:min

救援点	传统模型		改进模型	
	事故点 1	事故点 2	事故点 1	事故点 2
焦作西 1	58	40	70	63
修武南 2	68	50	77	55
新乡东 3	97	30	100	32
新庄站 4	91	7	95	10
小徐岗 5	75	23	107	25
焦作南 6	65	33	82	37
济源东 7	22	76	33	85
洛常路 8	10	59	40	62
郑州东 9	54	13	75	23
荥阳 10	36	31	39	35
巩义 11	14	52	29	67
原阳 12	73	8	91	30
圃田 13	67	11	81	27

表 9-18　两种模型下各救援点到达事故点行程时间相对关系汇总　　　单位:min

	传统模型行程时间	改进模型行程时间
事故点 1 (行程时间由小到大排列)	洛常路(10) 巩义(14) 济源东(22) 荥阳(36) 郑州东(54) 焦作西(58) 焦作南(65)	巩义(29) 济源东(33) 荥阳(39) 洛常路(40) 焦作西(70) 郑州东(75) 修武南(77)
事故点 2 (行程时间由小到大排列)	新庄(7) 原阳(8) 圃田(11) 郑州东(13) 小徐岗(23) 新乡东(30) 荥阳(31)	新庄(10) 郑州东(23) 小徐岗(25) 圃田(27) 原阳(30) 新乡东(32) 荥阳(35)

由表 9-18 可知,救援路径未出现拥挤时,由两个模型所得行程时间基本相同,各救援点到事故点 1 的行程时间按从小到大的顺序排列,所得的排列顺序是相同的;当发生拥挤时,

改进模型所得的行程时间大于传统模型所得的行程时间。原阳在传统模型中为到达事故点2第二近的救援点(8 min)，但在改进模型中变为距事故点2第五近的救援点(30 min)。传统模型未考虑事故发生对上游路网交通状况的影响,而改进模型将排队路段行程时间考虑在内,从而得到的行程时间也更贴近实际路况。

表 9-19 派遣方案对比

模型	事故点	派遣方案			至事故点的总救援车辆行程时间(min)	派遣方案总救援车辆行程时间(min)
		救援点	派遣车辆数	救援车辆行程时间(min)		
传统模型	事故点1	洛常路	2	40	109	206
		巩义	1	29		
	事故点2	新庄	1	10	97	
		原阳	2	30		
		圃田	1	27		
改进模型	事故点1	济源东	1	33	91	172
		巩义	2	29		
	事故点2	新庄	1	10	81	
		小徐岗	1	25		
		郑州东	2	23		

遗传算法实现环境主要包括编码、选择、交叉、突变、个体适应度评估模块,设种群个数设置为150,交叉率为0.8,变异率为0.1,最大遗传代数为300代,代沟为0.8。应用遗传算法分别对传统资源派遣模型和改进资源派遣模型进行求解,获得的派遣方案对比如表9-19所示。

由改进模型计算的救援车辆行程时间更加符合实际情况,故表9-19中传统模型所得的方案仍然由式(9-96)计算实际救援车辆行程时间。

根据表9-19,事故点1的派遣方案分析如下:由于事故1引起路段拥挤,从洛常路派遣的车辆会经过拥挤路段"洛常路-焦温",造成排队延误,此时若按传统模型所得派遣方案,则会增加救援车辆的行程时间。应用改进模型所得的方案舍弃从洛常路派遣的救援车辆,改为从济源东派遣,并增加原有巩义救援点的派遣车辆数,则至事故点1的总救援车辆行程时间减少了 109-91=18 min。

事故点2的派遣方案分析如下:事故2引发各路段产生不同程度的交通拥挤,从原阳、圃田派遣的救援车辆分别会经过拥挤路段"原阳-原武东"和"圃田-刘江"。因此,改进模型方案改为从小徐岗和郑州东联合派遣救援车辆,至事故点2的总救援车辆行程时间减少了 97-81=16 min。

相对传统模型,改进派遣模型的总救援车辆行程时间减少了(206-172)÷206=16.5%。改进模型在求解救援车辆行程时间方面更加符合实际情况,对于解决多事故点、多救援点的救援资源调度问题,能够起到优化作用。

9.5 本章小结

本章分析了高速公路成网条件下的应急救援需求,对比了单目标与多目标应急救援设施选址模型的适应性,构建了考虑地点成本差异与需求不确定性的多目标选址优化模型;在应急救援资源的配置时考虑高速公路应急事件发生的并发性及二次事故救援问题,提出了面向二次交通事故的救援资源优化配置模型,并改进粒子群算法进行模型求解;针对应急交通事件诱发的救援路径拥挤状态,考虑路径拥挤对救援成本的影响,建立了改进的应急救援资源调度模型。

第 10 章

高速公路"一路三方"协作体系

10.1 高速公路"一路三方"协调机制建设

10.1.1 高速公路"一路三方"协作平台

高速公路的管理是一种特殊的"综合性服务",它是由管理机构通过多种管理方式,实现既能为消费者提供安全畅通的行车环境,又能保障高速公路投资者获得一定的经济效益与社会效益的管理目的。高速公路交通运行情况更加复杂,对于管理机构的应急响应,统筹协作提出了更高的要求。

为加强对高速公路交通管理,道路三方即高速公路经营管理部门、高速公路交警和高速公路路政管理部门需从省级高速公路监控管理平台、高速公路经营管理平台以及路段管理处三个层面构建三方协作平台,高速公路经营管理部门负责高速公路的收费经营、养护、排障与运行监控;高速公路交警负责高速公路的治安管理、交通安全、交通秩序管理和交通事故处理;高速公路路政管理部门负责路政执法、运政管理与经营监督。根据管理需求确立协作目标,制定长效协调机制,总体上保障信息资源共享、协作管理常态化、应急同步响应。三方系统资源的建设需要统筹规划、共建共享,构建协作工作绩效考评体系,将三方协作作为职责与业务的重要组成部分。

10.1.2 高速公路"一路三方"分层职能

在省级高速公路监控管理平台层面,由省高速公路经营管理部门、省交巡警总队高速公路交通治安管理处、省高速公路路政总队统筹整合全省管理资源,实现联网监控、协调管理、统一指挥。共同协商明确高速公路的系统管理建设目标,制定统一的管理规章以及信息系统建设、人力及管理资源配置规划。信息系统规划建设中注重共享,确保信息及时通畅,从三方职责和协作工作的需求出发对既有系统进行整体完善;在高速公路联网营运管理中心实行三方 24 小时联合值班监控,实现业务融合,确保信息及时共享,三方定期召开省级主管部门联席会议,及时根据需求调整高速联网协调管理方针;在高速公路的重大交通事故应急响应中协调三方行动,合理调配各路公司、路段资源,与省级政府其他相关部门以及邻省高速公路管理部门积极沟通,发挥系统响应的中枢作用。

高速公路经营管理单位层面负责高速公路的收费经营、养护、排障与运行监控,须根据协作要求进行相应的资源配置,通过规章制度、业务规程以及考评体系的建设保障三方的高效协作。建立高速公路经营管理单位三方长效沟通机制,配置共享信息平台,保证全天候信息畅达,定期召开联席会议,落实省级层面联席会议精神,指导高速公路路段管理处的三方协作管理工作;协商制定高速公路经营管理规章制度,为三方协作的核心业务制定统一的流程规范,协作工作成效作为三方业务考评体系的重要组成部分,制定统一的评价指标与标准,为协作工作提供制度保障;根据管理职责分配资源建设任务,制定三方共建、共享、共管的长期管理发展规划;协商解决经营管理中的资源配置问题,保证系统资源的有效利用,避免重复建设。

路段管理处层面均须配置相应的组织管理机构以及运营管理、养护、排障、事故处置、路政运政执法以及应急救援必需的人力、物力资源,三方基层机构需定期召开三方联席会议,固定常规议程,及时协调日常业务中的合作问题,共同总结业务经验,完善高速公路应急救援中的三方协作预案,并向上级联席会议反馈管理需求;依托路段管理处的信息监控分中心建设联合值班平台,由监控中心管理人员、高速公路交警、路政执法人员共同全天候监控路网中高速公路运行状态,通过路网信息平台与省级联网中心、全路信息监控中心实时沟通,应急条件下尽快落实三方资源统筹调配;根据高速公路路段交通运行情况三方协商布设应急排障点,统筹配置应急救援人力与物力资源,在流量高峰或事故拥堵情况下实施联合巡查和动态布点,由三方共同制定巡查与布点预案。在高速公路路段运行监控、养护、交通安全保障、交通秩序维护以及违法违章行为查处中,三方统一业务要求,协调业务流程,通过操作规程的融合实现协调合作。

高速公路的发展、建设完善的资源体系均需要三方的配合,保证各方职能的充分履行。在省级高速公路监控管理平台、高速公路经营管理平台以及路段管理处三级平台中均应通过组织机构的设置、人员配置、物力统筹以及业务规章、考评体系的建设来保障一路三方协同工作。

10.1.3 高速公路"一路三方"管理架构

由于国内各省高速公路的投融资体制、管理体系、经济发展水平、经营理念各有不同,采取的运营管理模式也多种多样。各省在相关法律、法规的要求下,结合本省经济发展、公路发展、体制改革的需要,通过不同的管理模式构建了适合实际的多高速公路管理体系,形成了多种模式并存的局面,而多种模式间也有很多交叉和相容的部分。按权利权限划分,高速公路的管理一般可分为集中管理型和专线管理型两大类。按机构性质划分,可分为事业管理型、企业管理型和事业单位企业化管理型。按管理内容划分,就体系的管理范围而言,高速公路的管理分为建管一体型和专门管理型。

如图10-1所示,政府主导下的国资委针对国有资产进行管理,专业化集中建设和"投资、建设、运营、管理"相分离的相互约束、制衡的模式,能有效发挥政府主导下的内部专业化分工,统一领导,各司其职的优势,并有效地提高了高速公路建设管理体系的运行效率。

高速公路交通管理方面,多采用"一路双管"的体系,一条高速公路分别由交巡警、高速公路路政双方负责交通执法管理。这种管理模式下,公安部门成立高速公路交警大队,负责高速公路的治安管理、交通安全、交通秩序管理和交通事故处理。交通部门高速公路路政人员负责路政和路产路权的维护。公安、交通部门各自设立交通管理机构,交警、路政人员各自单一执法。高速公路路公司及其下设各地管理处负责道路清障、救援和交通信息发布等。省人民政府其他有关部门和高速公路沿线地方人民政府按照各自的职责做好高速公路相关工作。

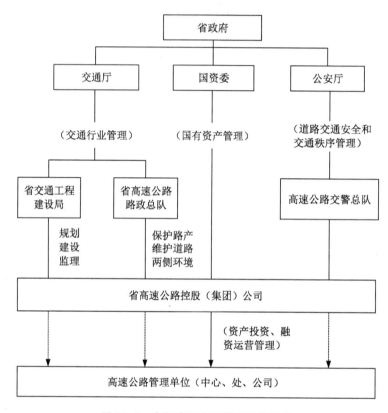

图 10-1　省级高速公路管理体系框架

10.1.4　高速公路日常监控与管理

三方基于建设完善的监控平台联合值班,24 小时监控高速公路运行状态。各级监控中心之间、监控中心与各相关单位、监控中心与三方执法、清障、巡查人员之间保证信息的及时有效沟通,面对恶劣天气和大流量交通等不利情况,三方联合巡查,动态布控,利用信息系统实时监测沿线天气情况。在雾、雨、雪、冰等恶劣天气条件下,通过巡查监测能见度、车流量等情况,及时发现和处置交通事故现场,严防发生次生交通事故;根据恶劣天气相应级别由三方协商确定必要的交通管理措施,通过设置绕行提示标志、电子显示屏或可变情报板、交通广播等方式发布提示信息,按照交通应急管理预案进行分流;饱和流状态下、节假日免费通行等高峰时段,交警路政应协助高速公路经营管理单位维护收费站交通秩序,保障通行和交通安全。

交警部门应协助高速公路经营管理单位做好服务区交通组织,维护交通秩序,及时查处服务区超速、违章停车等行为。高速公路经营管理单位的工程部门在设置标志标线等管理设施时,应与交警部门协商确定设置方案,在符合国家相关规范的前提下,依据管理经验保证交通标志的视认性和信息传达准确性,通过标线设置减少交通冲突,保障安全。对交通安全不利的标志标线应及时调整更换。道路养护施工计划和安排需在三方协作平台上进行共享,交警、路政管理部门借助信息平台对施工计划和现场布置方案进行预审。对于空间范围大、时间较长的养护施工工作交警应到现场进行监督巡查,有效疏导交通。

在日常管理和应急处置中,高速公路路公司与交警部门应积极配合路政部门查处违法行为,维护路产路权,查处超限车辆,保障设施的完善和交通运行的安全,并配合交警对"两客一危"车辆的监督和违规查处,在收费站、服务区等关键节点重点巡查,禁止违规车辆上路。在节假日、大流量或交通拥堵情况下,禁止危化品车辆上路,可由交警部门进行省际联合执法,保证源头管理、全程可控。

在事故处理和日常巡查中,高速公路路公司应配合交警、路政对违法、违章交通行为的查处,共同维护高速公路交通秩序,消除事故隐患,严查超载、超速、疲劳驾驶车辆;通过监控措施查处分流区连续变道、停车、倒车等可能引起高速公路重大事故的违法行为;通过视频监控、三方联合巡查、抓拍并处罚违规车辆牌照等措施查处占用应急车道行驶的车辆,确保高速公路的畅通。

节假日大流量条件下交警、路政与排障部门应整合资源,联合布控,动态巡查,实时密切监控交通运行状态,交通事件发生后及时接警处置。

10.2　高速公路"一路三方"应急响应与处置

10.2.1　高速公路应急救援时间进程

高速公路紧急事件救援时间进程由事件信息采集、事件响应、事件现场管理、事件过程中交通控制与管理、恢复交通五个过程所组成,如图10-2所示。

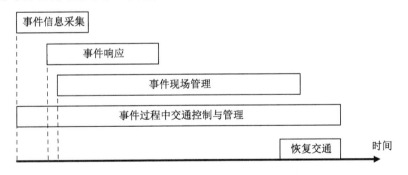

图 10-2　高速公路紧急事件救援过程的时间进程

在高速公路实际救援中,进程各阶段在时间上并非严格的先后顺序关系,部分阶段前后相互交叉。

1. 事件信息采集

事件信息主要是从以下渠道获取:高速公路沿线紧急电话(SOS)、110报警电话、高速公路紧急救助和咨询服务电话号码(96777)、交警巡逻报告、路政巡逻报告、养护机构报告、部分路段(主要是匝道附近)视频监视图像、直拨指挥调度中心的电话等。信息采集方式及互馈机制体现了路公司(指挥调度中心)与总公司、110与路公司之间的协作程度。

2. 事件响应过程

紧急联动的相关部门应快速启动各部门应急方案,各部门立即实施高速公路事件的救援过程。高速公路运营部门快速组织建成异常事件处理协调指挥领导小组(包括两个:指挥调度和现场指挥),指挥协调组设置在指挥中心,职责是公布调度指令并且和三个部门或小组保持联系:应急救援指挥中心、上级主要管理部门、邻近道路指挥调度组;现场指挥组紧急赶往交通事件现场,实施救援工作以及与处于调度指挥中心的指挥调度组沟通协调。

响应部门包含养护、收费站和服务区、交警巡警、路政、消防、排障、救护。各级单位按照各自任务完成来自调度指挥信息中心的指示,并且迅速投入应急救援的处理工作。交警巡警大队、路政大队于接到指示后第一时间到达事故发生点,确保安全保障措施并做好现场保护和交通疏导工作,做好事故处理的现场指挥工作,并将事故现场的具体情形反馈给指挥调度信息中心,提出有针对性的建议以解决封闭交通和借道车辆的分流、除障和养护工作。除障组、养护组需要即刻做好出车准备,除障和养护力量应该即刻出动赶赴现场。在必要的情况下,锥筒等安全标志应该由除障大队运至现场。管制准备工作也应该在一些收费站和服务区展开。

3. 事件现场管理过程

为加强交通事故处置工作的协调,成立交通事故接警处置指挥领导小组,下设指挥调度组和现场指挥组。现场指挥组设在事故现场,组长为事故现场交巡警负责人,副组长为事故现场路政、排障、养护负责人。根据事故严重程度和处置的需要,领导小组组长到达现场作为现场的第一指挥人。当消防到达现场,所有现场人员需听从消防负责人的指挥。

4. 事件的交通控制和管理过程

指挥调度组负责指挥调度中心的交通控制与管理,与事故现场指挥组保持联系。指挥调度中心发布事故信息,并采取各种控制管理手段。

5. 恢复交通过程

交通事故处理结果应在排除障碍和养护工作结束后报告调度指挥信息中心。交通事故现场的相关事项处理完毕后,由交警将事故处理结果报告调度指挥信息中心。事故处理结果到达指挥中心之后,发布恢复交通的信息,完成事故记录,调度指挥信息中心把交通事故结果和解除封路信息报告省级高速公路应急救援办公室。

10.2.2　高速公路紧急救援组织体系构建

为实现高速公路紧急突发事件的应急处置需求,需构建省域层面的高速公路紧急救援组织体系,形成责任明确、信息畅通、运转高效的指挥组织机制。

该体系包括四个层次:领导机构、办事机构、工作机构、专家组,相应的组织机构、工作职责与相互关系阐述如下:

1. 领导机构

省域高速公路紧急救援管理工作由省政府设立的省高速公路紧急救援指挥中心负责,

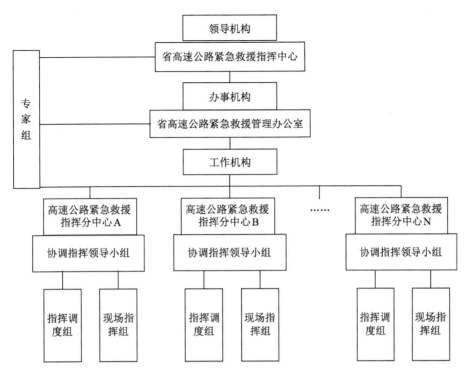

图 10-3　省域高速公路应急救援组织体系结构

作为省域高速公路紧急救援管理工作的领导指挥机构，统一领导全省高速公路紧急救援的管理处置工作，即能够统一领导交通运营、调度指挥信息中心、交警、路政、医疗和消防等相关救援单位。中心主任为省政府相关领导，交通、交警、路政等相关救援部门主要领导任副主任。同时，省高速公路紧急救援指挥中心可以作为全省交通突发公共事件紧急指挥体系的重要组成部分。

2. 办事机构

省高速公路紧急救援指挥中心下设省高速公路紧急救援管理办公室，作为日常办事机构。办公室的主要职责是：履行应急值守、信息汇总和综合协调职责；负责接收和办理向紧急救援指挥中心和上级领导机构报送的紧急事项；承办省高速公路紧急救援管理的专题会议，督促落实有关决定事项；指导全省高速公路紧急救援体系、救援信息平台建设；组织审核专项紧急预案，指导紧急预案体系建设；协调特别重大、重大突发紧急事件的预防预警、紧急演练、紧急处置、调查评估、信息发布、紧急保障和宣传培训等工作。

3. 工作机构

根据高速公路交通紧急救援的管理特点，设立各个高速公路紧急救援指挥分中心，分别负责管辖范围内高速公路紧急事件的救援管理工作。

高速公路交通运营管理公司、高速公路交巡警和路政组成三方联动协调指挥小组，具体负责对辖区内高速公路重特大交通事故采取管制措施和快速联动处置交通事故等紧急事件进行协调指挥。

指挥小组由下列人员组成：组长：公司总经理；副组长：公司副总经理；成员：公司机关各

部门经理、路政支队负责人、指挥调度中心主任、各交巡警大队大队长、各路政大队大队长、各排障大队大队长、各养护工区主任、各收费站站长、各服务区主任。

指挥小组下设指挥调度组和现场指挥组,组成人员如下:

(1)指挥调度组设在救援指挥调度中心。组长:指挥调度中心主任;副组长:公司机关值班经理、路政支队值班领导,组员:指挥调度中心值班管理员、调度员。其主要职责是负责各个救援机构及人员的联络、调配、责任分工,综合观察紧急事件的救援形势,提供参考决策。

(2)现场指挥组设在事故现场。组长:事故现场交巡警负责人;副组长:事故现场路政、排障、养护负责人,组员:事故处理现场所有工作人员。现场指挥组的主要职责是按照各个相关专项救援预案的要求,配合各级紧急救援机构开展紧急救援与紧急处理;结合工作实际,切实加强对预案的管理,不断加以充实和完善。

4. 专家组

省高速公路紧急救援指挥中心聘请有关交通安全与紧急救援专家,组成省高速公路紧急救援专家库,其成员主要是交通安全与救援、交通控制与管理、危化品处置等专家,为紧急救援系统建设和紧急救援过程提供决策建议,必要时参加高速公路突发紧急事件的紧急处置工作。

在组织机制保障的基础上,还应结合信息采集与监控系统、联动巡查、救援点等,有效地整合系统间的资源集成性,提出以下高速公路紧急救援保障体系方案,如图10-4。

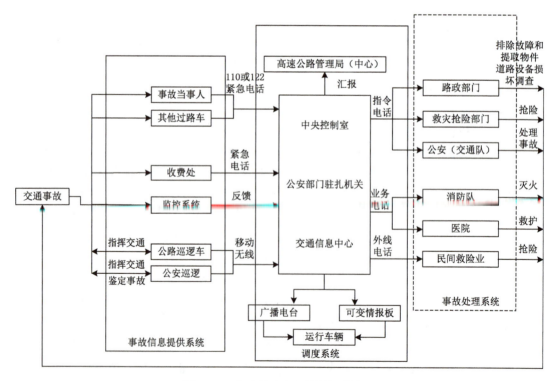

图 10-4 高速公路应急救援保障体系

为了使高速公路紧急救援保障体系方案能够连贯、高效地运作,应注意明确救援工作的主管部门,并建立专门的救援队伍,研究救援理论,协调各方面的关系,同时加大力量配置专用设备;高速公路紧急救援体系的中心是一支具备快速反应能力,救援破拆设备齐全的专业队伍,因此救援破拆设备是否齐全也会影响快速救援工作的进度和效果;交通安全巡警需要进行必要的安全事故救护培训,并在巡逻车上装备一定的医疗急救药品、器件,以及破拆工具,与匝道出入口附近的医院建立联系,设立急救服务项目,由公安与公路部门给予适当补助;合理安排昼夜路面巡逻车值班间隔,特别是事故多发地段的巡逻,加强利用监控设备的监视及维护,以及对驾驶员进行事故自救、互救的宣传培训。

10.2.3 高速公路多部门协调应急预案制定

针对可能发生的灾害或重大事件,为保证事故发生后能够迅速、有序、有效地开展应急救援行动,需制定应急预案把人员伤亡和事故损失降低到最低程度。

根据突发事件时间轴线,可将应急预案分为预警、准备、应急处理、评估恢复这四个阶段。以这四个阶段为基础建立应急预案。应急预案的分类有多种方法,国内按行政区域进行划分,据《公安部关于印发〈高速公路应急管理程序规定〉的通知》,公安部制定一级响应应急预案,省级公安机关制定二级和三级响应应急预案,地级市公安机关制定四级响应应急预案。

道路交通中断 24 h 以上,造成车辆滞留严重影响相邻三个以上省(自治区、直辖市)高速公路通行的为一级响应;道路交通中断 24 h 以上,造成车辆滞留涉及相邻两个以上省(自治区、直辖市)高速公路通行的为二级响应;道路交通中断 24 h 以上,造成车辆滞留影响省(自治区、直辖市)内相邻三个以上地市辖区高速公路通行的为三级响应;道路交通中断 12 h 以上,造成车辆滞留影响两个以上地市辖区内高速公路通行的为四级响应。

1. 重特大交通事故下的应急预案

根据突发事件分级,3 辆以下车辆肇事,一次造成死亡 1~2 人或重伤 3~10 人的交通事故称为重大交通事故。死亡 3 人以上或重伤 10 人以上,或死亡 1 人同时重伤 8 人以上,或死亡 2 人重伤 5 人以上的事故,或 5 辆以上多车相撞造成群死群伤的事故称为特大交通事故。

发生重、特大交通事故时,超过一条以上的路段受该事故影响,在高速公路路段上产生较为严重的交通拥挤,路网内的交通流必须重新分配以减少拥挤。为了在路网内进行合理分流,应制定省域路网应急救援预案。

(1) 高速公路路段重特大交通事故救援流程

针对交通事故的影响程度不同,制定发生重、特大交通事故时的路网应急救援结构流程图如 10-5 所示。

图中:VD 表示车辆检测器,VI 表示能见度检测器,WS 表示气象监测器,CCTV 表示视频监测器,ET 表示紧急电话。根据上图,重特大事故下的应急救援需进行事件检测与确认,高速公路路段设置的检测系统检测到交通事故后,将事件信息上传到交通管理或监控中心,中心立即确认异常事件发生是否属实,如果事件确实发生,监控中心立即对事件发生地点、

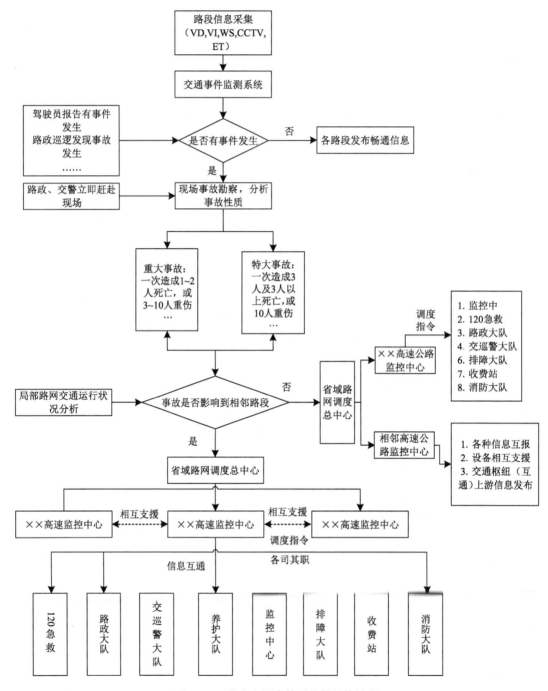

图 10-5 发生交通事故时救援结构流程

严重程度进行预估,判断事故清除时间和事故影响范围,同时启动紧急救援预案;并及时发布事件信息,监控中心确定分流方案,发布事件信息及分流信息给上游的后续车辆,在限速标志上给出限速信息,如果属重、特大事故还应对外发布事故及控制信息;路政、排障、养护、交警等按照制定的紧急救援方案实施现场管理,维护现场秩序,防止交通拥挤或二次事故的发生,排障大队、养护大队应在现场配合交警、路政人员的工作,待勘察结束后迅速开展清障作业,以便及早恢复正常交通。

(2) 路网内重特大交通事故的应急救援预案

当高速公路的外场检测设备检测到异常情况时,路政人员立即到现场进行确认,如果确实发生重、特大事件,立即通知路段监控中心,路段监控中心值班人员应在 5 min 内向值班领导、安全质量部、值班经理及中心领导汇报,并请领导指示。监控中心立即启动应急预案,同时将事件情况及处理预案汇报到省域路网调度总中心,如果事件影响到相邻路段,应将预案通知相关路段监控中心,协助进行紧急救援;交警大队在接警后立即赶赴现场(一般不超过 20 min),到达现场后立即做好安全保障措施并保护现场、疏导交通,对整个事故处理进行现场指挥,同时向指挥监控中心反馈事故现场详细情况,并对封闭交通与借道排障、养护等作业提出建议。交通堵塞严重时,路政人员应同交警通知监控中心在相应的收费站出入口开辟紧急通道,确保现场指挥抢险、救护车辆的通行,并通知备勤班组做好支援准备随时调用。如果是巡查人员发现事故,应立即将事故基本情况上报监控中心和交警大队值班室;由监控中心确定分流方案,发布事故信息及分流信息给上游的后续车辆,并在限速标志上给出限速信息,如果属重、特大事故还应对外发布事故及控制信息。当事故地点不封闭交通时,监控中心人员应在事故路段发生车道上游的第一块可变情报板上发布"前方××km处发生交通事故,谨慎驾驶,减速慢行"。若该可变情报板距离事故现场小于 2 km,必须同时在沿逆行方向的第二块可变情报板上发布相应的信息,同时在可变限速标志上显示相应限速值。在交警和排障人员未到时,路政人员应立即在交通事故前方至少 1 000 m 左右摆放"注意危险"或"前方事故"标志,在 800 m 左右设置限速标志,若开放单车道,限速值为80 km/h,开放双车道限速值为 70 km/h,开放三车道限速值为 60 km/h,若限速值与 85 分位车速值 v_{85} 速度差较大,则可以在 200 m、400 m 设置限速标志进行分段限速,并保持速度限制的流畅性。

排障大队、养护大队应在接警后立即做好出车的准备,并按要求及时出动相应的排障、养护力量赶赴现场。必要时排障大队根据实际需要运送锥筒等安全标志到事故现场;交警大队、路政大队、排障大队值班领导必须亲临现场指挥作业。如发生多车追尾事故,路政大队、排障大队除留守值班人员外应全员到场。如有人员伤亡,监控中心值班监控员立即将事故信息通知最近的 120 急救中心,请求支援,同时做好记录;监控中心值班监控员立即将事故信息分别向监控中心值班经理、指挥监控中心主任、路政支队负责人、高速公路管理公司领导汇报,并做好记录;监控中心值班监控员、指挥监控中心主任、值班经理、路政支队负责人接报后立即赶赴监控中心指挥调度,指挥监控中心主任根据情况,会同现场指挥决定是否需要封闭交通,并将事故及现场处置情况向领导小组组长汇报。领导小组组长接报后应立即赶赴现场指挥。

若发生事故造成路段堵塞确须局部封闭交通(原则上不封闭交通)或借道行驶,监控中心值班监控员立即按相关规定步骤指导有关单位实施分流或借道行驶,在做出封路决定后,应在 10 min 内将有关情况上报省域路网调度总中心;实施交通分流或借道行驶时,路政、排障、养护作业人员要按相应预案的要求,在交警的指挥下设置各种警示引导标志、打开中央分隔带完成分流或借道程序,必要时收费站、服务区按要求给予配合。

排障大队、养护工区在事故处理过程中,应积极配合交警、路政人员进行现场勘察、维持交通秩序、确保救援车辆畅通,待勘察结束后迅速开展清障作业,养护工区应在不影响其它部门正常作业的同时,即时清理事故现场;养护、清障作业完成后应将事故处置情况通报监控中心;事故现场处理工作全部完成后,应在 10 min 内填报《重、特大事故上报表》,上报大队值班室。交警应将任务完成的信息通报指挥监控中心。

指挥监控中心接到处置完成的汇报后,信息发布恢复正常,做好记录,立即将事故的处理结果及解除局部封路措施向省域路网调度总中心汇报,并在最短的时间内以书面形式向安全质量部门通报。事故若造成路产损失的,路政人员应依法进行现场勘验、调查取证等相关工作,如实收缴路产损失补(赔)偿费。

2. 恶劣天气下的应急救援预案

恶劣天气是导致高速公路交通事故、道路拥挤和路产损坏的主要原因,对于高速公路的影响更加显著。因此,及时准确地采集气象信息,科学正确地分析判断和快速有效地下达交通控制指令,是减少事故、保障畅通、保护路产、提高高速公路运营效率的必要措施。

1) 高速公路各种恶劣天气下救援流程

当路网中出现恶劣天气后,路网内设置的检测系统检测到恶劣天气后,将恶劣天气信息上传到交通管理或监控中心,中心立即确认恶劣天气发生是否属实;如果恶劣天气确实发生,监控中心立即对恶劣天气发生地点、严重程度进行预估,判断恶劣天气持续时间和影响范围,同时启动紧急救援预案;确定分流方案,发布恶劣天气信息及分流信息给上游的后续车辆,并在限速标志上给出限速信息,如果恶劣天气影响到路网还应对外发布诱导及控制信息;路政、排障、养护、交警等按照制定的紧急救援方案实施现场管理,维护现场秩序,防止交通拥挤或二次事故的发生;排障大队、养护大队应在现场配合交警、路政人员的工作,待勘察结束后迅速开展清障作业,以便尽早恢复正常交通。

2) 高速公路各种恶劣天气下的救援预案

根据突发事件分级,恶劣天气引起的突发事件分为四级,能见度在 100 m 以上,200 m 以下,实行三级管制;能见度在 50 m 以上,100 m 以下,坡道、弯道等路桥面有积雪尚未结冰时,实行二级管制;能见度在 30 m 以上,50 m 以下,路(桥)面部分路段结冰,不能保障车辆安全通行时,实行一级管制;能见度不足 30 m(现场判断依据:高速公路车道分界虚线-实-空长 15 m),路(桥)面全线结冰,不能保障车辆安全通行时,实行特级管制。对各级别恶劣天气突发事件制定相应的救援预案。

(1) 一级救援预案:(特级和一级恶劣天气)

当高速公路的外场检测设备检测到异常情况时,路政人员立即到现场进行确认;如果确实发生特级和一级恶劣天气,极易造成大范围拥挤或严重交通事故,影响到局部或整个路网的行车安全,应立即由交警、路政部门确认是否需要实行某一路段或路段的某一侧封闭分流;监控中心值班人员应在 5 分钟内向值班领导、安全质量部、值班经理及中心和公司领导汇报,并请领导指示,经领导确认同意封闭分流后方可封闭分流;监控中心值班人员同时将恶劣天气情况及处理预案汇报到省域路网调度总中心,由路网调度中心统一安排、协调路网内的各路段监控中心,协助进行救援;监控中心采取分流方案,发布恶劣天气信息及分流信息给路段上游的后续车辆,并在限速标志上给出限速信息,如果恶劣天气范围较大还应对外发布诱导及控制信息,发布信息的范围根据分流方案的范围确定。所有受影响路段的监控中心值班人员应立即通知交警、路政部门,交警、路政部门接通知后,立即安排车辆上路巡查,做好交通疏导工作,并随时向指挥监控中心反馈信息,同时在相关收费站点、路段指导做好道路封闭分流工作。路网内必须关闭某车道时,应在该路段两端的收费站入口处设置绕行标志牌;在收费站出口上游的可变情报板上显示路段封闭提醒,提醒司机由此驶出高速,并在相应位置设好安全诱导标志。在出口上游 2 km 处,设置"前方 2 km 处,车道关闭"的信息标志牌,并设 30 km/h 的限速标志。路网内的路段关闭后,该路段监控中心将路段关闭信息汇报至路网调度中心,路网调度中心应在可能使用该路段的所有路径上的相关可变情报板上,显示路段关闭信息,提示司机注意,提早分流或绕行。所有封闭路段的路政人员都应对封闭路段内发生的事故及时处理、抢救伤员、清理事故车辆、做好清障工作。在封闭路段两端的收费站出口处与交警共同指挥车辆绕行。

如果受影响的路段内出现交通事故,则交警应及时到场处理事故、指挥交通,确保交通安全,预防二次事故的发生。所有关闭路段内的收费站应在接到路段监控中心或省域路网调度总中心领导的指示后,关闭所有入口匝道。关闭路段内的各收费站应在入口上游的信息标志牌上显示车道关闭情况,并指出绕行路线,关闭路段两端的高速入口收费站应为因关闭车道而被迫绕行司机指明绕行路线;路网内的封闭路段,养护人员应及时展开维修、抢通工作,需要相邻路段监控中心或省域路网调度总中心的支援时,应及时向本路段监控中心的领导请示。同时受影响路段的监控中心值班人员立即通知排障大队、120 急救等部门做好各项准备工作,随时待命出发。

(2) 二级救援预案:(二级恶劣天气)

当高速公路的外场检测设备检测到二级恶劣天气出现时,路政人员立即到现场进行确认;如果确实发生恶劣天气,且程度较为严重,易造成较大范围拥挤或发生交通事故,路况差、行车环境恶劣,车流行驶缓慢,可能影响到局部或整个路网的行车安全时,监控中心值班人员应在 5 min 内向值班领导、安全质量部、值班经理及中心和公司领导汇报,并请领导指示;监控中心值班人员同时将恶劣天气情况及处理预案汇报到省域路网调度总中心,由路网调度中心统一安排、协调路网内的各路段监控中心,协助进行救援。所有受影响路段的监控中心值班人员应立即通知交警、路政部门,交警、路政部门接到通知后,立即安排车辆上路巡查,做好交通疏导工作,并随时向指挥监控中心反馈信息,同时在相关收费站点、路段指导做好诱导分流工作。

受影响路段的监控中心值班人员向路政、养护及各收费站通报拥挤路段位置及拥挤程度,同时请交警上路进行支援。受影响路段的路政、养护等部门在接到通知后尽快赶到现场;监控中心采取群体诱导策略的方法确定分流方案,发布绕行和限速信息。发布信息的范围根据分流方案的范围确定。

高速公路入口收费站的上游应设置提示司机安全驾驶的信息牌,显示前方路段的路况;在路段监控中心领导的同意下,关闭部分入口匝道,并控制匝道调节率每辆车大于 3 s;如果收费站入口处车流排队过长,还应该给出诱导分流信息;受影响路段的路政人员到达现场后,应立即抢救伤亡人员,把伤员及时送到附近有抢救能力的医院。根据实际情况,在情况异常路段前 1 km 处设置 30 km/h 的限速标志牌。

对于路网内的拥挤路段,养护人员应及时展开维修、抢通工作,争取在 12 h 内恢复通畅。需要相邻路段监控中心或省域路网调度总中心的支援时,应及时向本路段监控中心的领导请示。如果受影响的路段内出现交通事故,则交警应即时到场处理事故、指挥交通,确保交通安全,预防二次事故的发生。受影响路段的监控中心值班人员立即通知排障大队、120 急救等部门做好各项准备工作,随时待命出发。

(3) 三级救援预案:(三级恶劣天气)

当高速公路外场检测设备检测到三级恶劣天气出现时,路政人员立即到现场进行确认;如果确实发生恶劣天气,但程度较轻,路况较差,车流行驶不畅,可能影响到局部或整个路网的行车安全,监控中心值班人员应在 5 min 内向值班领导、安全质量部、值班经理及中心和公司领导汇报,并请领导指示;同时将恶劣天气情况及处理预案汇报到省域路网调度总中心,必要时由路网调度中心统一安排、协调路网内的各路段监控中心,协助进行救援;在征得领导同意后,在异常路段上游的可变情报板上显示警告信息提醒司机注意前方路况,并在可变限速标志牌上显示 60 km/h 的限速信息。发布信息的范围根据群体诱导策略模型计算确定。受影响路段内的收费站入口处,应设置警示信息牌,提醒司机前方路段路况异常并给出限速值,保证行车安全。

受影响路段的监控中心值班人员向路政、养护及相关收费站通报出现异常情况的路段及目前路况,以便尽快赶到现场,并请交警协助维护正常的交通秩序;路政人员应在情况异常路段增加巡逻次数,并用车载广播提醒驾驶人员注意安全,车速不得超过 60 km/h,严禁随便停车。对故障车辆及时清障,如有伤员,应及时救护;养护人员应采取相应措施确保异常路段路况良好,并在异常路段区域内每隔 2 km 设置警示信息牌或临时限速标志牌。

10.3 高速公路"一路三方"协调管理措施保障

为加强高速公路"一路三方"的协作,可针对三方制订综合考核指标,对安全、通畅、节能、机构运行等指标分路段进行整体考核,促进一路三方为相同的目标共同努力。量化体系主要内容有以下几点:

1. 服务质量评价

通过建立优质高效的高速公路营运管理量化体系,为多个管理部门树立一致的工作目标。以高速公路的运行状态、交通事故率、应急处置效率评价等作为核心指标,根据"一路三方"岗位职责,以统一协作效果作为评价依据,由三方的上级主管部门协调制订服务质量考评标准,从管理目标的角度协调三方管理工作。

2. 业务流程规范化

进行组织结构创新,建立在定量化管理基础上的定岗、定编、定责。在分配部门职责时,首先按业务流程,将基本业务职责模块化,考虑业务的关联程度,把关联程度高的业务聚类,进行三方联合办公、联席决策。考虑各部门管理幅度的差异,以及工作流程相互制衡的要求,对岗位职责进行进一步整合,以达到岗位职责明晰、工作量均衡、衔接有序和高效运作的目的。

3. 合理人员编制

建议采用人员编制定量化方法,按照组织结构、管理层次和层次之间的命令链接把人员的职位分解为不同的责任档次,在对三方不同职位的每一岗位的工作量进行科学统计和分析的基础上,确定完成岗位工作的最佳人数编制。另外,可通过业务外包、后勤社会化和鼓励员工一专多能等方式进一步精简人员编制。由于高速公路流量大,安全保畅压力大,各段情况不同,建议对沿线各大队高速交警工作任务和工作量进行核算,根据工作任务重新分配安排各路段交警人数,提高人员安排的科学性和工作效率。

4. 考核评比制度化

为促进高速公路高效规范化运作,可对各管理处、收费站、服务区、交警、路政大队等进行严格的量化考核,并根据考核结果实行奖优罚劣。考核资料全部来自日常交通运行统计数据。考核方式公开透明,评分计算方法进行标准化处理,使考核结果可以作为横向比较的奖惩依据。考核制度化,形成持续的激励约束制度。

10.4 本章小结

本章通过梳理高速公路"一路三方"协作体系,明确了各个管理部门的职能与日常管理任务,提出了高速公路管理的多部门分层协调决策方案,从省级路网、高速公路路公司和路段管理处三个层面依托相应的管理机构建立协调制度,针对重大交通事故和恶劣天气的等级制订应急预案方案,帮助高速公路管理部门保持更先进更合理的发展方向。

参 考 文 献

[1] Highway Capacity Manual 6th Edition[M]. Washington, D. C.：Transportation Research Board, 2016.

[2] 赵博涵. 基于三相流理论的交通流复杂动态特性的微观模式研究[D]. 合肥：中国科学技术大学, 2009.

[3] Kerner B S, Rehborn H. Experimental features and characteristics of traffic jams[J]. Physical Review E, 1996, 53(2)：R1297-R1300.

[4] Kerner B S, Rehborn H. Experimental properties of phase transitions in traffic flow[J]. Physical Review Letters, 1997, 79(20)：4030-4033.

[5] Kerner B S, Rehborn H. Experimental properties of complexity in traffic flow[J]. Physical Review E, 1996, 53(5)：R4275-R4278.

[6] Kerner B S. Three-phase traffic theory and highway capacity[J]. Physica A：Statistical Mechanics and Its Applications, 2004, 333：379-440.

[7] Kerner B S. Experimental features of self-organization in traffic flow[J]. Physical Review Letters, 1998, 81(17)：3797-3800.

[8] Duret A, Ahn S, Buisson C. Lane flow distribution on a three-lane freeway：General features and the effects of traffic controls[J]. Transportation Research Part C：Emerging Technologies, 2012, 24：157-167.

[9] Ishak S, Wolshon B, Sun X D, Korkut M, Qi Y. Evaluation of the Traffic Safety Benefits of a Lower Speed Limit and Restriction of Trucks to Use of Right Lane Only on I-10 Over the Atchafalaya Basin[R]. Louisiana Transportation Research Center, Louisiana, 2012.

[10] Stammer R E, Shannon K. I-40 Trucking Operations and Safety Analyses and Strategic Planning Initiatives[R]. Vanderbilt University, Nashville, 2010.

[11] Jo S, Gan A, Bonyani G. Impacts of Truck-Lane restrictions on freeway traffic operations[C]. Washington, D. C.：The Transportation Research Board 82nd Annual Meeting, 2003.

[12] 段力. 多车道高速公路运行方式对分流区交通安全影响研究[D]. 南京：东南大学, 2015.

[13] 张云娇. 基于驾驶员行为特性的八车道高速公路出口安全距离研究[D]. 西安：长安大学, 2017.

[14] 中华人民共和国交通运输部.公路工程技术标准:JTG B01—2014[S].北京:人民交通出版社,2015.

[15] Bertini R L,Hansen S,Bogenberger K. Empirical analysis of traffic sensor data surrounding a bottleneck on a German autobahn[J]. Transportation Research Record,2005,1934(1):96-107.

[16] Awad W H. Estimating traffic capacity for weaving segments using neural networks technique[J]. Applied Soft Computing,2004,4(4):395-404.

[17] 任春宁.高速公路互通式立交匝道通行能力研究[D].西安:长安大学,2013.

[18] Zheng N,Hegyi A,Hoogendoorn S P,et al. Variable analysis for freeway work zone capacity prediction[C]//13th International IEEE Conference on Intelligent Transportation Systems. 19-22 Sept. 2010,Funchal,Portugal. IEEE,2010:831-836.

[19] Weng J X,Meng Q. Modeling speed-flow relationship and merging behavior in work zone merging areas[J]. Transportation Research Part C:Emerging Technologies,2011,19(6):985-996.

[20] 魏巍.苏嘉杭高速公路"四改六"扩建提高道路通行能力研究[D].南京:东南大学,2016.

[21] 魏雪延,徐铖铖,王炜,等.多车道高速公路的通行能力分析与建模[J].交通运输系统工程与信息,2017,17(2):105-111.

[22] Ahmed U,Drakopoulos A,Ng M. Impact of heavy vehicles on freeway operating characteristics under congested conditions[J]. Transportation Research Record,2013,2396(1):28-37.

[23] Sarvi M. Heavy commercial vehicles-following behavior and interactions with different vehicle classes[J]. Journal of Advanced Transportation,2013,47(6):572-580.

[24] Moridpour S,Mazloumi E,Mesbah M. Impact of heavy vehicles on surrounding traffic characteristics[J]. Journal of Advanced Transportation,2015,49(4):535-552.

[25] Aghabayk K,Forouzideh N,Young W. Exploring a local linear model tree approach to car-following[J]. Computer-Aided Civil and Infrastructure Engineering,2013,28(8):581-593.

[26] Aghabayk K,Sarvi M,Young W. Understanding the dynamics of heavy vehicle interactions in car-following[J]. Journal of Transportation Engineering-asce,2012,138(12):1468-1475.

[27] Moridpour S,Rose G,Sarvi M. Effect of surrounding traffic characteristics on lane changing behavior[J]. Journal of Transportation Engineering-asce,2010,136(11):973-985.

[28] Chen D J, Ahn S, Bang S, et al. Car-following and lane-changing behavior involving heavy vehicles: [J]. Transportation Research Record: Journal of the Transportation Research Board, 2016, 2561(1):89-97.

[29] 王翔. 高速公路动态交通建模方法[D]. 上海:同济大学, 2015.

[30] Ngoduy D. Effect of the car-following combinations on the instability of heterogeneous traffic flow[J]. Transportmetrica B: Transport Dynamics, 2015, 3(1):44-58.

[31] Yang D, Jin P, Pu Y, et al. Stability analysis of the mixed traffic flow of cars and trucks using heterogeneous optimal velocity car-following model[J]. Physica A: Statistical Mechanics and its Applications, 2014, 395:371-383.

[32] Kong D W, Guo X C. Analysis of vehicle headway distribution on multi-lane freeway considering car‑truck interaction[J]. Advances in Mechanical Engineering, 2016, 8(4):1-12.

[33] Cherry C R, Adelakun A A. Truck driver perceptions and preferences: Congestion and conflict, managed lanes, and tolls[J]. Transport Policy, 2012, 24:1-9.

[34] Gan A, Jo S. Operational performance models for freeway truck-lane restrictions[R]. Lehman Center for Transportation Research, Florida International University, Tallahassee, 2003.

[35] Cremer M, Ludwig J. A fast simulation model for traffic flow on the basis of Boolean operations[J]. Mathematics and Computers in Simulation, 1986, 28(4):297-303.

[36] Nagel K, Schreckenberg M. A cellular automaton model for freeway traffic[J]. Journal De Physique I, 1992, 2(12):2221-2229.

[37] Fukui M, Ishibashi Y. Traffic flow in 1D cellular automaton model including cars moving with high speed[J]. Journal of the Physical Society of Japan, 1996, 65(6):1868-1870.

[38] Knospe W, Santen L, Schadschneider A, et al. Towards a realistic microscopic description of highway traffic[J]. Journal of Physics A: Mathematical and General, 2000, 33(48):L477-L485.

[39] Bham G H, Benekohal R F. A high fidelity traffic simulation model based on cellular automata and car-following concepts[J]. Transportation Research Part C: Emerging Technologies, 2004, 12(1):1-32.

[40] Ossen S, Hoogendoorn S P. Heterogeneity in car-following behavior: Theory and empirics[J]. Transportation Research Part C: Emerging Technologies, 2011, 19(2):182-195.

[41] Aghabayk K, Sarvi M, Young W. Attribute selection for modelling driver's car-following behaviour in heterogeneous congested traffic conditions[J]. Transportmetrica A: Transport Science, 2014, 10(5):457-468.

[42] Munigety C R, Gupta P A, Gurumurthy K M, et al. Vehicle-Type Dependent Car Following Model Using Spring-Mass-Damper Dynamics for Heterogeneous Traffic [R]. Transportation Research Board, Washington, D.C., 2016.

[43] Aghabayk K, Sarvi M, Forouzideh N, et al. Modelling heavy vehicle car-following behaviour in congested traffic conditions[J]. Journal of Advanced Transportation, 2014, 48(8):1017-1029.

[44] Aghabayk K, Sarvi M, Forouzideh N, et al. New car-following model considering impacts of multiple lead vehicle types[J]. Transportation Research Record, 2013, 2390(1):131-137.

[45] Liu L, Zhu L L, Yang D. Modeling and simulation of the car-truck heterogeneous traffic flow based on a nonlinear car-following model[J]. Applied Mathematics and Computation, 2016, 273:706-717.

[46] Peeta S, Zhou W M, Zhang P C. Modeling and mitigation of car-truck interactions on freeways[J]. Transportation Research Record, 2004, 1899(1):117-126.

[47] 付强,杨晓芳,王建蓉. 低速货车影响下不同类型驾驶员的跟车行为[J]. 公路交通科技, 2013, 30(9):134-139.

[48] Ebersbach A, Schneider J J, Morgenstern I, et al. The influence of trucks on traffic flow: An investigation on the nagel-schreckenberg-model[J]. International Journal of Modern Physics C, 2000, 11(4):837-842.

[49] Li X, Li X G, Xiao Y, et al. Modeling mechanical restriction differences between car and heavy truck in two-lane cellular automata traffic flow model[J]. Physica A: Statistical Mechanics and its Applications, 2016, 451:49-62.

[50] Yang D, Qiu X P, Yu D, et al. A cellular automata model for car-truck heterogeneous traffic flow considering the car-truck following combination effect[J]. Physica A: Statistical Mechanics and Its Applications, 2015, 424:62-72.

[51] Kong D W, Guo X C, Yang B, et al. Analyzing the impact of trucks on traffic flow based on an improved cellular automaton model[J]. Discrete Dynamics in Nature and Society, 2016, 2016:1-14.

[52] Kong D W, List G F, Guo X C, et al. Modeling vehicle car-following behavior in congested traffic conditions based on different vehicle combinations[J]. Transportation Letters, 2018, 10(5):280-293.

[53] Rahman M, Chowdhury M, Xie Y C, et al. Review of microscopic lane-changing models and future research opportunities[J]. IEEE Transactions on Intelligent Transportation Systems, 2013, 14(4):1942-1956.

[54] Rickert M, Nagel K, Schreckenberg M, et al. Two lane traffic simulations using cellular automata[J]. Physica A: Statistical Mechanics and its Applications, 1996, 231(4):534-550.

[55] 敬明,邓卫,王昊,等.基于跟车行为的双车道交通流元胞自动机模型[J].物理学报,2012,61(24):331-339.

[56] 赵韩涛,毛宏燕.有应急车辆影响的多车道交通流元胞自动机模型[J].物理学报,2013,62(6):53-60.

[57] 李慧轩.基于驾驶行为动态获取的换道行为微观建模及仿真校验研究[D].北京:北京交通大学,2016.

[58] Moridpour S, Sarvi M, Rose G, et al. Lane-changing decision model for heavy vehicle drivers[J]. Journal of Intelligent Transportation Systems, 2012, 16(1): 24-35.

[59] Moridpour S, Sarvi M, Rose G. Modeling the lane-changing execution of multiclass vehicles under heavy traffic conditions[J]. Transportation Research Record, 2010, 2161(1):11-19.

[60] Aghabayk K, Moridpour S, Young W, et al. Comparing heavy vehicle and passenger car lane-changing maneuvers on arterial roads and freeways[J]. Transportation Research Record, 2011, 2260(1):94-101.

[61] 马阿瑾.高速公路交通事故持续时间和影响范围研究[D].西安:长安大学,2013.

[62] 金书鑫,王建军,徐嫚谷.区域高速路网交通事故影响区划分及交通诱导[J].长安大学学报,2017,2:89-98.

[63] Chung Y S, Chiou Y C, Lin C H. Simultaneous equation modeling of freeway accident duration and lanes blocked[J]. Analytic Methods in Accident Research, 2015, 7:16-28.

[64] 沈静.高速公路事故风险实时预测及事后时空影响分析[D].南京:东南大学,2017.

[65] Korkut M, Ishak S, Wolshon B. Freeway truck lane restriction and differential speed limits: crash analysis and traffic characteristics[J]. Transportation Research Record, 2010, 2194(1):11-20.

[66] Moridpour S, Mazloumi E, Sarvi M, et al. Enhanced evaluation of heavy vehicle lane restriction strategies in microscopic traffic simulation[J]. Journal of Transportation Engineering-asce, 2012, 138(2):236-242.

[67] 叶曾.高速公路货车车道限制仿真模型研究[D].西安:长安大学,2006.

[68] 李冠峰,姚新胜,高献坤,等.高速公路客货车混行问题与分道行驶的优势分析[J].交通运输工程与信息学报,2009,7(3):1-5.

[69] 刘晨辉.基于货车交通影响的高速公路车道限制研究[D].济南:山东大学,2012.

[70] Fitzpatrick K, Shamburger B, Fambro D. Design speed, operating speed, and posted speed survey[J]. Transportation Research Record, 1996, 1523(1):55-60.

[71] MUTCD2003: Manual on Uniform Traffic Control Devices[M]. Federal Highway Administration, Washington, D. C., 2003.

[72] Soriguera F, Martínez I, Sala M, et al. Effects of low speed limits on freeway traffic

flow[J]. Transportation Research Part C: Emerging Technologies, 2017, 77: 257-274.

[73] Harari A, Musicant O, Bar-Gera H, et al. Effects of Increasing Freeway Speed Limits on Crashes: Case Study from Israel[R]. Transportation Research Board, Washington, D. C. , 2017.

[74] Speed Zoning for Highways, Roads and Streets in Florida[R]. Florida Department of Transportation, Tallahassee, 1997.

[75] 钟连德,孙小端,陈永胜,等. 高速公路大、小车速度差与事故率的关系[J]. 北京工业大学学报,2007,33(2):185-188.

[76] 王涛. 车速离散性对高速公路通行效率的影响研究[D]. 南京:东南大学,2016.

[77] 白兰. 高速公路多车道交通流诱导策略的研究[D]. 西安:长安大学, 2014.

[78] Pasquale C, Sacone S, Siri S, et al. A multi-class model-based control scheme for reducing congestion and emissions in freeway networks by combining ramp metering and route guidance[J]. Transportation Research Part C: Emerging Technologies, 2017, 80:384-408.

[79] Spiliopoulou A, Kontorinaki M, Papamichail I, et al. Real-time route diversion control at congested freeway off-ramp areas[J]. Transportation Research Part A: Policy and Practice, 2018, 107:90-105.

[80] Heaslip K, Kondyli A, Arguea D, et al. Estimation of freeway work zone capacity through simulation and field data[J]. Transportation Research Record, 2009, 2130(1):16-24.

[81] 孟祥海,祁文洁,王浩,等. 高速公路半幅封闭施工作业区的通行能力[J]. 公路交通科技,2012,29(5):109-113.

[82] 王俊凌. 双向八车道高速公路施工作业区安全设施设置技术研究[D]. 西安:长安大学, 2013.

[83] Yi W, Kumar A. Ant colony optimization for disaster relief operations[J]. Transportation Research Part E: Logistics and Transportation Review, 2007, 43(6): 660-672.

[84] Yang C C, Lin W T, Chen H M, et al. Improving scheduling of emergency physicians using data mining analysis[J]. Expert Systems with Applications, 2009, 36(2):3378-3387.

[85] Arora H, Raghu T S, Vinze A. Resource allocation for demand surge mitigation during disaster response[J]. Decision Support Systems, 2010, 50(1):304-315.

[86] Zhang L M, Lin Y H, Yang G F, et al. Emergency resources scheduling based on adaptively mutate genetic algorithm[J]. Computers in Human Behavior, 2011, 27(5):1493-1498.

[87] 朱苍晖,黄琪,柴干. 高速公路交通救援资源派遣方法适用性研究[J]. 中国安全科学学

报,2009,19(11):165-171.

[88] 向红艳. 高速公路交通事件紧急救援系统研究[D]. 成都:西南交通大学,2011.

[89] 李巧茹,崔宁,陈亮,等. 干线公路应急资源布局与配置的模糊规划模型[J]. 工业安全与环保,2015,41(8):30-33.

[90] Forthun L F, McCombie J W. The efficacy of crisis intervention training for educators: A preliminary study from the United States[J]. Professional Development in Education, 2011, 37(1):39-54.

[91] Umer M, Rashid H, Zafar H, et al. Earthquake relief experience of Aga Khan University trauma team[J]. JPMA. the Journal of the Pakistan Medical Association, 2006, 56(8):370-374.

[92] Chai G, Fang C W, Gao X Y, et al. A cost-based study on highway traffic emergency rescue sites location using heuristic genetic algorithm[J]. Journal of Computational Information Systems, 2011, 7(2): 507-514.

[93] 娄天峰. 基于ITS的高速公路应急救援能力提升研究[D]. 武汉:华中科技大学,2013.

[94] 陈静丽. 高速公路应急救援能力评价系统研究[D]. 西安:长安大学,2013.

[95] 马兆有,王长君,李平凡,等. 区域高速公路网应急救援能力评价体系建模研究[J]. 武汉理工大学学报(交通科学与工程版),2011,35(4):714-717.

[96] 李闯. 高速公路管理体制发展的现状及解决对策研究[J]. 现代经济信息,2016(20):65.

[97] 张宏,穆瑞丽. 我国高速公路管理体制的反思与重构[J]. 经济论坛,2017(5):116-118.

[98] BoardT R, National Academies of Sciences Engineering and Medicine. Sharing information between public safety and transportation agencies for traffic incident management[M]. Washington, D.C.: Transportation Research Board, 2004.

[99] Belella P, Millar D. Intelligent Transportation Systems Field Operational Test Cross-Cutting Study: Hazardous Material Incident Management [R]. Federal Highway Administration, Washington, D. C. , 1998.

[100] 娄菁. 高速公路突发事件下的应急救援联动机制研究[J]. 黑龙江交通科技,2017,40(5):195-196.

[101] 贾斌,高自友,李克平. 基于元胞自动机的交通系统建模与模拟[M]. 北京:科学出版社,2007.

[102] Li X, Wu Q, Jiang R. Cellular automaton model considering the velocity effect of a car on the successive car[J]. Physical Review. E, Statistical, Nonlinear, and Soft Matter Physics, 2001, 64(6 Pt 2):066128.

[103] 王欢. 考虑非机动车影响的公交停靠特性分析与仿真评价研究[D]. 北京:北京交通大学,2015.

[104] Jiang R, Wu Q S. Cellular automata models for synchronized traffic flow[J]. Journal of Physics A: Mathematical and General,2003,36(2):381-390.

[105] Kerner B S, Klenov S L, Wolf D E. Cellular automata approach to three-phase

traffic theory[J]. Journal of Physics A：Mathematical and General，2002，35(47)：9971-10013.

[106] Kong D W，Guo X C，Wu D X. The influence of heavy vehicles on traffic dynamics around on-ramp system：Cellular automata approach[J]. International Journal of Modern Physics C，2017，28(6)：1-24.

[107] 郑容森,谭惠丽,孔令江,等. 双车道多速车辆混合交通流元胞自动机模型的研究[J]. 物理学报,2005,54(8):3516-3522.

[108] 肖瑞杰,孔令江,刘慕仁. 车辆的长度和速度对单车道混合交通流的影响[J]. 物理学报,2007,56(2):740-746.

[109] (美)弗里曼. 统计模型理论和实践[M]. 北京:机械工业出版社,2010.

[110] Cohen J. Statistical power analysis for the behavioral sciences[M]. New York：Lawrence Erlbaum Associates，1988.

[111] Tabachnick B G，Fidell L S，Ullman J B. Using multivariate statistics[M]. Boston：Pearson Education，2007.

[112] Benekohal R R F. Procedure for validation of microscopic traffic flow simulation models[M]. Washington，D. C.：Transportation Research Board，1991.

[113] Treiber M，Kesting A，Helbing D. Understanding widely scattered traffic flows, the capacity drop, and platoons as effects of variance-driven time gaps[J]. Physical Review E，2006，74(1)：93-100.

[114] Sims M，Royster G. Truck Lane Restriction Study，Final Report[R]. North Central Texas Council of Governments，Arlington，2006.

[115] 王广月. 土建工程综合评价技术及应用[M]. 北京:中国水利水电出版社,2011.

[116] 郭亚军. 综合评价理论、方法及应用[M]. 北京:科学出版社,2007.

[117] Solomon D H. Accidents on Main Rural Highways：Related to Speed，Driver，and Vehicle[M]. United States：Bureau of Public Roads，1964.

[118] Liu G X，Popoff A. Provincial-wide travel speed and traffic safety study in Saskatchewan[J]. Transportation Research Record，1997，1595(1)：8-13.

[119] Baruya A. Speed-Accident Relationships on Different Kinds of European Roads[R]. London：Transportation Research Laboratory，1998.

[120] 裴玉龙,程国柱. 高速公路车速离散性与交通事故的关系及车速管理研究[J]. 中国公路学报,2004,17(1):74-78.

[121] 程国柱. 高速道路车速限制方法研究[D]. 哈尔滨:哈尔滨工业大学,2007.

[122] Milliken J G，Council F M，Gainer T W，et al. Special Report 254：Managing Speed：Review of Current Practice for Setting and Enforcing Speed Limits[R]. Transportation Research Board，Washington，D. C.，1998.

[123] 覃周. 高速公路速度限制方法研究[D]. 长沙:湖南大学,2010.

[124] 裴玉龙. 道路交通安全[M]. 北京:人民交通出版社,2007.

[125] Coleman J A, Paniati J, Cotton R D, et al. FHWA Study Tour for Speed Management and Enforcement Technology[R]. U. S. Department of Transportation, Washington, D. C., 1996.

[126] Manual on Uniform Traffic Control Devices[R]. U. S. Department of Transportation, Federal Highway Administration, Washington, D. C., 2009.

[127] 徐婷. 公路限速区划分与限速梯级过渡段设置研究[D]. 北京:北京工业大学,2011.

[128] 中华人民共和国交通运输部. 公路路线设计规范:JTG D20—2017[S]. 北京:人民交通出版社,2017.

[129] 过秀成,盛玉刚. 公路交通事故黑点分析技术[M]. 南京:东南大学出版社,2009.

[130] 杨桂元,郑亚豪. 多目标决策问题及其求解方法研究[J]. 数学的实践与认识,2012,42(2):108-115.

[131] 于仁杰. 交通事件下高速公路限速问题研究[D]. 西安:长安大学,2014.

[132] 何小洲. 高速公路施工区交通组织及行车仿真研究[D]. 南京:东南大学,2005.

[133] 高立波,钟瑞文,朱天明,等. 多车道高速公路维修作业交通组织设计研究[J]. 北方交通,2016(12):72-76.

[134] 亓会杰. 高速公路改扩建期间施工路段通行能力研究[D]. 西安:长安大学,2009.

[135] 吴平,何小洲. 高速公路施工区交通组织方案研究[J]. 现代交通技术,2009,6(4):94-97.

[136] 韩跃杰. 高速公路改扩建作业区交通组织及安全保障技术研究[D]. 西安:长安大学,2012.

[137] 国家质量监督检验检疫总局、国家标准化管理委员会. 道路交通标志和标线第4部分:作业区:GB 5768.4—2017[S]. 北京:中国标准出版社,2017.

[138] 王开凤. 山区高速公路施工安全评价及预警研究[D]. 武汉:武汉理工大学,2009.

[139] 上海市城乡建设和管理委员会. 公路养护工程质量检验评定标准:DG/TJ 08-2144-2014[S]. 上海:同济大学出版社,2014.

后　记

　　高速公路作为区域综合交通运输体系中的重要基础设施，多车道高速公路承担高速公路网中的主骨架交通功能，在交通需求持续增加的趋势下，对其运行管理提出了更高的要求。在分析多车道高速公路的交通特性基础上，研究合理的车辆交通组织与管理控制，对保证多车道高速公路的交通安全、运行效率和服务水平具有重要意义。本专著对多车道高速公路交通流特性分析、交通仿真模型构建、大型车辆运行影响剖析、交通事故影响估计、车道功能划分策略与限速管理制定、路网交通组织策略实施、施工区交通组织设计、应急救援关键技术运用、"一路三方"协作体系优化等进行了系统研究，主要成果如下：①分析了多车道高速公路基本路段与合流区在不同交通状态、车道管理条件下交通量、运行速度、车头时距等的分布特征；②构建了基于元胞自动机的多车道高速公路车辆运行的跟驰与换道仿真模型；③剖析了大型车辆对多车道高速公路基本路段与合流区交通运行影响的规律，提出了大型车辆屏障效应的识别方法；④构建了多车道高速公路交通事故分阶段的持续时间预测模型，提出了交通事故分级与影响区的计算方法；⑤综合考虑运行效率与安全水平，运用基于熵权系数法的线性加权提出了多车道高速公路分车道限速值确定方法；⑥提出了饱和流状态下路网交通诱导分流区域确定与节点优选方法；⑦建立了多车道高速公路施工区交通组织设计方法与安全评价体系；⑧提出了成网条件下应急资源点选址、应急资源配置与调度等关键技术；⑨搭建了多车道高速公路"一路三方"协作平台，明确三方职能，针对不同等级重大事故和恶劣天气等级制定多部门协调应急预案。

　　多车道高速公路交通运行状态分析与评估将是一项持续长期的研究过程，受作者学识水平以及时间限制，以下内容有待继续深化与研究：

1. 大数据技术在交通运行分析中的应用

　　随着信息技术的发展，多车道高速公路信息采集方式不断更新，可获得的数据包含了线圈数据、视频数据、车辆GPS数据、手机信令数据、天气数据等，这些数据可为多车道高速公路交通运行分析提供基础。因此有必要研究如何通过大数据采集及分析技术对高速公路相关的交通数据进行获取并深度挖掘和有效使用，从中发现有价值的信息应用于多车道高速公路的交通运行分析与管理中。

2. 多车道高速公路交通仿真模型的优化

　　专著中构建了多车道高速公路的微观交通仿真模型，反映出多车道环境下车辆的跟驰与换道行为，但在建模中对车型的构成与特征进行了简化处理。多车道高速公路为混合交通流，车型种类繁杂，且相同车型的车辆也存在性能上的差异。这些特点使得多车道高速公路中车辆的实际驾驶行为更加复杂多样。未来研究中可对多车道高速公路中的车型构成及行为特征进一步细化,结合大数据技术与机器学习方法等对各车型车辆的运行进行深入研究,精细化交通仿真模型,使得其更符合国内混合交通的特性,满足工程应用的需要。

3. 多车道高速公路车道管理技术的综合应用及动态管理控制的研究

多车道高速公路中采用的车道管理主要为分车型分车道运行,未来可研究高占有率车道、收费车道等车道管理技术在国内高速公路使用的适应性,综合多种车道管理技术形成有效的高速公路管理子系统,进一步优化道路的运行效率与安全性。多车道高速公路交通特征在时间与空间上存在不均匀性,且不同运行状态下的管理目标也有所差异,多车道高速公路动态车道管理技术的应用也是今后的研究方向之一。

4. 实现高速公路成网条件下应急救援关键技术的实际应用

尽管对高速公路成网条件下的应急救援资源配置点选址以及资源配置与调度方法进行了理论探索,但由于高速公路实施的是以单条路为主的运营管理模式,所提出的应急救援关键技术的实施运用需考虑区域路网的联动协调调度与管理,下一步的研究应结合现有高速公路运行管理模式,重点解决应急救援关键技术应用中的工程实践问题。

5. 一路三方的高速公路运行管理协同的精细化与智能化

高速公路经营管理部门、高速公路交警、高速公路路政管理部门之间有序的协调工作是保障高速公路安全、畅通运行的基础。随着高速公路逐渐联网成片,其对三方部门的协调运行管理提出了更高的要求,管理理念的突破、联动体系的创新和信息智能化手段的应用是必然趋势。虽然目前以指挥中心为中枢,辅助机动巡逻、定点巡查的勤务方式为高速公路突发事件的及时处理提供方便,但是运用智能化的管控平台,可更加精准地对高速公路运行管理进行加强,满足全方位可视、动态化监测、高效率管控和及时性服务的要求。

感谢在专著形成过程中江苏省交通运输厅科技处、江苏省公安厅交通管理局、江苏省交通运输厅公路局、江苏省交通控股有限公司、江苏宁沪高速公路股份有限公司、江苏省高速公路联网营运管理中心等相关单位和部门在数据提供支持及研究体系和研究内容思路等方面提供的建设性指导意见与建议。

感谢东南大学交通运输规划与管理学科确立高速公路运行管理研究方向并持续开展研究,感谢刘攀教授、刘志远教授、柴干副教授、邓卫教授、何杰教授、王昊教授、杨洁副教授和美国北卡罗来纳州立大学的 George List 教授,美国德州农工大学张云龙教授及过晓宇博士生,南京林业大学马健霄教授,江苏省高速公路联网营运管理中心孙兴焕教授级高工,江苏沪苏浙高速公路有限公司杨祥妹研究员级高工,中设设计集团邓润飞研究员级高工,苏州大学王翔副教授等老师和同仁为课题研究提供的有效帮助。东南大学 Bluesky 工作室王谷博士、王卫博士、段力博士、何小洲博士、张小辉博士、侯佳博士、张春波博士、周杲尧硕士、陈永茂硕士、巩建国硕士、王恺硕士、梁浩硕士、张喆康硕士、张宁硕士、许秀硕士、张晓田硕士、林莉硕士、白洋硕士、万泽文硕士、沈佳雁、濮居一、张一鸣等博士生及肖尧、李怡、刘珊珊、杨泽雨、刘培、肖哲等硕士生在高速公路运行管理方面开展持续性的研究与探索。

著者
2020 年 5 月